# 2025
# 中国粮食市场
# 发展报告

李晓寰 主编
崔洁 王凯 副主编

# 2025
# 中国粮食市场发展报告

## 2025 CHINA GRAIN MARKET DEVELOPMENT REPORT

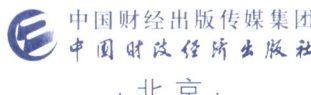

中国财经出版传媒集团
中国财政经济出版社
·北京·

# 《2025中国粮食市场发展报告》学术编辑委员会

## 学术委员会

主　任（按姓氏笔画排序）：

　　白美清　陈锡文　聂振邦　高铁生
　　黄守宏

委　员（按姓氏笔画排序）：

　　丁声俊　许为钢　李经谋　李晓寰
　　杨光焰　肖春阳　何　毅　何昌垂
　　宋　则　张红宇　张新友　陈晓华
　　郄建伟　柯炳生　洪　涛　唐晓阳
　　曹宝明　曹德荣　常玉春　常　清
　　程国强　曾丽瑛　颜　波

## 编辑委员会

主 任：崔 洁

副主任（按姓氏笔画排序）：

　　　　王 凯　申洪源　乔 淼
　　　　刘正敏　张爱岗　翟 伟

委 员（按姓氏笔画排序）：

　　　　王向博　马万柯　石金功
　　　　刘新寰　孙艺琳　唐东亮
　　　　裴会永

## 主 编

李晓寰

## 副主编

崔 洁　王 凯

# 以历史纵深与全球视野
# 筑牢大国粮安之基

(序　言)

"**仓**廪实而知礼节，衣食足而知荣辱"，粮食安全对于治国安邦意义重大。中国古代以农立国，历代王朝皆视"耕战"为社稷之本，从《六韬》的"五谷丰登，社稷安宁"到《史记》的"春生夏长，秋收冬藏"，从商鞅的"废井田，开阡陌"到王安石的"青苗法"，无不以丰粮足食为施政之基。

"我十分关心粮食生产和安全。"党的十八大以来，以习近平同志为核心的党中央高度重视国家粮食安全，始终把解决好十几亿人口的吃饭问题作为治国理政的头等大事。从 2012 年粮食总产量首次达到 1.2 万亿斤、到 2015 年实现 1.3 万亿斤、再到 2024 年突破 1.4 万亿斤，我国以不足全球十分之一的耕地和不到 6%的淡水资源，实现了 2.4 倍于世界平均水平的单位耕地面积产出效率，创造了供给全球五分之一人口的现代农业奇迹，完成了从"吃不饱"到"吃得好"的历史性跨越，体现了世界粮食安全"稳定器"和"压舱石"的大国担当。这不仅是数字的跃升，更是对"悠悠万事，吃饭为大"这一古老智慧的现代诠释。

"无农不稳，无粮则乱"，古今中外，莫过于此。《管子·轻重戊》记载，齐桓公以高价引诱鲁国和梁国向齐国大量供应绨，鲁、梁两国弃农后发生严重饥荒，最终臣服齐国。后来的汉、唐、明、清等强大王朝在末期的社会大动乱，如黄巾起义、黄巢起义、李自成起义等也都与连年自然灾害和重大饥荒直接相关。中国如此，外国亦然。19 世纪的埃及在殖民统治下弃粮改棉，很快从"罗马帝国粮仓"沦为极度缺粮国家，终因粮价暴涨引发社会动荡。1846 年前后，欧洲多国农业歉收，人民生活恶化，1848 年爆发了欧洲革命。不仅如此，西方垄断资本还通过系统性的策略瓦解了巴西、阿根廷、墨西哥等传统农业大国的粮食自主权，导致这些国家贫困率大幅上升。

不谋全局者，不足以谋一域。2024 年，政治纷争和军事冲突多点爆发，俄乌冲突和巴以冲突风险外溢，安全形势更趋严峻，国际力量对比深刻调整，世界多极化进程加速推进，全球经济在多重挑战下复苏缓慢。全球粮食安全形势依旧不容乐观，虽然 2024 年全球谷物总供给 37.2 亿吨，总消费 28.6 亿吨，库消比 30.1%，远高于国际警戒线 17% 的水平，但囿于资源禀赋和科技发展、贸易格局和分配体系、地缘政治和灾害气候等因素，世界粮食危机进一步加剧。据 2024 年《世界粮食安全和营养状况》和《全球粮食危机报告》，全球约有 35.4% 的人口无力负担健康膳食，仍有 7.33 亿人面临饥饿，非洲饥饿人口比例更高达 20.4%，严峻形势堪比 2008 年的水平。而据世界粮食计划署《2025 年全球展望》数据，74 个国家约 3.4 亿人面临突发性粮食不安全问题，较上年增加了 10%。

"手中有粮，心中不慌。如果粮食出了问题谁也救不了我们，只有把饭碗牢牢端在自己手中才能保持社会大局稳定。我们决不能因为连年丰收而对农业有丝毫忽视和放松。"十二年前，习近平总书记在中央经济工作会议上的讲话至今振聋发聩。尽管多年来我国粮食总产量不断跃上新台阶，但必须清醒认识到，粮食安全从来不是静态的成就，而是动态的平衡。我国粮食安全基础仍不牢固，粮食安全形势依旧严峻，粮食供求紧平衡的格局长期不会改变。从大的方面看：

一是农业资源禀赋约束不断加剧。耕地数量持续减少，从第二次国土调查时的 20.3 亿亩降至目前的 19.3 亿亩，人均耕地不足世界平均水平的 30%；耕地平均等级仅 4.76 等，中低产田占比超过三分之二；土壤肥力下降，化肥农药依赖程度提升；后备耕地只有 8 000 余万亩且分布零散，开发和利用的成本高、难度大；淡水资源人均占有量只有世界平均水平的 35%，而且水资源空间分布不均衡，华北和西北地区水资源供需矛盾突出，灌溉水利用系数仅为 0.4～0.5，为国外先进水平的一半左右；

灾害性气候频发,不少地区农业基础设施条件薄弱,稳产保供难度较大,依靠传统耕作方式提升粮食产量难以为继。

二是粮食生产效益比较低下,保护"两个积极性"压力较大。根据《全国农产品成本收益资料汇编》数据,种粮对农民增收的总体贡献显著降低,三大主粮平均可比净利润从2010年的133.8元/亩降至2022年的69.6元/亩,结合2024年粮价走势,净利润或降至60元/亩以下;另据全国农村固定观察点的调查数据,近5年农户种粮收入占家庭总收入比重始终在7%上下,处于较低水平,工资性收入逐年上升,成为农民增收的主要来源。种粮的经济效益也远低于蔬菜、水果等非粮作物,主粮的平均成本利润率仅为15.1%,而蔬菜则达到57.1%。研究显示,以粮食作物为主的村庄平均收入较以其他作物为主的村庄低20%左右。农民种粮意愿下降、地方抓粮动力不足,耕地"非粮化"及撂荒弃耕等现象让"谁来种粮"的问题日趋突出。

三是粮食产业发展不充分不均衡,结构性矛盾较为突出。产销区域上,2004年至2023年,7个主销区粮食播种面积减少2 693万亩,产量占全国比重下降3.1个百分点,北方水土环境和粮食生产间的矛盾日趋突出,而南方的资源配置与粮食需求之间也不相对应。流通格局上,"北粮南运"已经替代"南粮北调",近年来每年跨省粮食调度达3.15亿吨,如遇重大紧急事件,对跨区调度和物流保障将是不小的考验。品种结构上,口粮相对充裕,但饲料用粮需大量进口,特别是大豆对外依存度高达85.5%且进口来源地高度集中。产业链上,我国农产品加工转化率约74%,与发达国家相差17个百分点,同时,在整个流通环节中粮食浪费和损失约占总产量的 20.7%。市场竞争上，国际四大粮商产业链全球布局，贸易规模占 60% 以上，形成近乎垄断的市场话语权；与欧美国家"大农场"生产模式相比，我国粮食生产缺乏规模化和价格成本优势。

四是国际地缘政治形势恶化让全球粮食供应链的稳定性面临挑战。粮食问题历来被很多国家作为战略博弈的重要筹码，伴随民粹主义全球蔓延和地缘政治冲突扰动，粮食供应链脱钩断链的风险不断加剧。单边主义、保护主义、极端气候让不少国家在粮食出口政策方面反复无常，而一些国家泛化所谓"国家安全"，也让中国在海外的粮食贸易和农业投资受到严重干扰。同时，我国小麦、玉米、大豆的进口来源高度集中，受限于贸易惯性和全球供应格局，短期内难以改变，一旦出现极端气候或地缘风险，或对我国粮食安全造成冲击。此外，随着全球粮食工具化、金融化、武器化程度加深，国际粮食市场大幅震荡对我国粮农产业链以及宏观运行影响日益明显。

"五谷者，万民之命，国之重宝。"置身变乱交织的国际环境，我国发展进入战略机遇和风险挑战并存、不确定难预料因素增多的时期。只有完整准确全面贯彻新发展理念，加快构建更高层次、更高质量、更有效率、更可持续的国家粮食安全保障体系，才能够在中国式现代化的宏伟征程中牢牢把握粮食安全主动权。

一是坚持藏粮于地，加快实施耕地保护从"保面积"向"保面积与提质量并重"的战略升级。要扎实推进高标准农田建设。"万物土中生，有土才有粮"，耕地是粮食生产的命根子，是中华民族永续发展的根基。必须实施最严格的耕地保护制度，确保18亿亩耕地红线决不突破，并以提升粮食和重要农产品生产能力为首要任务，分区分类分标准统筹推进高标准农田新建和改造提升，逐步把永久基本农田全部建成高标准农田，确保耕地数量不减少、质量稳提高、效能再升级。要实施耕地保护工程及有机质提升行动。通过加快相关领域立法进程、落实耕地保护责任、突出重点环节系统治理等措施，提升耕地综合生产能力。研究测算，土壤中有机质每提升1个单位，作物平均可增产47~66公斤/亩。要抓好退化耕地、盐碱地等边际土地的综合治理和改造利用。实施酸化土壤修复、耕作层培肥等技术分类开展土壤改良修复工作，并通过完善田间排灌等设施、优化耕作制度等方式进行治理和利用。

二是强化增粮于技，以科技创新激活"第一生产力"。"解决吃饭问题，根本出路在科技"，2025年中央一号文件首次提出"以科技创新引领先进生产要素集聚，因地制宜发展农业新质生产力"，标志着农业科技创新从过去的辅助支撑全面转向核心驱动。要聚焦种业领域，突破"卡脖子"技术。种子是农业的"芯片"，端牢"中国饭碗"，培育良种是关键。生物育种产业已被视作国家战略性、基础性核心产业，要加快从以分子标记和生物技术育种的3.0阶段，向以生物技术、人工智能、大数据为主的智能育种4.0阶段迈进。要着力推广智慧农业技术，实现精准化生产管理。通过生物科技、大数据、卫星遥感、物联网、人工智能等技术引入催生新产业新模式新功能，助力农业生产实现智能化、精准化、绿色化，摆脱依靠耕地、化肥、农药、人力等要素投入的传统粗放型外延发展方式，提高资源利用效率，放大技术强农价值。要树立"大食物观"，加快构建多元化食物供给体系，引导居民膳食结构调整升级，减轻并分散口粮供应的压力和风险。同时，强化农业科技对现代设施农业和都市农业发展的支撑作用，进一步提升设施农业集约化、标准化生产水平，充分发挥设施农业在供应多元食物方面的优势。

三是落实丰粮于策，建立健全支持现代农业发展的政策体系。稳定发展粮食生产，关键在于"一定要让农民种粮有利可图、主产区抓粮有积极性"。党的十八大以来，一系列围绕强农惠农的政策相继出台协同发力，涉农涉粮补贴方式不断调整优化，中央财政对粮食主产区的转移支付力度也在不断加大。但随着经济社会发展，仅靠财政转移支付为主的"纵向补偿"已不能弥补产区因保障粮食生产而牺牲的经济利益，促进产区、销区之间的协调发展势在必行。2024年底召开的中央农村工作会议提出"启动实施中央统筹下的粮食产销区省际横向利益补偿"，就是希望打破主体功能定位差异导致的区域间发展机会不均等，实现资源的优化配置和利益的合理分配。统筹建立"省级横向利益补偿机制"，是涉及粮食产销区利益的重大调整，既要考虑中央和地方、产区和销区关系，也要考虑效率和公平、激励和约束等政策取向。要在实际操作中执行好、落实好相关机制，需要统筹粮食生产、流通、消费等相关因素，兼顾区域发展实际和财力条件，合理确定谁补偿、补偿谁、补多少、怎么补等问题。同时，要探索多样化利益补偿方式，深化产销和经济协作，鼓励具有较好协作基础的不同省份间探索拓展产业、人才、技术服务等多渠道补偿机制。

四是完善备粮于库，以提升收储调控能力为重点构建韧性稳定供应机制。粮食安全不仅是技术问题，更是社会治理命题。我国 14 亿人口每天要消耗 70 万吨粮、9.8 万吨油、192 万吨菜和 23 万吨肉，为此，我国建成总近 7 亿吨规模、能够满足产区三个月、销区六个月、产销平衡区四个半月的中央、省、市三级粮食储备体系，构建起粮食应急保障企业 6.8 万家、粮油应急日加工能力 170 多万吨的应急保供网络。完备的粮食储备和应急保供体系成功抵御了 2008 年环球金融危机、2022 年俄乌冲突等重大全球事件导致全球粮价大涨对我国带来的冲击，经受住了国内暴雨洪涝、台风地震等灾害多次考验。新冠疫情全球大流行期间，国际粮价剧烈波动，而我国"风景这边独好"，习近平总书记曾为此点赞，"这次新冠疫情如此严重，但我国社会始终保持稳定，粮食和重要农副产品稳定供给功不可没"。提升收储调控能力是完善粮食产业链各环节协同保障的关键，在确保现有储备规模情况下，要准确把握"时、度、效"，在更高水平上实现供需动态平衡，还需顺应市场需求、优化粮食储备结构，如提高优质品种的储备占比、优化产区和销区储备比例、在需求较大地区增加饲用粮储备、鼓励民企扩大收储规模等；结合市场形势和阶段特点，灵活收储手段、创新调控模式、引导市场预期；加强对市场供需、价格趋势、行业发展等信息的收集分析，指导开展收储工作，并采取必要手段防范不利舆情不实舆论散布蔓延；支持粮农批发市场和零售终端建设，进一步完善期货、现货市场联动机制等。

五是积极拓粮于世，主动参与全球粮食安全治理，推动构建全球粮食安全命运共同体。中国始终是维护全球粮食安全的积极力量，国家主席习近平在第七十六届联大提出的"全球发展倡议"，粮食安全即是重点合作领域之一。近两年，中国同世界粮食计划署合作，向30余个发展中国家提供紧急粮食援助，惠及上千万受灾民众。目前，中国已成为联合国粮农组织南南合作框架下，资金援助最多、派出专家最多、开展项目最多的发展中国家。在全球经济发展一体化的今天，提升对国际粮食市场掌控能力、增强全球粮食供应链韧性，是新时代国家粮食安全战略的关键举措与深谋远虑。首先，加快推进多元化进口策略，把握粮食进口的稳定性和主动权。在现有合作基础上，尽快与更多非西方粮食出口国或有粮食生产潜能的国家合作，以分散布局；开辟更多运输方式和渠道，形成铁、海、空、陆立体运输网络，防范进口渠道过度集中的风险；重点打造共建"一带一路"沿线相关国家和地区的农业合作与贸易投资平台等。同时，可利用中国所具备的超大市场规模潜力，以加深与出口国的利益互助。其次，加强与有关国际组织和相关国家开展互惠合作，在全球范围配置农业资源。可考虑通过引进当地企业参与、扩大当地雇员聘用、以技术服务引入等方式，推动中企从"走出去"转向"融进去"。同时，加强对海外粮源基地、国际运输要道、港口码头等关键节点的投建与管理，提升对全球粮食供应链的掌控力，构建具有全球视野的开放型国家粮食安全保障体系。最后，主动参与全球粮食安全治理，积极落实"中国方案"。加强与世界贸易组织、联合国粮农组织、世界粮食计划署等国际组织与机构的合作，加大对粮食不安全国家地区的援助力度和技术支持，推动粮食贸易自由化；在双、多边渠道和国际平台上积极发声，分享粮食安全经验，协调引领制定国际农业贸易规则，增强在国际粮食市场的话语权和影响力，推动构建公平开放的国际粮食贸易新秩序。

粮食安全是"国之大者"，这既是历史经验的凝练总结，更是大国复兴的战略底线。面对百年未有之大变局，中国只有保持战略定力，强化底线思维，统筹高质量发展和高水平安全，坚持以我为主、立足国内、确保产能、适度进口、科技支撑的国家粮食安全战略，以科技创新为犁铧、以政策改革为沃土、以全球合作为纽带，从"自给自足"到"引领共治"，才能让中国饭碗端的更稳、成色更足，提高防范和抵御粮食安全风险能力，维护经济社会稳定和国家安全，为全球粮食安全治理贡献中国智慧和力量。

李晓寰

2025 年 3 月

# Consolidating National Food Security Foundations through Historical Continuum and Global Synergy

(Foreword)

"When granaries are full, people observe propriety; when well-fed and clothed, they discern honor from shame." Food security holds profound significance in a state and safeguarding its stability. Ancient China was rooted in agriculture, and successive dynasties regarded "Agriculture and Warfare" as the foundation of statecraft. From the principle "Plentiful harvests ensure a stable nation" in The Six Secret Teachings (Liutao), to the agricultural cycle "spring's sprouting, summer's thriving, autumn's reaping, winter's storing" in Records of the Grand Historian (Shiji); from Shang Yang's "abolish the well-field system and establish the ridges-and-furrow cultivation" to Wang Anshi's "Green Sprout Law"-all these measures underscore that abundant grain reserves and a stable food supply form the cornerstone of effective governance.

"I'm very concerned about the food production and security." Under the leadership of the CPC Central Committee with Comrade

Xi Jinping at its core, food security has been a strategic priority in national governance since the 18th National Congress, with an unwavering commitment to safeguarding the food supply for China's 1.4 billion people. From 2012 grain production for the first time reached 1.2 trillion metric tons to 1.3 trillion tons by 2015, and to 1.4 trillion metric tons by 2024, our country with less than one over ten of the world's arable land and less than 6% of freshwater resources, achieved 2.4 times the world average level of unit cultivated land area output efficiency, created a modern agricultural miracle that supplies one-fifth of the population of the global population, completed the historic leap from "hungry" to "eat well", demonstrates China's world responsibility of a significant country as a "stabilizer" and "ballast stone" for world food security. It transcends mere quantitative leaps in production figures, but rather embodies a contemporary reenactment of the ancient governance maxim: "Among all affairs of state, feeding the people reigns supreme."

"Without agriculture, there can be no stability; without grain, chaos will ensue." This holds true universally, in every era and every land. As recorded in Guanzi: Economic strategies Ⅴ, Duke Huan of Qi lured the states of Lu and Liang into mass-producing luxury silk textiles through premium pricing. When these states abandoned grain cultivation for sericulture, a catastrophic famine ensured, ultimately forcing their submission to Qi's hegemony. The major social upheavals during the decline of later powerful dynasties such as the Han, Tang, Ming, and Qing-including the Yellow Turban Rebellion, Huang Chao Rebellion, and Li Zicheng Rebellion, were all closely linked to consecutive years of natural disasters and severe famines. This holds not only for China but also for other nations. In 19th-century Egypt under colonial rule, the shift from food crops to cotton cultivation rapidly transformed the former "granary of the Roman Empire" into a nation plagued by severe food shortages, eventually triggering social upheaval due to soaring grain prices. Around 1846, many European countries suffered poor agricultural harvests. As living conditions deteriorated, The European Revolutions of 1848 broke out. Furthermore, Western monopoly capital systematically dismantled the food sovereignty of traditional agricultural nations like Brazil, Argentina, and Mexico leading to sharply rising poverty rates in these countries.

Those who fail to consider the bigger picture cannot secure a domain. In 2024, political and military conflicts erupted across multiple global flashpoints. The spillover risks from both the Russia-Ukraine war and the Palestinian-Israeli conflict intensified, leading to an increasingly severe security landscape. As the international balance of power undergoes profound adjustments, the process of global multipolarization accelerates. Meanwhile, the world economy continues to face a sluggish recovery amid persistent challenges. The global food security situation remains grim. Although the global total grain supply in 2024 is 3.72 billion tons, with total consumption at 2.86 billion tons and a stocks-to-use ratio of 30.1%, significantly higher than the international warning level of 17%, the world food crisis has continued to worsen due to constraints in resource endowments, technological disparities, imbalanced trade patterns and distribution systems, coupled with geopolitical tensions climate-related disasters. According to the 2024 World Food Security and Nutrition and the Global Food Crisis Report, about 35.4 percent of the global population cannot afford healthy meals, 733 million people still face hunger, and the proportion of hungry people in Africa reaches 20.4 percent. This grim situation is comparable to 2008 levels. The World Food Program's Outlook 2025 projects that about 340 million people across 74 countries face acute food insecurity, a 10 percent increase from the previous year.

"If you have got food in your hand, you don't panic. If food goes wrong, no one can save us. Only by keeping the rice bowl firmly in our own hands can we maintain overall social stability. We must not neglect or relax our efforts in agriculture just because of successive bumper harvests." Twelve years ago, General Secretary Xi Jinping's speech at the Central Economic Work Conference was still been enlightening. Although China's total grain output has reached a new high in recent years, we must be recognize that food security is never a static achievement, but rather a dynamic balance. The foundation of food security remains unsteady, the overall situation remains grim, and the pattern of tight balance between grain supply and demand will not change in the long term.

From a macro perspective, the first challenge lies in the intensifying constraints of agricultural resource endowments. The arable land area has continued to decrease, dropping from 2.03 billion mu during the Second National Land Survey to the current 1.93 billion mu, with per capita arable land being less than 30% of the global average. The average quality rating of cultivated land stands at merely 4.76 on a scale where lower numbers indicate higher quality, with medium and low-yield fields accounting for over two-thirds of total farmland. Soil fertility is declining while dependence on chemical fertilizers and pesticides is increasing. The reserve arable land amounts to only over 80 million mu with scattered distribution, presenting high development and utilization costs along with technical difficulties. Per capita Freshwater resources account for just 35% of the world average, coupled with uneven spatial distribution. In regions such as North China and Northwest China, the contradiction between water supply and demand is particularly acute. The irrigation water use efficiency coefficient remains at a mere 0.4-0.5, roughly half of the advanced international standards. Additionally, extreme weather events are occurring increasingly frequently, while agricultural infrastructure in many areas remains inadequate. Maintaining stable production and ensuring supply has become highly challenging, as reliance on traditional yields is proving increasingly unsustainable.

The second challenge is the persistently low comparative benefits of grain production, creating significant pressure to safeguard the "two key motivations." According to data from the National Compilation of Agricultural Product Cost-Benefit Analysis, grain cultivation's overall contribution to farmers' income growth has markedly declined. The average comparable net profit for China's three staple grains has dropped from 133.8 yuan per mu in 2010 to 69.6 yuan per mu in 2022. Considering the 2024 grain price trends, the net profit per mu may further decline to below 60 yuan. Furthermore, according to data from the National Rural Fixed Observation Points, farmers' income from grain cultivation has consistently accounted for only around 7% of total household income over the past five years, remaining at a relatively low level. Meanwhile, wage income has risen steadily year by year, becoming the primary driver of income growth for rural households. The economic returns from grain cultivation are significantly lower than those from non-grain crops such as vegetables and fruits. The average cost-profit margin for staple grains is merely 15.1%, whereas vegetables achieve a margin of 57.1%. Studies reveal that villages primarily engaged in grain production have average incomes approximately 20% lower than those focused on other crops. These trends are further exacerbated by three key factors: farmers' declining willingness to grow grain, local governments' insufficient incentives to prioritize grain security, and phenomena such as non-grain uses and agricultural land abandonment. Collectively, these factors are making the question of "who will grow our grain" increasingly urgent.

The third challenge lies in the insufficient and uneven development of the grain industry, with prominent structural contradictions. In terms of production and consumption regions, from 2004 to 2023, the total sown area of grain crops in seven major grain-consuming regions decreased by 26.93 million mu, while their share of national grain output declined by 3.1 percentage points. This highlights two growing imbalances: intensifying contradictions between water/soil conditions and grain production in northern China, while southern regions face misaligned resource allocation relative to local grain demand, exacerbating spatial mismatches. Regarding circulation patterns, the current "north-to-south grain transport" has replaced the previous "south-to-north grain allocation". In recent years, cross-provincial grain transfers have reached 315 million metric tons annually, posing significant challenges to inter-regional coordination and logistics assurance during major emergencies. Regarding crop structure, while food grains remain relatively sufficient, China shows heavy reliance on imported feed grains. Particularly notable is soybean supply, with external dependence reaching 85.5% and import sources being highly concentrated. Within China's agricultural industry chain, the processing and conversion rate of agricultural products is approximately 74%, which is 17 percentage points lower than in developed countries. Meanwhile, about 20.7% of total grain production is lost during circulation processes. In terms of market competition, the four major international grain conglomerates have established a near-monopolistic market influence through their global industrial chain networks, controlling over 60% of global grain trade. Compared with the "large-scale farming" models in Europe and America, China's grain production lacks economies of scale and cost advantages in pricing.

The fourth challenge is the deterioration of the international geopolitical landscape has posed significant challenges to the stability of global food supply chains. Food security has long been leveraged by many nations as a crucial bargaining chip in strategic games. Coupled with the global spread of populism and the turbulence caused by geopolitical conflicts, the risks of supply chain decoupling and disruptions have been escalating continuously. The rise of unilateralism, protectionism, and extreme weather events has led to frequent policy volatility in grain exports among nations. Meanwhile, some countries' vague interpretations of so-called "national security" concerns have severely disrupted China's overseas grain trade and agricultural investments. Compounding these challenges, China's heavy reliance on concentrated import sources for wheat, corn, and soybeans-constrained by entrenched trade patterns and the global supply structure-remains difficult to diversify in the short term. Should extreme climate disruptions or geopolitical risks materialize, they could pose substantial threats to China's food security. Furthermore, as global food resources become increasingly instrumentalized, financialized, and weaponized, the heightened volatility in international grain markets is exerting a growing impact on China's agricultural supply chains and macroeconomic stability.

"Grains constitute the lifeline of the people and the most vital national treasure." In this era of turbulent international dynamics where transformation and disorder intertwine, China's development has entered a phase characterized by coexisting strategic opportunities and risk challenges, with escalating uncertainties and unpredictable variables. Only by fully, accurately, and comprehensively implementing the new development philosophy-while accelerating the establishment of a national food security system that operates at a higher level, delivers superior quality, demonstrates enhanced efficiency, and ensures greater sustainability-can we firmly secure the strategic initiative in food security throughout the grand journey of Chinese-style modernization.

Firstly, adhere to the "storing grain in the land" strategy and accelerate the strategic upgrade of cultivated land protection, shifting from "preserving quantity" to "emphasizing both quantity and quality". We must vigorously advance high-standard farmland construction. "All life comes from the soil, and fertile land serves as the lifeline for food production, forming the foundation for the Chinese nation's sustainable development." It is imperative to implement the strictest cropland protection system, ensuring the inviolability of the 180 million mu cultivated land red line. With the primary mission of enhancing the grain and essential agricultural product production capacity, we should coordinate the advancement of new high-standard farmland construction and renovation through categorized zoning, classification, and tiered standards. Gradually, all permanent basic farmland should be upgraded to high-standard farmland, guaranteeing no reduction in cultivated land quantity, steady improvement in quality, and continuous upgrading of productivity. Implement cultivated protection projects and organic matter enhancement initiatives. By accelerating legislative processes in relevant fields, fulfilling land protection responsibilities, and prioritizing systematic governance of key areas, we will enhance the comprehensive productivity of cultivated land. Research estimates that for every 1-unit increase in soil organic matter content, crop yields can increase by an average of 47-66 kg/mu. Efforts must focus on the integrated management and rehabilitation of degraded farmland, saline-alkali land, and other marginal lands. Remediation technologies such as acidified soil restoration and cultivation layer fertilization should be applied systematically to improve soil quality. Additionally, governance and utilization should be strengthened by upgrading field infrastructure (for example, drainage and irrigation systems) and optimizing farming practices.

The second priority is to strengthen food security through technological advancement, leveraging scientific innovation to activate the "primary productive force". As stated, "To solve the problem of eating, the fundamental way out lies in science and technology." The 2025 No. 1 Central Document for the first time proposed "using scientific innovation to guide the aggregation of advanced production factors and develop new quality productive forces in agriculture according to local conditions," marking a comprehensive transformation of agricultural technological innovation from auxiliary support to core driver. We should focus on breakthroughs in bottleneck technologies within the seed industry. Seeds represent the "silicon chips" of agriculture, and cultivating superior varieties is crucial to securing the "Chinese rice bowl". The bio-breeding industry has been elevated to a national strategic and foundational core industry. It is imperative to accelerate the transition from the 3.0 phase (dominated by molecular markers) and biotechnology, artificial intelligence, and big data. Efforts must focus on promoting smart agriculture technologies to achieve precision production management. By integrating the biotechnological breeding 4.0 era-driven by biotechnology, artificial intelligence, and big data-we must focus on promoting smart agriculture technologies to achieve precision production management. The integration of bio-technologies, big data, satellite remote sensing, the Internet of Things (IoT), and AI will catalyze new industries, models, and functionalities. This will empower agricultural production to become intelligent, precise, and environmentally sustainable, shifting away from traditional extensive development models reliant on inputs like arable land, fertilizers, pesticides, and labor. Such advancements will enhance resource utilization efficiency and amplify the values of technology-driven agricultural strengthening. It is essential to establish the "Big Food Concept," accelerate the development of a diversified food supply system, and guide residents in adjusting and upgrading their dietary structures to alleviate and diversity the pressures and risks associated with staple food supply. Simultaneously, we must strengthen agricultural technology's supportive role in advancing modern facility-based agriculture and urban agriculture, fully leveraging facility agriculture's advantages in supplying diverse food resources.

Third, implement policies to ensure grain abundance by establishing and improving a policy system that supports the development of modern agriculture. The key to stabilizing grain production lies in "ensuring that farmers find grain cultivation profitable and that major producing regions remain motivated to prioritize grain production." Since the 18th National Congress of the Communist Party of China, a series of policies aimed at strengthening agriculture and benefiting farmers have been introduced and coordinated, with continuous optimization of subsidy mechanisms for agriculture and grain-related sectors. Additionally, the central government has steadily increased fiscal transfer payments to major grain-producing regions. However, with socioeconomic development, relying solely on "vertical compensation" through fiscal transfers can no longer fully offset the economic sacrifices made by producing regions to ensure grain production. Therefore, it is imperative to promote coordinated development between producing and consuming regions. The Central Rural Work Conference held at the end of 2024 proposed "Initiating the implementation of inter-provincial horizontal interest compensation between grain producing and grain consuming regions under central coordination." This aims to address the unequal development opportunities caused by differences in functional positioning, thereby achieving optimal resource allocation and equitable benefit distribution. Establishing a "provincial-level horizontal interest compensation mechanism" involves significant adjustments to the interests of grain-producing and consuming regions. It requires balancing the relationships between central and local governments, as well as between producing and consuming regions, while also considering policy orientations such as efficiency and fairness, incentives, and constraints. To effectively implement and operationalize this mechanism in practice, it is essential to take a holistic approach that considers factors such as grain production, distribution, and consumption patterns, while also balancing regional development realities and fiscal capacities. This involves rationally determining key issues, including who should compensate, who should receive compensation, how much should be compensated, and how compensation should be delivered. At the same time, it is necessary to explore diversified forms of interest compensation, deepen production marketing and economic collaboration, and encourage provinces with strong cooperative foundations to expand multifaceted compensation mechanisms: covering industries, talent exchanges, technical services, and more.

Fourth, improve grain storage to build a resilient and stable supply mechanism with a focus on enhancing storage and regulation capacity. Food security is not only a technical issue but also a critical governance challenge. China's 1.4 billion population consumes 700,000 tons of grain, 98,000 tons of oil, 1.92 million tons of vegetables, and 230,000 tons of meat daily. To meet this demand, China has established a three-tier (national, provincial, and municipal) grain reserve system with a total capacity of nearly 700 million tons, sufficient to cover three months of demand in production areas, six months in consumption areas, and four and a half months in balanced production-consumption regions. Additionally, we have built an emergency supply network comprising 68,000 grain and oil emergency response enterprises, capable of processing over 1.7 million tons of grain and oil daily for emergency support. The complete grain reserve and emergency supply system has successfully withstood the impact of rising global grain prices caused by the 2008 financial crisis and the conflict in Russia and Ukraine in 2022 and has endured many tests such as rainstorms, floods, typhoons, and earthquakes in China. During the COVID-19 pandemic, when international food prices fluctuated sharply, China's "scenery is unique." General Secretary Xi Jinping once said, "The COVID-19 epidemic is so serious, but Chinese society has always maintained stability, with secure supplies of food and important agricultural and sideline products." Enhancing the regulation capacity of grain procurement and storage is crucial for improving collaborative safeguards across all segments of the grain industry chain. While maintaining current reserve scales, it is imperative to accurately grasp the "timing, extent, and effectiveness" of interventions to achieve dynamic supply-demand balance at a higher level. This requires aligning with market demands and optimizing grain reserve structures, such as increasing the proportion of high-quality varieties in reserves, adjusting reserve ratios between production and consumption regions, expanding feed grain reserves in high-demand areas, and encouraging private enterprises to expand storage capacities. Additionally, flexible procurement approaches and innovative regulation models should be adopted in response to market conditions and phased characteristics, while proactively guiding market expectations through adaptive strategies, strengthening the collection and and analysis of market supply and demand, price trends, and industry development data to guide procurement and storage operations. Implement necessary measures to prevent the spread and proliferation of detrimental public sentiment and false information. Support the development of grain and agricultural product wholesale markets and retail.

Fifth, we will actively expand grain for the world, actively participate in global food security governance, and promote the building of a community of shared future for global food security.

China has always been a positive force for safeguarding global food security. Under the Global Development Initiative proposed by President Xi Jinping at the 76th Session of the UN General Assembly, food security is one of the key areas of cooperation. Over the past two years, China has collaborated with the United Nations World Food Programme (WFP) to provide emergency food assistance to over 30 developing countries, benefiting tens of millions of people affected by disasters. Currently, China has become the largest contributor of funds, the biggest contributor of experts, and the most active implementer of projects under the Food and Agriculture Organization (FAO) South-South Cooperation framework among developing nations. In today's globally integrated economic landscape, enhancing China's influence over international grain markets and strengthening the resilience of the global grain supply chain are critical strategic measures and forward-looking initiatives for national food security in the new era. First and foremost, it is essential to accelerate the implementation of a diversified import strategy and proactive control of grain imports. Based on existing cooperation, China should promptly collaborate with more non-Western grain-exporting and nations production potential to diversify its supply chain layout. It is crucial to develop multiple transportation modes and channels, establishing a comprehensive network integrating rail, maritime, air, and land routes to mitigate risks from over-concentrated import channels. Special emphasis should be placed on building agricultural cooperation platforms and trade/investment mechanisms with Belt and Road partner countries. Meanwhile, leveraging China's immense market scale potential could deepen mutual benefit cooperation with exporting nations through strengthened interest alignment. Secondly, efforts should be made to strengthen reciprocal cooperation with relevant international organizations and partner countries to optimize the global allocation of agricultural resources. Consider facilitating Chinese enterprises' transition from "going global" to "integrating locally" by introducing partnerships with domestic enterprises, expanding local employment, and incorporating technical services. Simultaneously, China should enhance investment in and management of critical nodes such as overseas grain production bases, key international shipping routes, and port terminals to strengthen control over the global food supply chain. This approach would help build an open, globally oriented. Thirdly, China should proactively engage in global food security governance and actively implement the "Chinese Approach" to Strengthen collaboration with international organizations such as the World Trade Organization (WTO), Food and Agriculture Organization (FAO), and World Food Programme (WFP), while scaling up aid and technical support to the food-insecure region. Promote the liberalization of grain trade and advocate for open agricultural markets. Concurrently, leverage bilateral and multilateral platforms to amplify China's voice, share best practices in food security, and lead the coordination in formulating international agricultural trade rules. By enhancing discourse power and influence in global grain markets, China can drive the establishment of a fair and open international food trade order.

Food security is a "supreme national priority", a conclusion distilled from historical experience and a strategic baseline for China's great rejuvenation. Amidst profound global changes unseen in a century, China must maintain strategic resolve, strengthen risk preparedness, and balance high-quality development with high-level security. By steadfastly implementing the national food security strategy that prioritizes self-reliance, domestic production capacity assurance, moderate imports, and technology empowerment, using scientific innovation as the plow, policy reforms as fertile soil, and global cooperation as the bond. China must evolve from self-sufficiency to leading collaborative governance. This will solidify the stability and quality of the "Chinese rice bowl", enhance capabilities to prevent and withstand food security risks and safeguard socioeconomic stability and national security while contributing China's wisdom and power to global food security governance.

**Li Xiaohuan**

March 2025

# 目录

## 第一部分 2024年粮食市场概述 ……（1）
一、中国粮食市场……………………（3）
二、世界粮食市场……………………（18）

## 第二部分 2024年中国粮食市场供需形势分析 …………（29）
一、小麦市场分析………………………（31）
二、稻米市场分析………………………（49）
三、玉米市场分析………………………（66）
四、大豆及豆油市场分析………………（87）
五、花生及花生油市场分析……………（100）
六、杂粮产业供需形势分析……………（116）
七、玉米深加工行业形势分析…………（133）
八、饲料加工业供需形势分析…………（146）
九、生猪市场供需形势分析……………（163）

## 第三部分 中国粮食市场专论 ……………（177）
一、农产品供给面临的挑战及保障能力提升策略…（179）
二、新质生产力助力粮食生产的逻辑与途径………（196）
三、我国转基因政策演变及启示……………………（224）
四、中非农业价值链合作的机遇与途径……………（245）
五、粮食集成化供应链企业培育路径探究…………（258）

六、新征程中国农产品国际贸易发展与提升 ………（278）
　　七、农业龙头企业品牌建设中的主要问题与对策
　　　　成效 ……………………………………………（293）
　　八、生鲜电商模式演变历程及驱动机制 ……………（307）

## 第四部分　2024年中国粮食相关政策法规 ……………（321）
　　一、健全粮食产销区利益补偿机制 ……………………（323）
　　二、节粮减损稳固粮食安全 ……………………………（332）

## 第五部分　2024年中国粮食市场体系建设 ……………（343）
　　一、粮食批发市场发展状况与展望 ……………………（345）
　　二、粮食期货市场发展状况与展望 ……………………（359）
　　三、粮食电子商务发展状况与展望 ……………………（375）

## 第六部分　行业风采 ………………………………………（385）
　　一、一滴油香里的巴蜀密码 ……………………………（387）
　　二、山东华瑞集团着力打造行业一流现代粮农
　　　　产业集团 ………………………………………（393）

## 第七部分　中国粮食市场资料 ……………………………（399）
　　一、统计数据汇编 ………………………………………（401）
　　表7-1-1　2014—2024年我国国民经济核算情况 ……（401）
　　表7-1-2　全国居民消费价格指数（上年=100）……（401）
　　表7-1-3　全国粮食作物播种面积、粮食总产量 ……（403）

表7-1-4　全国油脂、油料播种面积及产量 ……（404）

表7-1-5　2024年我国主要农产品产量及其增长
速度 ……………………………………（405）

表7-1-6　我国谷物、油料进口数量 …………（406）

表7-1-7　我国谷物、油料出口数量 …………（406）

表7-1-8　2024年全国主要粮油批发市场年度
平均交易价格 …………………………（407）

表7-1-9　2024年全国期货市场交易情况 ……（407）

表7-1-10　美国农业部世界谷物统计与预测 …（413）

二、2024年中国粮食市场大事记 …………………（414）

三、小麦、稻米、玉米、大豆价格走势图 …………（435）

主要参考资料 ………………………………………（441）

后　记 ………………………………………………（451）

# Table of Contents

**Part Ⅰ: Introduction on Grain Market in 2024** ......... ( 1 )
  1  China's Grain Market ............................... ( 3 )
  2  World Grain Market ................................ ( 18 )

**Part Ⅱ: Analysis of Supply-Demand Dynamics in China's 2024 Grain Market** ..................... ( 29 )
  1  Wheat Market ..................................... ( 31 )
  2  Rice Market ...................................... ( 49 )
  3  Corn Market ...................................... ( 66 )
  4  Soybean and Soybean Oil Markets ................... ( 87 )
  5  Peanut and Peanut Oil Markets ..................... (100)
  6  Supply and Demand of Coarse Grains ............... (116)
  7  Supply and Demand of Corn Processing Industry
     ............................................... (133)
  8  Supply and Demand of Livestock Feed Grains ...... (146)
  9  Hog Breeding Industry ............................ (163)

## Part Ⅲ: Selected Articles on China's Grain Market ...... (177)

1. Challenges in Agricultural Product Supply and Strategies for Enhancing Supply Security Capacity ................................................ (179)

2. The Logic and Pathways of New-Quality Productivity in Empowering Grain Production ..................... (196)

3. Evolution of China's GMO Policy and Its Implications ................................................ (224)

4. Opportunities and Pathways for China-Africa Agricultural Value Chain Cooperation ............... (245)

5. Research on the pathway of grain integrated supply chain enterprises ................................... (258)

6. Development and Upgrading of China's Agricultural Product International Trade in the New Journey ................................................ (278)

7. Key Challenges and Strategic Effectiveness in Brand Building of Agricultural Leading Enterprises ................................................ (293)

8. Evolution and Driving Mechanisms of Fresh Produce E-commerce Models ....................... (307)

## Part Ⅳ: Regulations and Policies Related to Chinese Grain Sector in 2024 ................................... (321)

1. Improving Benefit Compensation Mechanisms

Between Grain-Producing and Consuming

Regions ·················································· (323)

2  Saving Grain and Reducing Losses: Strengthening

Food Security ············································ (332)


**Part V: Development of China's Grain Market System**

**in 2024** ················································ (343)

1  The Status and Prospect of Whole Sale Grain Market

·············································································· (345)

2  The Status and Prospect of Grain Futures Market

·············································································· (359)

3  The Status and Prospect of Grain E-Commerce

Business ·················································· (375)


**Part VI: Glimpse of the Grain Industry** ····················· (385)

1  The Secret Code of Sichuan in a Drop of

Rapeseed Oil ············································ (387)

2  Shandong Huarui Group: Forging a First-Class

Modern Agri-Grain Industry Leader ················· (393)


**Part VII: Data on China's Grain Market** ···················· (399)

1  Statistical Data ········································· (401)

Figure 7 – 1 – 1   National Accounts 2014—2024 ······ (401)

Figure 7 – 1 – 2　National Consumer Price Indices (preceding year = 100) ……………(401)

Figure 7 – 1 – 3　National Grain Sowing Areas and Overall Output ………………(403)

Figure 7 – 1 – 4　National Oil – Bearing Crops Sowing Areas and Output ……………(404)

Figure 7 – 1 – 5　2024 National Farm Products Output and Percentage Change …………(405)

Figure 7 – 1 – 6　China's Imports of Cereals and Oil-Bearing Crops ………………(406)

Figure 7 – 1 – 7　China's Exports of Cereals and Oil-Bearing Crops ………………(406)

Figure 7 – 1 – 8　Average Transaction Prices at Major National Grain and Edible Oils Whole Sale Markets in 2024 ……………(407)

Figure 7 – 1 – 9　Trading Data on China's Grain Futures Market in 2024 ………………(407)

Figure 7 – 1 – 10　USDA World Cereal Statistics and Projections ……………………(413)

2　Chronicle of Evens in China's Grain Market in 2024
……………………………………………(414)

3　Price Charts of Wheat, Rice, Corn and Soybean
……………………………………………(435)

**A List of Key References** ·········································· (441)

**Afterword** ···················································· (451)

# 第一部分

## 2024年粮食市场概述

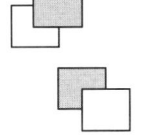

# 一、中国粮食市场

**【内容提要】**

2024年是新中国成立75周年，也是实现"十四五"规划目标任务的关键一年。面对外部压力加大、内部困难增多的复杂严峻形势，在以习近平同志为核心的党中央坚强领导下，各地区各部门深入贯彻落实党中央、国务院决策部署，坚持稳中求进工作总基调，全面贯彻新发展理念，高质量发展取得新进展，国民经济运行稳中有进，特别是一揽子增量政策的及时部署出台，推动社会信心有效提振、经济明显回升，经济社会发展主要目标任务顺利完成，中国式现代化迈出坚实步伐。

"洪范八政，食为政首。"粮食，乃国之根本，民之命脉。2024年，我国继续加大粮食生产支持力度，进一步完善粮食安全保障体系，粮食生产迈上新台阶，首次突破1.4万亿斤大关，连续10年保持在1.3万亿斤以上。这一傲人佳绩，让中国饭碗稳稳当当地装满了更多中国粮，为国家的长治久安与繁荣发展奠定了坚实基础。2025年是"十四五"规划的收官之年,在政策扶持、科技进步和农业基础设施不断完善等利好因素的加持下,2025年我国粮食产量有望保持稳定增长态势。

2024年,面对复杂严峻的外部环境,中国经济顶风破浪、稳中有进,持续向好态势不断巩固,高质量发展步伐更加坚实,为世界经济复苏和发展提供了有力支撑。据国家统计局初步核算,2024年我国国内生产总值1 349 084亿元,按不变价格计算,比上年增长5%,其中第一产业增加值9.1万亿元,比上年增长3.5%。全年农村居民人均可支配收入23 119元,比上年名义增长6.6%,扣除价格因素实际增长6.3%。城镇居民人均可支配收入54 188元,比上年名义增长4.6%,扣除价格因素实际增长4.4%;城乡居民人均收入比为2.34,比2023年缩小0.05,城乡居民收入相对差距进一步缩小。2024年,我国农业农村经济稳中向好,农民收入稳步增长,农村社会和谐稳定,为推动经济社会高质量发展提供了有力支撑。

2024年,以习近平同志为核心的党中央高度重视粮食安全,各地区各部门严格落实耕地保护和粮食安全责任,克服高温干旱、极端洪涝、超强台风等较为严重的自然灾害不利影响,持续抓好粮食生产工作,全年粮食再获丰收,总产量首次突破1.4万亿斤,中国饭碗里装了更多中国粮。具体数据上,国家统计局信息显示,2024年全国粮食播种面积119 319千公顷(178 979万亩),比2023年增加351千公顷(526万亩),增长0.3%。2024年全国粮食单产继续增加,全国粮食作物单产达到395公斤/亩，每亩产量比上年增加5.1公斤，增长1.3%。全年全国粮食总产量70 650万吨（14 130亿斤），比上年增加1 109万吨（222亿斤），增长1.6%（见图1-1-1）。其中，夏粮产量14 989万吨，增长2.6%；早稻产量2 817万吨，下降0.6%；秋粮产量52 843万吨，增长1.4%（见表1-1-1）。分品种看，小麦产量14 010万吨，增长2.6%；玉米产量29 492万吨，增长2.1%；稻谷产量20 753万吨，增长0.5%；大豆产量2 065万吨，下降0.9%。

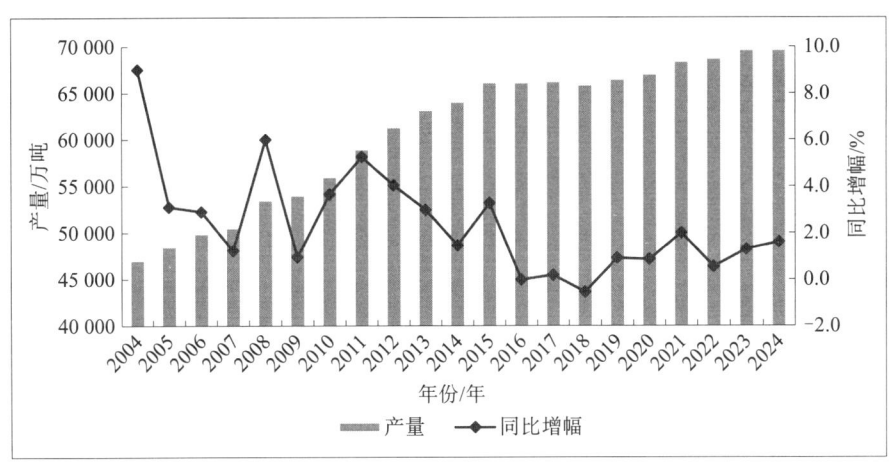

图1-1-1　2004—2024年全国粮食产量及增幅

资料来源：国家统计局。

表1-1-1　2023年和2024年我国粮食产量情况

| 项目 | 2023年 | 2024年 | | |
|---|---|---|---|---|
| | 产量/万吨 | 产量/万吨 | 比上年增减/万吨 | 增减幅度 |
| 粮食总产量 | 69 541 | 70 650 | 1 109 | 1.6% |
| 其中：夏粮 | 14 615 | 14 989 | 374 | 2.6% |
| 早稻 | 2 834 | 2 817 | -17 | -0.6% |
| 秋粮 | 52 092 | 52 843 | 751 | 1.4% |

资料来源：国家统计局。

## （一）强化政策和法律支撑　夯实粮食安全根基

近年来，百年未有之大变局加速演进，国际环境的复杂性快速上升，以国内稳产保供的确定性来应对外部不确定性的需求更加迫切。在此背景下，2024年，中央发布了指导"三农"工作的第21个中央一号文件，凸显了党中央一以贯之、始终重农强农的战略考量。2024年，国务院印发《新一轮千亿斤粮食产能提升行动方案（2024—2030年）》，《中华人民共和国粮食安全保障法》开始实施，为进一步强化粮食生产能力提供了政策支持和法律保障，夯实了国家粮食安全根基。

### 1. 中央一号文件明确"稳面积、增单产"主攻方向

2024年2月3日，2024年中央一号文件发布，文件题为《中共中央　国务院关于学习运用"千村示范、万村整治"工程经验有力有效推进乡村全面振兴的意见》（以下简称《意见》），这是21世纪以来第21个指导"三农"工作的中央一号文件，也是党的二十大胜利召开后发布的第二个中央一号文件。《意见》对未来一段时期乡村振兴工作提出更加细致的要求，做出更为具体的安排和部署。

《意见》做出了"一个引领、两个确保、三个提升、两个强化"的具体要求。即以学习运用"千万工程"经验为引领；以确保国家粮食安全、确保不发生规模性返贫为底线；以提升乡

村产业发展水平、提升乡村建设水平、提升乡村治理水平为重点；强化科技和改革双轮驱动，强化农民增收举措。

《意见》就确保国家粮食安全做出了七项部署。包括"抓好粮食和重要农产品生产，严格落实耕地保护制度，加强农业基础设施建设，强化农业科技支撑，构建现代农业经营体系，增强粮食和重要农产品调控能力，持续深化食物节约各项行动。"

《意见》提出了扎实推进新一轮千亿斤粮食产能提升行动，稳定粮食播种面积，把粮食增产的重心放到大面积提高单产上，确保粮食产量保持在1.3万亿斤以上；加大产粮大县支持力度；探索建立粮食产销区省际横向利益补偿机制；树立大农业观、大食物观，多渠道拓展食物来源，探索构建大食物监测统计体系等具体要求。

**2. 千亿斤产能提升行动，坚定走科技支撑、设施完善的增粮之路**

2024年3月12日，国务院常务会议讨论通过了《新一轮千亿斤粮食产能提升行动方案（2024—2030年）》（以下简称《行动方案》）。这标志着我国开始全面实施新一轮千亿斤粮食产能提升行动，扎实推进藏粮于地、藏粮于技，落实分品种增产任务和分区域增产布局，谋划实施高标准农田建设、种业振兴等支撑性重大工程，牢牢把握粮食安全主动权。

《行动方案》明确了增产总体目标。到2030年实现新增粮食产能千亿斤以上，粮食播种面积稳定在17.5亿亩左右、谷物面积14.5亿亩左右，粮食单产水平达到每亩420公斤左右。

《行动方案》确定了"巩固提升口粮、主攻玉米大豆、兼顾薯类杂粮"增产思路。将产能提升重点放在玉米和大豆上，按照思路，水稻、小麦重在提升品质、优化结构，玉米重在集成配套、主攻单产，大豆重在多措并举、挖掘潜力，因地制宜发展马铃薯、杂粮杂豆等品种，根据市场需求优产稳供。

《行动方案》部署了九大支撑工程和六项保障措施。九大支撑工程分别是：农业节水供水、高标准农田建设、种业振兴、粮食单产提升、粮食绿色生产、农业机械化提升、农业防灾减灾、盐碱地综合利用、粮食加工仓储物流能力建设等，着重围绕粮食生产关键领域和薄弱环节。六项保障举措和支持政策分别是："耕地保护和粮食安全党政同责""强化粮食生产投入保障""健全粮食主产区利益补偿机制""创新金融支持""推进粮食生产适度规模经营""完善粮食市场调控体系、保持粮价合理水平"。

### 3. 粮食安全保障法实施，强化"中国饭碗"法治保障

2024年6月1日，《中华人民共和国粮食安全保障法》开始实施，这是我国粮食安全保障领域首部宏观层面的系统性法律，为我国粮食安全保障提供了基本规范指引，标志着我国粮食安全保障法治体系初步建成。该法聚焦耕地保护和粮食生产、储备、流通、加工等环节以及粮食应急、节约等方面的突出问题，共计11章74条，包括总则、耕地保护、粮食生产、粮食储备、粮食流通、粮食加工、粮食应急、粮食节约、监督管理、法律责任和附则。对"健全粮食安全保障责任机制""确保耕地数量

有保障、质量有提升""稳面积、增单产""完善粮食储备体制机制""推动粮食流通、加工高质量发展""提升防灾减灾和应急能力建设""规范粮食节约减损"七大方面工作作出具体要求和部署。该法的实施，对切实提高防范和抵御粮食安全风险能力具有重大意义。

总体而言，2024年我国继续完善体制机制，健全政策体系，严格落实粮食安全党政同责，加强耕地保护和用途管控，推进土地综合整治，扩大复播粮食面积，充分挖掘面积潜力。持续加大粮食生产支持力度，继续提高小麦、早籼稻最低收购价，稳定耕地地力保护补贴、农机购置与应用补贴、耕地轮作休耕补贴等政策，在全国范围内实施三大粮食作物完全成本保险和种植收入保险政策，完善农资保供稳价应对机制，多措并举提高农民种粮积极性。经过不懈努力，2024年我国粮食播种总面积再次实现增长。

国家统计局数据显示，2024年全国粮食播种面积继续回升，2024年全国粮食播种面积119 319千公顷（178 979万亩），比2023年增加351千公顷（526万亩），增长0.3%（见图1-1-2）。其中，谷物播种面积小幅回升0.5%，达100 458千公顷（150 687万亩）；豆类种植面积下降1.44%，为11 822千公顷（17 733万亩）；薯类种植面积微降0.13%，为7 039千公顷（10 559万亩）。结合各地持续推进高标准农田建设，改善农业生产条件，深入推进粮油等主要作物大面积单产提升行动，推广合理增密、水肥一体、"一喷三防""一喷多促"等技术，有效提升粮食单产水平，全国粮食作物单产达到395公斤/亩，较上年增长 1.3%。得益于稳面积、提单产的共同支撑，2024 年粮食生产首次迈上 1.4 万亿斤台阶，进一步夯实粮食生产安全根基。

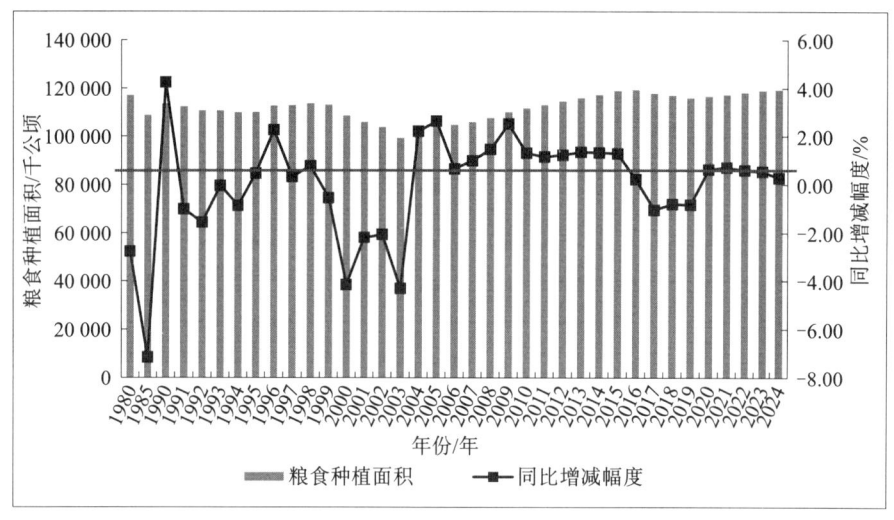

图 1-1-2　1980—2024 年全国粮食种植面积及同比增减幅度

资料来源：国家统计局。

## （二）发挥政策收购逆周期调节作用推动粮价保持在合理水平

粮食价格一头连着"农民"、一头连着"餐桌"，既关系到农民种粮收益和来年种粮积极性，牵动着国家粮食安全，又影响着人民的"米袋子""菜篮子"，决定了日常生活成本。粮食价格过低会造成"谷贱伤农"，而价格过高又会出现"米贵伤民"。2024年，面对国内粮食丰产、价格下跌的局面，各有关部门积极发挥政策性粮食收购逆周期调节作用，增加收储、减少投放，同时积极进行产销对接、预期引导等工作，推动粮食价格保持在合理水平。

**1. 政策收购大规模增加，做好稳定市场"主心骨"**

2024年，面对国内粮食整体的丰产形势，政策收购主动担当、积极作为，加大小麦、玉米、中晚稻等收购力度，以逆周期调节熨平市场波动，推动粮食产业健康发展，努力保障粮食价格保持在合理水平，给农民顺畅售粮创造有利的市场条件，从而保障农民种植收益，维护国内市场稳定。

加强小麦、玉米增储力度。国家有关部门在积极发挥储备轮换收购作用的同时，首次在小麦主产区全面增加2024年产小麦收储规模，继续在东北等玉米主产区增加2024年产国产玉米收储规模。据统计，中储粮累计启动小麦增储收购库点459家，累计布设玉米收购库点超500个，持续发挥政策性收购的稳预期、稳市场、稳价格作用，做好市场引领，牢牢守住农民"种粮卖得出"的底线。

启动中晚稻最低收购价执行预案。中晚稻上市后，国家有关方面先后在河南、江苏、黑龙江和安徽四省启动中晚稻最低收购价执行预案，共布设收储库点228个，总仓容1 136万吨，截至2024年底已收购最低收购价稻谷500多万吨，较好满足农民售粮需求，对稻谷价格形成有力支撑，稳定了市场预期。

引导各类市场主体入场收购。国家粮食和物资储备局数据显示，截至夏粮集中收购期结束，主产区各类粮食企业累计收购 2024 年度夏粮 7 503 万吨，同比增加 642 万吨；截至 2024 年 12 月 31 日，全国各类粮食经营主体累计收购 2024 年秋粮 21 092 万吨，收购进度总体快于上年。国家粮食和物资储备局预估 2024 年粮食收购量将达到 4.2 亿吨左右，连续两年稳定在 4 亿吨以上。

**2. 政策粮投放适当减少，当好粮食周期"调节器"**

2024 年，国内粮食价格表现较弱，有关方面减少了国家政策性粮油竞价销售的投放，以减轻市场压力、稳定价格。2024 年全年未进行最低收购价小麦拍卖，5 月新季小麦上市期，进一步暂停了中央及各级地方储备小麦轮出工作，相关要求一直持续至四季度，从 10 月底至 12 月末，中央和各级地方储备小麦拍卖工作才陆续重启。2024 年最低收购价稻谷拍卖也推迟至 8 月份才启动，比 2023 年晚 5 个月，并且在 9 月底停止拍卖。规模较大的最低收购价小麦、稻谷投放减少，显著降低了 2024 年政策粮投放力度，有助于粮食价格企稳。

## （三）粮食供应充足、价格回落　生活成本保持稳定

欧盟气候监测机构确认，2024 年成为自 1850 年有相关记录以来最热的年份。国际上不少地区出现高温干旱等问题影响农业生产，叠加地缘冲突和供应链问题持续存在，不少国家食品

价格出现明显上涨，推高了餐桌上的基本食品成本。联合国粮食及农业组织发布数据显示，受乳制品、肉类及植物油价格推动，2024年粮农组织食品价格指数持续上涨，在2024年12月该指数达到127点，较2023年同期上涨6.7%。

相比之下，我国物价水平则保持平稳，2024年国内居民消费价格（CPI）较上年仅上涨0.2%。国家统计局对2024年全国流通领域9大类50种重要生产资料市场价格监测显示，2024年12月下旬，小麦、稻米、玉米、大豆价格分别较上年同期下跌18.08%、4.91%、17.41%、18.59%（见表1-1-2）。食品价格比上年下降0.6%，影响CPI下降0.11个百分点，其中食用油、牛肉、羊肉、蛋类、鲜果价格下降幅度都在3.5%~11.6%。粮食类居民消费价格月度指数全年呈下降趋势，粮食作为食品原料，其供应充足，为保障"米袋子""菜篮子"的物丰价稳奠定了坚实基础，保障了人民生活成本稳定，为总体CPI的良性运行起到了"稳定器"和"压舱石"的重要作用（见表1-1-3）。

表1-1-2　　2023—2024年全国主要粮油市场价格情况

| 项目 | 等级 | 2023年12月下旬/（元/吨） | 2024年12月下旬/（元/吨） | 同比涨跌/（元/吨） | 涨跌幅度 |
|---|---|---|---|---|---|
| 小麦 | 国标三等 | 2 888.6 | 2 366.3 | -522.3 | -18.08% |
| 稻米 | 粳稻米 | 4 076.0 | 3 875.7 | -200.3 | -4.91% |
| 玉米 | 黄玉米二等 | 2 432.7 | 2 009.2 | -423.5 | -17.41% |
| 大豆 | 油料 | 4 791.2 | 3 900.4 | -890.8 | -18.59% |

资料来源：国家统计局。

表 1-1-3　2014—2024 年粮食类居民消费价格月度指数与年度 CPI

| 年份/年 | 粮食类居民消费价格月度指数 | | | | | | | | | | | | 年度CPI |
|---|---|---|---|---|---|---|---|---|---|---|---|---|---|
| | 1月 | 2月 | 3月 | 4月 | 5月 | 6月 | 7月 | 8月 | 9月 | 10月 | 11月 | 12月 | |
| 2014 | 103.1 | 102.8 | 102.7 | 102.8 | 103.0 | 103.2 | 103.3 | 103.4 | 103.4 | 103.5 | 103.2 | 103.1 | 102.0 |
| 2015 | 102.9 | 102.9 | 102.8 | 102.8 | 102.7 | 102.6 | 102.5 | 102.4 | 102.3 | 102.2 | 102.1 | 102.0 | 101.4 |
| 2016 | 100.7 | 100.7 | 100.6 | 100.6 | 100.6 | 100.6 | 100.6 | 100.5 | 100.5 | 100.5 | 100.5 | 100.5 | 102.0 |
| 2017 | 101.2 | 101.2 | 101.4 | 101.5 | 101.4 | 101.5 | 101.6 | 101.6 | 101.7 | 101.6 | 101.5 | 101.3 | 101.6 |
| 2018 | 101.2 | 101.1 | 101.1 | 101.0 | 100.9 | 100.7 | 100.6 | 100.5 | 100.6 | 100.6 | 100.6 | 100.5 | 102.1 |
| 2019 | 100.6 | 100.5 | 100.6 | 100.6 | 100.6 | 100.6 | 100.6 | 100.6 | 100.6 | 100.6 | 100.6 | 100.6 | 102.9 |
| 2020 | 100.5 | 100.7 | 100.7 | 101.2 | 101.6 | 101.6 | 101.6 | 101.6 | 101.6 | 101.6 | 101.4 | 101.4 | 102.5 |
| 2021 | 101.6 | 101.4 | 101.4 | 101.1 | 100.8 | 100.7 | 100.7 | 100.7 | 100.9 | 101.5 | 102.0 | 100.9 | |
| 2022 | 101.6 | 101.5 | 101.7 | 102.0 | 102.2 | 102.5 | 102.6 | 102.6 | 102.7 | 102.6 | 102.8 | 102.8 | 102.0 |
| 2023 | 102.7 | 102.7 | 102.5 | 102.1 | 101.8 | 101.6 | 101.4 | 101.3 | 101.3 | 101.2 | 101.1 | 101.1 | 100.2 |
| 2024 | 100.5 | 100.4 | 100.4 | 100.5 | 100.5 | 100.5 | 100.4 | 100.3 | 100.2 | 100.1 | 100.0 | 99.9 | 100.2 |

资料来源：根据国家统计局公布的数据整理。

说明：（1）粮食指人们用作主食的各种成品粮及其加工品，包括大米、面粉、粗杂粮以及各种粗、细粮制品，不包括薯类、豆类及糕点食品。（2）上年同期价格指数为100。

## （四）进口粮总量下降、渠道优化 供应链韧性增强

近年来，我国构建起以国内粮食生产为主，以进口调剂余缺为辅，国内国际两个市场、两种资源，优势互补协调配合的粮食安全保障体系。近五年来，为补充国内饲用粮缺口，我国大量从国外进口粮食。2024 年，全国粮食产量首次站上了1.4

万亿斤的新台阶。2024年下半年起我国粮食进口开始大幅下降。进口渠道也在不断优化，强化进口粮供应链韧性，提高粮食进口供应链安全。

**1. 进口速度放缓，优先消化国内粮源**

海关总署数据显示，2024年我国累计进口粮食1.58亿吨，同比减少2.3%。如图1-1-3所示，分品种来看，2024年我国小麦、玉米和大米进口量均大幅下降，大豆、大麦、高粱进口量同比增长。2024年大豆进口量为10 503万吨，同比增长6.5%，占全部粮食进口量的六成以上；进口大麦1 424万吨，同比增长25.8%；进口玉米1 364万吨，同比减少49.7%；进口小麦1 118万吨，同比减少7.6%；进口高粱866万吨，同比增长66%；进口大米和稻谷166万吨，同比减少38.9%。

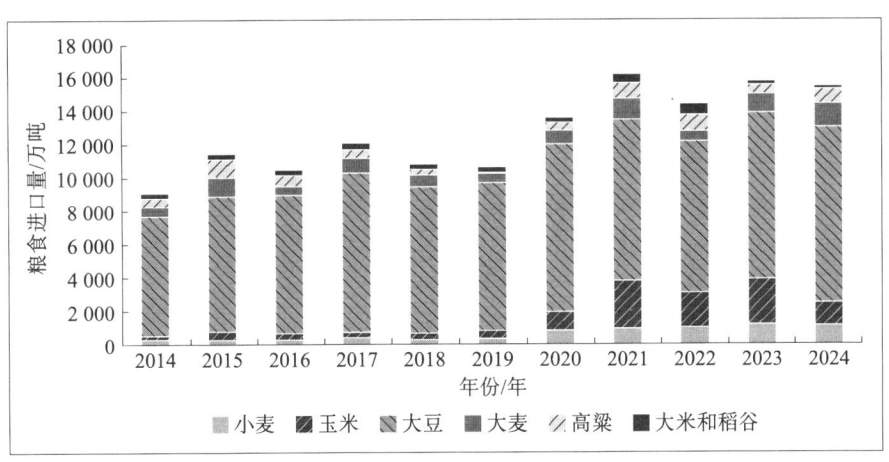

图1-1-3　2014—2024年我国粮食进口情况及占比

资料来源：根据国家统计局公布的数据整理。

2024年我国粮食进口数量下降，主要有两点原因：一是性价比下降，2024年国内粮价大幅下跌，内外价差缩小，进口动力下降，2024年我国粮食累计进口金额为4 908.1亿元人民币，同比下降14.5%，降幅远高于粮食进口量2.3%的下降幅度；二是丰产之下国内供大于求矛盾凸显，我国开始收紧进口，主动控制进口，减轻外部低价粮对国内粮食市场的冲击。

粮食出口方面，2024年我国粮食出口量较上年进一步缩减。2024年我国出口粮食226万吨，同比减少13.7%。

### 2. 降低对美依赖，强化"粮食走廊"安全

2024年，我国降低美国粮食进口，增加巴西粮源进口。2024年自美国进口粮食总量为3 179万吨，占我国粮食进口总量的20.2%，较近几年最高占比值（35%）下降近15个百分点，持续减小对美依赖。2024年自巴西进口粮食总量8 111.3万吨，占我国粮食进口总量的51.5%，较近几年最低占比值（35%）提升16.5个百分点。

增加巴西粮源进口，一方面，因为巴西积极响应我国"一带一路"倡议，与我国长期保持友好关系；另一方面，以中粮集团为代表的我国粮食企业，持续在巴西粮食供应链关键节点上布局，使得巴西渠道更为可控。

中粮国际在2022年成功获得巴西桑托斯港STS-11粮食专用码头25年特许经营权，并着手对码头进行升级改造。该码头一期工程将于2025年正式启用，预计实现每年800万吨级的粮食吞吐量，并有望发展成为中粮集团在海外最大的港口码头，

这不仅有助于解决我国粮食进口关键环节长期受制于人的"痛点",还能降低进口成本,增强进口粮供应链稳定性。

## (五)2025年多措并举保粮安 "大国粮仓"更稳固

2025年是"十四五"规划的收官之年,也是为"十五五"良好开局打牢基础的一年。供应端,中央农村工作会议要求,"稳定粮食播种面积""推进粮油作物大面积单产提升行动""强化耕地保护和质量提升""实施中央统筹下的粮食产销区省际横向利益补偿""推动粮食等重要农产品价格保持在合理水平",在"稳耕地、提单产、保收益"的综合保障之下,2025年我国粮食生产预计仍能保持高位,粮食安全有充足保障。就需求端而言,中央经济工作会议提出,"加大宏观政策逆周期调节,全方位扩大国内需求。"在政策的刺激之下,新年度整体消费有望持续增长,粮食消费尤其是饲用粮消费有望增强,带动国内粮价实现触底反弹,粮食产需有望更加匹配,粮食安全保障能力必将进一步提升。

(郑州粮食批发市场　王向博)

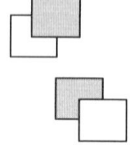

# 二、世界粮食市场

【内容提要】

2024年，全球谷物产量出现下降，谷物"供大于需"的格局开始改善，由于上一年度结余较多（8.8亿吨），在产量下降的背景下，谷物总体供应仍略有增加（280万吨），但需求增幅则更为显著（1 420万吨），此消彼长之下，谷物过剩格局有望逐步放缓。联合国粮农组织预测，2024/2025年度全球谷物产量预计为28.48亿吨，消费量预计为28.57亿吨，由去年的"产大于需"变为今年的"产不足需"。国际粮食价格总体震荡趋弱运行，其中除玉米价格略有反弹之外，小麦、大米、大豆等价格普遍下跌。联合国粮农组织发布的数据显示，2024年谷物价格指数平均为113.5点，比2023年下降13.3%，从2022年的历史峰值连续第二年下跌。在产需格局出现趋势性逆转的背景下，未来国际粮价有望逐步触底回升。

## （一）世界谷物供需总体宽松 价格有弱有强

全球谷物市场产量略微下降、消费需求小幅增长。由于极端天气（霜冻、洪水、干旱等）对主产国产量造成负面影响，全球谷物产量预期减少。根据联合国粮农组织在2024年末发布的数据，2024/2025年度全球谷物产量预计为28.48亿吨，同比下降1 100万吨，减少0.3%。虽然部分地区的极端天气和地缘政治风险（如俄乌冲突）对供应链产生了一定压力，但由于上一年度结余较多，全球谷物供应量依然充足。2024/2025年度世界谷物供应量预计为37.345亿吨，同比增加280万吨，增长0.07%。

需求上，全球谷物的消费量因畜牧业复苏和工业用谷物需求增加而相应增长，2024/2025年度谷物消费量预计为28.574亿吨，同比增加1 420万吨，增长0.5%。从贸易上看，由于俄罗斯小麦减产和乌克兰玉米出口受限，叠加全球需求疲软和物流成本上升，国际贸易被抑制。2024/2025年度全球谷物贸易量预计为4.85亿吨，同比下降1 960万吨，减少3.9%。2024/2025年度全球谷物期末库存量为8.886亿吨，同比增加480万吨，增长0.5%。库存量与消费量之比保持在31%左右，仍处在较为充足的水平（见表1-2-1）。

表 1-2-1　　　　　　　　　世界谷物供需情况

| 项目 | 2024/2025 年度 | 2023/2024 年度 | 2022/2023 年度 |
| --- | --- | --- | --- |
| 产量/亿吨 | 28.48 | 28.59 | 28.135 |
| 供应量/亿吨 | 37.345 | 37.317 | 36.577 |
| 消费量/亿吨 | 28.574 | 28.432 | 27.863 |
| 贸易量/亿吨 | 4.85 | 5.046 | 4.794 |
| 期末库存/亿吨 | 8.886 | 8.838 | 8.727 |
| 库存消费比 | 31.1% | 31.1% | 31.3% |

资料来源：联合国粮农组织（FAO）。

玉米价格向好，其他品种下跌。由于总体产量稳定或略增，而消费增长则普遍乏力，国际谷物价格整体疲软。联合国粮农组织发布的数据显示，因小麦和粗粮价格显著下跌，2024 年谷物价格指数平均为 113.5 点，比 2023 年下降 13.3%，从 2022 年的历史峰值连续第二年下跌。

分品种来看：

### 1. 小麦库存下降，价格持续"筑底"

因需求增长超过产量，全球小麦库存下降。联合国粮农组织 2024 年末报告显示，2024/2025 年度全球小麦产量预计为 7.922 亿吨，同比增加 270 万吨，增长 0.3%，主要因全球极端天气等不利因素，影响了小麦增产。2024/2025 年度全球小麦消费量预计为 7.967 亿吨，同比增加 530 万吨，增长 0.7%，主要因全球小麦饲料和工业用需求增长所致。年度产需缺口为 450 万吨，继续消化库存，联合国粮农组织预估 2024/2025 年度世界小麦期末库存为 3.148 亿吨，同比下降 450 万吨，减少

1.4%，年度库存消费比继续下降（见表1-2-2）。

表1-2-2　　　　　　　　　世界小麦供需情况

| 项目 | 2024/2025年度 | 2023/2024年度 | 2022/2023年度 |
|---|---|---|---|
| 产量/亿吨 | 7.922 | 7.895 | 8.069 |
| 供应量/亿吨 | 11.105 | 11.124 | 11.022 |
| 消费量/亿吨 | 7.967 | 7.967 | 7.751 |
| 贸易量/亿吨 | 1.983 | 2.086 | 2.02 |
| 期末库存/亿吨 | 3.148 | 3.183 | 3.229 |
| 库存消费比 | 39.5% | 40.0% | 41.7% |

资料来源：联合国粮农组织（FAO）。

2024年小麦价格持续"筑底"。2024年，世界小麦产量虽然遭受不利天气影响，尤其是，黑海地区特别是俄罗斯遭遇干旱和暖冬天气，在5月至6月一度令小麦炒作行情再起。但相关影响最终被证实并不如预期，且其他产区小麦整体产量较好，小麦价格继续下跌，不过整体跌幅小于上一年度。监测显示，截至2024年末，CBOT美软红冬麦主力合约FOB报价551.5美分/蒲式耳，同比下跌12%，下跌幅度较2023年的20%大幅收窄8个百分点（见图1-2-1）。此外，随着国际库存的下降，国际小麦价格呈现出筑底态势。

**2. 大米供应转向宽松，国际米价大幅回落**

大米实现丰产，有效供应增加。2024年，虽然干旱等极端天气对部分主产国（如印度、中国）水稻生产造成了一定程度的负面影响，但总体影响程度相对有限，2024年度全球水稻依然实现丰产。联合国粮农组织在2024年末发布的数据显示，

2024/2025年度全球大米产量预计为5.389亿吨，同比增加420万吨，增长0.8%；2024/2025年度全球大米供应量预计为7.383亿吨，同比增加960万吨，增长1.3%，保持稳定增长。

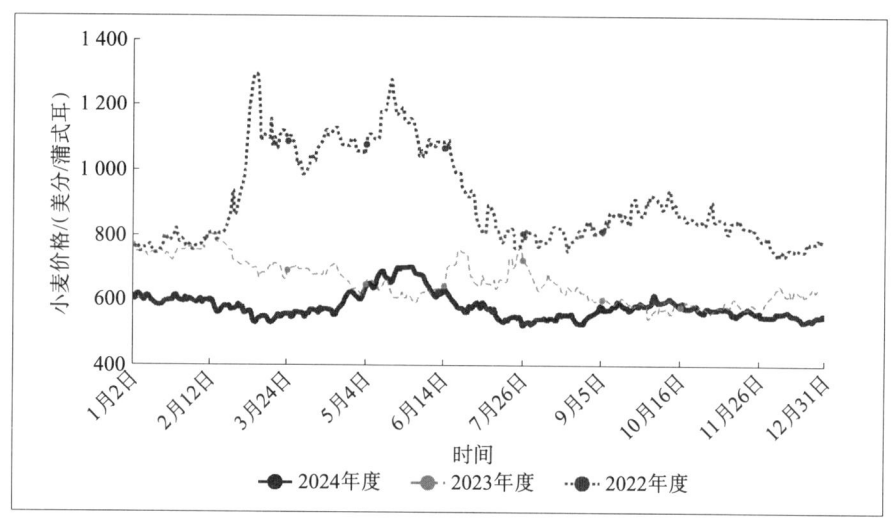

图1-2-1 国际小麦价格走势图

资料来源：CBOT软红冬麦主力合约FOB报价。

而需求端同样保持增长，2024/2025年度全球大米消费量预计为5.358亿吨，同比增加930万吨，增长1.8%。虽然需求出现增长，但因年度生产依然高于年度消费，期末库存继续攀升，2024/2025年度全球大米期末库存量为2.054亿吨，同比增加600万吨，增长3%，年度库存消费比已经增长至38.3%，市场供应格局持续向宽松转变。贸易方面，因印度解禁大米出口，联合国粮农组织预计2024/2025年度全球大米贸易量将继续增长，预估为0.549亿吨，同比增加310万吨，增长比例为6%（见表1-2-3）。

表1-2-3　　　　　　　　世界大米供需情况

| 项目 | 2024/2025年度 | 2023/2024年度 | 2022/2023年度 |
|---|---|---|---|
| 产量/亿吨 | 5.389 | 5.347 | 5.256 |
| 供应量/亿吨 | 7.383 | 7.287 | 7.178 |
| 消费量/亿吨 | 5.358 | 5.265 | 5.261 |
| 贸易量/亿吨 | 0.549 | 0.518 | 0.529 |
| 期末库存/亿吨 | 2.054 | 1.994 | 1.940 |
| 库存消费比 | 38.3% | 37.9% | 36.9% |

资料来源：联合国粮农组织（FAO）。

印度解禁大米出口，全球米价快速下跌。2024年，泰国、越南等国家不断增加大米出口力度，在新季增产形势明朗之后，印度也解禁本国大米出口，加入全球大米出口"价格战"之中，综合导致国际大米市场货源相当充足，价格显著下跌。监测显示，截至2024年末，泰国、越南、印度产破碎率5%大米FOB报价分别为501美元/吨、485美元/吨、452美元/吨，同比下跌24%~26%（见图1-2-2）。

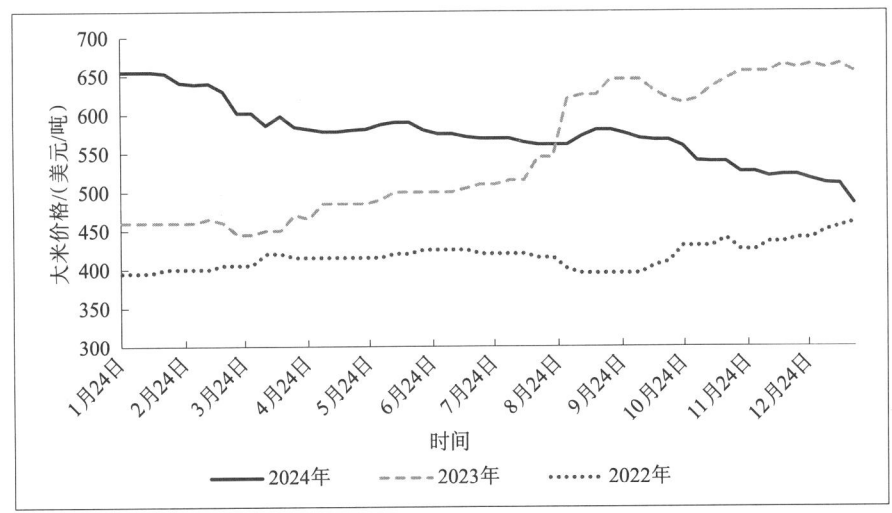

图1-2-2　2022—2024年越南破碎率5%大米FOB报价走势图

资料来源：越南破碎率5%大米FOB报价。

## 3. 粗粮供需格局持稳，玉米价格率先反弹

全球粗粮年度消费超越产量。2024年，因部分地区干旱和种植面积减少，全球粗粮产量预计下降。根据联合国粮农组织在2024年末发布的数据，2024/2025年度全球粗粮产量预计为15.17亿吨，同比下降180万吨，降低0.1%。需求端，因饲料需求驱动消费增长，而工业用途（如生物燃料）的需求因政策调整而波动，2024/2025年度粗粮消费量预计继续增长，但增速有所放缓。联合国粮农组织预测2024/2025年度全球粗粮消费量为15.249亿吨，同比增加490万吨，增长0.3%。贸易方面，出口国竞争加剧和局部地区的产量波动，可能会对全球的贸易市场产生负面影响，尤其是中国的进口量可能出现下降，因此预估2024/2025年度全球粗粮贸易量为2.318亿吨，同比下降1 240万吨，减少5%。全球粗粮的总体库存仍维持相对充裕，2024/2025年度全球粗粮期末库存量预计为3.685亿吨，同比增加250万吨，增长0.7%（见表1-2-4）。

表1-2-4　　　　　　　　世界粗粮供需情况

| 项目 | 2024/2025年度 | 2023/2024年度 | 2022/2023年度 |
| --- | --- | --- | --- |
| 产量/亿吨 | 15.17 | 15.35 | 14.809 |
| 供应量/亿吨 | 18.83 | 18.798 | 18.377 |
| 消费量/亿吨 | 15.249 | 15.200 | 14.851 |
| 贸易量/亿吨 | 2.318 | 2.442 | 2.245 |
| 期末库存/亿吨 | 3.685 | 3.66 | 3.448 |
| 库存消费比 | 24.2% | 24.1% | 23.2% |

资料来源：联合国粮农组织（FAO）。

玉米价格略有反弹。2024年，因干旱等异常天气持续干扰玉米生产，国际市场始终对玉米供应存在担忧情绪，因此国际玉米价格并未明显下跌。与此同时，美国农业部预测2024/2025年度全球玉米产量将下降至12.14亿吨，较2023/2024年度下降约0.3%；期末库存为2.96亿吨，同比减少约2100万吨，降幅达6.6%；库存用量比将降至20.85%，为2013/2014年度以来的最低，国际玉米市场格局出现向供应偏紧转换的迹象。监测显示，截至2024年末，CBOT黄玉米主力合约FOB报价211.6美元/吨，同比微涨1.7%（见图1-2-3）。

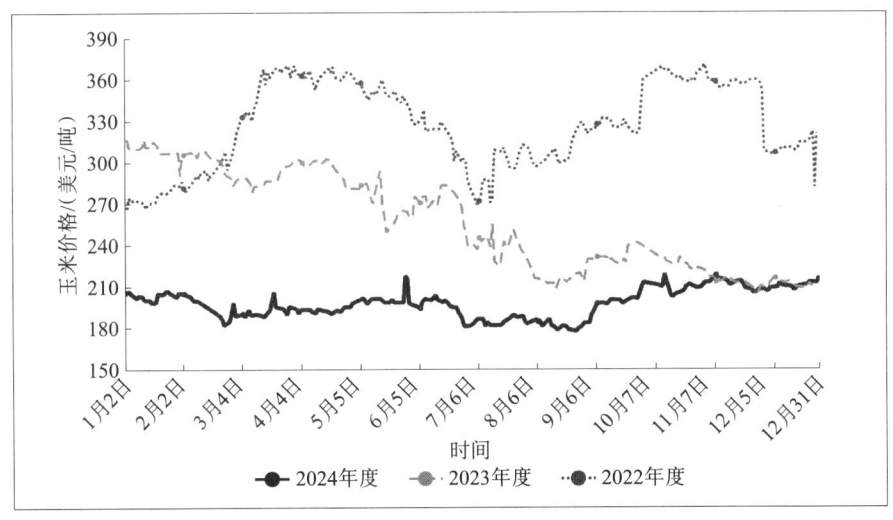

图1-2-3　国际玉米价格走势图

资料来源：CBOT黄玉米主力合约FOB报价。

## （二）全球大豆产量连续第三年刷新记录 国际豆价持续下跌

产量再创新高。2024年，由于巴西、美国、阿根廷、巴拉圭等生产国天气条件改善、种植技术进步、种植面积扩大，推动全球大豆产量稳步增长。根据美国农业部在2024年12月发布的数据，2024/2025年度全球大豆产量预计为4.243亿吨，同比增加2540万吨，增长6.4%。从需求上看，受饲料和食用油需求的推动，中国、美国、俄罗斯等国压榨量增加，同时推动未来全球大豆的压榨量和消费量增长。2024/2025年度全球大豆消费量预计为4.055亿吨，同比增加2150万吨，增长5.6%；压榨量预计为3.493亿吨，同比增加1980万吨，增长6%（见表1-2-5）。从贸易上看，中国大豆需求旺盛，进口稳步增长，预计2024/2025年度全球大豆进口量为1.792亿吨，比上年度增加287万吨，增长1.6%，其中本年度中国大豆进口量预计为1.05亿吨，同比增加300万吨，增长2.94%，占全球进口量的60%。消费和库存方面，由于全球大豆产量增长超过消费增长，全球大豆期末库存持续积累，巴西、美国、阿根廷的库存均有所增加。全球大豆库存用量比为31.66%，高于上年的29.74%。

价格震荡下行。从市场运行情况看，2024年国际大豆表现整体疲软，虽然年中有几次因天气等因素引发的价格炒作，阶段性推高了国际大豆价格，但最终都被全球大豆丰产格局击垮，价格反弹仅是昙花一现。监测显示,截至 2024 年末,CBOT 黄大豆主力合约 FOB 报价约 396.19 美元/吨,同比下跌 23.2%(见图 1-2-4)。

表 1-2-5　　　　世界大豆供需情况　　　　单位:亿吨

| 年度 | 产量 | 消费量 | 压榨量 | 进口量 | 出口量 | 期末库存 |
|---|---|---|---|---|---|---|
| 2024/2025 | 4.243 | 4.055 | 3.493 | 1.792 | 1.820 | 1.284 |
| 2023/2024 | 3.989 | 3.840 | 3.295 | 1.676 | 1.703 | 1.142 |
| 2022/2023 | 3.744 | 3.641 | 3.134 | 1.648 | 1.711 | 1.019 |

资料来源:美国农业部(USDA)。

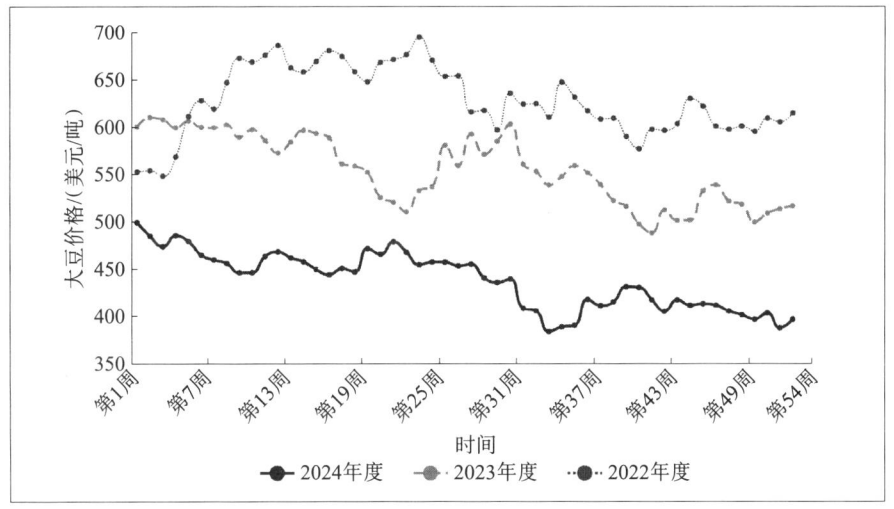

图 1-2-4　国际大豆价格走势图

资料来源:CBOT 黄大豆主力合约 FOB 报价。

(郑州粮食批发市场　王向博　孙艺琳)

# 第二部分

## 2024年中国粮食市场供需形势分析

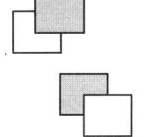

# 一、小麦市场分析

## 【内容提要】

2024年,是我国小麦丰产刷新历史的一年,全国小麦总产量首次突破1.4亿吨,单产继续提升、质量稳步提高;但受宏观形势、人口结构老龄化等因素影响,我国小麦制粉消费有所下降,并且受制于玉米价格大幅回落,小麦饲用消费亦明显减少;小麦进口量虽有所下降,但年度总量依然超过1 000万吨。2024年小麦价格大幅下跌,上半年麦价大跌12%,新麦上市后,政策增储支撑价格,麦价跌势放缓,下半年跌幅仅约4%。最终,2024年小麦行情以2 830元/吨起步,以2 400元/吨收尾,全年下跌超15%。

2025年,小麦生产仍将面临异常天气挑战,进口总量预计大幅下降;各类经济刺激政策持续推出,整体消费有望逐步好转,饲用有望恢复;最低收购价格上调至1.19元/斤,显示政策托底决心。因此,当前小麦"政策底"已经较为明显,各种有利因素综合发力,新年度麦价有望企稳向好。

## （一）2024 年我国小麦供需形势回顾

### 1. 小麦单产提升，产量首次突破 1.4 亿吨

根据《国家统计局关于 2024 年粮食产量数据的公告》提供的数据，2024 年我国小麦播种面积 23 587.4 千公顷，比 2023 年减少 39.5 千公顷，同比下降 0.2%；小麦单位面积产量 5 939.6 公斤/公顷，比 2023 年增加 150.8 公斤/公顷，同比增长 2.7%；小麦总产量 14 009.9 万吨，比 2023 年增加 359 万吨，同比增长 2.6%（见图 2-1-1）。

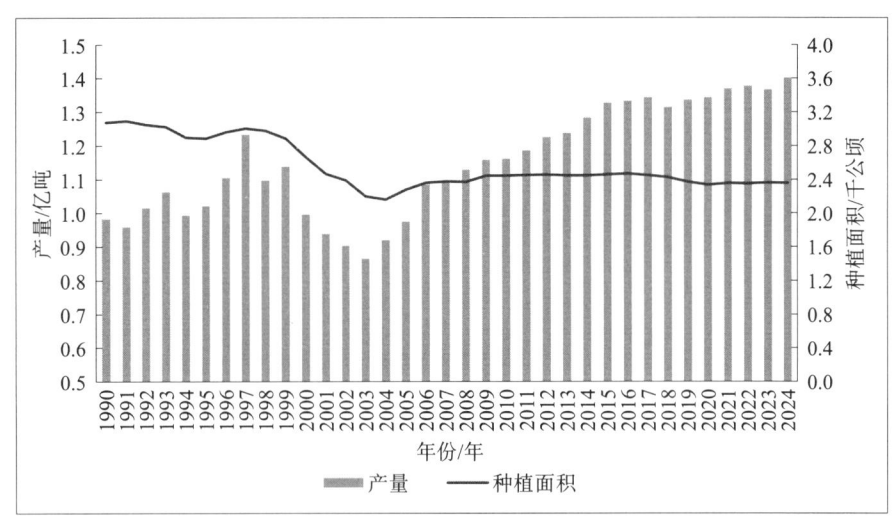

图 2-1-1　1990—2024 年我国小麦产量及种植面积

资料来源：国家统计局网站，郑州粮食批发市场整理。

2024 年我国小麦增产的主要原因是，在种植面积稳定的基础上，持续的农业基础设施投入和田间管理水平提高，为小麦

增产奠定了基础；加之小麦生长期气候条件配合较好，小麦单产得以大幅提升，一扫上一季"烂场雨"阴霾，最终成就了历史级别丰产。同时，整体粮质较2023年大幅改善，河南三等以上小麦占比达到97.3%，较2023年增加32.9个百分点；安徽三等以上小麦占比98.3%，较2023年增加13.1个百分点。

### 2. 成本有升有降，小麦综合投入持平

年度小麦种植投入与上年度基本持平，但因小麦价格下跌，农户种植收益下降。2024年麦收后对河南省小规模种植户的调研结果显示，综合评估亩均投入约580元。其中，物质费用方面，因2023年"烂场雨"、种子费用增加，种植期化肥价格下跌、支出下降，病害防治压力较大、农药支出增加；机械作业、灌溉费、劳务成本总体稳中略降，综合判断投入持平。虽然亩产量显著恢复，但小麦价格下跌幅度较大，按2024年7月上旬二级市场价格1.22元/斤计算，出售标准品小麦亩均毛收入约1 085元，综合测算平均收益约565元/亩，同比减少约55元（见图2-1-2）。针对租地主体，考虑到地租成本，则部分地租较高的种植主体收益可能为负。

### 3. 小麦品质较好，饲用消费同比减少

2024年，我国小麦产需再度呈现供大于求格局（见图2-1-3），主要原因是小麦消费的两大主力口粮和饲用均出现下降。据估算，小麦消费总量约12 080万吨，同比下降1 410万吨。其中，制粉消费8 320万吨，同比减少80万吨，因2024年我国人口总量增长停滞，人口结构继续向老龄化发展；饲用消费约2 200万

吨,同比减少1 300万吨,主要原因是玉米价格较低,大多数地区小麦饲用不具备性价比;工业和种用消费约1 560万吨,同比减少30万吨,主因是种植面积保持平稳,白酒生产下降,小麦品质较好,进入酒精、制胶等领域的工业用小麦数量下降。

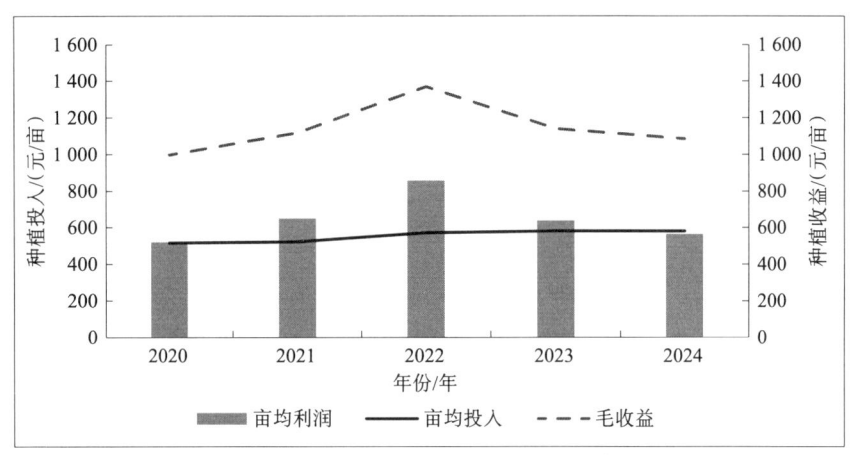

图2-1-2　2020—2024年河南普通农户小麦种植投入与收益

资料来源:郑州粮食批发市场收集并整理。

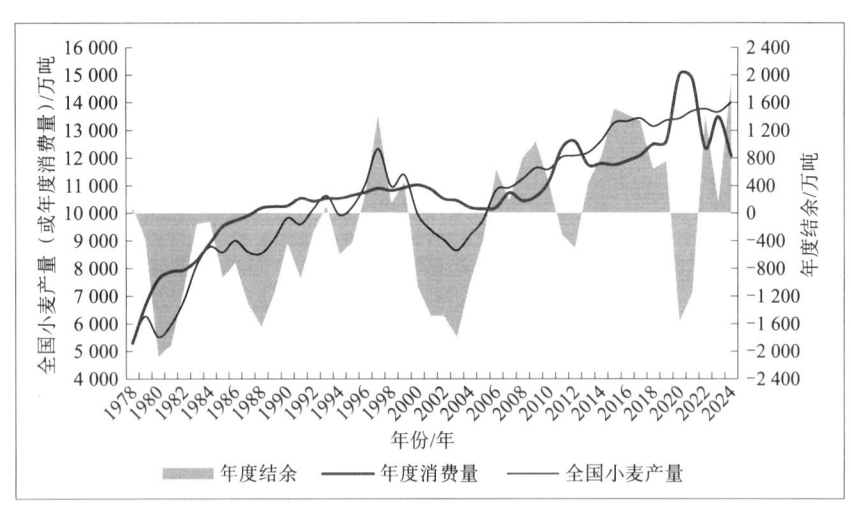

图2-1-3　1978—2024年我国小麦产需平衡情况

资料来源:郑州粮食批发市场根据多个机构供需平衡表综合整理。

## 4. 扩大收储规模，吸收市场过剩供应

由于新季小麦丰产，下游消费又不甚理想，新粮上市季各市场主体收购力度有限，小麦价格弱势运行。为了稳定市场价格，防止出现"卖粮难"现象，按照国家有关部门安排，中国储备粮管理集团有限公司在启动中央储备小麦轮入收购的同时，在小麦主产区全面增加2024年产小麦收储规模，以政策收购吸收过剩供应，稳定市场价格。截至2024年12月，中储粮累计在河南、山东、安徽、江苏等8个小麦主产省设立了440个收购库点，有力支撑小麦市场。在政策收储支撑下，小麦主产区企业门前收购价格维持在2 400~2 500元/吨。

## 5. 年度进口减少，美麦占比大幅下降

海关总署数据显示，2024年我国累计进口粮食1.58亿吨，同比减少2.3%；进口金额为4 908.1亿元人民币，较2023年减少14.5%。其中，小麦进口1 118万吨，同比下降7.6%（见图2-1-4）。这是自2020年以来我国小麦年度进口量首次出现下降，尤其是2024年四季度，因国内小麦供应充足、价格较低，小麦进口量断崖式下降，月度降幅达到70%~80%。

从来源国看，小麦进口前五位依次是：进口澳大利亚小麦335.7万吨，占比约30%；进口加拿大小麦252.5万吨，占比约23%；进口法国小麦229万吨，占比约20%；进口美国小麦190万吨，占比约17%；进口哈萨克斯坦小麦约60万吨，占比约5.4%。其中，进口澳大利亚、法国、哈萨克斯坦小麦占比提

升，进口美国小麦占比大幅下降，进口加拿大小麦份额基本稳定。

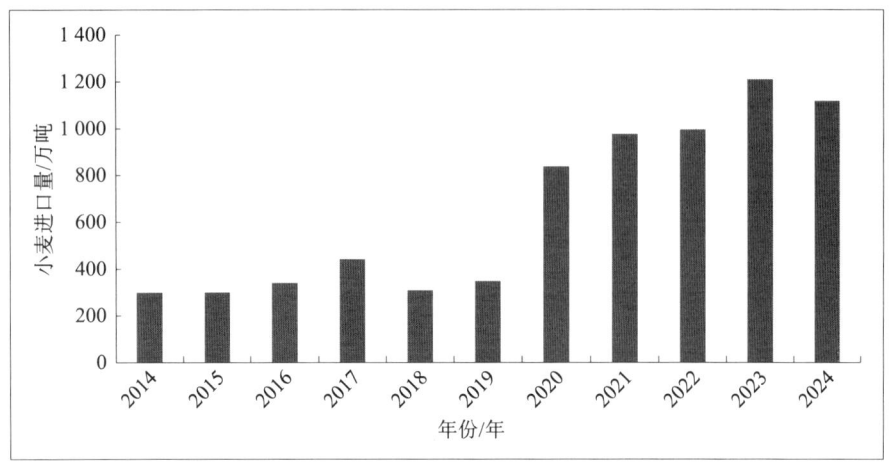

图 2-1-4　2014—2024 年我国小麦进口情况

资料来源：海关总署，郑州粮食批发市场整理。

## （二）2024 年我国小麦市场行情回顾

### 1. 市场粮源充足，增储提振信心

2024 年，国内小麦行情整体回落，按照价格下跌速度可以分为"急跌"和"缓降"两个阶段（见图 2-1-5）。

第一阶段（1月至5月中旬），由 2 830 元/吨至 2 530 元/吨的急跌阶段。2024 年主产区小麦以 2 830 元/吨开局，在经历了节前集中售粮和节后集中采购的震荡后，至3月份，在消费疲

软的拖累下，小麦价格开始走弱。并且随着新季丰产预期逐渐明朗，部分囤粮主体开始出清库存，市场粮源充足，小麦价格以每月100元/吨的幅度下跌。至新粮上市前跌至2 530元/吨，5个月时间下跌300元/吨，跌幅达10.6%。

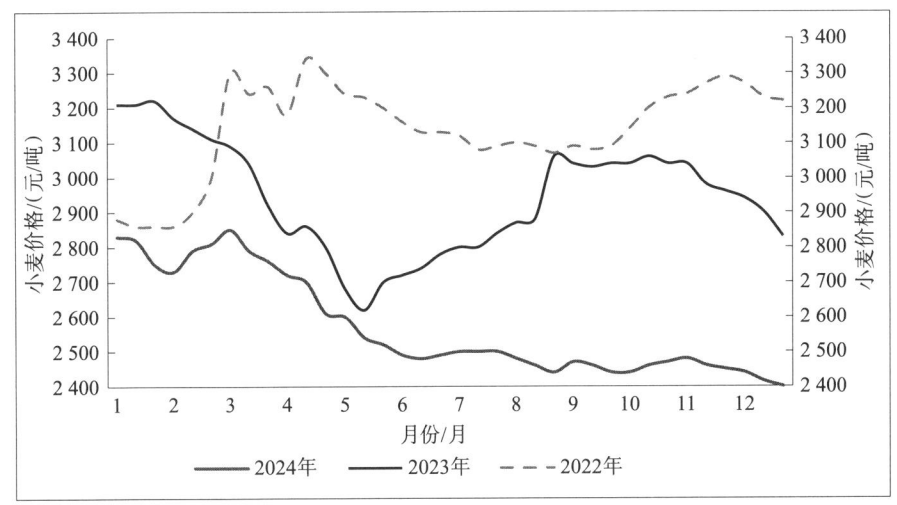

**图2-1-5　2022—2024年国内主产区小麦价格走势**

资料来源：郑州粮食批发市场。

第二阶段（5月下旬至12月底），由2 530元/吨降至2 400元/吨，政策收购支撑下的缓降阶段。5月下旬新粮开始上市，初期产区企业收购价格在2 480～2 520元/吨水平，在产量高、质量好的背景下，面粉企业不担心缺粮，在补充库存之后，普遍降低收购力度。与此同时，玉米价格持续低于小麦，饲料企业并未大量采购小麦（见图2-1-6）。因此，产区小麦收购价格快速回落至2 400～2 450元/吨。为防止"卖粮难"出现，从6月份开始，中储粮在产区大规模增储，市场信息显示，增储价格普遍在 2 500 元/吨左右，强势支撑起产区价格，大幅缓解了小麦下跌趋势。至 2024 年底，口粮和饲用消费表现不佳，导致小麦价格持续阴跌，节日采购等因素并未托起麦价，仅有少部分主体在年底入市囤粮，多数主体仍在观望。2024 年 12 月末，小麦主流收购价格维持在 2 400 元/吨，7 个月的时间下跌 130 元/吨左右，跌幅 5%。

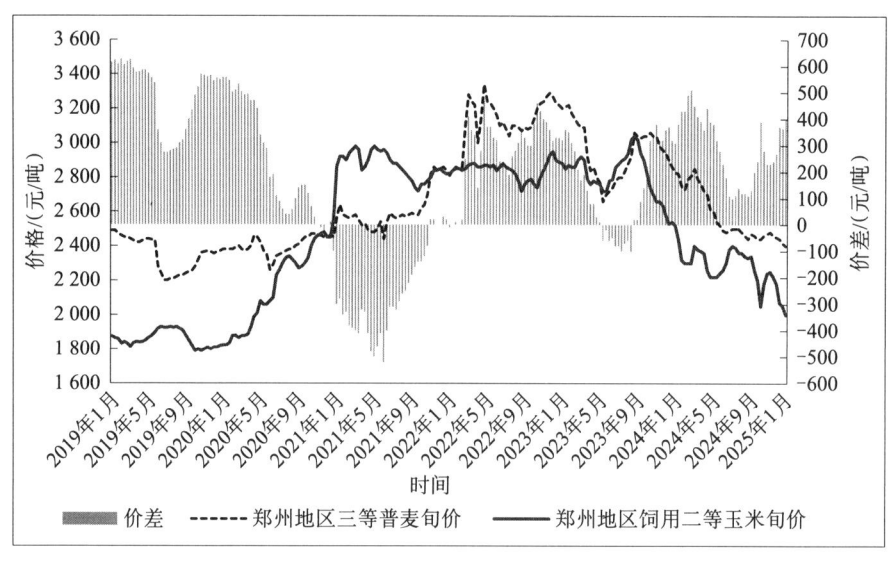

图 2-1-6　2019—2024 年国内主产区小麦、玉米价差走势图

资料来源：郑州粮食批发市场。

## 2. 产量质量俱佳，产区基本同价

2023 年由于"烂场雨"袭击，部分地区小麦受损，因品质差异较大，小麦价格明显拉开档次。优质的"未受损"小麦相对稀缺，即使价格较高，依然受到储备库和面粉厂追捧；低品

质的"受损小麦"由于价格低廉而性价比出众,被饲料企业大量抢购,市场主体各取所需使小麦收购快速进行。

而2024年,小麦产量、质量俱佳,各省对当地样品质量监测结果显示,主产区小麦品质普遍在三等以上,达到一等的比例较上年大幅提高。其中,河南一等小麦样品占比达63.1%,较上年升高46.6个百分点;安徽一等小麦样品占比67.5%,较上年升高29.2个百分点;江苏一等小麦样品占比73.3%,较上年升高19.0个百分点;河北一等小麦样品占比达80.6%,较上年升高24.9个百分点(见图2-1-7)。

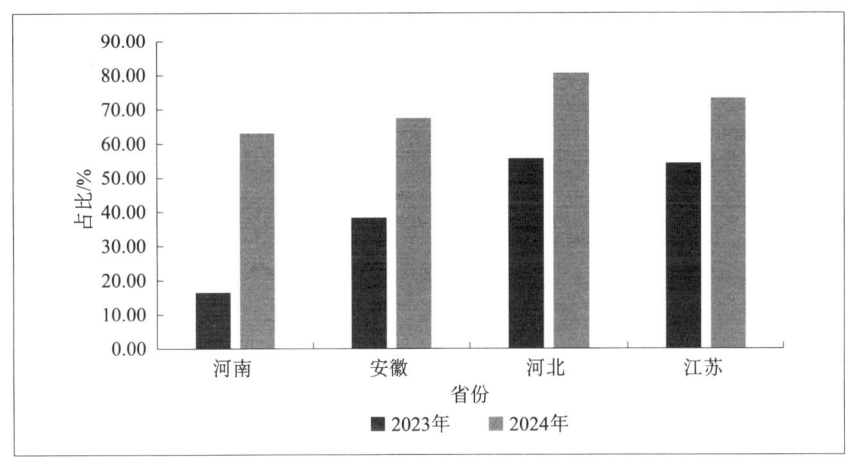

**图2-1-7 2023年与2024年主产省一等小麦样品占比情况对比图**

资料来源:国家粮食和物资储备局网站,郑州粮食批发市场整理。

与此同时,主产区政策增储收购价格普遍在1.25元/斤的水平,导致各主产省之间价差很小,玉米价格较低使得小麦饲用较少,综合导致主产区小麦品质相近、价格趋同、饲用减少。无论是主产区内的调剂互补,还是向纯销区的外发量,均较2023年明显下降,市场预估整体售粮进度可能不及上年。

### 3. 储备暂停投放，稳定市场价格

2024年，托市小麦除新疆有少部分投放外，其他省份均未进行投放，相关库存压力顺延至2025年。同时，为稳定市场价格、给新粮上市腾出足够空间，各级地方储备小麦轮出销售在2024年5月份陆续暂停，并且几乎持续至年底12月份才逐步开启销售，其未完成的出库销售任务同样顺延至2025年，由此导致2025年储备投放压力可能较大。

### 4. 托市政策给力，稳产增产有望

2024年9月下旬，2025—2026年小麦最低收购价格公布。国家继续在小麦主产区实行最低收购价政策，并且将最低收购价水平调整由一年一定改为两年一定。

综合考虑粮食生产成本、市场供求、国内外市场价格和产业发展等因素，经国务院批准，2025年和2026年当年生产的小麦（三等）最低收购价为每50公斤119元，即2 380元/吨，较上年提高20元/吨，如生产成本等发生较大变化，将另行按程序调整（见图2-1-8）。

同时，继续对最低收购价小麦限定收购总量为3 700万吨，并分两批次下达，第一批数量为3 330万吨，不分配到省；第二批数量为370万吨，视收购需要具体分配到省。

小麦最低收购价格已经连续五年上调，因小麦市场价格始终高于最低收购价，小麦最低收购价执行预案从2021年至今均未启动。市场上对小麦最低收购价政策是否持续产生了一些疑

虑，而本次政策的及时发布，再次强调了国家保障农民种粮收益的决心和恒心，消除市场杂音、稳定市场预期，为下一年度小麦稳产增产奠定了坚实基础。

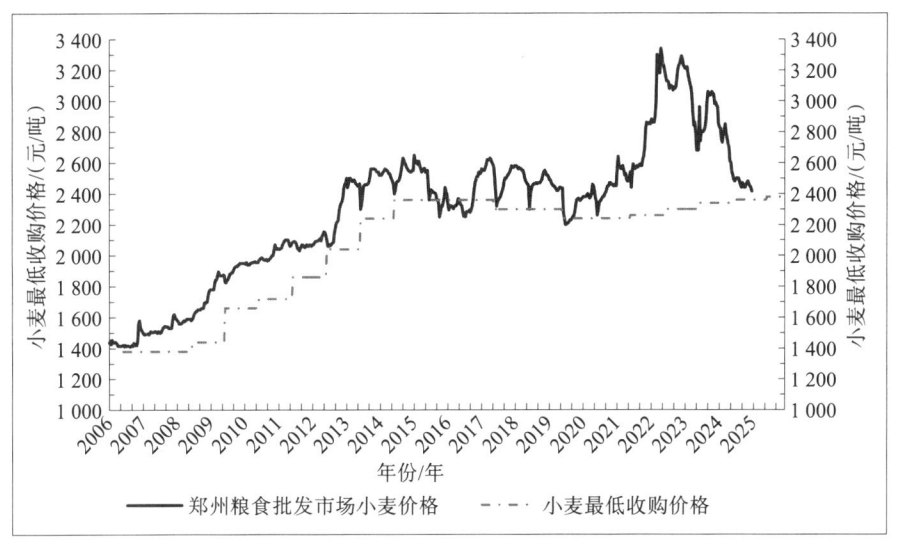

图 2-1-8 2006—2025 年小麦最低收购价格

资料来源：国家发展和改革委员会网站，郑州粮食批发市场整理。

## （三）2025 年我国小麦市场展望

**1. 生产："大面积单产提升"工程支撑小麦继续增产**

2024 年 12 月召开的中央农村工作会议和全国农业农村厅局长会议，对我国"粮油作物大面积单产提升"工作作出了部署安排，将继续把粮油作物大面积单产提升作为"三农"工作的重要任务，持续发力提高技术到位率、装备匹配度，为粮食稳产增产提供坚实支撑。

新季苗情方面，监测显示，2024年底暖冬导致部分地区出现小麦冬前旺长情况。但总体来看，今年冬小麦长势较上年更为均衡，弱苗比例同比偏低。若后期天气配合，尤其是2025年春天气温只要不过快回暖，则新季小麦单产有望继续提高，产量能够再次突破1.4亿吨水平。

**2. 其他供应：进口冲击减轻，拍卖政策存在调整可能**

进口方面，基于当前国内总体谷物供大于求、价格较低的格局，叠加依然有较多储备库存需要销售，2025年小麦进口很有可能大幅缩减，甚至可能收缩至仅略高于2020年以前的水平，即400万~500万吨，进口冲击将大幅减轻。

拍卖方面，尚未完成的各级地方储备销售和超千万吨的最低收购价小麦库存投放，都是市场关注的重点。尤其是最低收购价小麦，2017年的库存已经存放接近8年，2019年的库存也将进入第6个存储年。其拍卖价格、拍卖方式和拍卖节奏都会对阶段性市场行情产生较大影响。虽然库存较多，但为了在当前市场气氛较弱的环境下，维持小麦市场稳定，也存在调整拍卖政策的可能，或采取"拍陈入新"的方式，降低储备投放对2025年小麦市场的冲击。若采用此种方法，储备投放对市场的压力将大幅减轻。

## 3. 需求：制粉消费平稳，小麦饲用有望企稳回升

面粉消费方面，因与人口结构和经济增长速度息息相关，目前各大机构预估我国 2025 年的 GDP 增速普遍在 4.5%～5%，增速或略低于 2024 年水平。人口方面，我国人口自 2021 年达到 14.12 亿的峰值之后，近几年一直处于缓慢下降状态，并且新生人口数量自 2016 年以来基本也处于趋势性下跌状态。同时，伴随着人口老龄化不断加重，2024 年末，我国 60 岁及以上人口达到 31 031 万人，首次突破 3 亿人，占全国人口的 22.0%，其中 65 岁及以上人口 22 023 万人，占全国人口的 15.6%。近 10 年间，65 岁以上人口占比以平均每年 0.5 个百分点的速度在快速增长（见图 2-1-9）。人口老龄化带来面粉类消费能力趋势性下降，并且根据新生人口变化趋势判断，相关趋势短期内难有逆转。因此总体判断，面粉消费可能继续缓慢下降。

饲用消费方面，因进口玉米受限，进口冲击减轻。而生猪养殖在持续盈利，饲料原料需求较为刚性，玉米有望重回产需紧平衡格局。在此背景下，小麦、玉米价差有望给出更多替代空间，年度小麦饲用有望企稳回升。

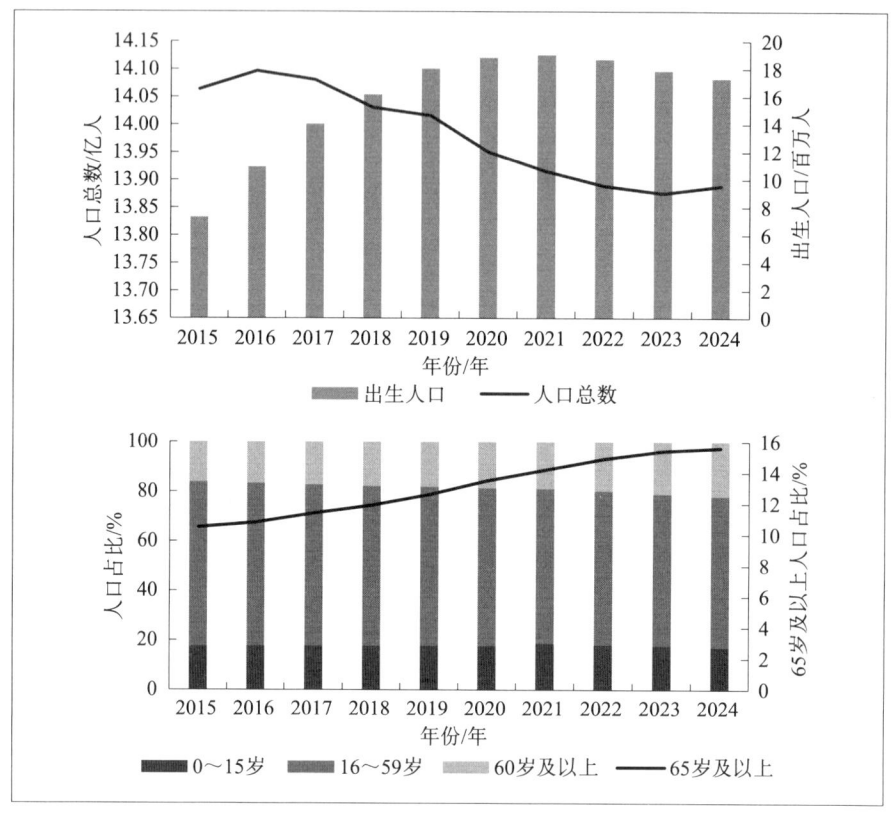

图 2-1-9　2015—2024 年我国人口总量及结构变化情况

资料来源：国家统计局，郑州粮食批发市场整理。

### 4. 政策：托底态度坚定，强化麦价支撑

习近平总书记多次强调，"种粮户不能吃亏，有钱赚，才有种粮积极性。"小麦最低收购价政策正是践行这一原则的重要政策手段。虽然因为麦价较高，小麦最低收购价执行预案已经多年未启动，但有关部门已经多次重申，2025 年将继续落实好最低收购价政策，并且 2025—2026 年度小麦最低收购价也上调至 1.19 元/斤（三等），充分显示了政策端保障小麦稳

产、稳价、稳收益的决心，各类政策强化了小麦价格的底部支撑。

**5. 行情："政策底"明确，年末或迎翘尾**

结合以上对小麦生产、进口、储备、消费、政策等多方面情况的汇总及分析，综合预计小麦"政策底"已经非常明确。因食用消费无法消化全部小麦供应，2025年小麦市场核心矛盾在于通过何种方式消化掉过剩供应，是饲用还是储备，抑或二者共同发力，最终将取决于政策的引导方向。因此，在政策底线支撑和饲用恢复的助力之下，如果进口持续保持较低水平，且新季最低收购价执行预案得以启动，市场粮源被储备大量吸收，则国内谷物整体供应过剩的情况有望逐步缓解。随着积极因素积累至四季度及年底，小麦价格有望与玉米共同回暖。另外需注意，因本季小麦存在冬前旺长情况，天气适应性减弱，春季"倒春寒"等不利天气破坏力会更强，因此，2025年小麦生长期天气需要格外关注。

## （四）国际小麦市场回顾及展望

**1. 国际乱局影响"钝化"，国际麦价低位运行**

2024年，俄乌冲突尚未停止、中东地区乱局再起，地缘政治紧张、地区冲突加剧，导致国际粮食供应链安全和稳定面临持续挑战，联合国贸易和发展会议发布的《2024年海运回顾》报告指出，巴拿马运河、红海和苏伊士运河以及黑海等全球海上关键咽喉要道正面临严重压力。然而，已经持续了近三年的俄乌冲突，已经让各粮食主产国和消费国调整了粮食供应链布局，从而逐渐适应了国际乱局，2024年地缘冲突并未显著改变国际小麦偏弱走势。反而是上半年黑海等小麦主产区天气异常，市场炒作新季减产带动麦价强势反弹，但最终相关因素并未兑现，国际小麦生产稳定略增，最终国际小麦价格重回弱势。作为国际标杆的CBOT小麦合约价格重心继续下移，截至2024年底，芝加哥期货交易所（CBOT）软红冬小麦主力合约报收551.5美分/蒲式耳，同比下跌76.5美分/蒲式耳，跌幅12.2%（见图2-1-10）。

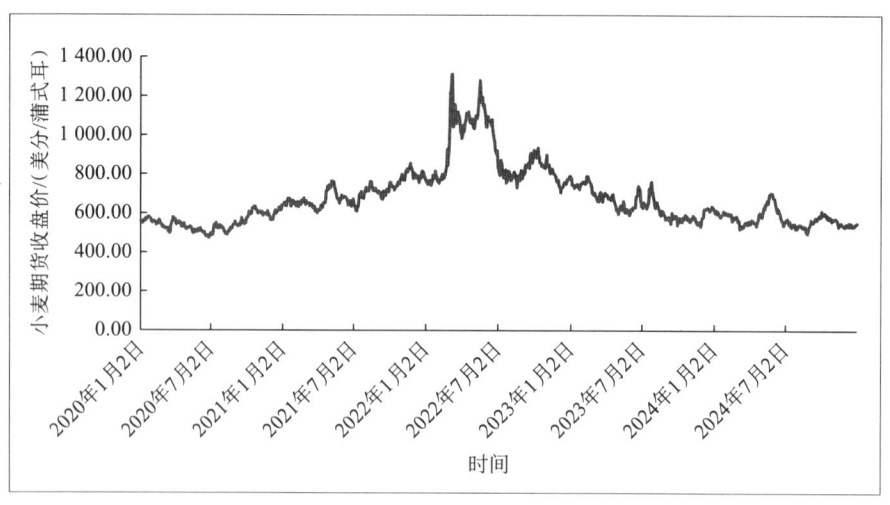

图2-1-10 2020—2024年CBOT小麦期货收盘价

资料来源：CBOT。

## 2. 全球库存降至 9 年最低，市场炒作蠢蠢欲动

美国农业部（USDA）2024 年 12 月供需报告预测，2024/2025 年度全球小麦期末库存将下降至 2.579 亿吨，为自 2015/2016 年度以来的最低水平；年度库存消费比降至 32.3%，较上一年度下跌近 1 个百分点。库存储备下降，调节能力降低，这也是市场不断进行天气炒作的重要原因之一。不过 USDA 预估，2024/2025 年度产需缺口有望缩小，期末库存下降趋势有望减缓。

2025 年 1 月 USDA 供需报告预估，2024/2025 年度全球小麦产量将达到 7.93 亿吨，较上年度增加 200 万吨。其中，欧洲和黑海地区小麦产量较上年度减少，亚洲、北美洲、大洋洲地区小麦产量较上年度增加。2024/2025 年度全球小麦消费量预估为 7.98 亿吨，与上年度基本持平。2024/2025 年度全球小麦产需缺口缩减至 542 万吨，较上一年度下降近 200 万吨，供需缺口通过消化上一年度结余库存补充。

## 3. 最强暖冬影响持续，俄麦产情引发关注

国家气候中心最新监测表明，2024 年全球表面平均温度较工业化前水平（1850 年至 1900 年平均值）高出 1.49℃，较 1991 年至 2020 年平均值（常年值）偏高 0.61℃，成为全球有气象记录以来的最暖年份。暖冬同样挑战着俄罗斯的小麦生产，作为全球最大的小麦出口国，各机构均调低其 2025 年小麦产量预期。并且如果后续产量确实受损，俄罗斯还有可能主动提高

出口门槛，限制小麦出口。因此，2025年俄罗斯小麦产区天气情况将成为重要炒作题材。

基于我国2025年小麦进口量大幅下降的判断，2025年国际市场小麦可出口份额相对增加，除非天气确实对新季生产造成实质影响，否则天气炒作行情仍会像过去一样，仅仅是昙花一现。

（郑州粮食批发市场　王向博）

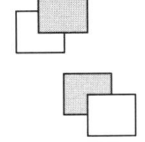

# 二、稻米市场分析

【内容提要】

回顾2024年，我国稻谷产量较上年小幅增长，但受不利气候影响，稻谷品质分化严重；受宏观经济形势影响，我国稻谷口粮消费、饲用消费和工业消费均出现不同程度的下降；受国内外价差影响，大米进口量已经下降至13年来的最低水平。年内稻谷价格波动幅度较大，尤其是前三个季度，稻谷价格跌幅一度超过6%。第四季度新季中晚稻集中上市，受最低收购价政策支持，稻谷价格逐步止跌企稳并小幅回升。

展望2025年，稻谷产量和质量大概率将呈现恢复性增长。市场上符合收储质量标准的粮源存在阶段性缺口、国际米价下行可能导致大米进口量增加等多重因素叠加，或使稻谷行情呈现阶段性走强态势。玉米价格或将低位运行，令稻谷饲用缺乏有效基础，2025年最低收购价执行预案或将继续在部分区域启动。综合预计2025年新稻上市前，稻谷价格或将维持坚挺走强态势；新稻上市后，市场价格或将稳中趋弱，并在四季度维持窄幅波动。

## （一）2024年我国稻米市场供需形势回顾

### 1. 稻谷产量小幅增加

《国家统计局关于2024年粮食产量数据的公告》显示，2024年我国稻谷播种面积43 510万亩，同比增加86万亩，增幅0.2%；稻谷单位面积产量477公斤/亩，同比增加1.2公斤/亩，增幅0.3%；稻谷总产量20 754万吨，同比增加93万吨，增幅0.5%（见图2-2-1）。其中，早籼稻播种面积7 132万亩，同比增加32万亩，增幅0.5%；早籼稻单位面积产量395公斤/亩，同比减少4公斤/亩，减幅1.0%；早籼稻总产量2 817万吨，同比减少17万吨，减幅0.6%（见图2-2-2）。

2024年早籼稻生长期低温寡照多雨等不利天气增多，4月和5月多雨寡照天气导致早籼稻发育缓慢，有效分蘖不足，尤其是广东、广西和江西等部分产区接连遭遇洪涝灾害，早籼稻秧苗受损严重，部分地区存在补种现象；6月份强降雨增多，部分地区出现特大暴雨，内涝严重，处于抽穗扬花期的早籼稻遭受"雨洗禾花"，籽粒发育不饱满，结实率下降，早籼稻单产和总产量出现不同程度下降。中晚稻生长期间，南方高温天气持续时间过长，导致中晚稻成熟期提前10天至半个月。另外，高温逼熟导致中晚稻质量普遍偏差，出米率低、腹白大、谷外糙占比高等问题比较突出，中晚稻质量明显低于2023年水平。

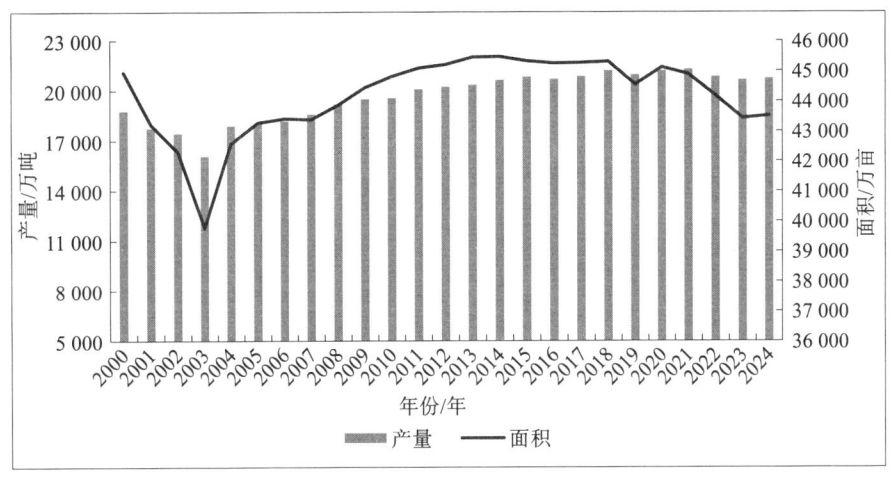

图 2-2-1　2000—2024 年我国稻谷播种面积和产量统计图

资料来源：国家统计局。

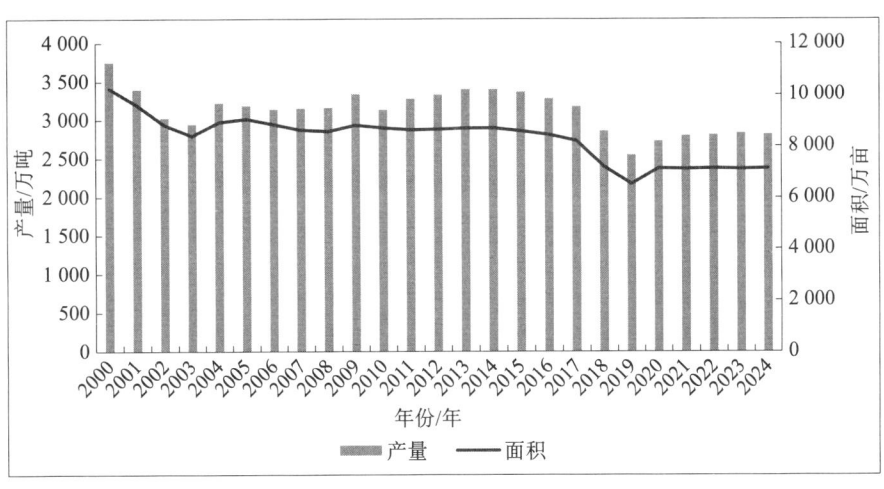

图 2-2-2　2000—2024 年我国早籼稻播种面积和产量统计图

资料来源：国家统计局。

## 2. 稻谷消费下降明显

2024年,我国稻谷产需总体呈现宽松格局,主因是稻谷产量小幅增加,但是消费量下降明显,年度结余量小幅增加。2024年受宏观经济结构调整和居民口粮消费结构调整的双重影响,稻谷口粮消费量小幅下降;2024年超期存储稻谷没有投放市场,受此影响,稻谷饲用消费量较上年下降;受终端消费萎缩影响,稻谷工业消费也出现下降趋势。

据中华粮网估算,2024年我国稻谷消费总量约19 050万吨,同比减少1 000万吨。其中,口粮消费约15 600万吨,占比约81.9%;饲用消费约1 550万吨,占比约8.1%;工业消费约1 450万吨,占比约7.6%;种用及其他消费约450万吨,占比约2.4%(见图2-2-3)。

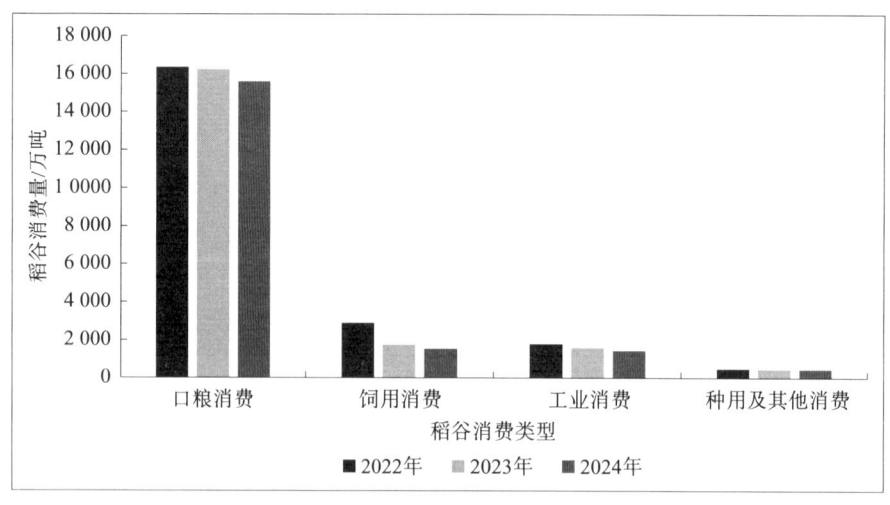

图2-2-3 2022—2024年我国稻谷消费结构图

资料来源:中华粮网。

## 3. 大米进出口量双双下降

海关总署数据显示，2024年我国累计进口大米162.5万吨，同比减少37.5%，大米进口量下降至近13年来的最低水平；2024年我国累计出口大米114.4万吨，同比减少29.6%，大米出口量也下降至近8年来的最低水平（见图2-2-4）。致使我国大米进口量下降的主要因素是国内外大米价差，2024年受印度禁止大米出口政策影响，国内外大米价差持续倒挂，进口大米价格优势不再，我国大米进口量持续下降。

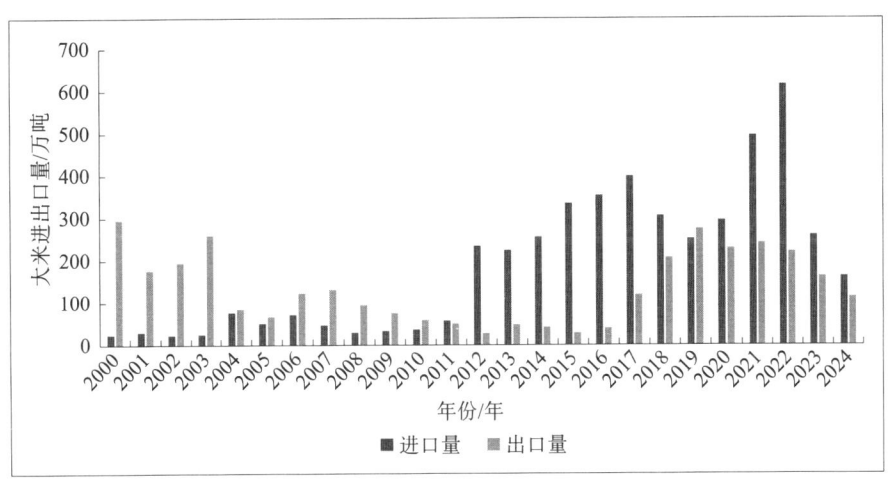

图2-2-4 2000—2024年我国大米进出口情况

资料来源：海关总署。

从大米进口来源国看，2024年我国从缅甸进口大米56.4万吨，占比34.7%；从泰国进口大米43.3万吨，占比26.6%；从越南进口大米28.1万吨，占比17.3%；从巴基斯坦进口大米15.9万吨，占比9.8%；从柬埔寨进口大米9.4万吨，占比

5.8%；从印度及其他国家进口大米 9.4 万吨，占比 5.8%。从大米进口构成看，2024 年我国进口精糙米 99.2 万吨，占比 61.0%；进口碎米 63.3 万吨，占比 39.0%。

## （二）2024 年我国稻谷市场行情回顾

### 1. 稻谷价格震荡下跌，价格重心不断下移

2024 年国内稻谷价格震荡下跌，中间出现阶段性小幅反弹行情，但整体价格重心不断下移。前三季度稻谷市场整体供需宽松，价格震荡走低；第四季度受最低收购价政策支撑，稻谷价格止跌企稳并小幅回升。分品种来看：

早籼稻价格先涨后跌，整体价格重心不断下移。1 月初至 3 月中旬，早籼稻价格震荡走高。1 月份早籼稻市场余粮较少，整体处于青黄不接时期，受春节备货提振，米粉补库需求较大，带动早籼稻价格上涨。春节过后，早籼稻购销缓慢恢复，部分米企经过春节备货消化后原粮库存偏低，节后备库采购早稻需求增加，提振现货价格小幅上涨。3 月下旬至 7 月中旬，早籼稻价格震荡下跌，此阶段南方各省地方储备早籼稻大量轮出，供应相对宽松，消费淡季终端市场需求减少，供需宽松导致早籼稻价格下跌。7 月下旬至 9 月底，早籼稻价格触底反弹，此阶段新季早籼稻集中收获上市，南方主产省地方储备加快早籼稻轮入采购速度，早籼稻现货市场购销活跃，价格受需求支撑上涨。

10 月至 12 月早籼稻价格低位窄幅震荡，此阶段为中晚稻大量上市期，稻谷市场购销重点转移至中晚稻市场，早籼稻市场余粮偏少，购销活跃度大幅下降，下游需求疲软，价格低位窄幅波动。据监测，截至 12 月末，全国早籼稻收购均价 2 731 元/吨，同比下跌 199 元/吨，跌幅 6.8%。

中晚籼稻价格震荡下跌，阶段性出现小幅反弹，但整体价格重心不断下移。元旦至春节阶段，中晚籼稻集中收购期结束，现货市场购销活跃度下降，贸易商和大米加工企业等主体以谨慎观望为主，持续低库存运行，入市收购新稻积极性不足，再加上小麦、玉米等主粮品种持续下跌影响，市场对后期粮价走势预期比较悲观。另外，下游大米市场春节备货不及预期，米企开机率不足，多数以加工库存原粮为主，采购新稻数量较少，中晚籼稻价格缺乏有效支撑，价格稳中偏弱。2 月中旬至 3 月末，中晚籼稻价格小幅反弹。春节过后，稻谷市场购销逐步恢复常态化，大米加工企业复工复产增多，开机率小幅回升。米企经过春节备货消化后原粮库存偏低，节后备库采购稻谷需求增加，南方地储籼稻轮出进度缓慢，现货市场陈稻供应相对有限，对中晚籼稻价格起到一定带动作用。另外，3 月份南方多个省份地方储备籼稻增储计划实施，诸如江苏、广东、江西、福建等省份均有中晚籼稻竞价采购交易活动进行，多省竞采提振中晚籼稻整体需求增加，进而带动价格上行。4 月至 9 月，中晚籼稻价格持续震荡走低。从 4 月份开始，南方各省地储籼稻持续密集轮出，现货市场供应宽松，持粮贸易商积极出货，为后期新粮收购腾仓。从下游市场情况来看，消费淡季持续，大米需求低迷，中晚籼稻市场供强需弱格局未改；再加上米糠粕等副产品价格走弱，米企利润微薄甚至亏损，开始出现阶段性停工，少量维持订单生产，以消耗库存为主。供需宽松之下，中晚籼稻价格持续震荡下跌。自 8 月份开始，新季中晚籼稻陆续收获上市，受高温天气影响，新稻上市时间提前且质量普遍较差，再加上下游大米市场进入季节性消费淡季，新季中晚籼稻上市后价格继续走低。10 月至 12 月，受最低收购价政策支撑，中晚籼稻价格触底反弹并维持高位坚挺走势。自 10 月中下旬开始，河南、江苏、黑龙江和安徽陆续启动中晚稻最低收购价执行预案，中晚籼稻受到支撑，价格持续坚挺走强，整体稳定在最低收购价上方。据监测，截至 12 月末，全国中晚籼稻收购均价 2 673 元/吨，同比下跌 237 元/吨，跌幅 8.1%。

粳稻价格震荡下跌后小幅反弹。分阶段来看，1 月至 8 月，粳稻价格整体保持窄幅震荡走势，现货市场多空因素交织，价格维持区间小幅涨跌；9 月至 10 月，粳稻价格下跌，新季粳稻陆续收获上市，原粮供应宽松加剧，再加上新稻质量下降、终端需求疲软等利空因素影响，导致粳稻价格持续下跌。11 月至 12 月，粳稻价格止跌并小幅反弹。进入 11 月后，粳稻第一生产大省黑龙江启动最低收购价执行预案，陆续启动收储库点超过 100 个，按照 1.31 元/斤的价格敞开收购粳稻。与此同时，另外一个粳稻生产大省江苏地储轮换收购启动，粳稻采购量大幅增加，提振价格坚挺走强。最低收购价收购和地储轮换收购的启动，逐步夯实了粳稻价格的底部空间，带动粳稻价格逐步止跌企稳并小幅回升（见图 2－2－5）。

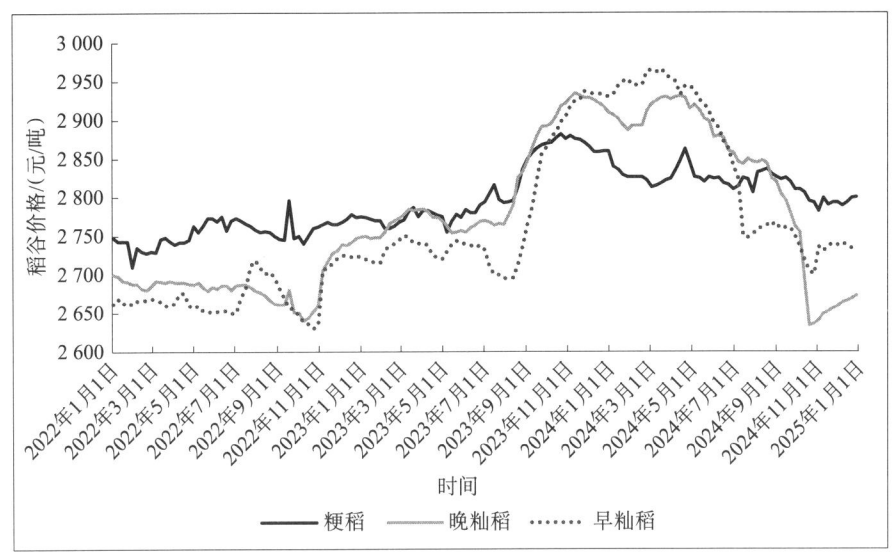

图 2-2-5 2022—2024 年全国稻谷价格走势图

资料来源：中华粮网。

## 2. 新稻收购进度整体偏快，最低收购价稻谷收购量高于上年

2024 年受高温天气影响，南方中晚稻上市时间较往年有所提前，各级储备积极入市收购，带动 2024 年中晚稻收购进度整体偏快。相关统计数据显示，截至 2024 年 12 月末，各类粮食企业累计收购中晚稻约 8 000 万吨（见图 2-2-6）。由于中晚稻上市后价格普遍低开，部分产区价格下降至最低收购价下方，因此从 10 月中旬开始，最低收购价执行预案在豫苏黑皖四省陆续启动。与 2023 年稻谷最低收购价执行预案仅在黑龙江省佳木斯地区启动相比较，2024 年启动范围明显扩大。据统计，截至 2024 年 12 月末，最低收购价稻谷收购量已经超过 500 万吨，预计到 2025 年 2 月末，最低收购价预案执行期限结束之时，收购

量还会有进一步扩增的可能。

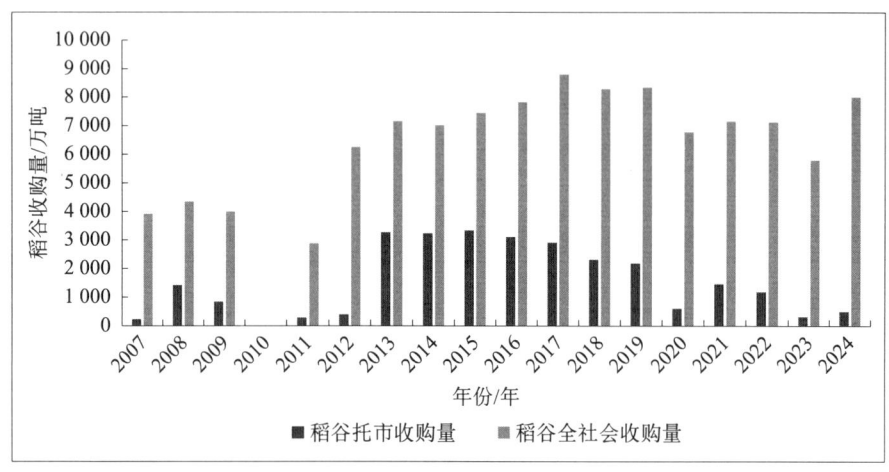

图 2-2-6 2007—2024 年我国稻谷收购情况

资料来源：国家粮食和物资储备局网站，中华粮网整理。

### 3. 最低收购价稻谷拍卖成交量大幅减少

2024 年受稻谷行情持续走弱影响，最低收购价稻谷拍卖推迟到 8 月份才启动，从 8 月 6 日开始，到 9 月 24 日结束，起拍时间比 2023 年晚了 5 个月；拍卖品种主要包括中晚籼稻和粳稻，早稻没有投拍；拍卖成交量明显低于 2023 年水平。国家粮食交易中心数据显示，2024 年共计进行 8 次最低收购价稻谷拍卖，累计投放 2020—2022 年产稻谷 481 万吨，实际成交 19 万吨，成交率 4.0%，成交均价 2 612 元/吨（见图 2-2-7）。分品种看，中晚籼稻累计投放 241 万吨，实际成交 3 万吨，成交率 1.2%，成交均价 2 601 元/吨；粳稻累计投放 240 万吨，实际成交 16 万吨，成交率 6.7%，成交均价 2 675 元/吨。与 2023 年相比，成交量减少322万吨，降幅94%；成交均价上涨4元/吨，增幅0.2%。2024年最低收购价稻谷拍卖成交量大幅减少，去库存效果偏弱。

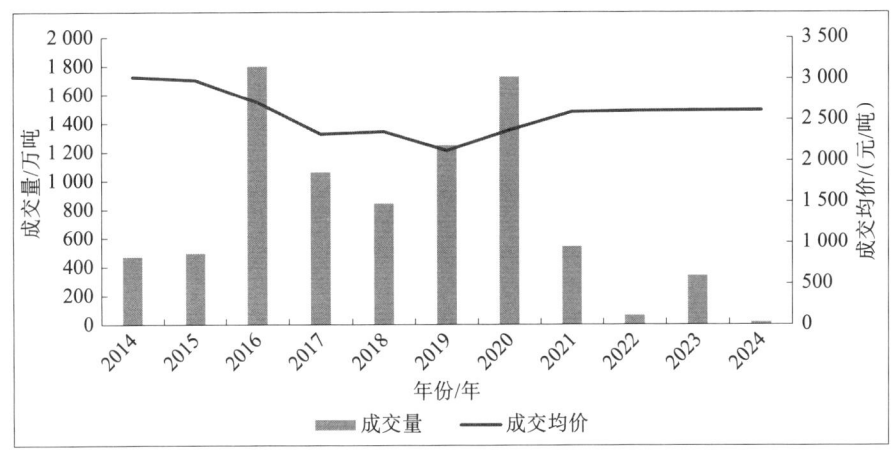

图2-2-7 2014—2024年稻谷最低收购价竞价交易情况

资料来源：国家粮食交易中心网站，中华粮网汇总整理。

### 4. 最低收购价稳中有涨，政策支撑作用增强

2024年稻谷最低收购价稳中有涨，早籼稻收购价格同比提高0.01元/斤，至1.27元/斤；中晚籼稻和粳稻收购价格持续稳定在1.29元/斤和1.31元/斤（见图2-2-8）。从2024年中央一号文件和最低收购价政策的调整方向来看，国家对早籼稻市场的支持力度进一步增强，鼓励南方地区农户种植双季稻，旨在提高稻谷总产量，维护主粮安全，逐步缩小早籼稻与中晚稻之间的价格差距。早籼稻最低收购价的提高，进一步抬升了早籼稻的价格底部，有助于农户提高种稻收益，提振农户种植

早籼稻的积极性。从2024年三大稻谷品种的市场走势来看，虽然稻谷价格整体处于下行趋势，但早籼稻价格仍运行在最低收购价上方，中晚稻在四个主产省启动最低收购价执行预案，托市收购范围和收购量均高于2023年水平，最低收购价政策对稻谷市场的支撑作用仍比较明显。

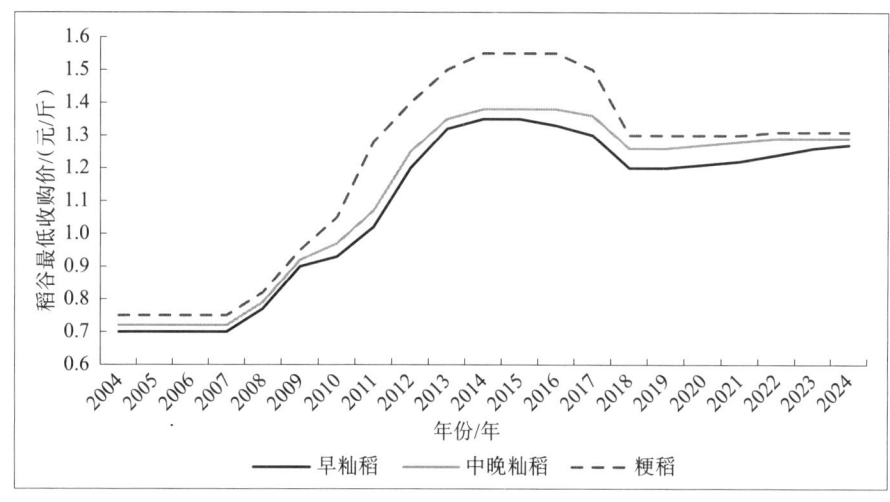

图2-2-8 2004—2024年我国稻谷最低收购价调整情况

资料来源：国家发改委网站。

## （三）国际大米市场供需及价格走势

### 1. 2024/2025年度全球大米供需形势趋于宽松

美国农业部2024年12月份发布的供需平衡报告显示，2024/2025年度全球大米产量53 368万吨，较2023/2024年度增加1 103万吨，增幅2.1%；全球大米供应量71 279万吨，较2023/2024年度增加952万吨，增幅1.4%；全球大米贸易量5 812万吨，较2023/2024年度增加152万吨，增幅2.7%；全球大米总需求量53 032万吨，较2023/2024年度增加616万吨，增幅1.2%；全球大米期末库存18 247万吨，较2023/2024年度增加336万吨，增幅1.9%（见表2-2-1）。与2023/2024年度相比，2024/2025年度全球大米供需数据全线上调，且产量和贸易量均创历史最高水平，库存消费比高达34.4%，全球大米供需形势整体趋于宽松。

表2-2-1　　　　　全球大米供需平衡表　　　　　单位：万吨

| 年度 | 产量 | 总供给 | 贸易量 | 总需求量 | 期末库存 |
| --- | --- | --- | --- | --- | --- |
| 2022/2023年度 | 51 673 | 70 092 | 5 520 | 52 030 | 18 062 |
| 2023/2024年度 | 52 265 | 70 327 | 5 660 | 52 416 | 17 911 |
| 2024/2025年度 | 53 368 | 71 279 | 5 812 | 53 032 | 18 247 |

资料来源：美国农业部。

### 2. 2024年国际大米价格震荡走低

如图2-2-9所示，截至2024年12月末，泰国5%破碎率白米FOB报价501美元/吨，同比下跌158美元/吨，跌幅24%；越南5%破碎率白米FOB报价485美元/吨，同比下跌170美元/吨，跌幅26%；巴基斯坦5%破碎率白米FOB报价452美元/吨，同比下跌143美元/吨，跌幅24%；印度5%破碎率白米FOB报价449美元/吨，较2023年7月中旬报价下跌46美元/吨，跌幅9.3%（注：2023年7月下旬至2024年9月下旬期间印度禁止大米出口，此阶段无报价）。整体来看，2024年国际大米出口价格全面下跌，跌幅最高超过二成。究其原因，主要有以下几个方面：一是2024年东南亚主产国生产形势良好，全球大米产量创历史新高，供给十分宽松；二是9月份之前印度大米出口禁令尚未解除，泰国、越南等国家不断增加大米出口量，抢占大米出口市场份额，国际大米市场竞争激烈，"价格战"表现明显；三是受全球宏观经济形势影响，2024年越南盾、印度卢比等货币兑美元汇率均出现不同程度的下跌，导致以美元计价的大米出口价格下降；四是9月份以后，印度陆续放开大米出口限制，重返国际大米出口市场，从而带动国际大米出口市场竞争进一步加剧，各国为了维持出口份额，不断下调出口报价，进而带动国际米价进一步走低。

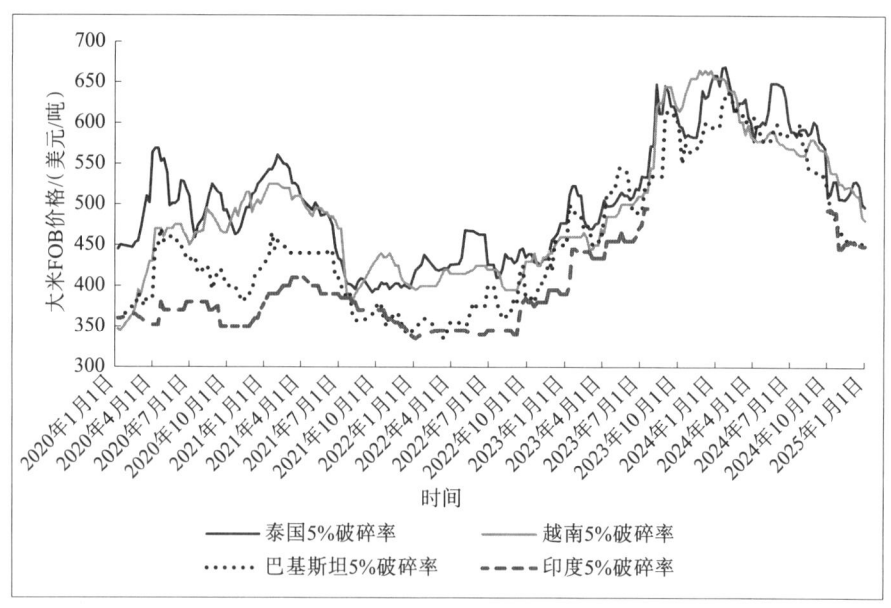

图 2-2-9　2020—2024 年主产国大米 FOB 价格走势图

资料来源：泰国大米协会，中华粮网汇总整理。

## 3. 2024 年国内外大米价差持续收窄

据中华粮网监测，截至 2024 年 12 月末，越南 15% 破碎率大米 FOB 报价 465 美元/吨，合人民币 3 343 元/吨，到我国广东口岸理论完税价约 3 843 元/吨；同期，广东标一早籼米批发价 3 820 元/吨，国内外大米价差为 -23 元/吨，而 2024 年初国内外大米价差为 -1 172 元/吨（见图 2-2-10）。2024 年国际大米价格和国内大米价格均保持下跌走势，但是国际米价下跌幅度大于国内米价下跌幅度，因此，国内外大米价差保持收窄趋势。预计进入 2025 年，受国际大米供需形势持续宽松影响，国际米价有进一步下跌的趋势，国内外大米价差将逐步由负转正，国际大米低价优势会逐步显现出来，有利于大米进口增加。

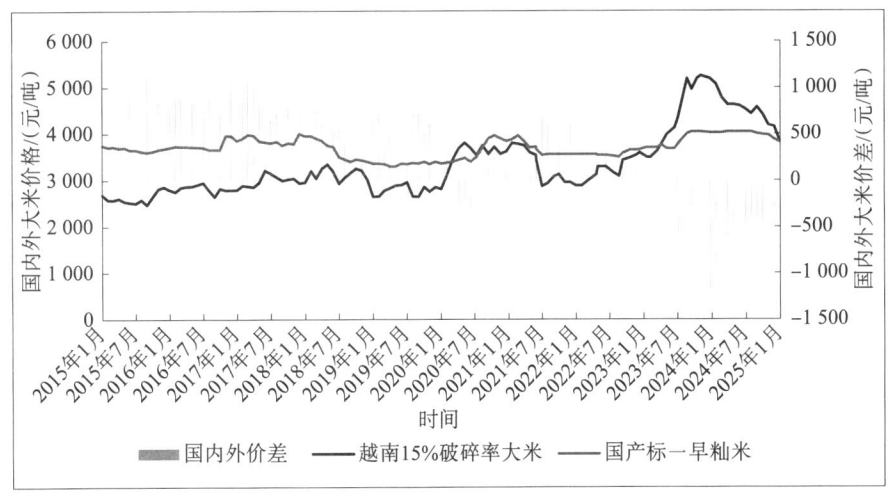

图 2-2-10　2015—2024 年国内外大米价差走势图

资料来源：海关总署、泰国大米协会，中华粮网整理。

## （四）2025年我国稻谷市场展望

2025年我国稻谷价格仍有阶段性上涨机会，但上涨高度或受到限制。影响后期稻谷价格走势的因素有：（1）2024年虽然稻谷总产量小幅增加，但是部分地区籼稻减产降质，预计2025年上半年会在市场上有所体现，符合收储质量标准的籼稻存在一定的供需缺口。（2）2024年产中晚稻市场基层农户售粮进度整体较快，截至2024年末，南方籼稻市场余粮一至二成，东北粳稻市场余粮四至五成，经过集中上市期的市场消化后，稻谷市场剩余粮源粮质差异化较大，进入2025年上半年，稻谷市场优质优价、劣质低价行情会进一步凸显。（3）2024年12月召开的中央农村工作会议重点提出，要坚决扛牢保障国家粮食安全重任，持续增强粮食等重要农产品的供给保障能力，稳定粮食播种面积，深入推进粮油作物大面积单产提升行动，加强农业防灾减灾能力建设，确保粮食稳产丰产。会议进一步强调了粮食安全问题，稻谷作为主要的口粮品种，预计2025年会得到更多的政策支持，在稳面积、稳产量、稳市场方面，政策会发挥更多的导向作用。（4）2025年全球进入降息周期，加之国内宽松的货币与财政政策，将对粮食等大宗商品价格形成一定支持，对后期国内稻谷价格也可能形成提振。（5）元旦过后，中央储备稻谷已经开始零星投放市场，后期还有各省地方储备稻谷、最低收购价稻谷投放，陈稻库存粮源充足，能够在一定程度上弥补新稻粮源不足的现状。（6）我国稻谷供需形势宽松，稻谷生产与消费存在着结构失衡问题，大米加工业产能严重过剩，不利于稻谷市场稳健发展。（7）2024/2025年度国际大米供需形势宽松，国际米价有进一步下跌的空间，国内外大米价差逐步缩小并恢复正值。预计2025年我国大米进口量会大幅增加，对国产籼米市场的冲击将进一步加大，进而抑制稻谷价格走高。

进入2025年，稻谷市场需重点关注以下几个方面的问题：一是稻谷最低收购价执行预案截止日期到2025年2月末，需关注豫苏黑皖四省最低收购价稻谷的收购进度；二是需关注地方储备稻谷的轮换动态，近几年地储稻谷的收购和销售已经成为稻谷市场购销的重要参与力量；三是关注中晚稻市场余粮的数量和品质情况；四是关注贸易企业和大米加工企业的稻谷建库节奏和下游大米的走货情况；五是关注2025年稻谷最低收购价政策的变化情况；六是关注国际大米价格的变化及我国大米的进出口情况；七是关注小麦、玉米等其他粮食市场行情的变化；八是关注国家宏观经济政策的变化情况。

（中华粮网　徐彦）

# 三、玉米市场分析

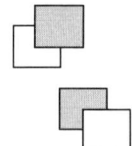

【内容提要】

2024年玉米市场可谓"大起大落"。第一季度东北、华北两大产区持续刷新年度内价格低位，第二季度价格呈现出稳中偏强的走势，价格上行通道正式开启，直至9月份，行情急转直下，期现货市场全面"崩塌"，全国玉米均价较上月下跌近200元/吨，这波跌势一直延续至12月底。供应宽松、需求不振、市场购销心态较弱、进口替代冲击等，在多元化因素共同影响下，2024年的玉米市场价格已到达近三年的低点。

## （一）2024年玉米生产情况

2024年12月新季玉米的产量预估为29 384万吨，同比增长1.73%。2024年玉米总供给30 684万吨，总需求29 965万吨，供需结余719万吨。伴随着内贸替代小麦和稻谷的大幅削减，预计2024/2025年度饲料养殖消费玉米量19 350万吨，较上年或将呈现出增长的态势。预计2024/2025年度深加工行业消费玉米量8 450万吨，同比增加212万吨（见表2-3-1）。

表2-3-1　　　　　　近年我国玉米供需平衡表

| 项目 | 2022/2023年度 | 2023/2024年度 | 2024/2025年度（2024年11月预测） | 2024/2025年度（2024年12月预测） |
| --- | --- | --- | --- | --- |
| 播种面积/万公顷 | 4 307 | 4 421.9 | 4 488.6 | 4 488.6 |
| 产量/万吨 | 27 720 | 28 884 | 29 701 | 29 384 |
| 进口量/万吨 | 1 871 | 2 341 | 1 300 | 1 300 |
| 年度供给/万吨 | 29 591 | 31 225 | 31 001 | 30 684 |
| 食用消费/万吨 | 980 | 991 | 1 000 | 1 000 |
| 饲用消费/万吨 | 18 800 | 19 100 | 19 350 | 19 350 |
| 工业消费/万吨 | 8 100 | 8 238 | 8 450 | 8 450 |
| 种子用量/万吨 | 191 | 193 | 196 | 196 |
| 损耗及其他/万吨 | 980 | 978 | 968 | 968 |
| 国内使用量/万吨 | 29 051 | 29 500 | 29 964 | 29 964 |
| 出口量/万吨 | 1 | 1 | 1 | 1 |
| 年度需求/万吨 | 29 052 | 29 501 | 29 965 | 29 965 |
| 年度剩余/万吨 | 539 | 1 724 | 1 036 | 719 |

资料来源：中国玉米网。

## (二) 玉米市场消费情况

### 1. 玉米深加工消费情况

(1) 2024 年,玉米深加工企业下游产品价格整体偏弱运行,如图 2-3-1 所示。深加工产业中,如图 2-3-2 所示,淀粉全年整体理论利润为 205 元/吨,较为可观;但酒精企业全年整体理论亏损 116 元/吨。如图 2-3-3 所示,淀粉企业开机率也在近四年中处于高位。此外,如图 2-3-4 所示,淀粉产量相对有所增长。虽然下游产品价格偏弱运行,但原料价格下跌,生产成本有所下降。随着一系列政策出台,预计 2025 年宏观经济趋于改善,或带动下游消费,预计下游需求稳中有增。

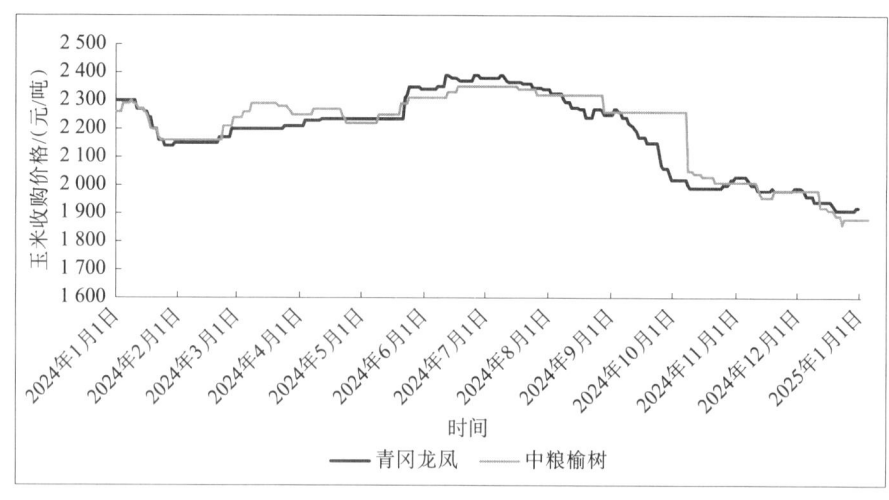

图 2-3-1 东北深加工企业玉米收购价格变化情况

资料来源:中国玉米网。

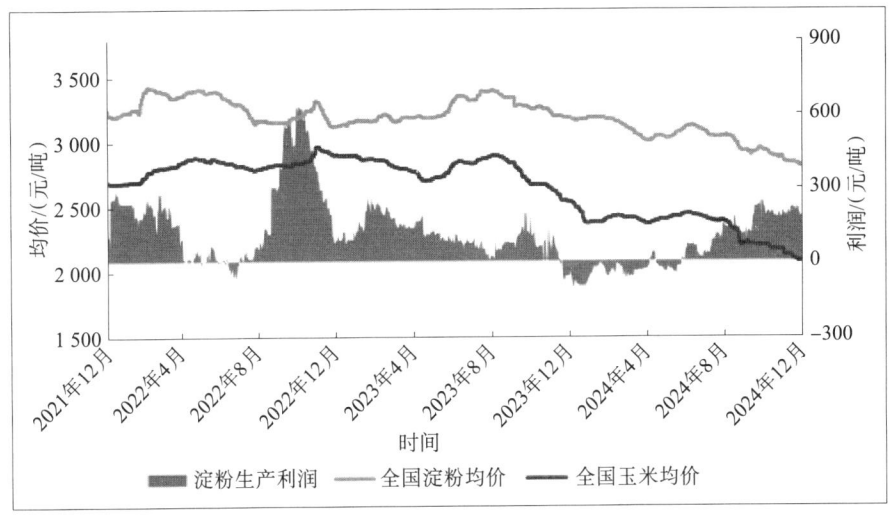

**图 2-3-2　近年我国淀粉生产利润情况**

资料来源：中国玉米网。

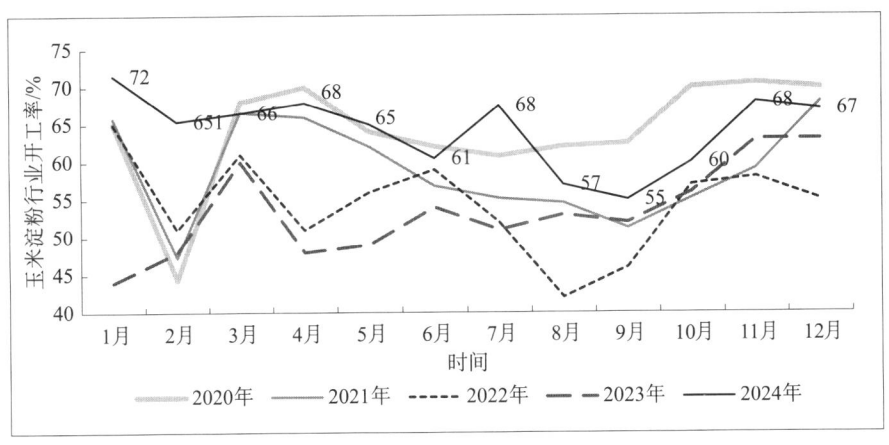

**图 2-3-3　近年我国玉米淀粉行业开工率变化**

资料来源：中国玉米网。

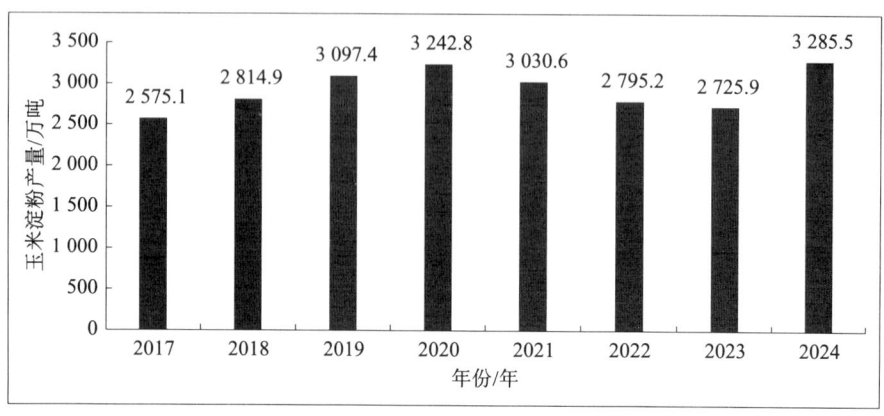

图 2－3－4　2017—2024 年我国玉米淀粉产量

资料来源：中国玉米网。

（2）2024年，新季玉米上市，开秤价格不高，玉米期货价格和现货价格整体趋于弱势。受以往原料市场价格变化所影响，目前，深加工企业整体建库存意愿不强，大部分采取随用随采的收购策略。如图2－3－5、图2－3－6所示，2024年山东整体收购均价为2 284元/吨，高点在年初的2 545元/吨，低点在第四季度2 000元/吨上下，预计短期内原料收购价格仍将底部盘整，第二季度和第三季度收购价格或将有所起色。

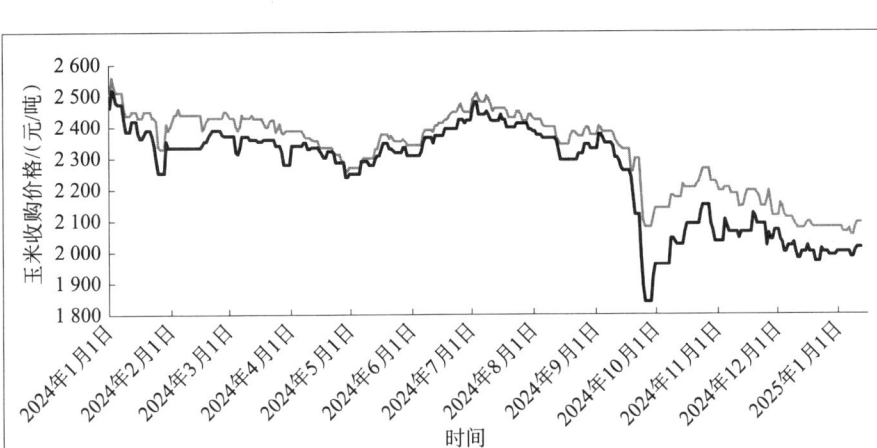

**图 2-3-5　华北深加工企业玉米收购价格变化情况**

资料来源：中国玉米网。

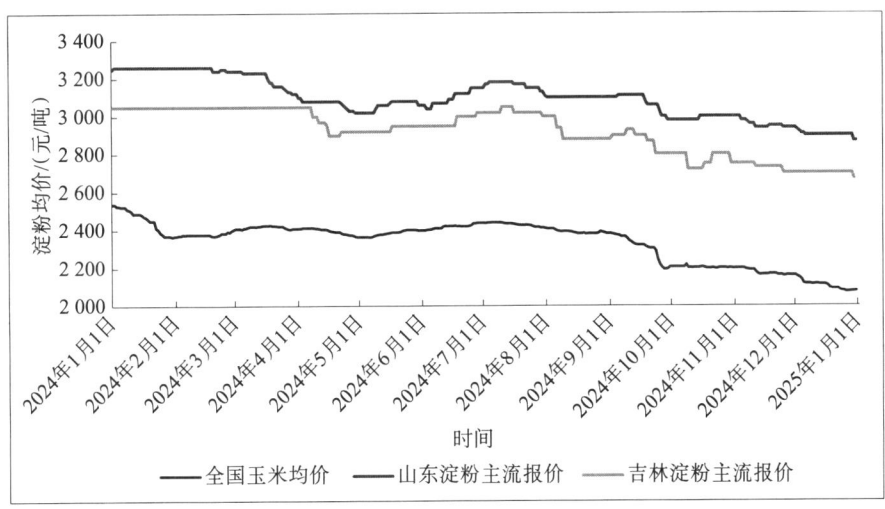

**图 2-3-6　2024 年全国淀粉均价走势**

资料来源：中国玉米网。

## 2. 玉米饲用消费情况

（1）2024年前三季度，我国饲料工业产值、产量小幅下降，产品结构优化调整，原料价格普遍回落，饲料产品价格回调。受生猪产能回调、畜禽存栏减少和养殖盈利不及预期等因素影响，饲料产量高位回落。前三季度，全国工业饲料总产量22 787万吨，同比下降4.3%。其中，配合饲料、浓缩饲料、添加剂预混合饲料产量同比分别下降4.1%、11.6%、1.1%。

蛋禽饲料结构性下降。2024年以来，蛋禽存栏维持高水平，利好蛋禽饲料需求，但受饲料原料价格回落和养殖降本需求影响，蛋禽饲料结构性调整，配合饲料占比下降，蛋禽饲料产量小幅下降。前三季度，蛋禽饲料产量2 288万吨，同比下降5.9%。其中，蛋鸡、蛋鸭饲料分别下降6%、7%。

肉禽饲料小幅增长。肉禽产能居于近年高位，整体供应相对宽松，肉禽饲料需求稳中有增。前三季度，肉禽饲料产量7 053万吨，同比增长0.5%，处于近五年同期高位水平。其中，肉鸡饲料同比下降0.4%、肉鸭饲料增长1%。

水产饲料需求缓慢回升。受2022年至2023年水产品行情长期低迷和极端天气影响，养殖户投苗积极性不高，存塘量下降，养殖节奏延后，各品种间转养率提升。2024年春节后水产品价格逐渐回暖，随着投苗量逐步提升，水产饲料需求逐步回暖，但由于整体存塘量仍处低位，需求量不及上年同期。前三季度，水产饲料产量1 859万吨，同比下降2.8%。其中，淡水养殖、海水养殖饲料同比分别下降2%、8.7%。

宠物饲料快速增长。宠物饲料产业保持良好发展势头，饲料产量持续增长。前三季度，宠物饲料产量110万吨，同比增长12.4%。

据国家统计局统计，2024年第四季度末能繁母猪存栏4 078万头，环比增长0.4%，同比下降1.6%。当年12月份规模以上生猪定点屠宰企业屠宰量4 162万头，环比增长30.5%，同比增长4.6%；1—12月规模以上生猪定点屠宰企业屠宰量33 773万头，同比下降1.7%。

2024年生猪产能去化兑现，产业表现出较好的盈利性，自繁自养模式生猪盈利最高值达到681.76元/头，而仔猪育肥模式生猪盈利最高值则为493.22元/头，创近两年历史高位（见图2-3-7）。供应方面，能繁母猪存栏大幅回落，5月能繁母猪存栏由降转升，至12月累计增长2.05%，对应至全年出栏量存在不断下降的趋势性（见图2-3-8）；二次育肥入场积极，供应端边际效应增强，养殖端压栏增重情绪上升。缩量拉涨动力带来短期供应紧缺，生猪价格因此并未如市场预期那样受需求回落而下跌，而是在情绪及二育入场的积极带动下，价格持续上涨。冻品库存持续下降，一定程度上支撑生猪价格持续反弹。随着终端消费跟进缓慢，养殖端认价出栏增多，先前压栏、二育猪源也陆续开始出栏。出栏节奏加快，供给紧张局面缓解，四季度生猪现货价格呈现持续回落趋势。

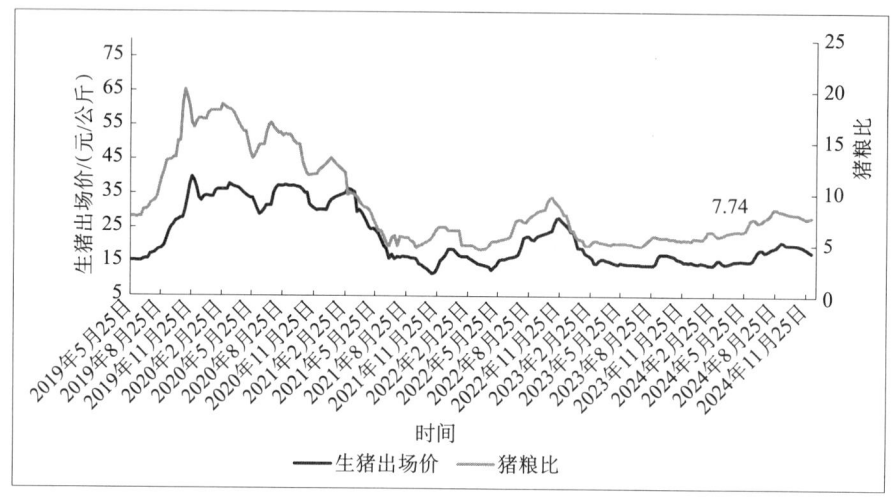

**图 2-3-7 近年我国生猪出场价及猪粮比**

资料来源：农业农村部。

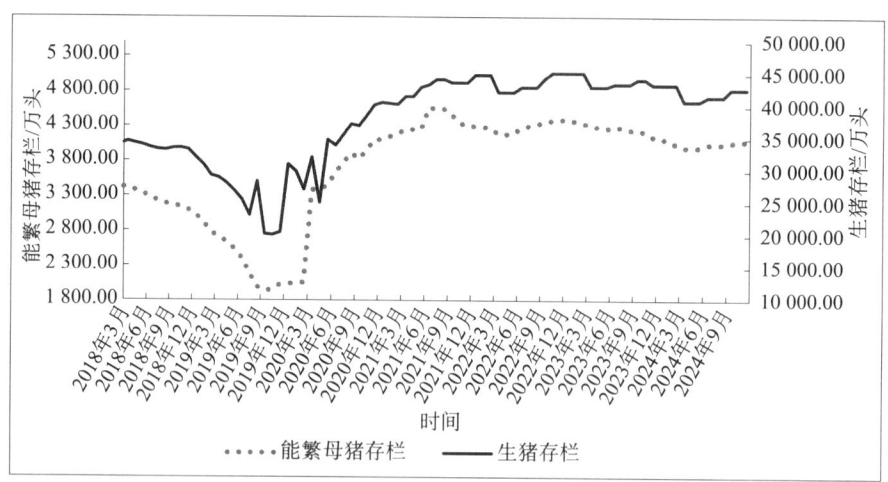

**图 2-3-8 2018—2024 年生猪及能繁母猪存栏情况**

资料来源：农业农村部。

降本增效仍然是养殖企业和养殖户 2024 年发展的重点，由于生猪价格波动幅度较大，生猪养殖行业仍面临着巨大的挑战。许多猪企很难再复 2024 年的豪气，尽管收入较上年有所增加，但继续投入可能无法实现预期的经济效益。消费需求相对于生猪生产保持基本稳定，规模化水平和产业集中度继续提升，能繁母猪产能或表现出窄幅波动。2024 年豆粕、玉米延续弱势运行，生猪饲料价格持续呈现下降趋势。旺季饲料需求短期内有望推动豆粕反弹，但推广精准配方低蛋白日粮技术抑制其需求，豆粕需求增长面临挑战，中长期豆粕市场依然承压。玉米原料价格已跌破种植成本价，继续下降的空间不大，在产能持续恢复的进程中，预期 2025 年生猪饲料成本的重心或将上移。

（2）据农业农村部监测，2024 年第 51 周白条鸡批发市场均价为每公斤 17.56 元，环比涨 0.1%，同比低 0.2%。2024 年全国白羽肉鸡价格维持近年同期低位（见图 2-3-9）。春节前夕，禽肉消费需求增加，但天气变冷、肉鸡疾病高发，饲养难度加大，毛鸡成活率和体重双降，肉鸡出栏减少，预计后期禽肉市场供需基本平衡，价格稳中偏强。2024 年鸡蛋现货价格先跌后涨，上半年在产蛋鸡存栏持续增加，使得鸡蛋整体供应较为充裕，饲料成本下跌导致蛋价重心下移；下半年鸡蛋需求尚可，旺季期间蛋价表现较为强势，目前仍在 10 元/公斤附近徘徊。2024 年整体蛋鸡养殖行业利润较好，且考虑到 2025 年春季又是补栏高峰，在利润较好的驱动下，预计 2025 年在产蛋鸡存栏量将继续维持高位。

图 2-3-9　全国农产品批发市场禽蛋价格走势

资料来源：中国玉米网。

## （三）2024 年玉米及其他替代谷物进口情况

根据海关总署及其他来源相关数据，2024 年我国谷物进口呈现出一定的波动，全年累计进口粮食 15 753 万吨，同比减少 2.3%；尽管如此，仍是继 2021 年、2023 年超过 1.6 亿吨之后，历史上粮食进口量第三高的年份。全年粮食进口总金额 49 081 393 万元，同比减少 14.5%。大豆、大麦和高粱进口量同比增长，玉米、小麦、稻米进口量同比减少。从进口来源地看，我国谷物进口主要集中于澳大利亚、美国、巴西、乌克兰、加拿大等国家。其中，巴西是我国最大的谷物进口来源国，2024 年我国自巴西进口粮食总量 8 111.3 万吨（玉米 646.6 万吨，大豆

7 464.7万吨），同比减少2%，占我国粮食进口总量的比例（以下简称占比）51.5%，与2023年基本持平，略提高0.4个百分点，连续两年占比超过50%，是我国最大的大豆和玉米进口来源国，比例分别达到71%和47.4%。近十年，巴西一直是我国最大的大豆进口来源国，2017年占比超过50%，2018年达到75%，随后在60%~65%波动，2023年至2024年进一步升至70%以上。巴西的玉米则是从2023年开始大幅出口至中国，并一举占据近一半的市场份额，2022年以前仅有很零星的数量。

**1. 玉米**

如表2-3-2所示，2024年我国累计进口玉米1 379万吨，同比减少49.20%，在2021年连续三年进口超过2 000万吨之后，首次回落至1 000余万吨的量级，主要受国内玉米市场疲软，国内外玉米价差不断缩小、进口政策偏紧等因素影响。

**2. 高粱**

2024年我国累计进口高粱866万吨，同比增长66.14%。2024年高粱每个月的进口量均保持同比增长，上半年同比增长超1倍，自9月以来，是饲用粮里面唯一同比增长的品种。

**3. 大麦**

2024年我国累计进口大麦1 424万吨，同比增长25.74%。2024年大麦进口量创新高，较2021年的1 248万吨高出14.1%。主要因为前期进口大麦价格下跌明显，较国内饲料粮存在比价优势。后期随着价格回升，且国内玉米价格持续下跌，进口量减少。

表2-3-2　2024年玉米及主要替代谷物进口情况

| 月度 | 玉米 | 高粱 | 大麦 | 木薯干 | DDGS | 大豆 | 猪肉 | 家禽 |
|---|---|---|---|---|---|---|---|---|
| 1月进口量/万吨 | 359.11 | 54.82 | 156.73 | 11.08 | 1.24 | 792.08 | 9.21 | 3.10 |
| 2月进口量/万吨 | 260.16 | 106.35 | 114.27 | 26.11 | 1.18 | 511.59 | 6.92 | 2.30 |
| 3月进口量/万吨 | 170.86 | 55.74 | 172.40 | 36.03 | 0.60 | 554.12 | 9.18 | 2.90 |
| 4月进口量/万吨 | 117.92 | 80.83 | 161.32 | 35.71 | 0.66 | 857.22 | 8.48 | 3.00 |
| 5月进口量/万吨 | 105.06 | 67.13 | 161.21 | 11.46 | 2.05 | 1022.19 | 8.24 | 4.00 |
| 6月进口量/万吨 | 91.97 | 93.01 | 82.25 | 27.93 | 3.77 | 1111.40 | 8.40 | 3.60 |
| 7月进口量/万吨 | 109.33 | 63.33 | 123.44 | 30.86 | 4.03 | 985.39 | 8.72 | 4.10 |
| 8月进口量/万吨 | 43.86 | 60.00 | 115.19 | 10.14 | 4.32 | 1214.40 | 9.34 | 4.19 |
| 9月进口量/万吨 | 31.10 | 97.09 | 94.00 | 19.04 | 3.76 | 1137.10 | 10.35 | 2.90 |
| 10月进口量/万吨 | 25.12 | 77.82 | 93.98 | 13.55 | 1.28 | 808.74 | 9.02 | 2.60 |
| 11月进口量/万吨 | 30.00 | 72.91 | 72.06 | 12.07 | 2.64 | 715.40 | 9.00 | 9.46 |
| 12月进口量/万吨 | 34.32 | 37.05 | 77.18 | 13.27 | 0.11 | 794 | 9.00 | 3.93 |
| 2024年进口量/万吨 | 1378.81 | 866.08 | 1424.03 | 247.25 | 25.64 | 10503.63 | 105.86 | 46.08 |
| 2023年进口量/万吨 | 2714.1 | 521.3 | 1132.5 | 561.1 | 13.7 | 10172.6 | 154.1 | 128.6 |
| 同比增幅 | -49.20% | 66.14% | 25.74% | -55.93% | 87.15% | 3.25% | -31.30% | -64.17% |

资料来源：海关总署。

### 4. 木薯干

2024年我国木薯干累计进口量为247.25万吨，同比下降55.93%。12月单月进口量为13.27万吨，同比增加0.1%。

### 5. DDGS（干玉米酒精糟）

2024年我国DDGS累计进口量为25.64万吨，同比增加87.15%，较上一年度显著增长。

综合以上数据，2024年全年我国进口玉米、高粱、大麦、DDGS和木薯干等主要谷物及其替代品的总量呈现分化态势。其中，玉米和木薯干进口量显著下降，而高粱和大麦进口量则显著增加。DDGS进口量虽然基数较小，但增长势头强劲。这些变化反映了我国粮食进口结构的调整和国内粮食市场的供需变化。

从进口数据来看，2024年我国12月玉米进口量为34万吨，同比减少93%，2024年的后几个月我国玉米进口降幅明显。9月巴西玉米进口重启后，连续成为我国最大的玉米供应国，12月从巴西进口约12.1万吨玉米，占到当月进口总量的35%，但数量同比减少97%。缅甸一跃成为当月第二大供应国，12月从缅甸进口玉米12万吨，同比增长124.7%。

2024年我国玉米进口量共计1 378万吨，同比减少约49%。其中，从巴西进口玉米664.6万吨，占比47%；从乌克兰进口玉米464万吨，占比33.7%；从美国进口玉米207.3万吨，占比15%。

2024年我国玉米进口均价为1 937元/吨，而2023年玉米进口均价为 2 336 元/吨，这表明我国进口玉米价格也在下降（见图 2-3-10）。

图 2-3-10　国产玉米及进口玉米价格走势对比

资料来源：中国玉米网。

综上所述，2024 年国产玉米及进口玉米价格走势均呈现出一定的波动性。国产玉米价格受到天气、政策、需求等多方面因素的影响；而进口玉米价格则受到国际市场价格波动、汇率变化以及国内政策调整等多重因素的制约。未来玉米市场价格走势将取决于多种因素的综合作用。

### （四）2024 年玉米拍卖市场成交情况

国内玉米市场在 2020 年临储拍卖完成了"最后一拍"之

后，正式步入了"零临储"时代。近年来，国家通过进口的方式来建立储备以调节市场，可以说，政策端依然在玉米市场保供稳价方面起到至关重要的作用。据不完全统计，截至2024年8月22日，2024年进口玉米累计投放223 371万吨，实际成交60 198万吨，成交率27%（见表2-3-3、图2-3-11）。

表2-3-3 2024年进口玉米拍卖成交情况

| 时间 | 投放量/吨 | 成交量/吨 | 成交率 |
| --- | --- | --- | --- |
| 2024年1月4日 | 3 438 | 3 344 | 97% |
| 2024年1月11日 | 2 718 | 2 718 | 100% |
| 2024年1月18日 | 5 645 | 1 114 | 20% |
| 2024年1月25日 | 9 036 | 934 | 10% |
| 2024年2月1日 | 9 409 | 1 023 | 11% |
| 2024年2月22日 | 9 811 | 6 045 | 62% |
| 2024年2月29日 | 12 973 | 9 916 | 76% |
| 2024年3月7日 | 13 759 | 12 260 | 89% |
| 2024年3月14日 | 9 657 | 4 628 | 48% |
| 2024年3月21日 | 10 700 | 405 | 4% |
| 2024年3月28日 | 14 873 | 1 054 | 7% |
| 2024年4月11日 | 20 329 | 3 037 | 15% |
| 2024年4月18日 | 13 054 | 1 027 | 8% |
| 2024年5月16日 | 23 774 | 1 114 | 5% |
| 2024年5月23日 | 15 596 | 934 | 6% |
| 2024年6月6日 | 19 421 | 1 023 | 5% |
| 2024年6月27日 | 16 500 | 3 344 | 20% |
| 2024年8月8日 | 6 672 | 2 718 | 41% |
| 2024年8月15日 | 2 459 | 1 114 | 45% |
| 2024年8月22日 | 3 547 | 2 446 | 69% |
| 合计（截至2024年8月22日） | 223 371 | 60 198 | 27% |

资料来源：中储粮网。

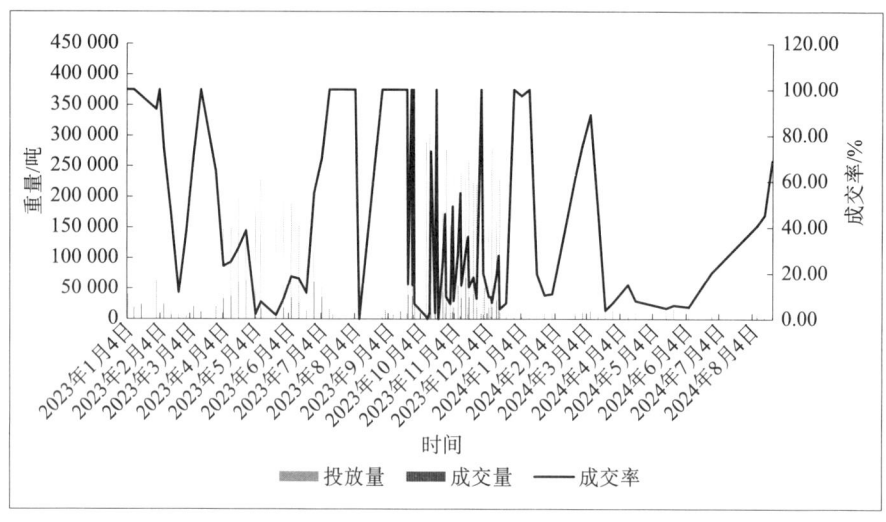

图 2-3-11　2023—2024 年进口玉米拍卖情况

资料来源：中国玉米网。

## （五）2025 年玉米市场整体走势预判

整体来看，2024/2025 年度国内玉米价格将继续承压运行。预计第一季度玉米价格震荡调整，第二、三季度玉米价格企稳反弹，第四季度考虑到供应压力不断增加，价格存在下跌风险。从目前的售粮进度来看，2025 年售粮进度较上年偏快，随着卖压的减小以及下游消费的缓慢复苏，价格或将迎来阶段性的反弹。密切关注国家政策、售粮进度、进口政策、深加工和饲料行业需求、新季玉米种植成本以及生长情况等。

## 1. 新季玉米总产量达到 5 898.3 亿斤，向"自给自足"目标迈进

供应端，新季玉米产量众说纷纭，但市场整体对于新季玉米丰产的结果已达成共识，分歧仅在于增产数量上的差异。国家统计局数据显示，2024 年全国粮食总产量 14 130 亿斤，比上年增加 221.8 亿斤，增长 1.6%，在连续 9 年保持 1.3 万亿斤以上的基础上，首次突破 1.4 万亿斤，迈上新台阶。玉米作为主粮作物，2024 年全国总产量达到 5 898.3 亿斤，比上年增加 121.5 亿斤，增长 2.1%。2024 年 12 月 26 日，国家粮食和物资储备局发布的最新数据显示，预计 2024 年全国粮食收购量将达到 8 400 亿斤左右，连续两年稳定在 8 000 亿斤以上。

在过去几年包括当前年度，国内玉米市场一直处于不能完全"自给自足"的状态，在自身产量的基础之上，还要依赖于庞大的内外贸谷物补给来保障整个玉米产业链的供需平衡。而新的年度内贸替代方面较上一年度或将出现大规模的缺失，小麦和稻谷在新一年度的补给能力或将大幅削减。对于 2025 年的玉米供应端来说，虽然新季玉米的增产已成事实，但从内贸补给包括小麦替代大幅削减，以及定向稻谷可能阶段性停止投放的预期来看，整体的供给能力尚显不足。

需求端方面，进入后疫情时代，国内经济步入了一个筑底恢复的阶段，而玉米产业链的下游需求端同样面临着阶段性的转折与变化。

深加工方面，伴随着新季玉米价格持续走低，叠加淀粉自

身需求端表现逐步好转，其利润有望在 2025 年全面提升。东北、华北两大淀粉加工产业基地的理论利润一直处于一个相对理想的空间范围内，客观上也成为新季玉米上市最为有力的下游消费支撑动力。

反观饲料加工及养殖方面，作为玉米加工产业链中占比最大的消费领域，其在新季玉米上市之后的采购（建库）意愿则明显滞后，进而使得新季玉米上市初期消费端迟迟不见起色。不过从整个年度来看，进入 2025 年，饲料养殖端的消费虽然在生猪存栏下降的前提下整体或将有所下滑，但是考虑到国内小麦及稻谷大规模退出替代市场，饲料养殖端对于内贸玉米本身的消费能力或将因此不降反增。

正因如此，2025 年国内玉米的整体基本面仍将延续供需紧平衡的态势。而这种紧平衡则是建立在进口谷物大量补给的前提之下，一旦出现不可抗力因素，导致进口谷物的阶段性供应出现大幅下降，造成国内玉米市场，尤其是在进入第三季度这个传统的供应空档期出现严重的"吃紧"局面，那么，玉米市场价格再度被"引燃"呈现出一波快速上涨的行情也不足为奇。

**2. 确保粮食稳产丰产，全面做好"三农"工作**

2025 年，全球通胀、就业和贸易等关键指标将继续平稳运行，但不确定性有所增加。面对全球经济形势的复杂演变，要科学研判形势，前瞻性制定应对预案，争取在危机中育新机、于变局中开新局。展望新的一年，我们要立足国内发展，实施更加积极有为的宏观政策。国内玉米市场或将在供需基本面、全球粮食"危机"、国内经济恢复速度等多方因素的影响之下，呈现出宽幅震荡的走势。密切关注以下几个时间阶段：

时间节点一（2025年3月）：按照目前各家机构统计来看，新季玉米的收购进度整体快于上年同期，但考虑到丰产预期较强，基层所剩余粮数量依然处于高位，春节过后的3月份仍然是基层在春播前期传统的变现阶段，届时如果现货市场仍保持现阶段的全产业链低库存状态，基层售粮变现或将再次形成阶段性的供给压力，进而对市场价格产生一定压力。

时间节点二（2025年5月）：2024年末的中央农村工作会议强调，要聚焦学习运用"千万工程"经验、推进乡村全面振兴，集中力量抓好办成一批重点实事，千方百计推动农业增效益、农村增活力、农民增收入。要坚决扛牢保障国家粮食安全重任，持续增强粮食等重要农产品供给保障能力，稳定粮食播种面积，深入推进粮油作物大面积单产提升行动，加强农业防灾减灾能力建设，确保粮食稳产丰产。强化耕地保护和质量提升，严格耕地占补平衡管理，建立耕地种植用途监测体系，抓好高标准农田建设工程质量和资金安全监管。推进农业科技力量协同攻关，加快科技成果大面积推广应用，因地制宜发展农业新质生产力。健全粮食生产支持政策体系，启动实施中央统筹下的粮食产销区省际横向利益补偿。完善农产品贸易与生产协调机制，推动粮食等重要农产品价格保持在合理水平。构建多元化食物供给体系，扶持畜牧业稳定发展，健全粮食和食物节约长效机制。

从"稳定粮食播种面积，深入推进粮油作物大面积单产提升行动，加强农业防灾减灾能力建设，确保粮食稳产丰产，强化耕地保护和质量提升"等不难看出，新一季玉米的种植面积在现有基础上进一步大幅提升的空间相对有限。进入5月这个传统的春播月份之后，对于新季玉米通过面积的调整进行相应的利空炒作已经没有相应的空间可言。在基层玉米销售进入尾声叠加自身供给仍显不足的前提下，新季小麦尚未上市形成有效供应，5月份玉米价格或将迎来一个趋势性的拐点。

时间节点三（2025年6月至8月）：这个时间段作为传统玉米供应空档期，伴随着基层粮源基本销售一空以及年度内下游消费的累加，在现货市场所剩粮源不多的背景之下，年度玉米供应是否出现缺口将得到进一步认证。如果在此之前，玉米现货市场中间贸易环节因价格以及消费能力预期不足等因素影响，并没有形成集中性的库存；那么，基层的玉米在短时间内或将因所谓的"毛细效应"显现出阶段性供给不足的状态。一旦此种情形出现，在此期间出现阶段性供应偏紧的局面概率较高，届时粮价或将保持持续发酵上扬的势头。

[玉米网供应链（大连）有限公司　冯利臣]

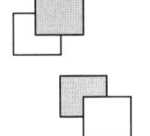

# 四、大豆及豆油市场分析

## 【内容提要】

在国家组织实施新一轮千亿斤粮食产能提升行动、大力实施粮食单产提升工程、深入实施国家大豆和油料产能提升工程的情况下，2024年我国大豆产量连续第三年维持在2 000万吨以上，国产大豆供应充裕，新季大豆上市后价格大幅下跌，一度低于进口大豆到港成本，国产大豆榨油量出现增加。受全球大豆持续增产、价格大幅下跌以及国内需求强劲的影响，2024年我国大豆进口突破1亿吨，达到1.050 3亿吨，创下历史最高纪录，但非转基因大豆进口量较上年大幅减少。在国内豆油和豆粕消费需求增加的带动下，2024年我国大豆压榨量继续增加，食用消费量稳中有增；国内豆油产量增加，进口量减少，豆油消费量明显增加，全年豆油价格呈现震荡走势。

预计2025年国产大豆种植面积将保持稳中有增的态势，尤其东北地区由于大豆种植收益好于玉米，大豆种植面积可能会有所增加，如果不出现严重灾害天气，大豆产量将会继续稳定在2 000万吨以上。2024/2025年度全球大豆增产已成定局，国际及国内大豆市场基本面预期偏空，国产大豆及进口大豆价格难以出现大幅上涨，大豆进口量将继续维持在高位。

## （一）2024年大豆及豆油市场分析

### 1. 国产大豆产量连续三年稳定在2 000万吨以上，大豆价格先降后稳再下跌

2024年中央一号文件提出"实施粮食单产提升工程，集成推广良田良种良机良法；巩固大豆扩种成果，支持发展高油高产品种。"国家在内蒙古及东北三省继续实施大豆生产者补贴政策，促进大豆产销衔接，各主产省加大政策扶持力度，水改旱、轮作补贴等一揽子稳定大豆种植的政策见到实效，大豆种植面积连续三年稳定在1.5亿亩以上。

调研显示，2024年东北地区大豆种植面积稳中有增，华北及黄淮地区大豆种植面积有所减少。尽管大豆生长期间，主产省黑龙江经历了前期降雨过多、积温不足，后期出现干旱天气；华北黄淮大豆生长期先后经历干旱和洪涝灾害，对大豆生长造成不利影响，但全国大豆单产同比仍然小幅增加。国家统计局发布的数据显示，2024年我国大豆播种面积1.55亿亩，较2023

年减少 223.2 万亩，减幅为 1.4%；大豆单产 133.3 公斤/亩，比 2023 年增加 0.7 公斤/亩，增幅 0.5%，创历史最高纪录；大豆总产量 2 065 万吨，较 2023 年的 2 084 万吨减少 19 万吨，减幅 0.9%，连续第三年稳定在 2 000 万吨以上（见图 2-4-1）。

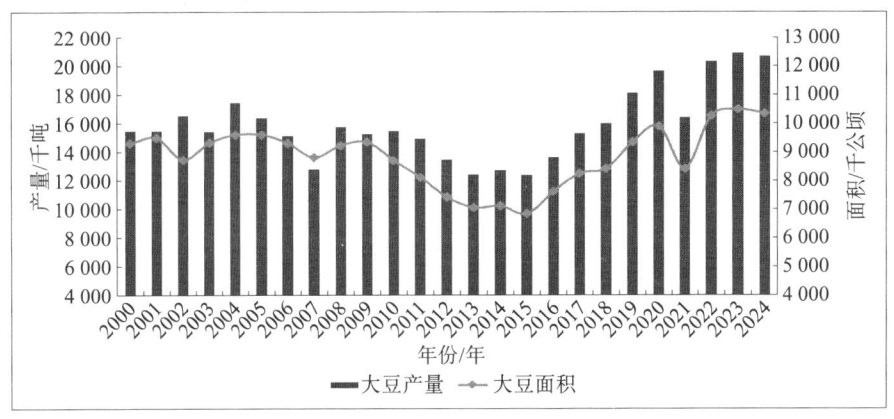

图 2-4-1　2000—2024 年我国大豆种植面积和产量

黑龙江省是我国最大的大豆主产区，大豆产量常年占全国总产量的 40% 以上，由于全省大豆种植区域跨度大，各地区气候差异大，大豆质量出现分化。监测显示，2024 年黑龙江省大豆种植和生长期间经历了天气不稳定扰动，大豆整体品质不如上年，尤其是大豆蛋白质含量普遍下降。企业和贸易商反映，2024 年黑龙江省大豆蛋白质含量普遍较上年降低 1~2 个百分点。造成大豆蛋白含量下降的主要原因有两个：一是大豆种植和早期生长期间降雨过多、积温偏低，影响苗情长势及结构，黑龙江东部地区 6 月降雨量超过往年同期 200 多毫米，积温较往年同期低 60℃；二是 8 月至 9 月份局部地区出现干旱，导致大豆结荚量有所减少，质量有所下降。黑龙江省粮食和物资储备局发布的全省大豆质量调查报告显示,2024年全省一等品大豆占比有所提高,但二等和三等品大豆占比下降,中等品(三等)以上大豆合计占比为88.9%,较2023年的90.4%降低1.5个百分点。

2024年国产大豆现货价格呈现先降后稳再下跌的走势,价格重心较上年明显下移。受2023年国内大豆连续第二年增产、供应过剩的影响,2024年1月初到3月初,黑龙江大豆价格缓慢下降,由1月初的4 700~4 800元/吨下降至3月初的4 500~4 600元/吨。2月底,按照有关部门要求,九三粮油集团开始收购加工国产大豆,大豆价格逐渐企稳。但在收购结束后,中央和地方储备企业陆续向市场投放大豆,供应压力逐渐显现,价格开始回落。9月份在新季大豆丰产上市的供应压力下,大豆价格快速下跌。监测显示,2024年12月底,黑龙江普通大豆收购价格集中于3 600~3 700元/吨,较上年下跌1 000元/吨左右,创5年来新低(见图2-4-2)。

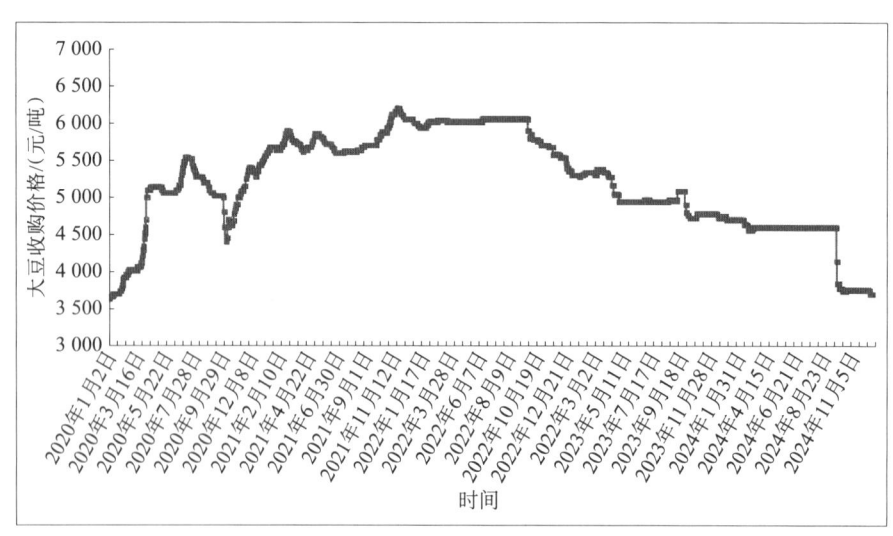

图2-4-2　2020—2024年黑龙江大豆收购价格

2024年大连商品交易所豆一期货价格呈现先跌后涨再跌的走势，豆一主力合约期货价格在3 764～4 951元/吨区间运行。前三季度围绕九三收购大豆补贴加工、新季大豆种植和生长期天气等题材进行交易，政策利好及天气的不确定性使得期货价格维持高位震荡。9月新作大豆丰产上市后，市场对国产大豆供需宽松达成共识，期现货价格承压大幅下跌，季节性走势非常明显。由于过去两年国产大豆价格持续下跌，贸易环节和下游终端存大豆普遍出现亏损，2024年新季大豆上市后，尽管大豆价格大幅下跌，但贸易商、加工和储备企业收购建库意愿不强；豆农对后期政策性收购预期较强，惜售心理较重，导致新季大豆销售进度较往年同期偏慢，库存压力主要集中在上游大豆种植户。

**2. 大豆进口量创历史最高纪录，进口成本明显下降**

1996年之前，我国大豆进口一直采取配额管理，根据国内大豆供需情况确定配额数量，年度大豆进口量都低于出口量。1996年我国对大豆进口实行"关税+配额"的管理方式，大豆进口量开始增加，在1999年取消大豆进口配额管理后，大豆进口量持续大幅增加，2017年以来进入高位震荡阶段（见图2-4-3）。海关统计，2024年我国大豆进口量达到1.050 3亿吨，较2023年的9 861万吨增加642万吨，增长6.5%，创历史最高纪录。其中，自巴西进口7 465万吨，同比增长6.7%，占比达到71.1%；自美国进口2 214万吨，同比减少8.4%，占比21.1%；自阿根廷进口410万吨，同比增长105.9%，占比3.9%。2024年我国大豆进口量增加的主要原因：一是全球大豆连年增产，市场供应充足，进口成本大幅下滑。2023/2024年度全球大豆产量达到3.95亿吨，2024/2025年度产量预计将达到4.24亿吨，连续三年产大于需；全球大豆期末库存升至1.28亿吨，同比增加1 599万吨，均创历史最高纪录。二是国内畜禽养殖利润较好，刺激饲料养殖业消费需求增加。尽管2024年全国工业饲料产量下滑，但豆粕价格大幅下降，性价比明显提高，提振了豆粕饲用需求。三是压榨企业为规避政策和市场风险而增加大豆库存。特朗普当选美国总统后，为市场带来不确定性预期，国内油厂大量采购巴西大豆，尽量增加库存。监测显示，2024年底国内主要压榨油厂大豆商业库存同比增加165万吨。

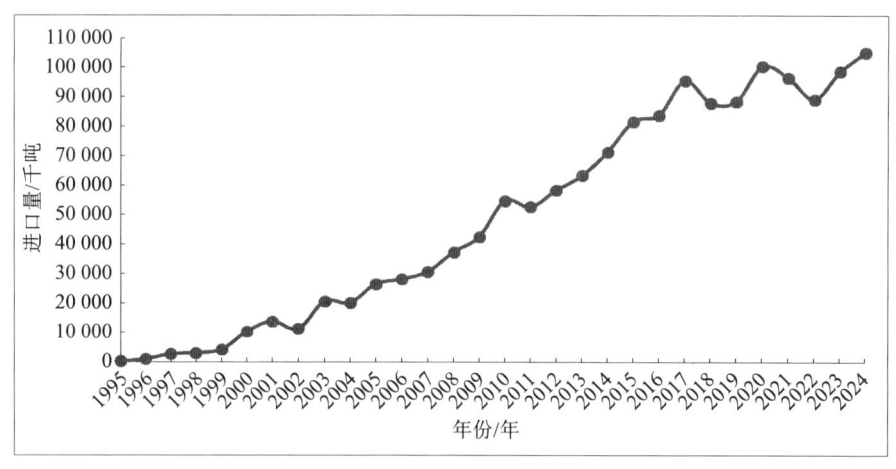

图 2-4-3　1995—2024 年我国大豆进口情况

由于2024年国产大豆产量连续第三年保持在2 000万吨以上，加上国产大豆价格大幅下降，2024年我国非转基因大豆进口量明显减少。海关统计数据显示，2024年我国进口非转基因大豆92.8万吨，较2023年的170.2万吨减少77.4万吨，降幅高达45.5%。其中，从俄罗斯进口61.4万吨，占比66.2%；从贝宁进口21万吨，占比22.6%；从乌克兰进口4.2万吨，占比4.5%；从加拿大进口3.2万吨，占比3.4%；从埃塞俄比亚进口2.9万吨，占比3.1%。2024年我国大豆出口量6万吨，略低于2023年的6.7万吨。

受2004/2025年度全球大豆产量连续三年创历史最高纪录，国际市场大豆供应过剩、价格大幅下跌的影响，2024年我国进口大豆成本大幅下降。海关统计数据显示，2024年我国进口大豆平均到港成本3 571.7元/吨（不含税），较2023年的4 219.5元/吨下降647.8元/吨，降幅为15.4%。监测显示，2024年12月底进口巴西大豆到我国口岸报价428美元/吨，较1月初的553美元/吨下跌125美元/吨，累计跌幅22.6%（见图2-4-4）；12月底芝加哥期货交易所主力合约大豆期货价格收盘990.75美分/蒲式耳，较1月初的1 273.5美分/蒲式耳累计下跌282.75美分/蒲式耳，跌幅22.2%。

### 3. 国内大豆压榨量增加，国产大豆食用及榨油消费提高

我国大豆消费主要分为食用消费和榨油消费两大类，榨油消费以进口大豆为主，食用消费主要是国产大豆和少量进口非转基因大豆。国家粮油信息中心估计，2023/2024年度（2023年10月至2024年9月）我国大豆消费总量为1.16亿吨，同比增加220万吨。其中，食用消费1 675万吨，同比增加60万吨。由于2024年国产大豆价格大幅下跌，性价比提高，挤占进口大

豆食用需求，进口非转基因大豆大幅下降，加上各地大力促进产销衔接，积极开发大豆深加工品种，带动食用消费需求提高。

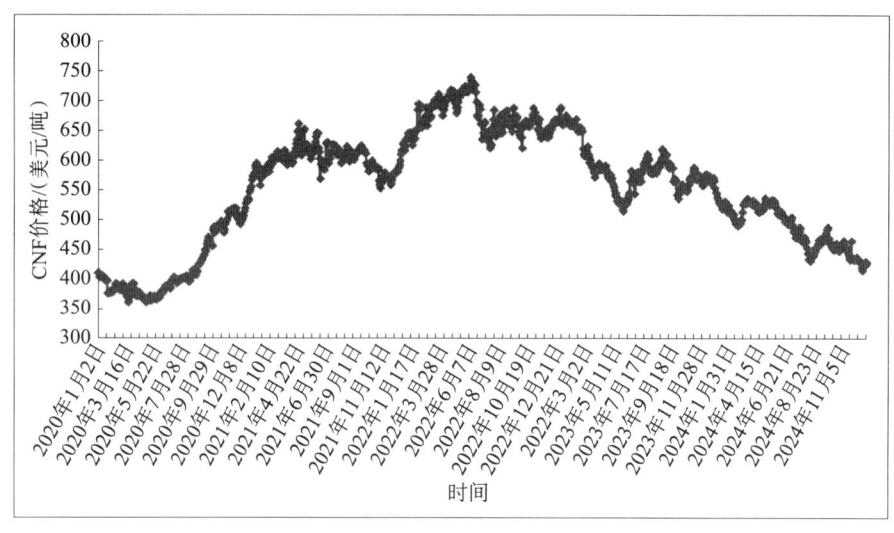

图 2-4-4　2020 年以来进口巴西大豆到我国口岸 CNF 价格

2023/2024 年度我国大豆榨油消费量 9 840 万吨，同比增加 160 万吨。其中，进口大豆榨油消费 9 640 万吨，同比增加 150 万吨，占比高达 98%；国产大豆榨油消费 200 万吨，同比增加 10 万吨，占比仅 2%。大豆榨油消费增加主要受豆粕出口和国内消费需求增加带动。海关统计数据显示，2023 年度我国豆粕出口量 160 万吨，较 2023 年的 88.9 万吨增加 71.1 万吨，增幅高达 80%。

2024 年禽畜养殖效益普遍较好，尤其是 4 月份以来，国内生猪养殖持续盈利，刺激生猪存栏量回升；禽类养殖利润较好，存栏量一直处于历史高位，带动国内豆粕消费需求增加。此外，由于 2024 年国内小麦饲用量减少，需要增加豆粕补充蛋白质减量，国内饲料养殖企业不断调整饲料配方，带动豆粕需求增长和大豆压榨量增加。2024年国产大豆上市后，由于价格大幅下跌，其与进口大豆的价差明显缩窄，一度出现短期价格倒挂，带动国产大豆进入压榨领域的份额增加。

### 4. 豆油进口量维持低位，国内供应和消费主要依靠进口大豆压榨

我国豆油供应主要依靠进口大豆压榨，豆油进口量一直保持较低水平，2024年我国豆油进口量仅28.2万吨，较2023年的40万吨减少11.8万吨，减幅29.5%，占我国豆油供应量的比重不足2%，占全球豆油贸易量的3%左右（见图2-4-5）。主要原因是，近年来美国和巴西国内豆油生产生物柴油的数量大幅增加，全球豆油出口供应主要依靠阿根廷，国际市场豆油供应偏紧，价格维持高位运行，进口豆油成本持续低于国内豆油价格，导致豆油进口量难以大幅增加。2024年我国从俄罗斯进口豆油13.3万吨，占比47.2%；从阿根廷进口8.9万吨，占比31.6%；从巴西进口3万吨，占比10.6%；从乌克兰进口1.9万吨，占比6.7%；从哈萨克斯坦进口1万吨，占比3.5%；从白俄罗斯进口0.9万吨，占比3.2%。

我国是世界最大的大豆进口国和压榨国，也是世界最大的豆油生产国，国内豆油供应主要依靠进口大豆压榨，国产大豆榨油量相对较小。2024年我国豆油消费需求较好，加上大豆进口量和压榨量提高，带动豆油产量增加。国家粮油信息中心估

计，2023/2024年度我国豆油产量1 790万吨，同比增加27万吨。尽管豆油进口量有所减少，但产量增加和上年结转库存较大，供应一直保持充裕局面。

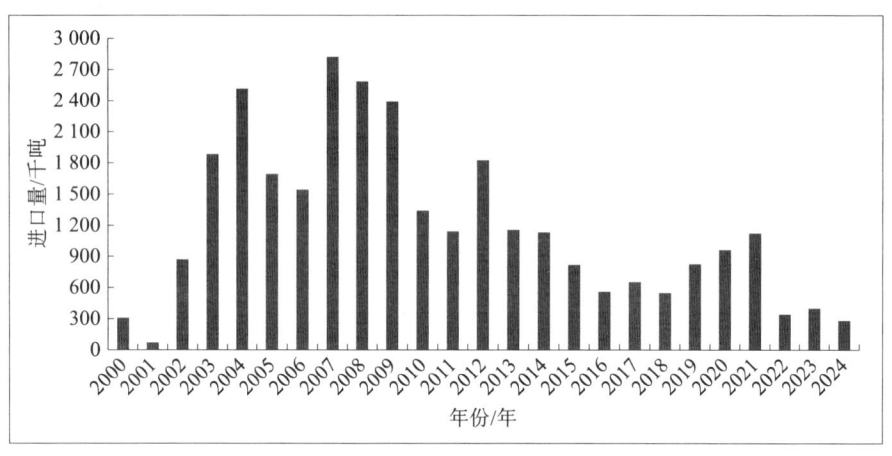

图2-4-5　2000—2024年我国豆油进口量

2024年国内食用植物油消费稳中有降，但豆油消费量持续增加。一方面，国内大豆压榨量不断增加，豆油产量增加；另一方面，2024年四季度，国内菜油和棕榈油价格大幅上涨，与豆油价差大幅扩大，豆油性价比提高，尤其是国际棕榈油价格大幅上涨，棕榈油进口成本和国内价格远远超过豆油价格，导致棕榈油进口量大幅减少，豆油替代棕榈油数量明显增加。海关数据显示，2024年我国进口棕榈油366.7万吨，较2023年的563.7万吨减少197万吨，减幅34.9%。

2024年国内豆油的价格呈现震荡走势（见图2-4-6）。1月至8月份受国际市场植物油供应充裕、价格低位震荡影响，国内豆油价格呈现震荡回落走势。由于2024/2025年度全球葵花籽大幅减产，下半年国际市场葵花籽油价格率先上涨，但对国内豆油等植物油价格影响不大；8月份印尼宣布将在2025年实施B40生物柴油掺混政策，加上2024年印尼棕榈油减产，导致国际市场棕榈油价格大幅上涨，带动国内植物油价格上涨；9月份商务部对进口加拿大菜籽反倾销立案调查，国内菜油价格大幅上涨，推动豆油价格进一步上涨。11月至12月份随着国际市场棕榈油价格大幅回落，加上国内大豆进口量和压榨增加，国内豆油等食用植物油价格震荡下跌。监测显示，2024年1月初江苏张家港地区散装一级豆油出厂价格集中于8 050～8 150元/吨，8月中旬震荡回落至7 500～7 600元/吨后开始上涨，到11月上旬最高涨至9 000～9 100元/吨，12月底回落至8 050～8 150元/吨，再次回到年初的价格水平。

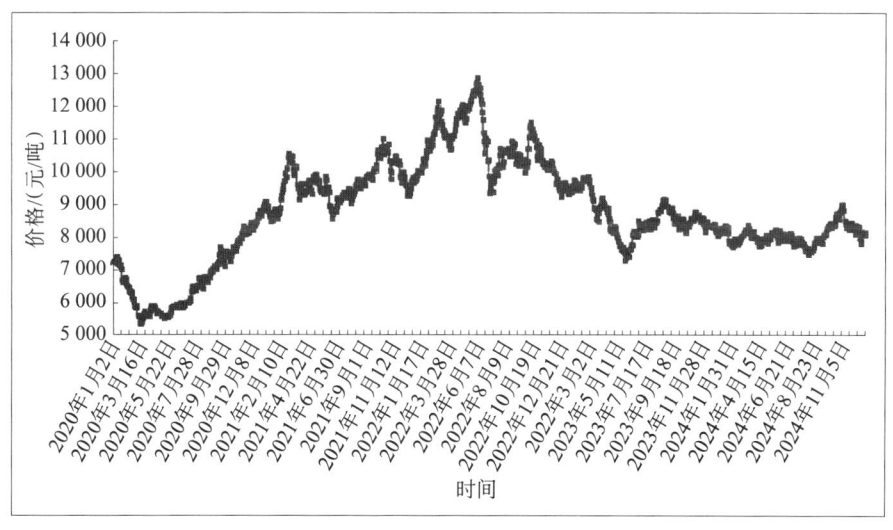

图2-4-6 2020—2024年江苏南通地区菜油价格走势

## （二）2025年大豆及豆油市场展望

2024年全国农业厅局长会议提出，2025年要全力以赴抓好粮油生产，稳定粮食播种面积，坚持提高单产和品质并举，把大面积单产提升作为关键举措，多油并举巩固大豆油料扩种成果，加快推广高油高产大豆品种。从政策方向上看，未来大豆依然是国家政策关注的主要品种。尤其是在当前中美贸易关系不确定、国际地缘政治形势复杂、全球金融市场动荡加剧的背景下，提升巩固国内大豆供给能力仍是我国应对国际贸易形势变化、保障国家粮食安全、稳定国内粮食价格运行的重要组成部分。

在国家政策持续引导之下，预计2025年国产大豆种植面积将保持稳中有增的态势，尤其东北地区由于2024年大豆种植收益好于玉米，大豆种植面积可能会出现增加。如果不出现严重灾害天气，大豆产量将会继续稳定在2 000万吨以上。整体来看，在2025年国产大豆消费增速继续保持平稳的情况下，国产大豆供需形势仍较宽松。若国家出台国产大豆加工奖补相关政策，将会促进压榨企业国产大豆加工用量进一步提升，助力国产大豆库存消耗。

2024/2025年度全球大豆增产已成定局，国际大豆市场基本面预期偏空，进口大豆价格难以出现大幅上涨，进口量将继续维持高位运行。2024年社会及政策性大豆结转库存充足，大豆产量高位稳定，国产大豆供需宽松格局很难被打破，但不排除极端天气下新季国产大豆产情出现波折。美国大豆库存充足，南美大豆丰产预期强烈，将使2025年上半年CBOT大豆期价及国内进口大豆成本维持低位运行。由于新季美豆播种面积尚不确定，且生长季天气更是难以预测，2025年下半年CBOT大豆期价及国内进口大豆成本存在较大变数。

受全球大豆产量连续第三年创历史纪录的影响，2024/2025年度全球豆油产量将会继续增加，但受巴西和美国生物柴油消费增加的影响，全球豆油贸易量难以大幅增加，国际市场豆油价格维持震荡运行的可能性较大。2025年一季度我国大豆进口量大幅减少，预计全年大豆进口量将较2024年有所下降，国内大豆压榨量和豆油产量继续保持高位运行。受国内外棕榈油价格持续高于豆油价格的影响，2025年上半年国内豆油替代棕榈油消费的状况仍将会持续，豆油消费量将会继续增加；下半年随着新季葵花籽和菜籽产量增加和集中上市的影响，加上棕榈油产量进入一年内产量高峰期，国际市场植物油供应状况将会明显改善，价格出现回落的可能性较大，国内豆油等植物油价格将跟随国际市场震荡走低。

（国家粮油信息中心　张立伟）

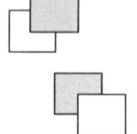

# 五、花生及花生油市场分析

## 【内容提要】

2024年国内花生种植面积连续第二年增长，播种生长期产区灾害天气频发令单产下降，但产量仍然同比小幅增加。花生和花生油进口均同比小幅增加，国内花生供应总体充足。受国内消费降级趋势持续的影响，国内花生需求同比下降，下游信心不足，库存压力集中在上游，供强需弱令国内花生期现货价格承压，价格熊市持续。在经历了三季度的大幅下跌后，四季度花生现货价格横盘整理，主要受到上游农户惜售和下游油厂刚需收购的支撑，但随着油厂旺季备货需求的逐步收尾，价格将进一步承压。

展望2025年，由于2025年花生种植收益仍然高于玉米、大豆、小麦等竞争作物，2025年国内花生种植面积料继续扩张，如果花生播种生长期不出现大的天气灾害，总产预计维持高位。随着我国花生进口来源国的增加，后期花生进口供应继续增加。预计

2025年国内花生供应压力不减，需求料难以出现大的增加，国内花生市场供强需弱的格局持续，价格仍将处于熊市周期，重心将逐步下移。

## （一）2024年国内花生及花生油市场分析

**1. 2024年国内花生生产情况**

（1）国内花生种植面积及产量继续增加。中国土畜进出口商会发布的业界预估数据显示，2024年我国花生种植面积同比增加13.5%，至7 071.1万亩；单产水平同比下降8.78%，至240.13公斤/亩；总体花生果产量1 698万吨，折合花生仁1 188.6万吨，总产同比增加3.54%，2024年我国花生产量上升至4年新高。2024年我国花生种植面积连续第二年增加，尽管2023年下半年至2024年上半年国内花生价格同比下降，但同期其他竞争作物如玉米、小麦、大豆价格跌幅更大，花生比较种植收益偏高，令农户种植花生的积极性维持高位。2023年我国花生种植面积同比增加14%，至6 230万亩；2022年我国花生种植面积同比下降17.54%，至6 465万亩。

（2）花生单产有所下降。2024年，国内花生产区在花生播种及生长期出现诸多灾害性天气。最大的主产省河南在春花生下针期、麦茬花生播种及出苗期出现高温干旱天气，花生部分根须外露，导致结果率下降，8月阴雨连绵，导致开花不足，均导致单产下降；但9月中下旬降雨偏少，则为麦茬花生后期生长提供了充足的时间，提高了花生的品质。据花生精英网数据，2024年山东、江西、河南南部白沙产区单产下降15%~20%，辽宁东部、河南大花生单产下降10%~15%，吉林、黑龙江、江苏、辽宁西部等地单产与上年持平。东北地区2024年普遍面临花生水分偏高的问题，而湖北、河北、安徽花生实现增产。

从2009年至2024年的单产数据来看，近16年我国花生单产基本在210~265公斤/亩的区间运行，整体趋于上行（见表2-5-1、图2-5-1）。近5年我国花生单产基本在230~265公斤/亩的区间运行，2024年单产降至近5年的次低，仅略高于2020年。随着国内花生种业和种植管理水平的提升，我国花生单产水平有望维持高位并逐年小幅增加。

表2-5-1  2009—2024年我国花生种植面积、产量及单产

| 年份 | 总面积/万亩 | 总产量/万吨 | 单产/（公斤/亩） |
| --- | --- | --- | --- |
| 2009年 | 5 948.6 | 1 360.0 | 228.63 |
| 2010年 | 5 827.2 | 1 250.0 | 214.51 |
| 2011年 | 6 130.7 | 1 360.0 | 221.83 |
| 2012年 | 6 373.5 | 1 560.0 | 244.76 |
| 2013年 | 6 373.5 | 1 580.0 | 247.90 |
| 2014年 | 5 705.8 | 1 230.0 | 215.57 |
| 2015年 | 5 948.6 | 1 380.0 | 231.99 |
| 2016年 | 6 919.8 | 1 700.0 | 245.67 |
| 2017年 | 7 751.4 | 1 820.0 | 234.80 |
| 2018年 | 6 476.7 | 1 503.0 | 232.06 |
| 2019年 | 6 573.8 | 1 550.0 | 235.78 |
| 2020年 | 7 120.1 | 1 707.0 | 239.74 |

续表

| 年份 | 总面积/万亩 | 总产量/万吨 | 单产/（公斤/亩） |
| --- | --- | --- | --- |
| 2021年 | 6 621.7 | 1 641.0 | 247.82 |
| 2022年 | 5 357.8 | 1 350.0 | 251.97 |
| 2023年 | 6 230.0 | 1 640.0 | 263.24 |
| 2024年 | 7 071.1 | 1 698.0 | 240.13 |

资料来源：中国食品土畜进出口商会。

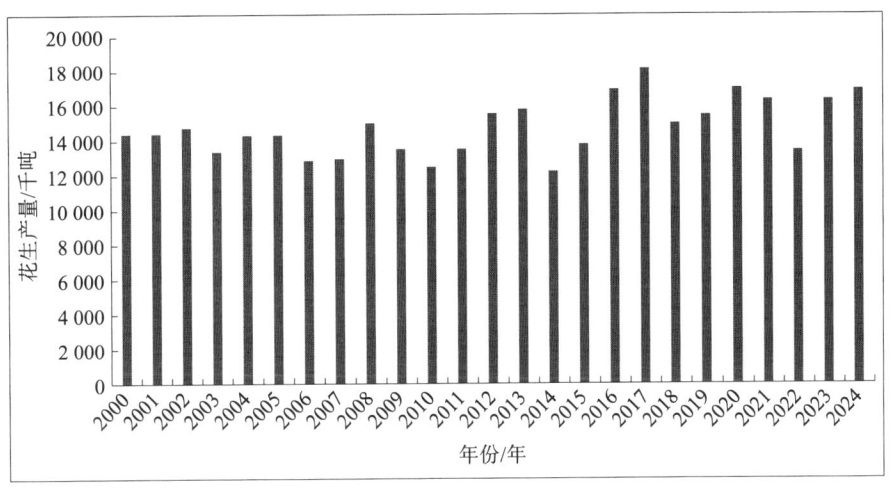

图2-5-1　2000—2024年我国花生产量

资料来源：中国食品土畜进出口商会。

## 2. 2024年国内花生及其制品进出口情况

（1）花生及花生油进口均增，进口来源国占比发生变化。海关数据显示，2024年我国花生进口总量为759 822.35吨，较上年增加98 940.62吨，同比增长14.97%（见表2-5-2）；2024年进口花生油总量为254 694.29吨，较上年增加6 748.94吨，同比增长2.72%（见表2-5-3）。分月度数据来看，2024

年1—3月和5月花生进口同比下降,4月和6—12月同比增加;2024年1—3月和5月、9月花生油进口均为同比减少,4月、6—8月和10—12月进口均同比增长。从进口国别来看,2024年我国花生进口占比最大的国家是塞内加尔,其次是苏丹。自2023年4月苏丹内战开始,苏丹花生生产及贸易受到较大影响,2024年苏丹对我国花生出口量同比增加1.86%,而同期塞内加尔对我国花生出口量同比上升76.63%。2024年我国花生油进口占比最大的国家是印度,其次是巴西,2024年印度对我国花生油出口量同比增加70.28%。

表2-5-2 2022—2024年我国花生仁月度进口数据对比

| 月份 | 2022年各月进口量/吨 | 2023年各月进口量/吨 | 2024年各月进口量/吨 | 同比/% |
| --- | --- | --- | --- | --- |
| 1月 | 16 372.75 | 42 822.15 | 9 692.63 | -77.37 |
| 2月 | 8 593.97 | 80 819.79 | 12 421.24 | -84.63 |
| 3月 | 51 283.82 | 193 013.35 | 87 615.90 | -54.61 |
| 4月 | 88 510.50 | 113 945.77 | 145 112.84 | 27.35 |
| 5月 | 125 458.89 | 98 730.11 | 87 034.43 | -11.85 |
| 6月 | 96 929.99 | 58 593.00 | 73 761.83 | 25.89 |
| 7月 | 70 071.67 | 23 334.37 | 60 426.69 | 158.96 |
| 8月 | 79 280.16 | 19 033.22 | 58 697.04 | 208.39 |
| 9月 | 35 711.94 | 11 914.62 | 49 846.53 | 318.36 |
| 10月 | 39 040.57 | 9 336.40 | 71 935.38 | 670.48 |
| 11月 | 28 411.65 | 2 330.86 | 65 986.15 | 2 730.98 |
| 12月 | 24 401.19 | 7 008.12 | 37 291.69 | 432.12 |
| 合计 | 664 067.10 | 660 881.76 | 759 822.35 | 14.97 |

资料来源:海关总署。

表 2-5-3 2022—2024 年我国花生油月度进口数据对比

| 月份 | 2022 年各月进口量/吨 | 2023 年各月进口量/吨 | 2024 年各月进口量/吨 | 同比/% |
|---|---|---|---|---|
| 1 月 | 16 631.93 | 41 517.86 | 22 198.63 | -46.53 |
| 2 月 | 7 152.88 | 19 750.20 | 19 110.84 | -3.24 |
| 3 月 | 8 076.57 | 26 742.80 | 25 454.57 | -4.82 |
| 4 月 | 6 683.59 | 21 984.12 | 25 653.79 | 16.69 |
| 5 月 | 10 512.31 | 22 103.86 | 19 837.83 | -10.25 |
| 6 月 | 15 002.50 | 18 026.73 | 24 253.69 | 34.54 |
| 7 月 | 22 160.93 | 16 721.38 | 22 958.21 | 37.30 |
| 8 月 | 28 679.56 | 13 765.06 | 21 815.71 | 58.49 |
| 9 月 | 23 533.32 | 18 523.48 | 16 824.62 | -9.17 |
| 10 月 | 26 014.20 | 16 185.90 | 19 222.42 | 18.76 |
| 11 月 | 25 557.49 | 12 074.19 | 15 613.96 | 29.32 |
| 12 月 | 40 953.07 | 20 549.73 | 21 749.99 | 5.84 |
| 合计 | 230 958.35 | 247 945.312 | 254 694.26 | 2.72 |

资料来源：海关总署。

（2）花生制品出口同比大幅增加，花生油出口同比略增。海关数据显示，2024 年我国花生出口同比明显增长，2024 年我国花生及花生制品出口量为 76.03 万吨，同比增加 82.27%，创 2010 年以来的历史新高（见图 2-5-2）；2024 年我国花生油出口同比小幅增长，2024 年我国花生油出口量为 1.02 万吨，同比增加 5.76%；2024 年，由于我国花生价格持续同比大幅下跌，花生及其制品的出口竞争力提升，出口实现明显增长。

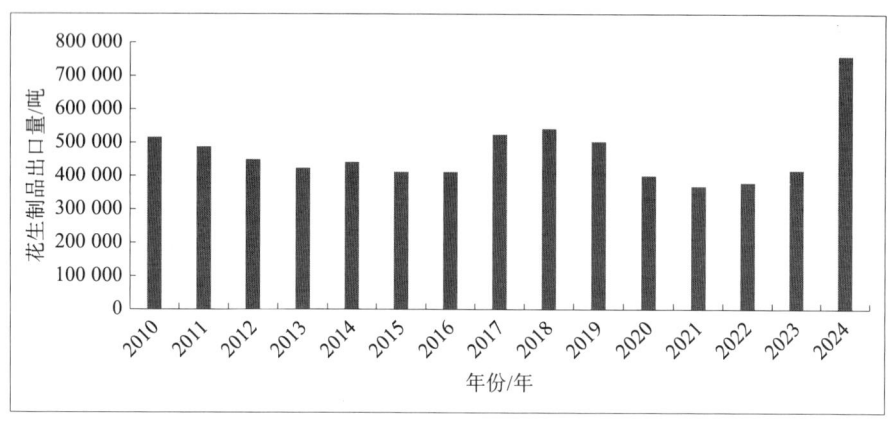

图 2-5-2 2010—2024 年我国花生制品出口量

资料来源：海关总署。

### 3. 2024 年国内花生及花生油需求情况

（1）国内消费降级持续，需求持续低迷。2024 年，国内市场消费降级持续，受此影响，花生消费需求同比增长乏力。从当年 11 月份机构对广东花生市场的调研情况来看，2024 年销区市场的商品米需求持续疲软，普遍反映销量同比下降 10%~30%，主要受到居民消费降级、流动人口减少、餐饮业需求疲软等多方面因素的影响。近期销区市场的花生油需求有所回暖，主要受到相关油脂价格上涨的带动，花生油与其他油脂的价格差缩小，对花生油需求有一定的提振。同时花生散油价格同比大幅下降，而终端小包装油价格下调幅度较小，小包装利润率上升，也刺激油厂积极采购花生散油，应对四季度油脂消费旺季需求。

2024 年花生油厂压榨利润大部分时间处于亏损状态，仅在个别时间出现过短暂的盈亏平衡,1月至9月油厂最大亏损1 000元/吨。10月新季花生上市后,花生价格大幅下跌,油厂榨利逐步修复,但仍然处于亏损周期。我的钢铁网数据显示,2024年12月5日,花生油厂加工利润为-160元/吨,周环比下降47元/吨,同比增加200元/吨以上。除了小包装品牌花生油厂因品牌溢价而有利润外,其他中小油厂压榨花生处于持续亏损状态。

(2)油厂榨利处于持续亏损状态,使得油厂在2024年收购中维持较为平淡的状态。中国粮油商务网数据显示,截至2024年11月23日当周,国内花生油厂的原料收购量为29 093吨,较上周增加1 576吨,上月同期为13 480吨,明显高于2023年同期的7 490吨,也高于2019年同期的25 450吨和2021年同期的12 170吨,但明显低于2022年同期的54 250吨和2020年同期的45 580吨。总体来看,油厂收购量处于过去6年的中位水平,2024年油厂的开收时间早于上年,收购价格基本随行就市,既未提价收购,也未明显压价收购,收购量大于上年同期,对当年10月新花生米上市后的现货价格形成了一定的支撑。经过2022年下半年和2023年连续一年半的去库存,2024年油厂花生的低库存状态令其在四季度维持刚需收购。

此外,花生油与其他油脂的价差缩小,也令花生油的消费需求小幅改善。2024年12月12日,山东东部一级花生油价格为14 400元/吨,较上年同期下跌1 400元/吨;一级花生油与一级豆油、四级菜油、一级玉米油的价格差分别为6 050元/吨、5 370元/吨、5 400元/吨,价差较上年同期普遍缩小,缩小幅度分别为1 260元/吨、2 220元/吨、1 500元/吨。花生油与豆油、菜油和玉米油的价格差明显缩小，有利于改善花生油的消费需求。

### 4. 库存持续上升，上游库存压力较大

2023/2024年度，国内花生产量恢复性增加，进口同比下降，但整体供应增加，需求虽然同比小幅增加，但需求增幅不及供应增幅，导致供需趋于宽松，期末库存和库存消费比分别升至529万吨和32.1%（见图2-5-3）。由于国内产量增加，进口同比基本持平，需求增长乏力，预计2024/2025年度国内花生库存及库存消费比继续上升，这主要是基于需求大幅增加的预估。由于2024/2025年度国内花生产量同比继续增加，进口量同比料将持平，预计国内需求和出口将小幅增加，或国内花生期末库存和库存消费比分别升至710万吨和42.3%。期末库存和库存消费比均较上一年度增加，国内花生市场仍处于库存累积周期。从产业链各环节库存来看，由于近几年囤货贸易商赔钱，市场各环节对于建立库存普遍持谨慎态度，中下游环节"蓄水池"需求明显下降，库存主要集中在上游（即农户环节）。

### 5. 2024年花生及花生油市场价格走势回顾

（1）花生期现货价格重心继续下移。2024年国内花生期现货市场价格走势趋同，1月至9月基本上是横盘整理走势，9月开始大幅下跌，商品花生米价格跌幅为3 000元/吨，油料花生

米现货价格跌幅 1 300 元/吨，期货价格跌幅也超过 1 000 元/吨（见图 2-5-4）。1 月至 2 月在农户惜售、进口花生米供应延后、油厂收购等利好支撑下，价格区间震荡，春节后价格一度因供需偏紧而出现反弹，但随着供需转向宽松，价格重新回落。9 月新作上市后，新作供应明显增加，而旧作结转库存偏大，市场在旧作抛售和新作供应增加的双重冲击下，价格大幅下跌。随着 10 月中旬大型油厂全面入市收购，期现货价格再度企稳反弹，12 月随着油厂旺季备货需求的结束，价格止涨回跌。从周期角度来看，2023 年 9 月之后国内供应大幅改善，市场已转变为需求疲弱驱动的熊市周期，供应充足而需求疲弱的持续负反馈，导致期现货价格重心一再下移。

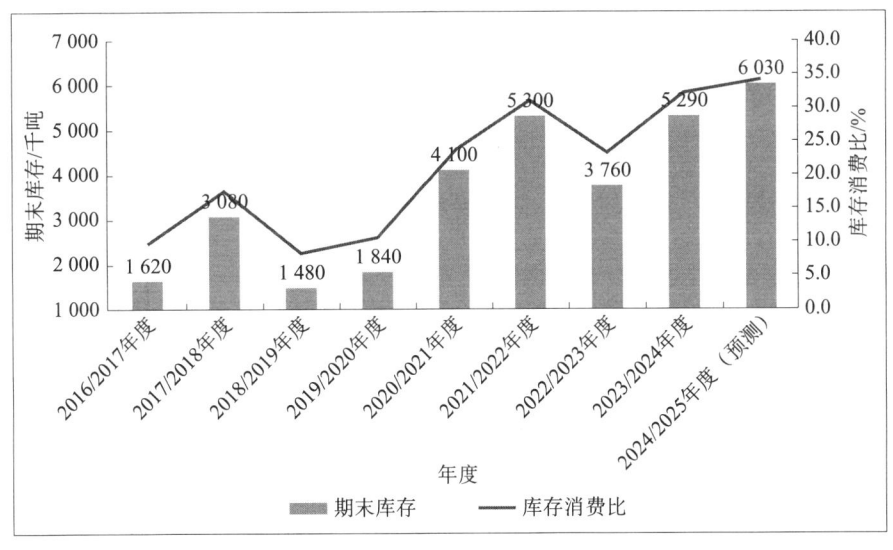

图 2-5-3 2016/2017—2024/2025 年度我国花生期末库存及库存消费比

资料来源：2024/2025 年度之前的数据来自中国食品土畜进出口商会，2024/2025 年度数据为作者预估。

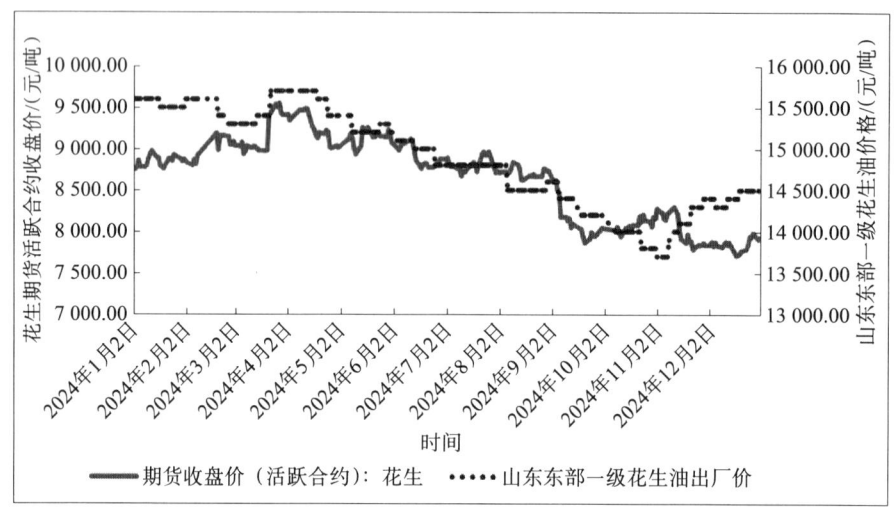

**图 2-5-4　2024 年花生期货活跃合约收盘价及山东东部一级花生油价格走势图**

资料来源：万得资讯。

（2）花生油市场价格区间震荡。2024 年，由于国内消费降级持续，花生油消费需求维持疲软、进口同比增加，国内花生油供需格局宽松，花生油价格呈现旺季高位区间震荡、淡季重心下移的走势。国内一级花生油现货价格高点 15 700 元/吨出现在 3 月至 4 月，10 月底下跌至年内最低点 13 700 元/吨，跌幅高达 2 000 元/吨；10 月之后，花生油消费旺季到来，油厂积极收购，花生油跟随花生价格震荡反弹。

## （二）2025 年花生及花生油市场预测

展望 2025 年，一季度国内花生市场供需宽松格局短期难改，农户惜售导致的供应"堰塞湖"在春节前后逐步释放，而短期内需求或难以改善，春节后仍是传统的花生消费淡季。尽管中下游库存偏低，且进口维持低位，但在油厂榨利持续亏损的状态下，油厂大规模建立原料库存的概率很小，花生价格或需要进一步下跌才能刺激下游需求。一季度国内花生价格面临易跌难涨的局面。二季度进入2025年花生的种植季，由于2024年小麦、玉米、大豆等竞争作物的价格也出现大幅下跌，2025年花生种植面积增减暂时难以预测，如果面积不出现类似2022年大幅减少的情况，2025年国内花生和花生油市场仍将面临供强需弱的格局，价格或持续运行在熊市周期。美国农业部预测2024/2025年度全球国际市场花生连续第二个年度增产，2024年12月全球花生和花生油价格均跌至5年同期新低，在国际国内市场丰产的共振下，国内花生及花生油市场价格将会维持低位运行。

**1. 农户惜售导致销售压力后移，一季度供应压力仍大**

在春节前旺季需求的支撑下，加之农户惜售持续，节前现货价格或维持震荡偏强格局；春节后市场将步入传统的需求淡季，气温逐步升高令农户存储难度加大，农户销售压力加大恐令市场重回供强需弱格局。从供应压力来看，节前农户越惜售，节后农户销售压力越大。从现货价格来看，节前农户惜售导致的价格涨幅越大，说明农户惜售程度越严重，节后销售的压力也越大，对应节后价格下行的压力也越大。

## 2. 花生种植收益好于其他品种，提振农户种植意向

花生精英网调研数据显示，2024年花生种植收益好于其他竞地品种。其中，河南大花生种植收益为617元/亩，高于小麦的305元/亩、大豆的160元/亩以及玉米的-210元/亩（见图2-5-5）；由于灾害性天气，单产下降明显，河南白沙花生的种植收益仅为122元/亩，但仍高于玉米的-210元/亩；吉林花生的种植收益为267元/亩，高于玉米的-138元/亩；辽宁花生的种植收益为286元/亩，高于玉米的-275元/亩。从种植收益数据可以看出，尽管2024年花生的种植收益出现大幅下降，但仍高于其他竞地品种，2025年农户在种植品种上或继续选择花生，国内花生种植面积或继续维持高位。

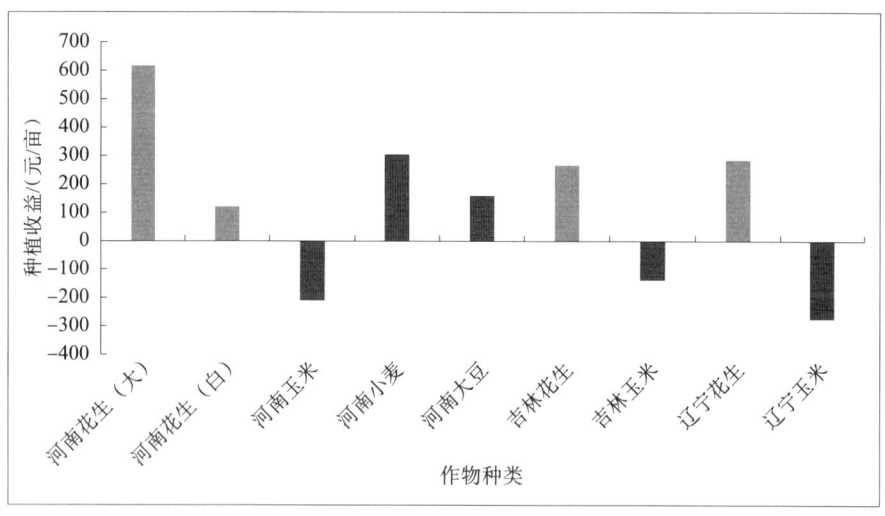

图2-5-5　2024年国内花生与玉米、大豆、小麦种植收益比较

资料来源：花生精英网。

2024年国内花生、玉米、大豆价格均出现大幅下跌的情况，全年花生和玉米期货加权价格均走出震荡下行的行情，12月13日，玉米指数同比跌幅为10.2%，花生指数同比跌幅为9.83%，花生期货指数跌幅连续两年小于玉米期货指数跌幅（见图2-5-6）。预计2025年国内地租将会出现明显下降。从比较种植收益角度来看，在各大作物的种植效益均不理想的情况下，花生的比较种植收益较高，种植面积或被动扩张。

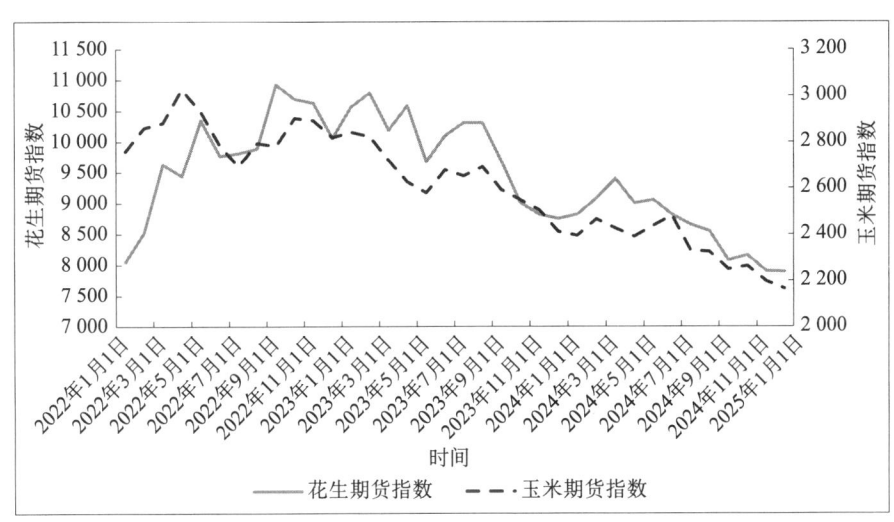

图2-5-6  2022—2024年花生期货指数和玉米期货指数走势

资料来源：易盛。

### 3. 消费受政策影响或有改善

2024年12月9日，中共中央政治局召开会议指出，2025年要实施更加积极的财政政策和适度宽松的货币政策，大力提振消费、提高投资效益，全方位扩大国内需求。此外，2025年，中美贸易战存在不确定性，市场担忧进口关税提高可能导致国内油粕价格上涨，并提振花生油和花生粕的需求和价格。整体而言，2025年国家宏观政策和贸易政策或能改善国内花生需求。

### 4. 进口来源国增加，进口压力料将持续

2025年我国花生进口量同比增加的概率较大，全球花生恢复性增产，我国进口花生来源国增加。2024年9月海关总署公告，允许符合相关要求的尼日利亚、乍得和马拉维花生进口，其中乍得和马拉维是中国的关税最惠国，花生出口至中国的关税为零，在出口成本上与塞内加尔、苏丹等零关税国家持平。2024/2025年度尼日利亚、乍得和马拉维花生产量分别为450万吨、35万吨和83万吨，分别居全球第3位、第13位和第21位。

### 5. 全球花生供应增加，国际花生和花生油价格持续下跌

美国农业部2024年12月供需报告预测，2024/2025年度全球花生产量为创历史第三高的5 051.6万吨，较上年度增加99.9万吨，产量仅次于2021/2022年度和2020/2021年度，连续第二个年度产量同比增加，其中印度、美国和巴西分别增产110万吨、28.8万吨和16.6万吨。国际市场供应的恢复性增加，使得国际市场花生供需宽松，国际市场花生和花生油价格持续下跌至5年新低。世界银行数据显示，2024年12月全球花生米和花生油价格均跌至5年新低，花生米价格下跌至1 515.41美元/吨，同比跌幅26.07%；花生油价格12月下跌至1 687.54美元/吨，同比跌幅13.02%（见图2-5-7、图2-5-8）。

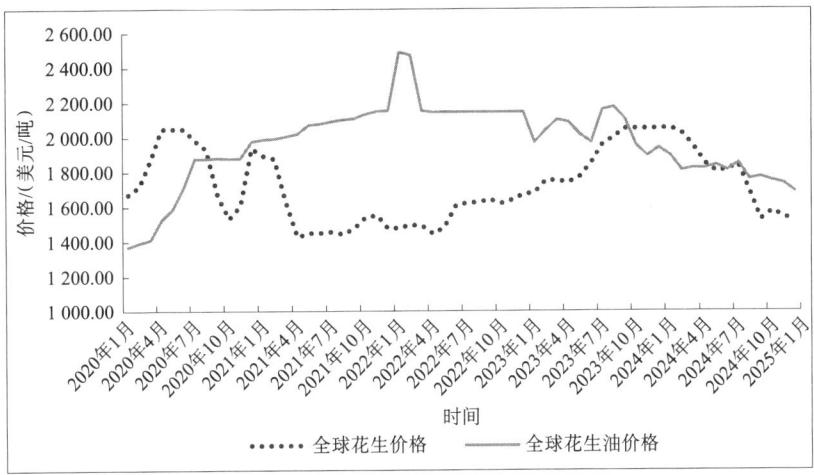

**图 2-5-7　2020—2024 年全球花生及花生油价格走势图**

资料来源：万得资讯，世界银行。

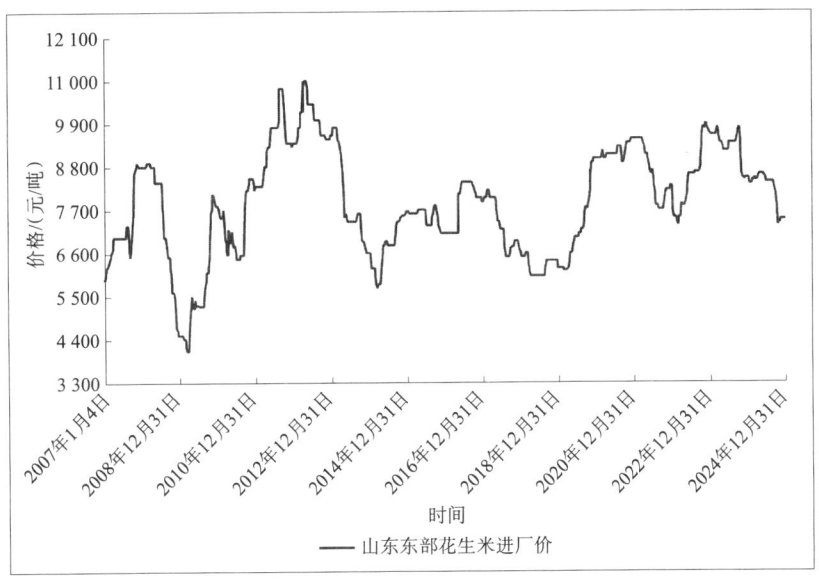

**图 2-5-8　2007 年 1 月至 2024 年 12 月国内花生价格走势图**

资料来源：万得资讯。

（弘业期货股份有限公司　杨京）

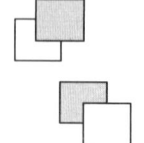

# 六、杂粮产业供需形势分析

【内容提要】

杂粮是传统饮食文化中的重要组成部分，近几年，随着人们健康意识的不断提高，对杂粮的需求逐年增加。我国杂粮常年种植面积已达1 500万公顷左右，很多杂粮品种的种植和出口量均居世界前列，在世界杂粮的生产和贸易中占有举足轻重的地位。我国的谷子种植面积和产量均居世界第一位，荞麦种植面积和总产量居世界第二、出口量为世界第一，绿豆和小豆产量占世界产量的三分之一，蚕豆产量占世界总产量的一半。此外，我国也是燕麦、豇豆和小扁豆的主产国。近年来进口量不断增加的杂粮品种有高粱、大麦、荞麦、绿豆等，进口比重的增加也影响着国产杂粮品种的价格。

## (一) 我国杂粮作物品种及种植分布

杂粮是传统饮食文化中的重要组成部分,通常是指除水稻、小麦、玉米、大豆和薯类五大作物以外的粮谷类作物,主要有高粱、谷子、荞麦(甜荞、苦荞)、燕麦(莜麦)、大麦、糜子、黍子、薏仁、籽粒苋、菜豆(芸豆)、绿豆、小豆(红小豆、赤豆)、蚕豆、豌豆、豇豆、小扁豆(兵豆)、黑豆等。其特点是生长期短、种植面积少、种植地区特殊、产量较低。

杂粮在我国分布很广,各地均有种植,但主产区相对比较集中,主要分布在华北平原杂粮种植区、东北平原杂粮种植区、黄土高原杂粮种植区。除了上述几个主要杂粮种植区外,我国其他地区如四川盆地、云贵高原等地也有杂粮种植,这些地区虽然种植面积相对较小,但杂粮种植仍具有一定的规模和特色。

## (二) 我国杂粮作物种植面积和产量变化

目前我国种植较多的杂粮品种有谷子、高粱、荞麦、绿豆、红小豆、芸豆,各类杂粮品种及其与玉米、大豆之间均有较强的种植替代性,影响种植面积的关键因素在于农民对当年的收益对比。从2024年开始,玉米价格明显下跌,农户收益缩减,玉米种植面积减少,提高了农户种植高粱、谷子、绿豆的积极性，杂粮种植面积整体增加。高粱单产高、收益高，相较于玉米管理更省时省力；谷子和绿豆产量持续近五年下降后，2024年价格上涨，农户种植意愿较高；荞麦、红小豆种植面积小幅下降，这也与价格有直接关系（见图2-6-1、图2-6-2）。

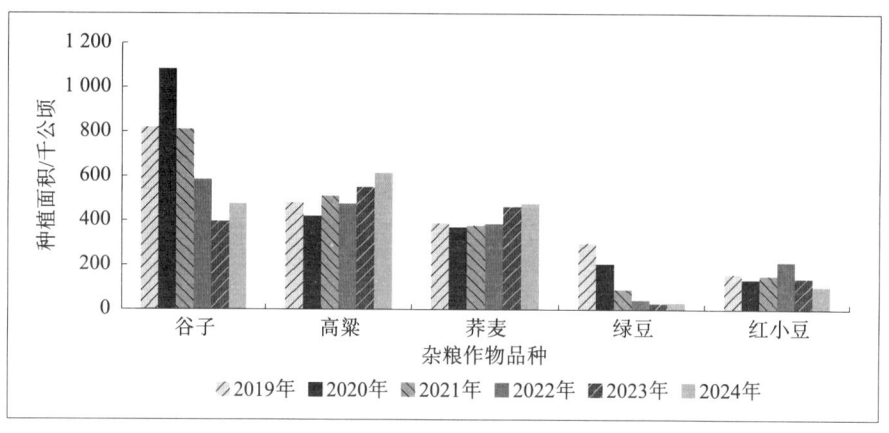

**图2-6-1　2019—2024年我国主要杂粮作物种植面积统计**

资料来源：上海钢联。

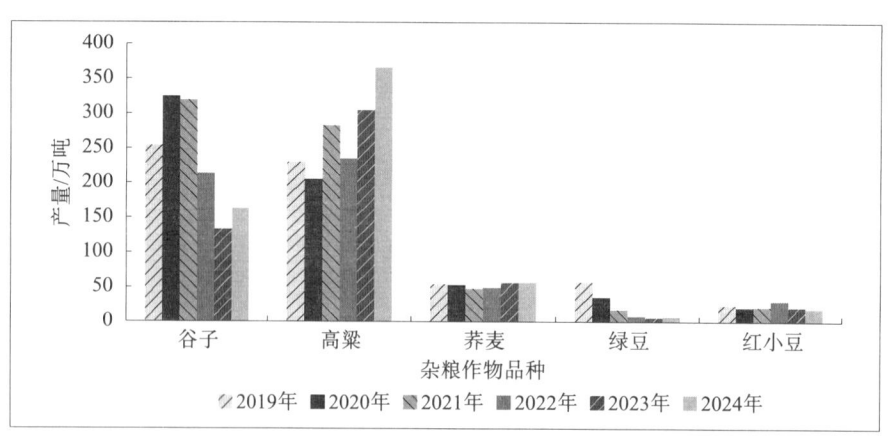

**图2-6-2　2019—2024年我国主要杂粮品种产量统计**

资料来源：上海钢联。

## （三）我国高粱市场供需情况分析

**1. 高粱市场供应结构分析**

2019—2024年，我国高粱种植面积呈现"减—增—减—增"的趋势，2019年种植面积下降至480千公顷，产量230万吨。由于2018年市场供应充足后价格走低、收益下降，直接影响了农户种植的积极性，高粱种植面积持续下降；2020年达到近几年的最低值，种植面积420千公顷，产量仅有205万吨；2020年高粱价格由于供应减少而涨至高位，农户种植积极性提高，后期种植面积逐年增加。

2023年在玉米价格持续走低、利润减少的情况下，改种高粱明显增加，加之在2024年高粱生长期间气候适宜，大部分主产区质量较好，亩产达到900斤/亩。据Mysteel农产品团队对高粱产区的调研显示，2024年高粱种植面积616千公顷，产量高达366万吨，创历史新高（见图2-6-3）。

**2. 高粱进口分析**

从近5年的高粱进口量来看，呈现出冲高回落的趋势。我国高粱的主要进口来源国有美国、澳大利亚、阿根廷等，其中来自美国的高粱占比最大。2019—2022年，我国高粱进口量逐年增加，到2022年达到近8年的历史高点。根据中美第一阶段经贸协议，2020年、2021年我国分别增加了125亿美元和195亿美元美国农产品的购买额。2020年我国高粱进口量较2019年增长478.56%，2021年我国高粱进口量较2020年增长95.64%（见图2-6-4）。这两年是我国高粱增长速度最快的年份。2023年高粱进口量锐减，进口量在510万吨左右，其主要原因：一方面，2022年进口量较高，仍有大部分库存；另一方面，由于玉米价格较低，饲料需求减幅明显，整体库存消化缓慢。

2024年我国高粱进口量继续增加，但四季度随着进口谷物政策的收紧，要求全年进口谷物总量不超过2023年的总数，四季度进口量明显放缓，但全年高粱整体进口量也远远高于2023年，达到866.62万吨。

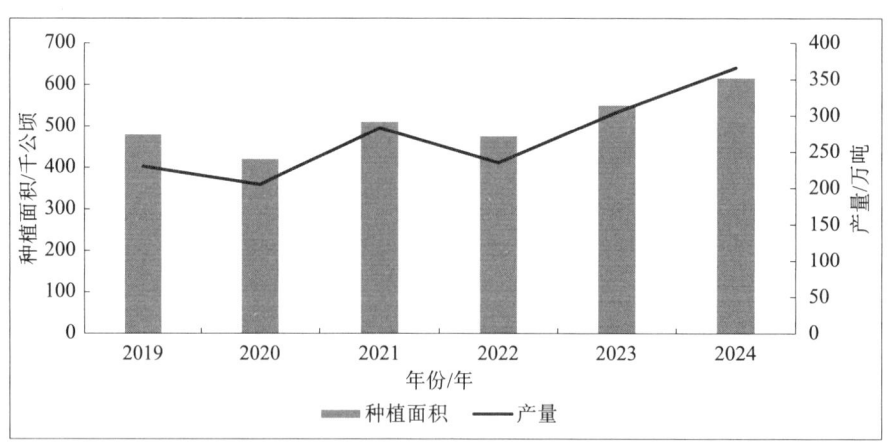

图2-6-3 2019—2024年我国高粱种植面积和产量

资料来源：上海钢联。

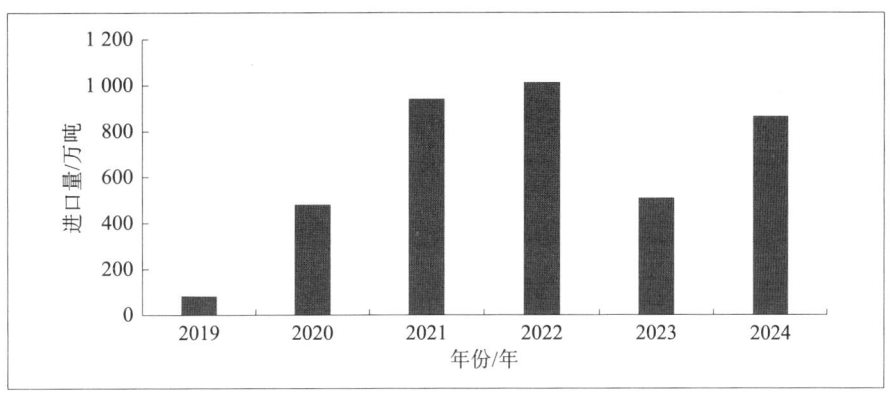

图 2-6-4　2019—2024 年我国高粱进口量统计

资料来源：上海钢联、海关总署。

### 3. 高粱市场需求结构分析

（1）我国高粱酿造需求分析。2019—2024 年高粱酿造需求量呈现逐年下降趋势，整体需求量在 210 万～300 万吨（见图 2-6-5）。2019 年，白酒行业加速推进供给侧结构性改革，随着去产能逐步深化，行业总体呈现产出规模稳中有降、产出效益逐步提升的新特征；2021 年，白酒行业营业收入复合增速约为 11.4%；2023 年，酒水消费市场复苏情况不如预期，需求增长放缓。2023/2024 年度白酒行业经历了业绩分化的加剧，中小型企业去库存成为关键问题；2024/2025 年度白酒产量预计将大幅下降，需求量降至 190 万吨左右。

（2）我国高粱饲料行业分析。2019/2020—2023/2024 年度我国高粱饲料需求呈现先增后降的趋势（见图 2-6-6）。消费量最高达到 2021/2022 年度的 935 万吨，玉米价格持续高位，高粱作为替代品价格优势明显，进口量较大。2022/2023 年度美国高粱减产明显，进口量下降。2024年，我国高粱饲料消费下降50%左右。预计2024/2025年度我国高粱饲料消费将下降至260万吨，同比降幅达到38.1%左右，主要因玉米价格持续低位，饲料产量小幅下降。

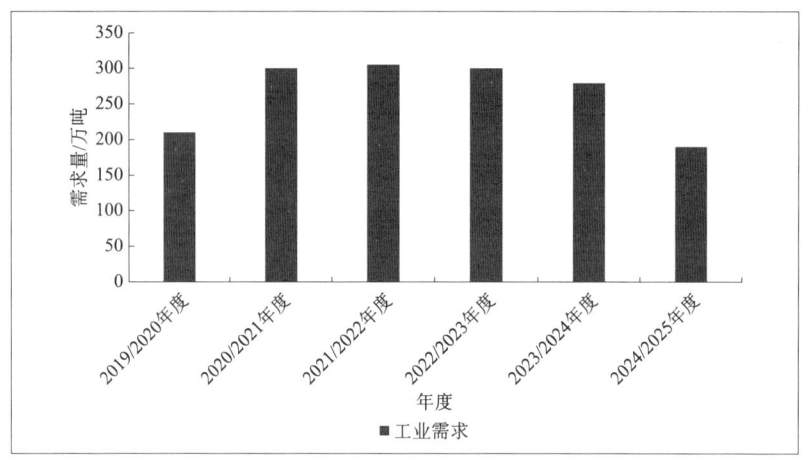

**图2-6-5　2019/2020—2024/2025年度我国高粱酿造需求统计**

资料来源：上海钢联。

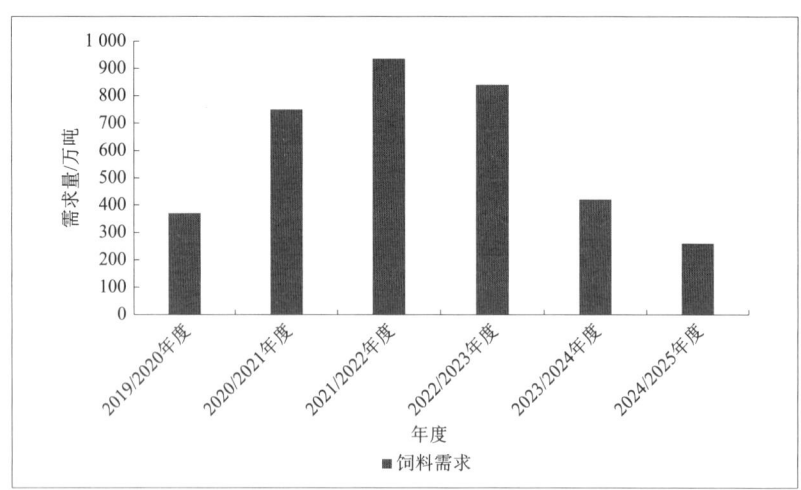

**图2-6-6　2019/2020—2024/2025年度我国高粱饲料需求统计**

资料来源：上海钢联。

## 4. 高粱市场价格走势分析

（1）国产高粱市场价格走势分析。整体来看，2020—2024年国产高粱价格呈现冲高回落趋势（见图2-6-7）。2020—2022年是高粱价格变化最大的三年。2020年10月新粮上市，高粱价格从9月份的1.47元/斤一路上涨，最高成交价高达2.25元/斤，达到历史高点；2022年趋势基本与2020年相同，都是在新粮上市后价格明显拉涨。2021年，农户高粱种植面积增加，供应量充足，高粱价格略有下滑，但整体均价仍居高位。

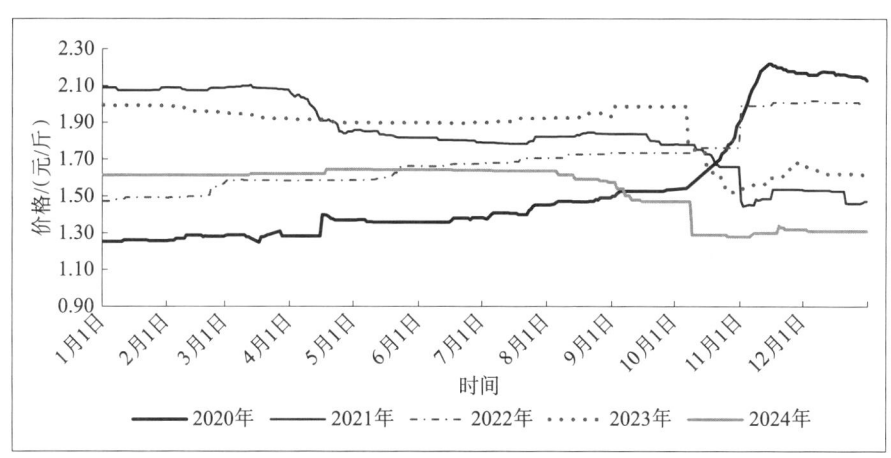

图2-6-7 2020—2024年国产粳高粱均价走势

资料来源：上海钢联。

2023年和2024年新粮上市后，价格大幅回落，2024年高粱价格跌至近五年最低，最低价为1.28元/斤。高粱价格大幅下跌的主要原因是市场供需关系失衡，市场供应较为充足，下游需求明显缩减，叠加玉米价格持续低位的利空影响。截至

2024年底，高粱市场余粮仍有五成左右。

（2）进口高粱市场价格走势分析。2020年上半年，广东港口美国高粱价格持续低位运行（见图2－6－8）；下半年开始，广东港口美国高粱价格持续上涨，价格最高为2 750元/吨，此后高粱价格一直高位运行。

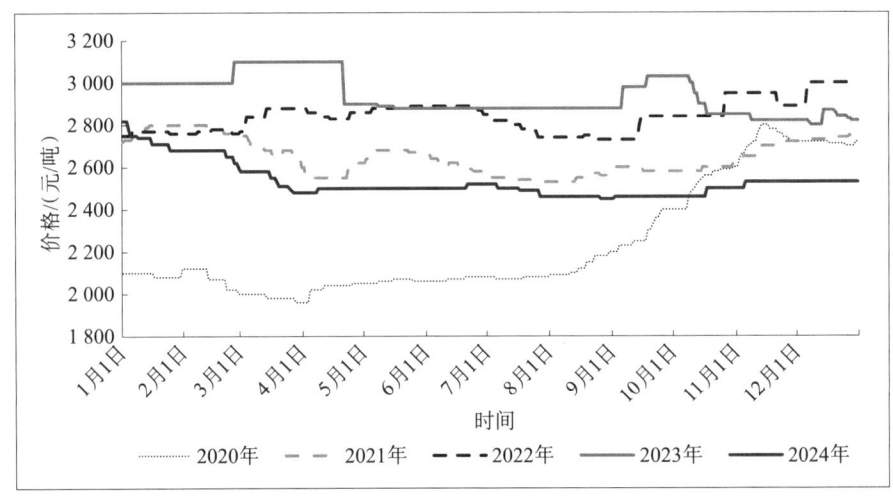

图2－6－8　2020—2024年广东港口进口美国高粱价格走势

资料来源：上海钢联。

2022年广东港口美国高粱大体呈现先跌后涨的趋势，9月份前后，酿造企业陆续开工，贸易商出货好转，再加上9月份以后美国高粱的到港量较小，市场供应紧缺，导致美国高粱价格缓慢上涨；10月份以后，美国高粱到港量锐减，广东港口供应量持续偏紧，高粱价格较为稳定。2023年第四季度，美国高粱进口量恢复上年的到港量，市场供应量明显增加，需求较差，价格连续下跌。

2024年，高粱价格持续下跌，主要受市场供需影响。一方面，国产高粱产量增加且与进口高粱无价差，国产高粱更有优势；另一方面，高粱下游需求缩减明显。

**5. 2025年高粱市场供需预期**

（1）供应方面：2024年高粱价格达到近五年最低位，农户的种植收益大幅缩减，预计2025年农户的种植积极性将有所降低。相较其他粮食作物，2024年玉米价格略高于高粱，但也是近五年新低，二者虽然存在转种几率，但种植高粱更省时省力，预计转种面积有限，2025年国产高粱种植面积预计在600千公顷左右。高粱进口量主要受政策、库存、国产高粱、其他替代品价格的影响，预计2025年高粱进口量将下降，或在650万吨左右。

（2）需求方面：2025年畜牧养殖行业产量将小幅增长，饲料需求增加。如果高粱价格优势明显，预计2025年高粱的饲用需求将在300万吨左右。我国白酒市场仍处于去库存的关键时期，竞争格局越来越集中，部分中小酒厂继续淘汰，使得高粱的用量继续减少，预估2025年酿造高粱的需求将在200万吨左右。

## （四）我国大麦市场供需情况分析

**1. 大麦的基本概况**

大麦是禾本科、大麦属一年生草本植物，具有适应性强、生长周期短、早熟、耐低温、抗旱、耐贫瘠、耐盐碱、营养丰富的特点。大麦在世界各地均有种植,是仅次于小麦、水稻、玉米的第四大粮食作物。大麦的品种较多,用途也较广泛,具有饲用、酿酒、食用、医药等价值。在我国,大麦被广泛应用于酿造和饲用领域。

我国大麦的供应来源主要由两部分组成,一部分是国产大麦,另一部分依靠进口。国产大麦和进口大麦的市场体量差别较大,我国大麦每年的产量为80万~90万吨,而进口大麦的体量近6年维持在600万~1 400万吨。我国大麦市场的供应主要依靠进口。

**2. 大麦市场供应结构分析**

(1) 国产大麦供应情况:我国大麦主产区在陕西、山西、甘肃、宁夏等地。近6年我国大麦产量呈现先递减后增加的趋势,栽培区域分布较广,产业集中度高、品种多,以农户小规模种植为主(见图2-6-9)。此外,大麦与其他作物的套种模式也进一步提高了种植收益。

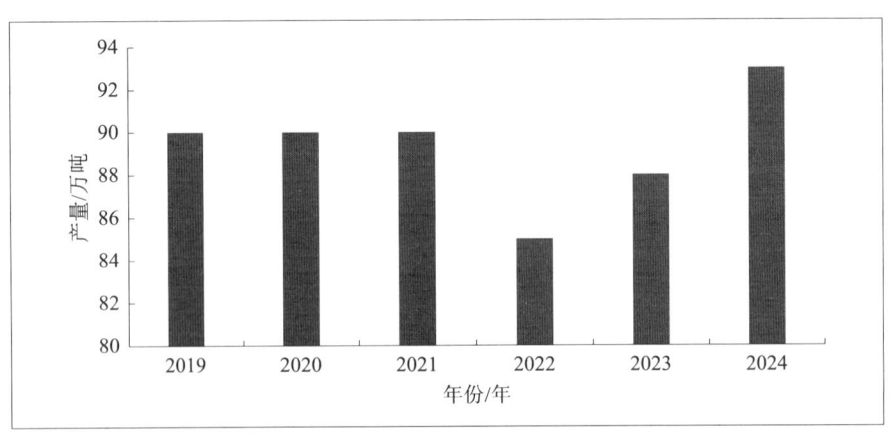

图2-6-9 2019—2024年我国大麦产量统计

资料来源:上海钢联。

大麦作为酿造啤酒的主要原料，其市场需求持续增长。随着我国经济的发展和人民生活水平的不断提高，啤酒的消费量也在逐年增加，这使大麦的需求量呈现上升趋势。近几年，随着生活水平的提高，人们对健康食品的需求越来越高，大麦也成为一种受人们追捧的健康食品，如大麦茶、大麦粉、大麦汁。而且国产大麦价格较高，也提高了农户种植积极性。2024年大麦产量增加到93万吨，达到近6年历史新高。

（2）进口大麦供应情况：我国大麦的消费量维持在500万~1 200万吨，国产大麦的产量无法满足日益扩大的酿造和饲用需求，只能通过进口的方式来弥补国内大麦需求的缺口。大麦的进口量在近10年均处于较高的水平。

近6年我国大麦进口量呈现"增—减—增"的趋势，2019—2024年进口量呈逐年递增趋势（见图2-6-10）。我国大麦的主要进口国有5个，分别为澳大利亚、加拿大、乌克兰、法国和丹麦。其中，来自澳大利亚的大麦在我国总进口量中的占比最大。2020年我国商务部发布公告，认定澳大利亚大麦产品对中国出口存在倾销和补贴，2020年我国从澳大利亚进口大麦的数量锐减，仅为149.15万吨。同时，我国积极扩大大麦的进口来源渠道，由之前的5个主要进口来源国，到2022年增加至8个国家。

2021年我国大麦进口量达到历史高点1 247.95万吨，同比增长154.55%。其中对法国、加拿大、乌克兰和阿根廷的大麦进口量之和占到了当年总进口量的97.4%，进口法国大麦占比为27.84%，法国成为我国大麦的第一大进口来源国。

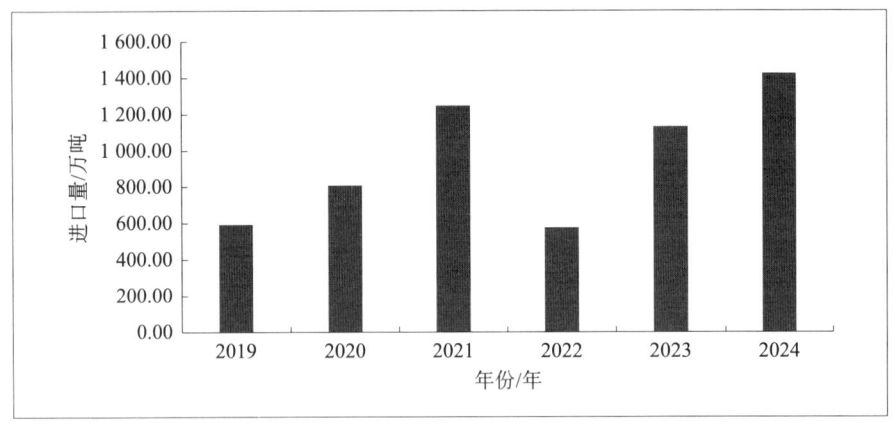

图 2-6-10 2019—2024 年我国大麦进口量统计

资料来源：上海钢联、海关总署。

2023 年 8 月 5 日起，我国终止对原产于澳大利亚的进口大麦征收 73.6% 的反倾销关税和 6.9% 的反补贴关税。2023 年四季度开始，澳大利亚大麦陆续恢复在中国的市场份额，并逐渐扩大占比。2023 年我国大麦进口量较 2022 年明显恢复，达到了 1 132 万吨。

2024 年我国进口大麦总量达到 1 423.97 万吨，达到历史高点，主要进口来源国有：澳大利亚、加拿大、法国、乌克兰、阿根廷、哈萨克斯坦、乌拉圭、俄罗斯、丹麦 9 个国家，澳大利亚再次成为我国大麦进口的第一大来源国。

### 3. 大麦需求分析

（1）大麦酿造需求：进口大麦主要满足我国快速发展的啤酒行业需求，我国啤酒用大麦的需求相对稳定，每年消费量都在 300 万吨以上。大麦的酿造需求主要表现在麦芽的产量，麦芽是啤酒生产的主要原料。大麦经过浸麦、发芽、干燥、除根等操作后制成麦芽。麦芽行业的发展与啤酒行业的政策息息相关。

按照啤酒酿造每吨添加 70 千克麦芽计算，全国啤酒生产麦芽需求量为 260 万~360 万吨。近 6 年麦芽产量呈现先增后减的趋势，与我国大麦的进口趋势基本一致，这也从侧面反映出我国麦芽行业依赖进口的程度较高。

从啤酒产量来看，2013 年达到顶峰，当年我国啤酒产量高达 4 982 万千升，成为世界上最大的啤酒生产国，之后产量开始逐年下滑（见图 2 - 6 - 11）。2024 年我国啤酒产量为 3 521 万千升，较 2023 年略有下滑。啤酒消费需求持续疲软，主要原因包括市场饱和、消费结构变化、健康意识提升、口感变化以及天气因素等。

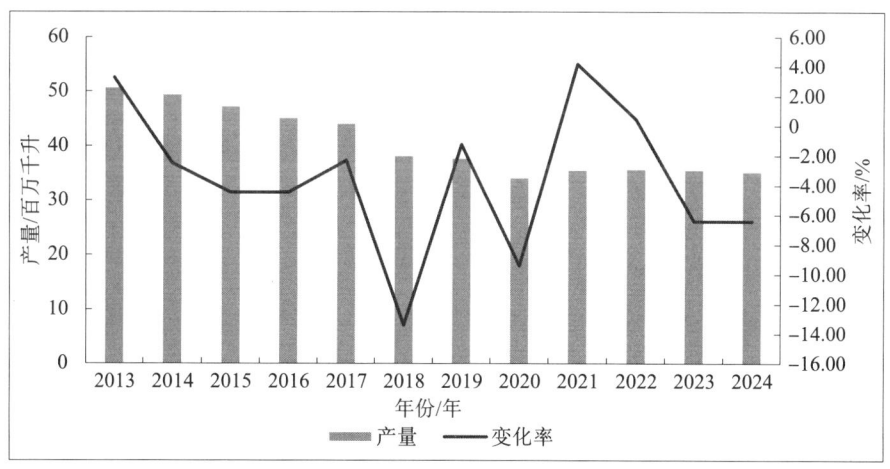

图 2 - 6 - 11　2013—2024 年我国规模以上企业啤酒产量及其变化率

资料来源：上海钢联。

（2）大麦饲用需求：饲料消费主要受终端养殖业中生猪存栏量和玉米价格波动的影响。当终端存栏量较高、饲料需求较好，且玉米和大麦的价差相对较大时，大麦的需求将被拉升。大麦用于饲料，占比较大的是作为玉米的能量饲料替代。大麦的营养成分与玉米相似，当玉米价格处于高位时，饲料企业则会选用大麦作为替代，可作为家畜、家禽、水产等养殖的饲料原料。2023/2024年度，玉米、小麦、高粱等其他谷物价格较低，加之饲料总量减少，大麦在饲料行业的应用明显下降（见图2-6-12）。

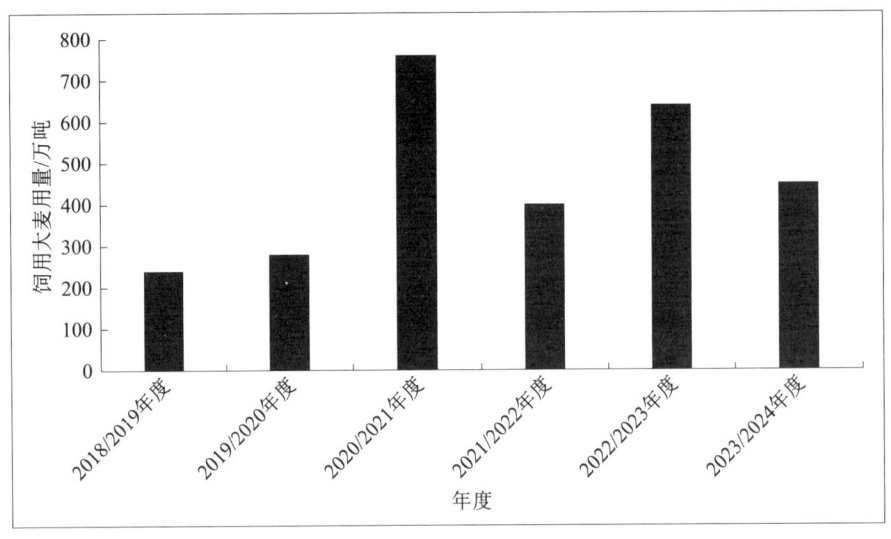

图2-6-12 2018/2019—2023/2024年度我国饲用大麦用量

资料来源：上海钢联。

### 4. 大麦价格分析

2024年，江苏南通港进口法国大麦价格整体呈现高开低走态势。全年最高点为 2 330 元/吨，出现在 1 月份；价格最低点为 2 200 元/吨，出现在 10 月份（见图 2 - 6 - 13）。主要受低价替代品影响，下游饲料企业以采购玉米、小麦为主，整体需求支撑较弱，饲料企业采购量持续缩减。大麦价格受成本支撑，价格弱势运行为主。

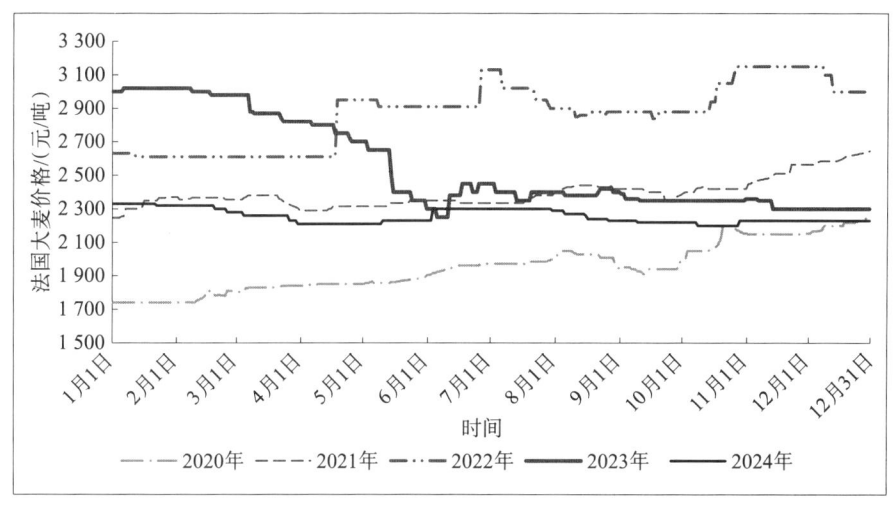

图 2 - 6 - 13　2020—2024 年江苏南通港法国大麦价格走势

资料来源：上海钢联。

### 5. 2025 年大麦供需预期

我国大麦产量将继续保持稳定，预计维持在 100 万吨左右。我国大麦的进口来源国较多，在当前的贸易形势下，澳大利亚、阿根廷、加拿大、法国和乌克兰等国家的大麦占据我国进口的主要地位。2025 年在考虑良好的国际贸易关系和无极端天气的情况下，国内大麦常年酿造需求维持在 300 万吨左右。而饲料需求中替代品较多，饲料企业选择空间较大，2025年大麦的饲用需求或将继续下降。叠加2024年结余较多，按照国内的总需求预估，2025年我国大麦进口量或将下降至900万吨左右。

（上海钢联电子商务有限公司　陈丽君）

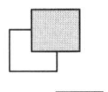

# 七、玉米深加工行业形势分析

**【内容提要】**

2024年，对于整个玉米加工行业而言，是值得庆祝的一年。这一年，尽管很多行业企业依旧亏损，但行业近年来持续亏损的情况得到明显遏制，总体经营状况得到明显改善，多个深加工产品产销量创历史新高，这是难能可贵的事。

## （一）玉米加工行业整体情况

玉米加工行业虽然摆脱了最惨烈的上一年，但仍是几家欢喜几家愁。欢喜的是不存粮的企业，愁的是存粮的企业；欢喜的是黄淮的加工企业，愁的是东北的加工企业。一方面，玉米价格持续大幅回落，导致存粮的企业经历了价格回落的巨大心理煎熬和经济损失；另一方面，为了保护农民利益，国家在东北地区再次启动了大规模的旨在保护农民利益的玉米政策性收储任务，导致南北玉米价格倒挂现象严重。

2024年，玉米加工行业有以下几方面显著变化。

首先，行业亏损情况得到明显改善。2023/2024年度，我国淀粉、酒精、味精、赖氨酸、柠檬酸、果糖等六大类玉米深加工产品中，除柠檬酸产品因近两年有大量产能持续释放，导致行业保持较高亏损状态外，其他五大加工产品亏损均明显好转或转为盈利（见图2-7-1）。即使是柠檬酸产品在产能持续释放的情况下，行业亏损也是从深度亏损向明显降低的方向发展。

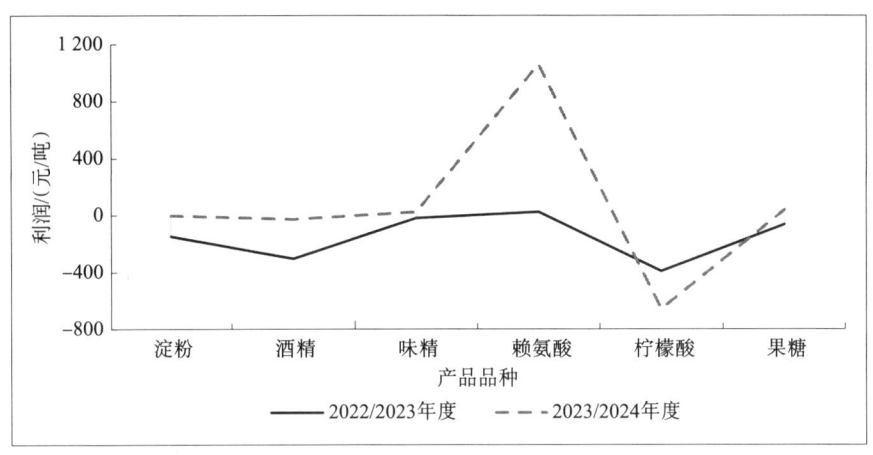

图2-7-1 玉米加工产品年度盈利变化情况

其次，行业开工率得到大幅度提升。据不完全统计，2023/2024年度我国玉米加工行业消耗玉米量同比增长13.2%，创我国玉米深加工消耗量历史新高（见图2-7-2）。同时，五大玉米深加工产品行业开工率均得到不同程度的提升，且是在产能不断扩张背景下取得的。这表明疫情过后，深加工产品消费正在全面恢复，且增长强劲，这与行业盈利大幅改善相互对应。

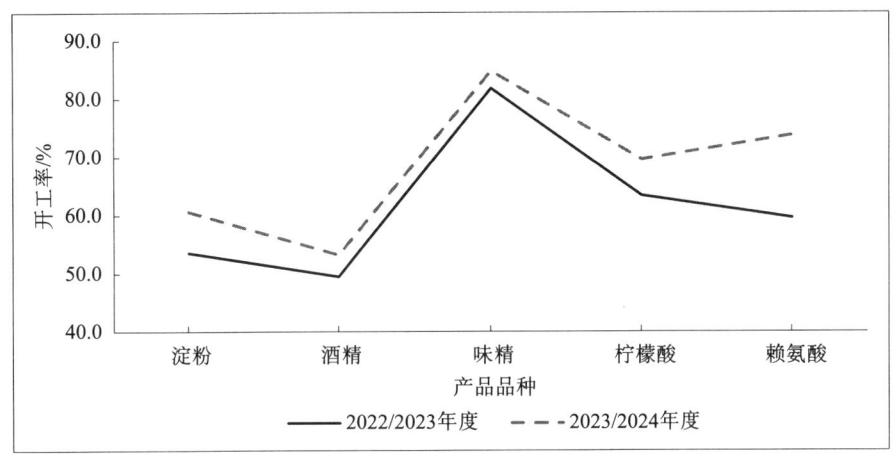

图 2-7-2 玉米加工产品年度开工变化情况

再次,我国玉米加工行业产能继续扩张。数据上看,我国玉米深加工行业从21世纪初的年加工量不足1 000万吨,发展至本年度的8 000万吨左右,远超行业预期。不仅如此,我国玉米深加工产业发展步伐并未就此停歇,区域分布更加广泛,呈现遍地开花之势。2023/2024年度全国新投运营玉米加工项目有山东德州福洋生物淀粉装置三期、山东沂水大地淀粉装置、陕西蒲城国维淀粉装置、新疆伊犁沂利泓氨基酸装置、内蒙古扎兰屯阜丰味精三期装置、河南周口益海淀粉装置、河南孟州金玉米淀粉装置、山东沂水七星柠檬酸装置二期、吉林白城协联柠檬酸装置、内蒙古通辽梅花氨基酸装置、新疆阿勒泰博圣酒精装置等,在建或拟建加工项目有临清德能金玉米淀粉扩建项目、寿光天力淀粉扩建项目、伊品生物新疆可克达拉氨基酸项目、飞天生物新疆昌吉淀粉糖项目、华康生物浙江舟山淀粉糖项目、山东莒县裕米生物淀粉及深加工项目、凯赛生物山西太原发酵产业园项目等。

最后，玉米加工产品不断丰富。一方面，玉米加工产品的品种不断丰富。如赤藓糖醇、阿洛酮糖等功能糖不断成熟，各种小品种氨基酸不断量产，增鲜剂I+G增长迅猛。另一方面，玉米精深加工产品数量提升质量提高。如麦芽糖、麦芽糊精、果葡糖浆、葡萄糖、海藻糖等淀粉糖产品，山梨醇、赤藓糖醇、麦芽糖醇等糖醇产品，赖氨酸、苏氨酸、谷氨酸、黄原胶等各类氨基酸产品，L乳酸、D乳酸、柠檬酸等有机酸品种，聚乳酸、长链二元酸等生物材料产品。这些产品正不断地从一家企业领先到百家争鸣。

## （二）玉米淀粉行业现状及展望

玉米淀粉产业作为玉米深加工的第一道工序，是玉米精深加工发展的必由之路，虽然我国稳居第一大玉米加工产业地位，但因此玉米淀粉也成为加工行业中产能过剩最严重的领域之一，而且处于长期亏损的边缘。2024年是近年来我国新投产玉米淀粉项目最少的一年，新投产项目只有一个，即周口益海70万吨淀粉装置，在建即将投产项目有一个，即舟山华康100万吨淀粉糖装置。拟建或拟筹建项目较多，主要有山东临清金玉米70万吨三期淀粉装置、山东寿光天力药业70万吨二期淀粉装置、飞天生物新疆昌吉新建30万吨淀粉糖装置、新疆阿克苏新建30万吨淀粉项目等。已复产项目有华恒生物宁城京都50万吨淀粉装置,华贸生物公主岭50万吨淀粉装置当前再度停工,已完工待复产项目有锦州元成50万吨淀粉项目。显然,我国玉米淀粉上一轮建设高峰即将结束,新一轮玉米淀粉建设高峰正在酝酿之中。与此同时,正在建设的淀粉下游项目如火如荼地开展着,正在建设的山东谷雨诸城100万吨级淀粉糖项目,黑龙江龙凤青冈60万吨级淀粉糖项目,中粮成都淀粉糖以及其他在建淀粉糖项目,这些项目主要以淀粉为原料,因此不会对玉米淀粉供给产生影响,但会影响到淀粉下游消费行业的竞争格局。

目前,我国玉米淀粉产业以黑吉为主的东北集群和以冀鲁为主的华北集群依旧稳固,虽然河南、浙江、新疆有新建或拟建产能,但无法改变我国玉米淀粉生产格局。从产能省区分布看,山东省依旧保持玉米淀粉第一大省的绝对优势地位,黑龙江省和河北省则稳居第二和第三位且排名比较稳固,曾经是我国玉米淀粉第二大省的吉林省排名再次下降一位至第五。从玉米淀粉实际产量来看,山东和黑龙江两省商品淀粉产量占我国淀粉总产量70%以上,具有绝对优势;河北省虽然淀粉产能较大,但行业开工率一直不高,从产能大省转化为产量大省仍需时日。从这个角度看,我国玉米淀粉主产区应主要是山东省和黑龙江省,是行业关注的重点区域。

根据图2-7-3可以看出,玉米淀粉行业经历了从盈利到亏损再到盈利的周期,但是由于国家在东北地区实施政策性玉米收购,玉米再次出现南北价格倒挂现象,东北企业亏损和华北企业盈利加权平均而得出的行业平均盈亏存在其不合理性,并不能完全反映行业盈亏的特征。同时,玉米淀粉产能仍在逐步增加过程中，玉米淀粉行业季节性供大于求格局仍将反复出现，行业出现亏损仍将是常态。

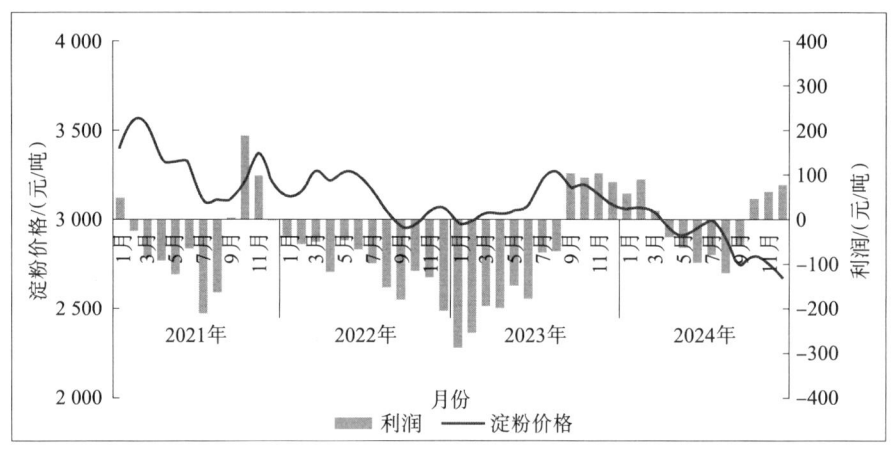

图 2-7-3 我国玉米淀粉价格和盈亏情况

## （三）玉米酒精行业现状及展望

当前，中粮科技、国投生物、鸿展生物三家头部集团依旧保持产能50%以上和产量60%以上的占比，但行业亏损导致企业经营困难（见图2-7-4）。虽然2024年玉米酒精行业没有新增产能，但行业平均开工率仅在51%，仍处于近年来最低水平。同时，我国木薯进口大幅下降，木薯酒精产量也明显降低。海关数据显示，2024年我国全年木薯进口量仅为247万吨，同比减少314万吨，减幅56%，折合木薯酒精产量减少110万吨以上。虽然煤制乙醇产能仍在释放，但数量相对有限，无法抵消玉米酒精和木薯酒精产量的下降幅度，这也显示出我国酒精行业消费在明显下降。

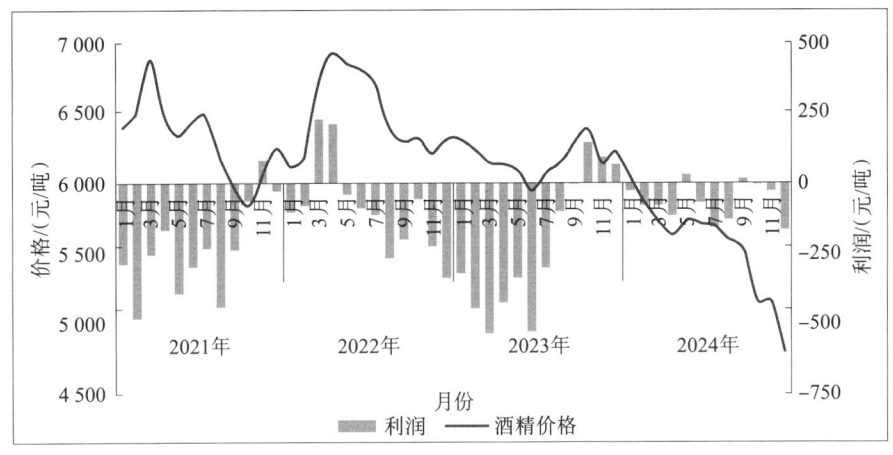

图 2-7-4　玉米酒精价格和盈亏情况

从消费角度看，酒精行业下游三大类消费领域，即食用酒精、工业酒精和燃料乙醇。随着我国经济重启复苏持续，化工消费需求有所增长。但是，酒精下游食用白酒和燃料乙醇两大需求却出现下降。国家统计局数据显示，2024 年全国规模以上企业累计白酒产量（折 65 度，商品量）414.5 万千升，同比下降 1.8%；不过 2024 年 1 月至 6 月全国规模以上企业累计白酒产量 214.7 万千升，同比增长 3%。由此反映出，不仅我国白酒消费全年增长为负，而且下半年这一态势加剧。随着我国人口减少和老龄化现象持续，白酒消费增长前景堪忧。此外，公安部数据显示，截至 2024 年底，全国新能源汽车保有量达 3 140 万辆，占汽车总量的 8.9%。2024 年新注册登记新能源汽车 1 125 万辆，占新注册登记汽车数量的 41.83%，与 2023 年相比增加 382 万辆,增长 51.49%,从 2019 年的 120 万辆到 2024 年的 1 125 万辆,呈高速增长态势。我国新能源汽车快速增长和保有量不断增加,对汽油消费和燃料乙醇消费构成重大抑制作用和负面影响。

## (四)味精行业现状及展望

味精是人们日常生活必备品,广泛应用于餐饮、食品等领域,同时也是工业调味品的主要原料之一。虽然味精行业产能已经形成了山东阜丰集团和河北梅花集团"双雄并立"的主体格局,但仍在不断变化中。2024 年以来,阜丰集团内蒙古扎兰屯新增 40 万吨味精产能正式投产,标志着阜丰集团再次坐稳全球味精产能产量绝对第一的宝座;紧随其后,益海嘉里黑龙江富裕产业园 20 万吨味精项目的投产,标志着益海嘉里集团正式进入味精行业;老牌企业梅花集团通辽 50 万吨味精项目也在如火如荼建设中,伊品生物也有新增味精生产项目投资计划。未来几年,我国味精行业竞争格局将进一步升级。目前我国味精行业总产能超过 400 万吨,有效产能达到 360 万吨,其中阜丰集团和梅花集团产能合计占行业总产能和总产量的 70% 以上。

虽然行业竞争激烈,但双寡头垄断市场阶段下的味精行业亏损并不严重,头部企业定价策略对市场价格和行业盈利仍具有决定性影响(见图 2-7-5)。但是,随着大型跨国公司益海嘉里集团进入味精行业,新并购完成伊品生物的新湖科技也具有较强的资金实力,再加上中粮生物科技也不会轻易让出市场,味精行业竞争和重组将难以避免。

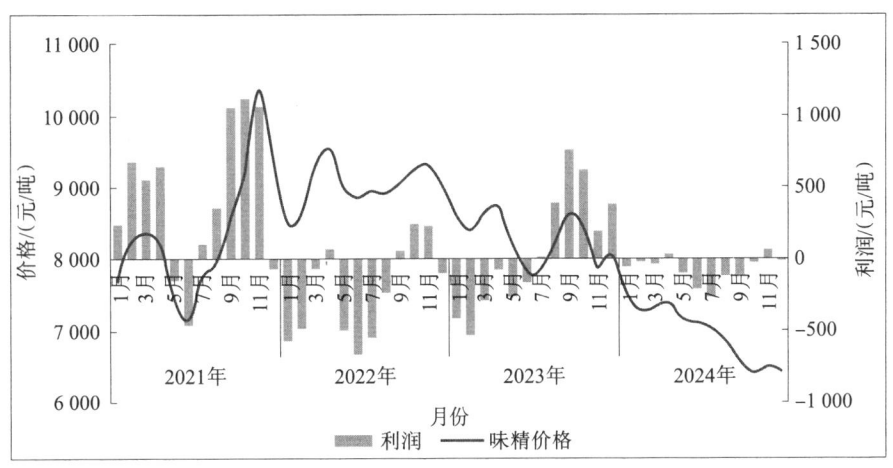

图 2-7-5 味精价格和盈亏情况

不过,随着全球婴儿潮新生代人口的逐步长大,对味精消费需求增长将带来新的空间。海关数据显示,2024 年我国味精产品出口总计 105 万吨,同比增加 18 万吨,增长 20%。我国味精生产企业先进的生产技术和庞大的生产规模优势,由此推动的味精出口持续增长前景,有利于缓解国内日益严峻的行业竞争压力。

## (五)赖氨酸行业现状及展望

赖氨酸行业是重要氨基酸行业,是人体或动物生长所必需且自身无法合成的八种氨基酸之一。过去一年,随着我国饲料养殖行业恢复,尤其是规模化饲料养殖行业的快速恢复和生猪养殖行业持续盈利,导致赖氨酸需求快速增加,行业利润不断提高(见图2-7-6)。与此同时,全球赖氨酸需求持续增加也对行业盈利水平"增砖添瓦"。海关数据显示,2024年我国赖氨酸类产品出口总计112万吨,同比增加16万吨,增长17%。

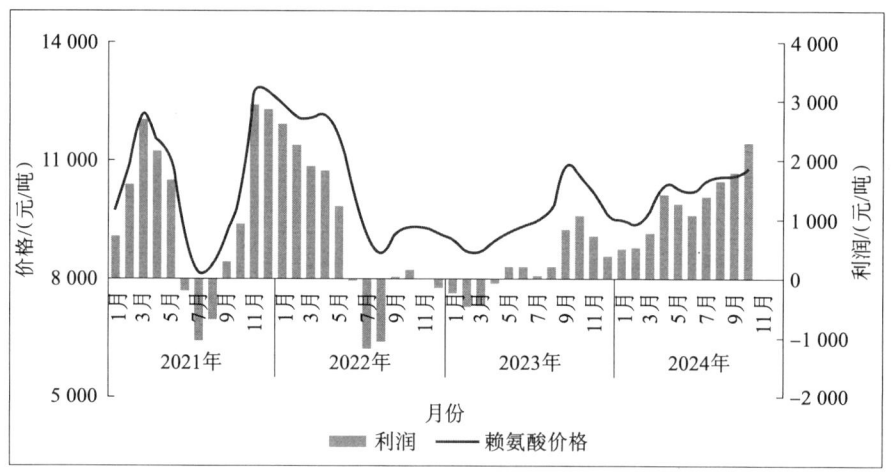

图2-7-6 赖氨酸价格和盈亏情况

赖氨酸行业处于产能稳定期,行业利润开始逐步显现出来。同时,行业企业不断开发各种小品种氨基酸,也使得赖氨酸企业小生产线产能得到分流利用,对赖氨酸价格和利润提升带来明显促进作用。

## (六)柠檬酸行业现状及展望

2024年,柠檬酸行业依旧一潭死水,亏损依旧是行业主旋律（见图2-7-7）。上一轮行业暴利效应后，2022年潍坊英轩40万吨项目投产，2023年协联白城15万吨项目投产，2024年山东七星柠檬20万吨项目，令行业供给压力倍增。行业落后产能淘汰开始提速，高成本企业开始停产，拟上项目被暂停。

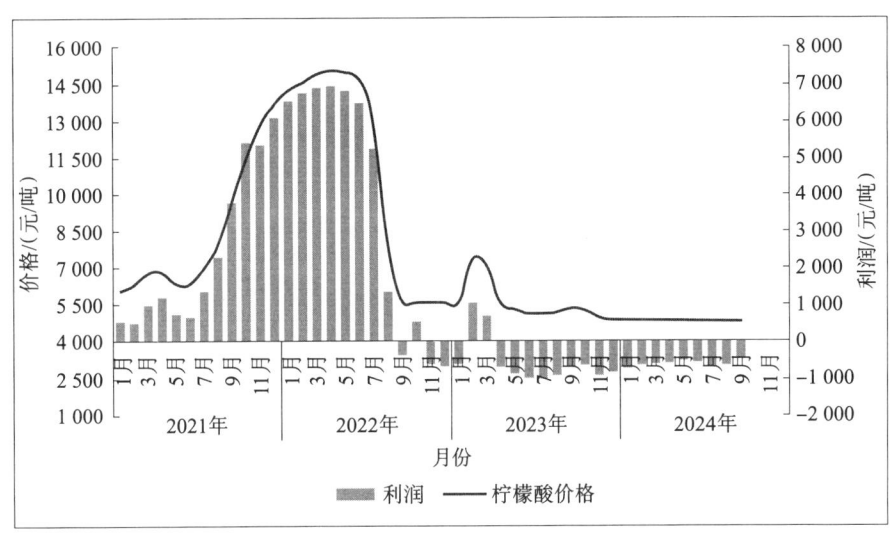

图2-7-7 柠檬酸价格和盈亏情况

在过去一年中，柠檬酸价格呈现弱势回落态势，除了产能持续释放外，国际和国内需求增长缓慢也是重要因素之一。海关数据显示，2024年我国柠檬酸类产品出口总计156万吨，比2023年增加11万吨，增幅8%；比2022年增长7万吨，增幅5%。业内普遍认为，供大于求状态还将持续一段时间，以待旧产能和高成本产能出清，行业低迷可能会经历较长的一段时间。

## （七）我国玉米产业发展趋势展望

正如此前所评论的那样，我国玉米加工行业最艰难的时期已经过去，但并不意味着未来行业的竞争态势或将减轻，或许行业竞争更加惨烈，因为剩下来的企业都是行业具有竞争力的优秀企业。

首先，我国加工行业盈利情况将逐步改善。从外部环境看，一方面，全球进入降息通道，全球经济增长信心正逐步增强，尤其是中国和"一带一路"引领全球经济复苏，经贸往来日益密切，外需将逐步启动，对深加工产品需求带来外部需求增长。另一方面，我国政府出台一系列政策，推动经济健康持续发展，正在逐步见到效果。这从过去一年的实际情况看，国内深加工总体需求逐步恢复，为深加工国内需求提供了增长动力；全球对我国深加工产品的需求明显恢复，虽然深加工出口总量不大，但也有一定带动作用。从成本角度看，全球以及国内玉米丰收，为玉米深加工行业提供了充足且相对廉价的原料，有利于行业利润的改善。从行业产能变化看，未来几年玉米深加工行业已经进入产能缓慢增长期。淀粉、酒精、味精、柠檬酸、赖氨酸等新项目很少，也有利于改善行业盈利状况。

其次，我国深加工行业竞争态势依旧激烈。一是行业竞争已经转化为大企业之间的竞争，企业间竞争的烈度更大、强度更强。行业龙头企业占比高、规模大，生产成本、资金等优势凸显。二是市场不确定因素大，价格波动幅度加大。近年来主料玉米价格每年都经历大幅度波动，幅度之大超出市场想象，甚至酸碱盐等辅料价格波动也非常剧烈。由此导致深加工的主产品和副产品价格波动也非常大，对深加工企业而言是重大挑战。三是深加工行业正进入存量竞争时代，行业内卷依旧。一些长期开工不足的企业已经到了面临生死存亡的时刻，也有必须奋起一搏的冲动。

（中粮生化　朱勇生）

# 八、饲料加工业供需形势分析

【内容提要】

2024年,随着生猪养殖去产能持续影响,全国饲料产量小幅回落。全国工业饲料总产量31 503.1万吨,比上年下降2.1%。养殖行业规模化程度继续提高,各大饲料企业竞争格局更加激烈,行业集中度进一步提升。2025年,预计生猪养殖产能调整进入相对稳定态势,蛋禽及肉禽养殖存栏规模整体稳定,牛羊等反刍饲料消费需求触底回升,规模企业经营形势总体平稳,饲料行业创新发展步伐平稳推进。

受畜牧养殖产能去化影响,2024年我国饲料产量出现近10年来首次下降。2024年生猪存栏呈现持续下降态势,饲料消费也随之持续下降。蛋禽养殖利润小幅下滑,蛋鸡存栏止涨回落,饲料消费小幅下降。肉禽整体产能维持高位。反刍动物养殖全面亏损,产能显著下滑,带动相关饲料工业产量呈现大幅下降态势。尽管饲料产量小幅下降，但由于原料玉米、豆粕等价格大幅下降，饲料行业利润良好，各大饲料企业利润显著提高。2025年，预计整体饲料养殖行业产能相对稳定，成本维持低位，利润相对良好，饲料行业发展或将呈现稳中向好态势。

## （一）2024年我国饲料产量小幅回落

国家统计局数据显示，2024年，全国猪牛羊禽肉产量9 663万吨，比上年增加22万吨，增长0.2%。

生猪产能小幅下降。2024年，全国生猪出栏70 256万头，比上年减少2 406万头，下降3.3%；猪肉产量5 706万吨，减少88万吨，下降1.5%。2024年末，全国生猪存栏42 743万头，比上年末减少679万头，下降1.6%。其中，能繁母猪存栏4 078万头，减少64万头，下降1.5%。

牛羊生产产能及存栏显著下降。2024年，全国肉牛出栏5 099万头，比上年增加75万头，增长1.5%；牛肉产量779万吨，增加26万吨，增长3.5%；牛奶产量4 079万吨，减少117万吨，下降2.8%。2024年末，全国牛存栏10 047万头，比上年末减少462万头，下降4.4%。2024年，全国羊出栏32 359万只，比上年减少1 505万只，下降4.4%；羊肉产量518万吨，减少14万吨，下降2.6%。2024年末，全国羊存栏30 049万只，比上年末减少2 183万只，下降6.8%。

家禽生产呈现产量增加、存栏下降态势。2024年，全国家禽出栏173.4亿只，比上年增加5.1亿只，增长3%；禽肉产量2 660万吨，增加97万吨，增长3.8%；禽蛋产量3 588万吨，增加25万吨，增长0.7%。2024年末，全国家禽存栏64.8亿只，比上年末减少3亿只，下降4.4%。

畜牧业生产整体产能下降，带动国内饲料工业产量下滑。2024年，全国饲料产量、饲料工业总产值均小幅回落。饲料工业协会统计数据显示，全国饲料工业总产值12 620.8亿元，比上年下降10%；总营业收入12 000.5亿元，下降9.8%。全国工业饲料总产量31 503.1万吨，比上年下降2.1%。2024年，我国饲料工业呈现产值、产量双下滑态势，但受原料价格显著下跌影响，企业利润良好、盈利水平明显提高。

### 1. 饲料总产值及总产量双双回落

在畜牧养殖产能下滑等因素影响下，我国饲料产量小幅下降。其中，生猪饲料需求下降影响较大，同时反刍饲料降幅也较大，而随着规模化进程的加快，浓缩饲料产量继续下降。

饲料工业协会统计数据显示，全国饲料工业的总产值12 620.8亿元，比上年下降10%；总营业收入12 000.5亿元，下降9.8%（见图2-8-1）。其中，饲料产品产值11 238.2亿元、营业收入10 673.8亿元，分别下降11.7%、11.9%；饲料添加剂产品产值1 315.8亿元、营业收入1 262.1亿元，分别增长7.5%、13.7%；饲料机械产品产值66.8亿元、营业收入64.6亿元，分别下降9.4%、10.5%。

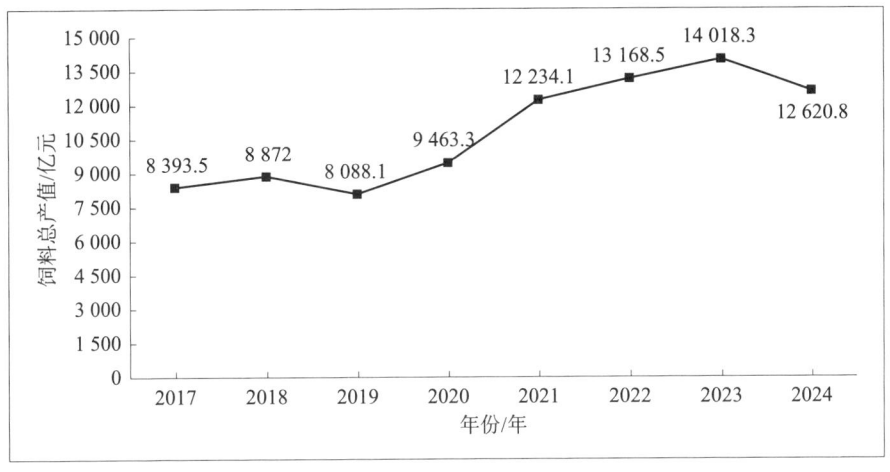

**图 2-8-1　2017—2024 年我国饲料总产值统计**

资料来源：中国饲料工业协会。

全国工业饲料总产量31 503.1万吨，比上年下降2.1%（见图2-8-2）。其中，配合饲料产量29 354万吨，下降1.8%；浓缩饲料产量1 294.2万吨，下降8.8%；添加剂预混合饲料产量695.1万吨，下降2%。分品种看，猪饲料产量14 391.3万吨，下降3.9%；蛋禽饲料产量3 236.1万吨，下降1.2%；肉禽饲料产量9 754.2万吨，增长2.6%；反刍动物饲料产量1 449.4万吨，下降13.3%；水产饲料产量2 262万吨，下降3.5%；宠物饲料产量159.9万吨，增长9.3%；其他饲料产量250.1万吨，增长4.1%。从销售方式看，散装饲料总量13 050.2万吨，比上年增长10.7%，占配合饲料总产量的49.2%，提高5.5个百分点。

## 2. 各品种饲料呈现"四降一增"态势

五大主要饲料品种产量中，与2023年各品种饲料"四增一降"相比，2025年各品种饲料呈现"四降一增"态势（见图2-8-3）。其中猪饲料、蛋禽饲料、反刍饲料、水产饲料产量均出现下滑态势，仅肉禽饲料产量继续增长。而其他饲料中，宠物饲料等产量继续保持增长态势，但总体占比仍偏小。

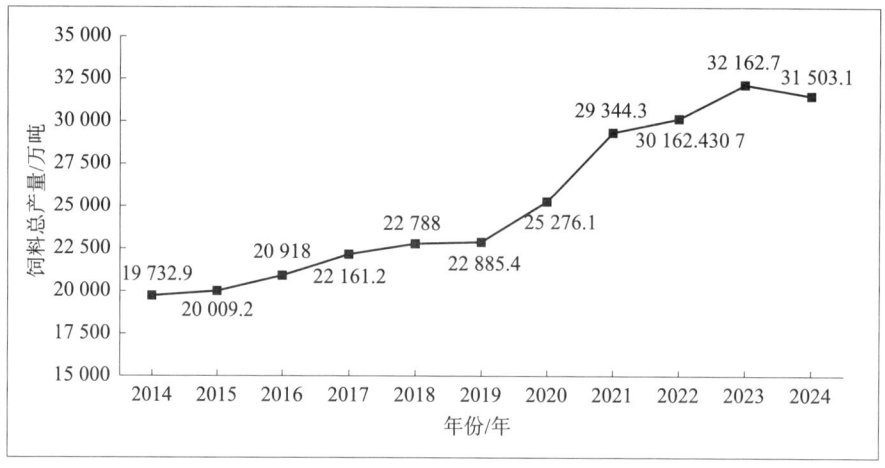

图2-8-2　2014—2024年我国饲料总产量统计

资料来源：中国饲料工业协会。

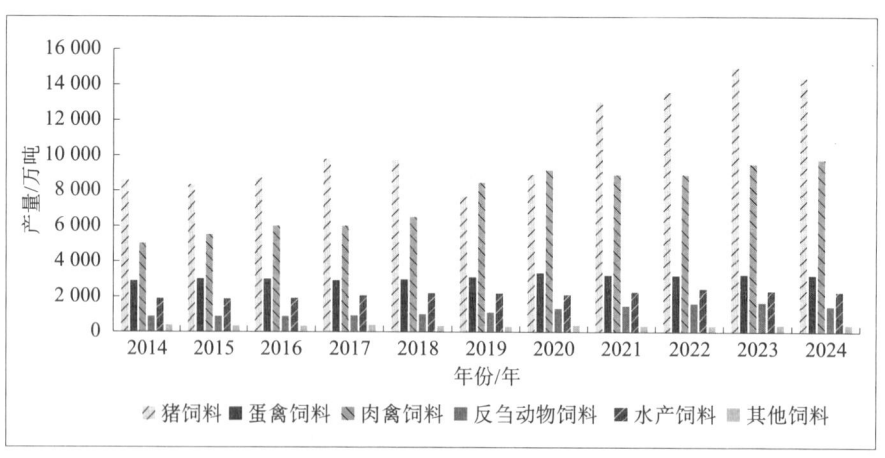

图2-8-3　2014—2024年我国饲料分品种产量统计

资料来源：中国饲料工业协会。

导致我国工业饲料产量下滑的主要原因在于猪饲料和反刍饲料产量大幅下降。2024年猪饲料产量大幅下滑583.9万吨，至14 391.3万吨，同比下降3.9%，也是五大饲料板块中减量最大的品种（见表2-8-1）。2023年，猪价持续低位运行，生猪养殖连续长时间亏损，生猪产能持续去化，第四季度受河南等部分地区出现较多生猪疫病影响，生猪产能加速去化，带动2024年生猪存栏呈全年下降趋势，猪饲料需求环比连续回落。随着2024年猪价止跌反弹，生猪养殖进入盈利周期，生猪产能在2024年5月份开始止跌回升，但产能回升幅度偏小，到2024年底，生猪产能较4月份最低点仅增加2.3%。由此可以预计2025年生猪存栏将呈现小幅增加态势，但增幅有限，难以达到2023年的存栏数量，饲料消费需求预计也将小幅回暖。

表2-8-1　　　　2014—2024年我国分品种饲料产量　　　　单位：万吨

| 年份 | 总产量 | 猪饲料 | 蛋禽饲料 | 肉禽饲料 | 反刍饲料 | 水产饲料 | 其他饲料 |
| --- | --- | --- | --- | --- | --- | --- | --- |
| 2014年 | 19 732.1 | 8 619.53 | 2 900.92 | 5 030.87 | 876.67 | 1 906.77 | 397.31 |
| 2015年 | 20 009.2 | 8 343.6 | 3 019.8 | 5 514.7 | 884.2 | 1 893.1 | 353.8 |
| 2016年 | 20 918 | 8 725 | 3 005 | 6 012 | 880 | 1 930 | 366 |
| 2017年 | 22 161.2 | 9 809.7 | 2 931.2 | 6 014.5 | 922.6 | 2 079.8 | 403.4 |
| 2018年 | 22 788 | 9 720 | 2 984 | 6 509 | 1 004 | 2 211 | 360 |
| 2019年 | 22 885.4 | 7 663.2 | 3 116.6 | 8 464.8 | 1 108.9 | 2 202.9 | 329 |
| 2020年 | 25 276.1 | 8 922.5 | 3 351.9 | 9 175.8 | 1 318.8 | 2 123.6 | 383.5 |
| 2021年 | 29 344 | 13 076.5 | 3 231.4 | 8 909.6 | 1 480.3 | 2 293 | 353.5 |
| 2022年 | 30 223.4 | 13 597.5 | 3 210.9 | 8 925.4 | 1 616.8 | 2 525.7 | 347.0 |
| 2023年 | 32 162.7 | 14 975.2 | 3 274.8 | 9 510.8 | 1 671.5 | 2 344.4 | 386.5 |
| 2024年 | 31 503.1 | 14 391.3 | 3 236.1 | 9 754.2 | 1 449.4 | 2 262.0 | 410.0 |

资料来源：中国饲料工业协会。

注：其他饲料为宠物饲料及其他。

2024年反刍饲料产量大幅下滑222.1万吨，至1 449.4万吨，同比下降13.3%，也是五大饲料板块中降幅最大的品种，反刍饲料产量也降至2020年以来最低位。2023年底，国内牛羊价格开始大幅下跌，逐渐由盈利转为亏损。2024年，牛羊养殖进入全面大幅亏损状态，产能开始加速去化，反刍饲料需求显著下滑。到2024年底，牛肉价格已跌至近5年最低，活牛价格更是跌至近10年的最低水平。数据显示，2024年11月出栏一头肉牛，平均亏损超过1 600元，连续8个月亏损超过1 000元/头，行业65%以上的养殖场户处于严重亏损状态，牛羊产能降至低位水平。2024年12月27日起，商务部对进口牛肉进行保障措施立案调查，对国内肉牛市场产生一定利好，加上大量养殖户退出、缩减规模，2025年我国牛羊养殖产能或将出现触底反弹局面。因此尽管2025年牛羊存栏或将继续维持低位，反刍饲料需求也将维持低位，但随着行业产能触底回升，预计2026年及之后，牛羊养殖存栏将逐渐回升，反刍饲料需求或将逐步回暖。

家禽养殖出现新的特点。国家统计局发布的数据显示，2024年全国禽蛋产量达到3 588万吨，较上年增加25万吨，这一数据刷新了历史纪录，表明我国禽蛋生产能力达到了新的水平。自2021年起，禽蛋产量持续增长，并且连续两年突破3 500万吨大关。尽管产量、出栏继续增长，但存栏量却出现下降趋势。2024年末，全国家禽年末存栏量为64.8亿只，相较于上年末减少3亿只，下降幅度达到4.5%，创下近6年的最少存栏量纪录。这与禽蛋产量和家禽出栏量的增长形成鲜明对比。市场需求变化导致养殖企业出栏节奏变化和养殖结构调整，市场竞争激烈，为降低成本、提升竞争力，养殖企业纷纷调整经营策略，减少存栏、提高出栏率成为许多企业的共同选择。同时，采用智能化的饲喂系统，根据蛋禽的生长阶段和营养需求精准投喂饲料，也避免了饲料的浪费。家禽养殖的新特点也对上游饲料产量产生较大影响。

水产饲料需求继续下滑。受2023年水产行情长时间低迷，以及2024年初极端天气扰乱正常养殖节奏影响，水产品存塘量偏低，水产饲料需求不及预期。2024年水产饲料产量2 262万吨，同比下降3.5%。

宠物饲料继续高速增长。宠物饲料产业继续保持良好发展势头，市场规模不断扩大。2024年宠物饲料产量159.9万吨，同比增长9.3%。

其他饲料产量继续增长。特种养殖等其他饲料产量继续增长。2024年其他饲料产量250.1万吨，同比增长4.1%。

### 3. 区域饲料生产优势继续强化

全国饲料产量超千万吨省份13个，分别为山东、广东、广西、辽宁、河南、江苏、四川、湖北、河北、湖南、安徽、福建、江西，与上年保持一致（见表2-8-2）。其中，山东省产量4 648.1万吨，比上年下降1.45%；广东省产量3 683.4万吨，增长2%。山东、广东两省饲料产品总产值继续保持在千亿以上，分别为1 586亿元和1 454亿元。全国有7个省份饲料产量比上年增长，分别为贵州、广西、吉林、新疆、广东、江苏、安徽。另外23个省份和新疆生产建设兵团饲料产量同比下降，其中青海、上海、宁夏、天津、北京、内蒙古等6个省份降幅超过10%。

表 2-8-2　　2024 年我国分省饲料产量

| 统计范围 | 2020 年饲料产量/吨 | 2021 年饲料产量/吨 | 2022 年饲料产量/吨 | 2023 年饲料产量/吨 | 2024 年饲料产量/吨 | 同比增幅 |
| --- | --- | --- | --- | --- | --- | --- |
| 全国 | 252 760 675 | 293 443 275 | 301 624 307 | 321 627 449 | 315 030 910 | -2.05% |
| 北京 | 1 664 263 | 1 655 419 | 1 477 156 | 1 392 714 | 1 228 818 | -11.77% |
| 天津 | 2 155 896 | 2 407 879 | 2 270 239 | 1 986 051 | 1 704 751 | -14.16% |
| 河北 | 13 601 716 | 13 758 267 | 14 453 851 | 14 534 471 | 13 826 669 | -4.87% |
| 山西 | 4 366 766 | 4 960 545 | 5 042 876 | 4 918 353 | 4 885 923 | -0.66% |
| 内蒙古 | 4 620 376 | 5 753 446 | 6 507 981 | 6 871 071 | 6 087 413 | -11.41% |
| 辽宁 | 16 032 250 | 17 804 750 | 17 070 602 | 18 734 001 | 18 087 080 | -3.45% |
| 吉林 | 4 750 733 | 5 585 119 | 5 767 778 | 6 012 110 | 6 211 831 | 3.32% |
| 黑龙江 | 4 354 265 | 5 160 023 | 5 427 690 | 5 507 721 | 5 326 134 | -3.30% |
| 上海 | 1 176 428 | 1 158 252 | 1 028 860 | 1 127 142 | 939 057 | -16.69% |
| 江苏 | 13 607 224 | 14 678 401 | 14 740 247 | 16 165 642 | 16 319 955 | 0.95% |
| 浙江 | 4 111 374 | 4 949 031 | 5 325 238 | 5 765 244 | 5 357 809 | -7.07% |
| 安徽 | 8 952 973 | 10 593 590 | 11 915 400 | 13 047 546 | 13 054 273 | 0.05% |
| 福建 | 8 549 727 | 10 578 768 | 11 946 912 | 12 664 891 | 12 164 316 | -3.95% |
| 江西 | 8 070 417 | 10 105 893 | 10 838 676 | 11 976 051 | 11 354 304 | -5.19% |
| 山东 | 43 358 069 | 44 763 088 | 44 848 003 | 47 162 523 | 46 480 832 | -1.45% |
| 河南 | 11 799 594 | 14 559 078 | 16 116 279 | 17 296 552 | 16 548 627 | -4.32% |
| 湖北 | 10 539 905 | 13 182 273 | 13 982 401 | 15 004 031 | 14 109 076 | -5.96% |
| 湖南 | 10 096 150 | 12 494 973 | 13 108 646 | 14 013 648 | 13 748 381 | -1.89% |
| 广东 | 30 101 910 | 35 732 738 | 34 972 440 | 36 106 508 | 36 833 597 | 2.01% |
| 广西 | 15 351 178 | 20 420 315 | 20 243 069 | 22 978 994 | 23 837 183 | 3.73% |
| 海南 | 2 915 870 | 3 244 091 | 3 381 164 | 3 894 029 | 3 685 410 | -5.36% |
| 重庆 | 3 385 854 | 4 304 712 | 4 465 794 | 4 662 780 | 4 445 872 | -4.65% |
| 四川 | 11 480 205 | 14 383 700 | 14 390 697 | 15 287 356 | 14 713 427 | -3.75% |
| 贵州 | 2 614 403 | 3 591 628 | 3 925 211 | 4 679 903 | 4 872 371 | 4.11% |
| 云南 | 5 778 749 | 6 783 915 | 6 984 340 | 7 413 358 | 7 222 765 | -2.57% |
| 陕西 | 3 387 157 | 3 908 971 | 4 164 422 | 4 701 989 | 4 490 394 | -4.50% |
| 甘肃 | 1 777 257 | 2 091 404 | 2 297 625 | 2 582 019 | 2 553 337 | -1.11% |
| 青海 | 147 200 | 140 107 | 130 862 | 102 640 | 64 583 | -37.08% |
| 宁夏 | 900 190 | 1 023 493 | 1 167 651 | 1 352 102 | 1 149 083 | -15.02% |
| 新疆 | 1 980 664 | 2 430 866 | 2 399 610 | 2 394 279 | 2 465 710 | 2.98% |
| 新疆兵团 | 1 131 915 | 1 238 538 | 1 232 587 | 1 291 730 | 1 261 931 | -2.31% |

资料来源：中国饲料工业协会。

## 4. 饲料原料价格继续回落

2024年以来，国内玉米、豆粕等主要饲料原料价格大幅回落。我的农产品网数据显示，饲料企业玉米、豆粕采购均价分别为2 353元/吨、3 173元/吨，同比分别下跌11.33%、21.62%（见图2-8-4）。棉粕价格因籽棉原料价格下跌及需求偏弱影响，内地均价3 268元/吨，同比下跌21.84%。菜粕价格因进口到港增加及水产饲料需求不振，同比下降27.12%。受秘鲁捕捞逐渐恢复影响，进口鱼粉价格回落6.66%。氨基酸、维生素、矿物元素止跌趋稳。

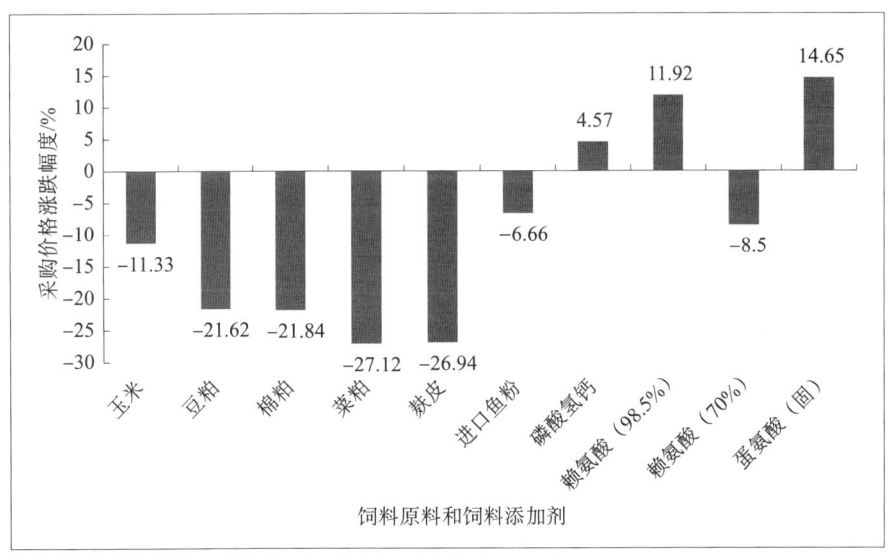

图2-8-4　2024年主要饲料原料和饲料添加剂采购价格涨跌情况

资料来源：钢联—我的农产品网。

## 5. 饲料产品价格全面下跌，但盈利状况良好

2024年，受饲料原料价格高位回落影响，饲料价格全面回落。猪、蛋鸡、肉大鸡的配合饲料价格同比下跌8.55%~9.66%，蛋鸡、肉大鸡浓缩饲料价格同比分别下跌9.82%、8.52%；添加剂预混合饲料降幅在1.61%~1.63%（见图2-8-5）。

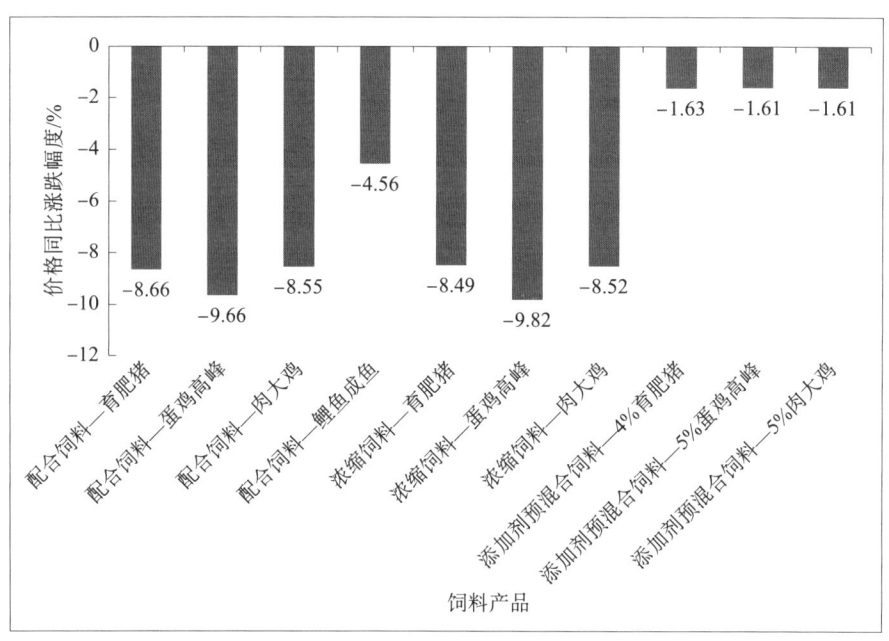

图2-8-5　2024年主要饲料产品价格同比涨跌情况

资料来源：中国饲料工业协会。

2024年，受饲料原料价格大幅下降影响，尽管饲料产品价格有所下跌，但饲料企业的盈利情况总体表现良好，其中海大集团的表现尤为突出。海大集团2024年实现净利润45.16亿元，同比增长64.73%；公司营业总收入为1 146.85亿元，同

比下降1.23%。头部公司的营收状况也反映出了行业经营的整体状况。

## 6. 行业竞争格局加剧，头部饲料企业规模化优势继续加强

近年来，受非洲猪瘟疫情影响，饲料产业的格局发生重大变化，不仅全国饲料总产量节节攀升，且行业集中度继续提高。2019年，国内排名前20的饲料企业饲料总产量约1.2亿吨，占当年全国饲料总产量约52%。到2024年，这一占比预估达65%（见图2-8-6）。2019年至2024年，排名前20的饲料企业饲料总产量从1.2亿吨增长至2亿吨，涨幅达66.7%。2024年国内TOP20饲企的饲料产量总和预计超2亿吨，约占全国饲料总产量的65%，占比较上年提高3个百分点。

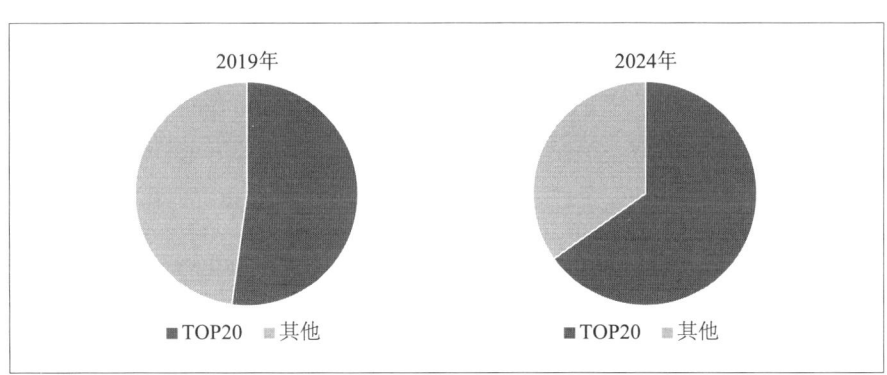

图2-8-6 排名前20饲料企业占有率变化

资料来源：中国饲料工业协会。

行业竞争格局加剧。从生产厂规模来看，2024年全国10万吨以上规模饲料生产厂数量出现下滑，共计1 032家，相较于上年减少了18家。然而，规模以上大厂的合计饲料产量仍高达

19 468.3 万吨，虽然产量比上年下降了 0.9%，但在全国饲料总产量中的占比却达到了 61.8%，比上年提高了 0.7 个百分点。

从企业集团层面看，2024 年共有 7 家饲企产量超过千万吨，分别为海大、新希望六和、牧原、温氏、双胞胎、力源、正大，合计产能约 13 700 万吨，约占全国总产量的 43.5%。

年产百万吨以上规模饲料企业集团数量有微幅增长，达到 34 家，比上年增加 1 家。不过，其合计饲料产量占全国饲料总产量的比例为 55%，相较于上年减少了 1.2%。

## （二）2025 年我国饲料行业展望

近年来，我国饲料行业已经进入成熟阶段，市场的现代化、工业化、规模化水平不断提高，整体市场呈平稳态势。尤其是 2018 年底开始的非洲猪瘟疫情，导致饲料和养殖行业出现了巨大变化，行业集中度和规模化程度显著提高。2020 年以来，随着非洲猪瘟疫病及其影响成为常规化生猪疾病，其带来的"超级猪周期"的影响显著下降，生猪存栏波动进入常规周期，市场波动率显著降低，对饲料行业的影响也将回归常态。

### 1. 工业饲料企业规模化程度和全产业链模式将进一步提高

养殖行业规模化程度继续提高。2024 年，生猪出栏前三的企业分别为牧原、温氏、双胞胎。牧原生猪出栏再次创下 7 160 万头的历史新高，比第二名温氏多出 4 142 万头，双胞胎替代新希望在 2024 年强势挺进前三甲，实现生猪出栏 1 770 万头。三大龙头企业生猪出栏总量达到 11 948 万头，同比增长 10.9%；三大猪企出栏总量占到全国生猪出栏量的 17%，较上年提高 2.18 个百分点。其中，牧原股份年度生猪出栏总量占到全国生猪出栏的 10.19%，占比继续提高，凸显龙头企业规模化优势进一步加强。德康、海大等一批集团化企业的发展规模也维持快速扩张趋势，行业整体的规模化程度和集中度不断提高。在此背景下，大型企业为了增强产品竞争力，寻求新的增长点，更好地提高抗风险能力，打造饲料原料、饲料加工、疫苗、养殖、屠宰以及食品等全产业链已经成为行业突围的重要方向。

同时，受非洲猪瘟常态化的影响，生物防控要求不断提高，养殖企业向上游饲料产业延伸、饲料企业向下游养殖企业延伸的趋势较为明显。这种全产业链的发展趋势也导致饲料行业集中度不断提升，形成了"大企业集团化、全产业链化，中型企业竞争力下降、品牌影响力下降，小型企业生存空间下降、退出趋势明显"的行业格局。

### 2. 工业饲料产业链上游需求驱动力或减弱

从产业链来看，饲料行业上游为饲料原料，主要包含蛋白质饲料、能量饲料、矿物质饲料原料及饲料添加剂；中游为饲料生产，包括猪饲料、禽饲料、反刍料、水产料等；下游主要是鸡鸭猪牛等畜禽养殖及水产养殖，其中猪饲料占比最高，对工业饲料产业整体影响最大。2024 年，饲料产业下滑的原因主要就是猪饲料下降，但 2025 年生猪、肉鸡、牛羊等产业在经历产能下降阵痛之后,预计将呈现趋稳态势。市场预计2025年随着养殖产能的趋稳,饲料需求也将止降趋稳。

农业农村部、国家发展改革委、商务部、海关总署、国家统计局五部门联合发布的2024年12月生猪产品数据显示,2024年12月份能繁母猪存栏量为4 078万头,同比下降1.6%。

由于能繁母猪存栏对后续育肥猪生产的滞后效应持续存在,能繁母猪存栏数量基本决定了10个月之后的育肥猪出栏供应量。从农业农村部公布的数据来看,2024年5月份开始,国内能繁母猪存栏止跌回升,这也意味着育肥猪供应在2025年3月份将逐渐增加,能繁母猪存栏基本决定了生猪的饲料消费需求(见图2-8-7)。因此,从生猪产能结构上来看,2025年生猪饲料需求将止跌趋稳。

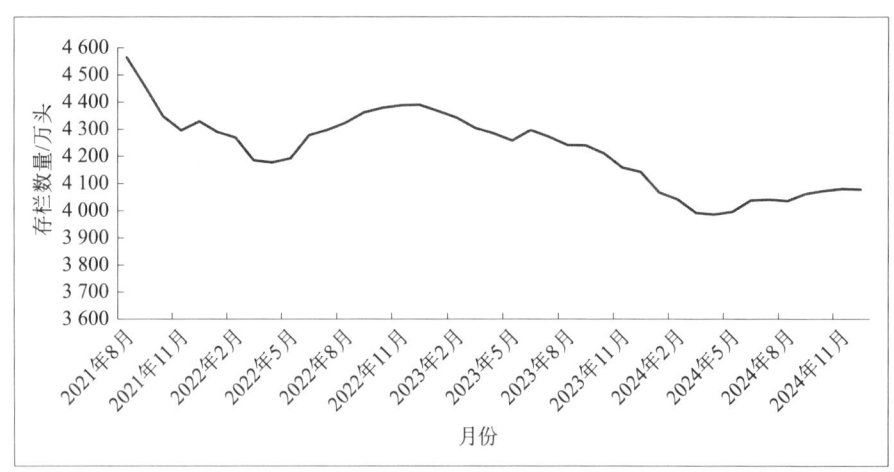

图2-8-7 能繁母猪存栏数量统计

资料来源:农业农村部。

### 3. 工业饲料行业竞争将更加激烈

我国饲料行业竞争仍较激烈，行业集中度仍在快速提高。相关上市公司年报等数据预估，2024年国内排名前20的饲料企业饲料产量总和预估达2亿吨，约占全国饲料总产量的65%；市场占有率较2023年提升了3个百分点。

从饲料企业产量规模来看，第一梯队为饲料年产量超1 000万吨的企业，共7家，包括新希望六和、海大、牧原、温氏、双胞胎、力源和正大。

第二梯队为饲料年产量达500万~1 000万吨的企业，共7家，包括禾丰、通威、唐人神、大北农、万洲国际、东方希望和亚太中慧。

第三梯队为饲料年产量达270万~400万吨的企业，共6家，包括南宝、立华、布恩、安佑、扬翔和天康。

其中，海大在2024年表现尤为突出，预估饲料产销量达到2 650万吨，同比增长约9%，超越新希望六和，成为饲料生产龙头；而双胞胎和力源全年饲料销量预估分别达1 550万吨和1 400万吨，同比增速均为13%，展现出强劲的发展势头。

大型企业凭借资金、管理和防疫体系建设上的优势进行产业链的延伸；中小企业面对资本压力、人才压力、技术压力和服务能力等发展瓶颈，将逐步被优势企业整合并购或退出市场；行业竞争格局由饲料加工行业竞争转向农牧全产业链的综合竞争，行业洗牌速度也将明显加快。同时，我国饲料行业也逐渐从"规模竞赛"转向"效率革命"。成本控制、技术创新、全球化布局成为饲料企业未来发展的重点。

### 4. 饲料原料成本有望高位回落

2024年，我国玉米、豆粕等饲料原料价格大幅回落，带动饲料成本价格回落。2025年玉米及豆粕价格均有望维持低位，饲料成本压力显著下降。同时，近年农业农村部大力推行减量替代方案。菜籽粕、葵花粕、棉粕等蛋白饲料原料的替代逐渐增加，超期稻谷可用于猪饲料。替代饲料原料的增加，也对饲料成本的降低起到一定作用。

总体来看，2025年，畜牧行业在经历去产能、扭亏为盈的背景下，各大饲料企业竞争格局更加激烈，行业集中度也将进一步提升。行业也将更加聚焦饲料主业，顺应形势，深化改革，更加聚焦稳健发展之路。

（国联期货股份有限公司　张志栋）

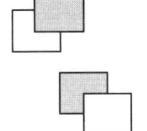

# 九、生猪市场供需形势分析

【内容提要】

2024年,生猪养殖行业实现了从低谷到复苏的转折,被知名媒体评为年度景气提升度排名第一的行业,超过了光模块、数字芯片设计和半导体设备等高端行业。受2023年市场行情低迷、产能持续去化等因素影响,2024年全国生猪出栏70 256万头,同比下降3.3%;猪肉产量5 706万吨,同比下降1.5%。《生猪产能调控实施方案(2024年修订)》实施以来,全年能繁母猪存栏量始终处于产能绿色合理区域,产能调控效果明显,市场供需关系改善,生猪价格触底回升,震荡强势运行。生猪养殖5月份实现由亏转盈,行情持续向好,8月份达到全年最高点,当月养殖场户出栏一头商品猪平均盈利达606元。从全年来看,养殖场户出栏生猪头均盈利214元,在2023年亏损严重的情况下,2024年实现了扭亏为盈,很大程度上缓解了行业资金压力。预计2025年生猪产能窄幅调整,总体仍将稳定在合理区间,生猪供应有所增加,市场供需关系走向宽松,猪价或小幅下滑,生猪养殖行业仍能实现正向收益。

## (一) 2024年生猪市场供需形势回顾

**1. 生猪出栏高位回落,猪肉产量有所下降**

2023年1月以来,全国能繁母猪存栏量进入去产能周期,在经历了连续16个月的环比下降之后,生猪产能于2024年4月基本去化到位。本轮生猪产能去化效果明显,2024年全国生猪出栏量较2023年有所回落,猪肉产量相应下降。国家统计局数据显示,2024年全国生猪出栏70 256万头,较2023年减少2 406万头,同比下降3.3%;猪肉产量5 706万吨,较2023年减少88万吨,同比下降1.5%(见图2-9-1);2024年末生猪存栏42 743万头,较2023年末减少679万头,同比下降1.6%。

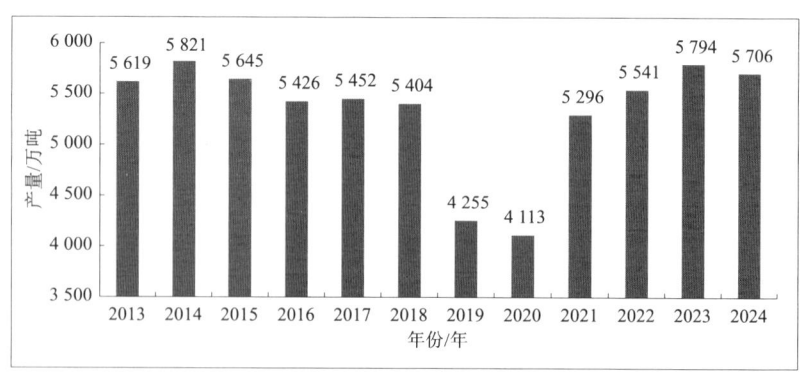

图2-9-1 2013—2024年全国猪肉产量变动趋势

资料来源:国家统计局。

## 2. 产能调控效果明显，能繁母猪存栏稳定

2024年3月1日，农业农村部公布《生猪产能调控实施方案（2024年修订）》，将全国能繁母猪正常保有量目标从4 100万头调整为3 900万头，引导生猪产能有序调减。在精准的产能调控风向标引导下，生猪产能高位回落，4月末全国能繁母猪存栏量降至3 986万头，比2022年末4 390万头的历史最高位减少404万头，下降9.2%，回到产能调控绿色合理区域。5月开始，生猪养殖扭亏为盈并持续向好，养殖场户总体保持了谨慎和理性，有序补栏，保证了全国能繁母猪存栏量虽连续8个月小幅增长，但始终处于产能调控绿色合理区域。年末能繁母猪存栏量为4 078万头，为正常保有量的104.6%，较4月份的阶段性低点增长2.3%，增幅较小（见图2-9-2）。

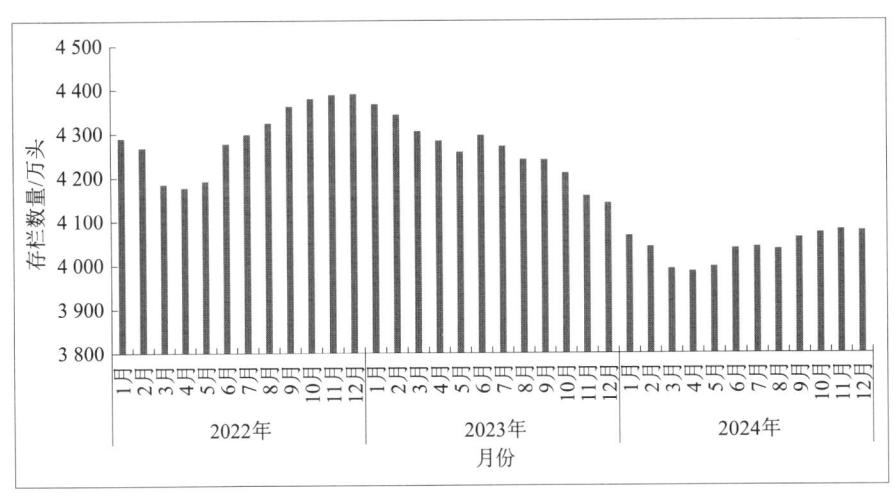

图2-9-2　2022—2024年全国能繁母猪存栏月度变动趋势

资料来源：国家统计局、农业农村部。

## 3. 宏观经济增速放缓，消费恢复不及预期

国家统计局数据显示，2024 年国内生产总值（GDP）1 349 084 亿元，按不变价格计算，比上年增长 5.0%，增速较 2023 年下降 0.4 个百分点；居民人均可支配收入实际增长 5.1%，增速比 2023 年下降 1.0 个百分点。受宏观经济和居民人均可支配收入增速放缓影响，2024 年 9 月消费者信心指数一度下滑至 85.7，创 2023 年以来新低。受此影响，猪肉消费表现总体不及预期。数据显示，2024 年全国居民人均猪肉表观消费量 41.3 公斤，较 2023 年的 42.2 公斤，下降 2.1%（见表 2-9-1）。

表 2-9-1　　　　2011—2024 年我国猪肉产量及消费量

| 年份 | 猪肉产量/万吨 | 进口量/万吨 | 出口量/万吨 | 人口数/万人 | 人均表观消费量/（千克/人） |
| --- | --- | --- | --- | --- | --- |
| 2011 年 | 5 132 | 46.7 | 8.1 | 134 735 | 38.4 |
| 2012 年 | 5 444 | 46.7 | 6.6 | 135 404 | 40.5 |
| 2013 年 | 5 619 | 58.6 | 7.3 | 136 072 | 41.7 |
| 2014 年 | 5 821 | 56.4 | 9.2 | 136 782 | 42.9 |
| 2015 年 | 5 645 | 77.7 | 7.2 | 137 462 | 41.6 |
| 2016 年 | 5 425 | 162.0 | 4.9 | 138 271 | 40.4 |
| 2017 年 | 5 452 | 121.7 | 5.1 | 139 008 | 40.1 |
| 2018 年 | 5 404 | 119.3 | 4.2 | 139 538 | 39.6 |
| 2019 年 | 4 255 | 210.8 | 2.7 | 140 005 | 31.9 |
| 2020 年 | 4 113 | 439.1 | 1.1 | 141 212 | 32.2 |
| 2021 年 | 5 296 | 371.1 | 1.8 | 141 260 | 40.1 |
| 2022 年 | 5 541 | 176.0 | 2.7 | 141 175 | 40.5 |
| 2023 年 | 5 794 | 155.1 | 2.7 | 140 967 | 42.2 |
| 2024 年 | 5 706 | 107.3 | 2.8 | 140 828 | 41.3 |

资料来源：国家统计局、中国海关。

### 4. 饲料原料价格下降，养殖成本持续回调

2024年，以玉米、豆粕为代表的饲料原料价格大幅下跌，带动了生猪养殖成本的下降。农业农村部500个集贸市场价格监测数据显示，2024年全国玉米价格从1月份第1周的平均2 760元/吨降到了12月份第4周的2 300元/吨，一年时间下降了460元/吨，降幅16.7%。与此同时，豆粕价格从1月份第1周的平均4 270元/吨降到了12月份第4周的3 230元/吨，平均每吨下降了1 040元，降幅24.4%。在饲料原料价格下跌的影响下，饲料生产企业多次下调饲料价格，生猪养殖成本持续回调。农业农村部监测数据显示，2024年1月份全国生猪养殖成本为每千克15.7元，12月份降至每千克15.1元，较年初下降了0.6元/千克，降幅3.8%。公开资料显示，牧原股份2024年6月生猪养殖完全成本接近14.0元/千克，较年初下降约1.8元/千克，2024年底公司进一步将成本降至13.0元/千克，全年成本降幅显著，推动净利润预估达180亿~190亿元。

### 5. 生猪价格迎来上涨，养殖场户扭亏为盈

农业农村部500个集贸市场价格监测数据显示，2024年活猪价格平均每千克17.06元，同比上涨10.9%。随着2024年4月份生猪产能去化到位，叠加2024年春节前后疫情反弹的影响，生猪市场供需关系逐步改善，猪价于4月份止跌反弹，5月份养殖场户实现扭亏为盈，之后盈利快速提升。年内猪价最高点出现在8月中旬，每千克突破20元大关，头均盈利一度超过

600元。8月份之后，随着市场供应量的增加，叠加压栏惜售和二次育肥情绪降温，市场供需关系逐步走向宽松，猪价持续回落，12月份第4周跌至每千克16.50元左右（见图2-9-3）。由于猪价上涨，生猪养殖全年实现了正常盈利。监测数据显示，2024年养殖场户有8个月实现盈利，全年每出栏一头商品猪平均盈利214元，现金流得到极大补充，经营压力得到有效缓解（见图2-9-4）。

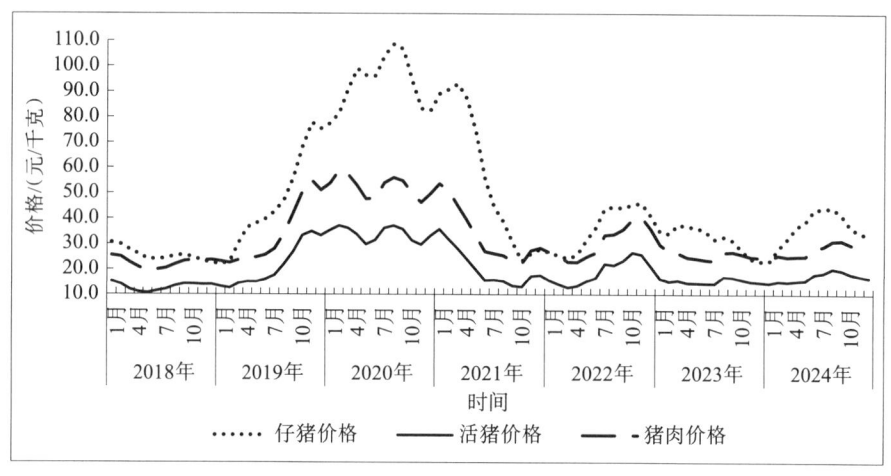

图2-9-3　2018—2024年生猪价格变动趋势

### 6. 猪肉进口低于常年，出口继续保持低位

海关数据显示，2024年我国进口猪肉107万吨，较2023年下降30.8%，约占国内猪肉产量的1.9%，低于常年水平（见图2-9-5）。2024年生猪养殖行业景气度明显提升，但进口量却同比下降超过三成。市场普遍认为，贸易商预期不高，盈利信心不足，订单采购较为谨慎，是2024年猪肉进口

量持续维持低位的主要原因。从不同月份进口量来看，仅有1个月份突破10万吨大关。从出口来看，2024年我国出口猪肉2.8万吨，虽然较2023年增长3.4%，但仍保持在较低水平（见图2-9-6）。

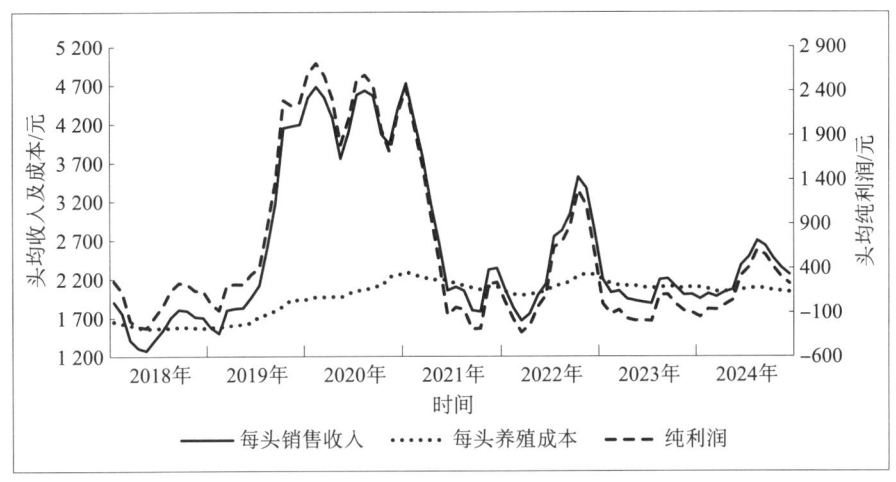

图2-9-4　2018—2024年生猪养殖头均纯利润变动趋势

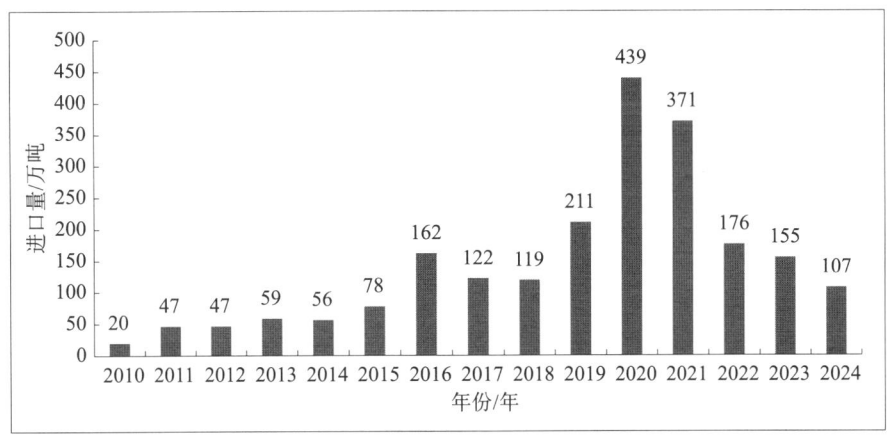

图2-9-5　2010—2024年我国猪肉进口量变动趋势

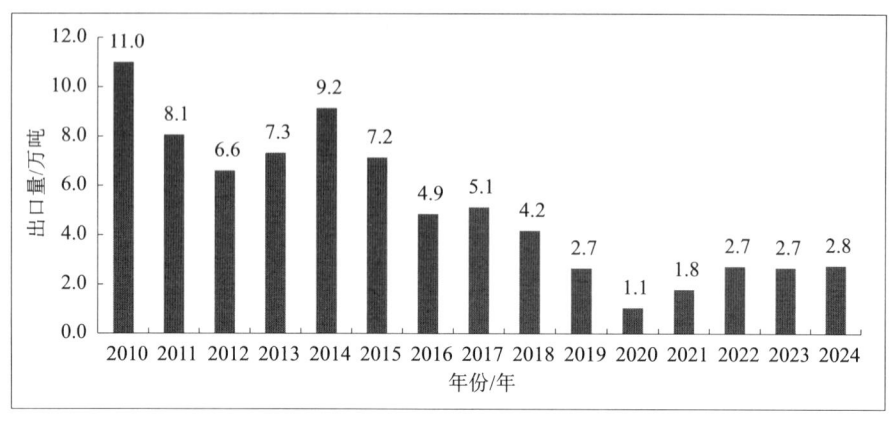

图 2-9-6  2010—2024 年我国猪肉出口量变动趋势

### 7. 规模化水平持续提升，产业素质不断增强

农业农村部数据显示，2024 年全国生猪养殖规模企业比重达到 70% 以上，比 2023 年提升约 2 个百分点，比 2018 年提高约 21 个百分点（见图 2-9-7）。数据显示，2024 年出栏量全国排名前 20 位的养殖企业共出栏生猪 2.16 亿头，同比增长 7.4%；20 家企业生猪出栏量占全国总出栏量的比重达到 30.7%，较 2023 年提高 3.1 个百分点（见表 2-9-2、图 2-9-8）。随着散养户的不断退出，生猪养殖规模化率不断提高。与此同时，规模养殖企业通过建设高标准猪场和使用现代化养殖设施装备，不断提升动物疫病防控能力，推动生猪产业素质不断增强。

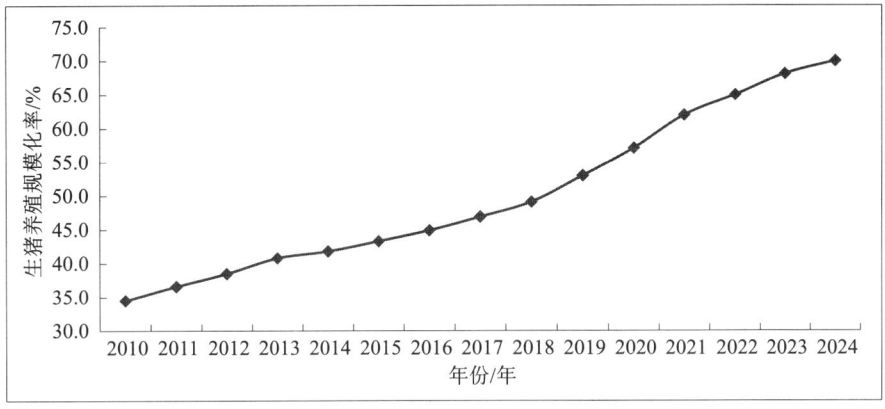

**图 2-9-7　2010—2024 年我国生猪养殖规模化率变动趋势**

资料来源：农业农村部。

**表 2-9-2　2024 年头部企业出栏量及全国占比情况**

| 排名 | 企业名称 | 出栏量/万头 | 全国占比 |
| --- | --- | --- | --- |
| 1 | 牧原股份 | 7 160 | 10.19% |
| 2 | 温氏股份 | 3 018 | 4.30% |
| 3 | 双胞胎集团 | 1 770 | 2.52% |
| 4 | 新希望集团 | 1 652 | 2.35% |
| 5 | 正大集团 | 1 107 | 1.58% |
| 6 | 德康农牧 | 878 | 1.25% |
| 7 | 大北农集团 | 640 | 0.91% |
| 8 | 天邦股份 | 599 | 0.85% |
| 9 | 新五丰集团 | 580 | 0.83% |
| 10 | 海大集团 | 577 | 0.82% |
| 11 | 扬翔集团 | 486 | 0.69% |
| 12 | 桂垦牧业 | 435 | 0.62% |
| 13 | 唐人神集团 | 434 | 0.62% |
| 14 | 正邦科技 | 415 | 0.59% |
| 15 | 中粮家佳康 | 356 | 0.51% |
| 16 | 广西力源 | 350 | 0.50% |
| 17 | 天康生物 | 303 | 0.43% |

续表

| 排名 | 企业名称 | 出栏量/万头 | 全国占比 |
|---|---|---|---|
| 18 | 巨星农牧 | 275 | 0.39% |
| 19 | 山西大象 | 275 | 0.39% |
| 20 | 环山集团 | 270 | 0.38% |
| | 总计 | 21 580 | 30.72% |

资料来源：根据中国猪业高层交流论坛资料整理。

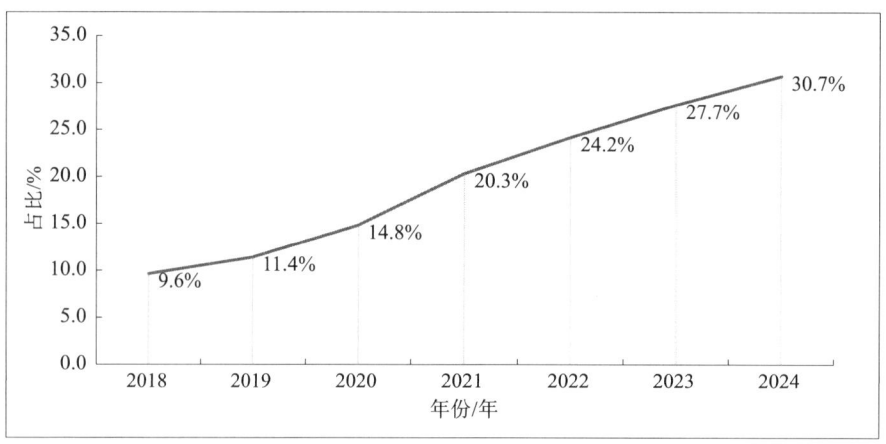

**图2-9-8　2018—2024年我国排名前20的头部生猪养殖企业全国市场占比变动趋势**

资料来源：根据中国猪业高层交流论坛资料整理。

## （二）2025年生猪市场形势展望

### 1. 生猪生产或稳中趋增

农业农村部监测数据显示，2024年5月份以来，全国能繁母猪存栏量总体呈增加趋势，且生猪疫情较为平稳，仔猪成活率高，行业生产效率也在持续提升，共同决定了 2025 年春节之后生猪市场供应量将持续增加。2024 年 5—12 月，全国能繁母猪存栏量累计增长 2.3%，幅度不大，叠加生产效率提升的影响，在进口保持总体稳定且动物疫情不出现大的波动的情况下，预计 2025 年生猪市场供应增长 3% 左右。

**2. 生猪产能或窄幅调整**

随着生猪产能调控机制的进一步完善，以及养殖场户对国家宏观调控政策的关注度和信任度越来越高，生猪产业监测预警信息的"风向标"作用将会越来越突出，养殖场户将会把这些信息转化为生产经营行为上的"指南针"，行情好时谨慎扩张，行情差时适度淘汰。排除异常因素影响，预计生猪产能将在有限的区间内震荡调整。

**3. 猪肉消费将小幅增加**

2024 年中央经济工作会议将"大力提振消费、提高投资效益，全方位扩大国内需求"摆在 2025 年 9 项重点任务之首。随着宏观经济形势进一步转好，以及国家一揽子刺激消费政策的出台，预计 2025 年消费者信心指数将有所恢复，带动居民消费意愿好转，猪肉消费需求或随之有所增长。同时也要看到，少子化、老龄化、自动化和肉类消费需求的多元化，也会在一定程度上抑制猪肉消费需求。综合考虑多种因素的影响，预计 2025 年猪肉消费需求将小幅增长。

### 4. 养殖成本仍将保持相对低位

养猪业从"资本内卷"转向"成本内卷"。监测数据显示，随着非洲猪瘟疫情的影响不断减弱，生猪生产效率持续提升，以及饲料原料价格下跌，近几年生猪养殖成本呈现出逐步下降的趋势，2024年末降至每千克约15.0元，其中成本管理较好的养殖企业成本降至13.0～14.5元/公斤。业内普遍认为，"微利时代"已经来临，企业与企业之间的竞争，将聚焦在生产效率和养殖成本上的竞争，"增效降本"将成为未来企业的基本生存法则。排除重大动物疫情等异常因素影响，在不考虑饲料原材料价格超预期上涨的情况下，预计2025年行业养殖成本仍将保持在相对低位水平。

### 5. 生猪养殖或难实现较好利润

2024年生猪养殖行业景气度的提升，带动生猪产能于5月开始增长，年末增至4 078万头，较4月份的阶段性低点高2.3%；全年能繁母猪平均存栏量为4 041万头，较3 900万头的正常保有量水平高出141万头，为正常保有量的103.6%，虽然仍处在生猪产能调控实施方案所设定的绿色合理区间，但已经属于正常偏高水平。据此判断，2025年生猪市场供给将相对充裕，不排除会面临阶段性供给压力。预计全年猪价将低于2024年，行业虽能保持正向收益，但可能会处于偏低水平。

## 6. 猪肉进出口仍将保持较低水平

2025年生猪产能相对充足，能繁母猪生产效率持续提升，行业普遍认为生猪市场行情将有所下滑，猪肉进口利润空间将进一步压缩，叠加全球地缘政治形势复杂、贸易保护主义抬头，进出口贸易面临诸多不确定性因素的影响。综合判断，2025年猪肉进口贸易商经营决策将更为谨慎，订单数量或仍将保持低位水平。与发达国家相比，我国生猪养殖成本不具备市场竞争力，因此猪肉出口仍有一定难度，预计仍将保持低位。

## 7. 全产业链发展模式将得到进一步发展

从近几年发展趋势来看，生猪养殖行业正逐步向上下游延伸，实现全产业链一体化发展。以牧原集团为代表的不少大型生猪养殖企业，不仅关注生猪养殖环节，还积极涉足种猪培育、饲料生产、屠宰加工、肉制品销售等环节，构建完整的产业链体系。这种整合模式有助于企业降低采购成本，提高产品附加值，增强市场竞争力。与此同时，部分饲料企业、动保企业、屠宰加工企业等上下游企业，也在逐渐向养殖行业进军。特别是饲料企业，受市场竞争环境的影响，业务拓展难度加大，很多都选择向生猪养殖环节渗透。据调研，合同放养模式是目前行业普遍采用的产业链延伸方式，饲料企业和动保企业一方面有饲料成本和疫病防控优势，另一方面也有相应的养殖技术服务团队，在产业链延伸方面具备一定的优势。未来几年，行业竞争将越来越激烈,预计全产业链一体化发展模式将不断完善,进而促进生猪产业的高质量发展。

(中国农业科学院农业经济与发展研究所　王祖力　孙俊娜)

# 第三部分

## 中国粮食市场专论

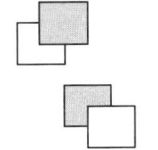

# 一、农产品供给面临的挑战及保障能力提升策略

【内容提要】

本文分析展望了我国粮食等重要农产品2035年前的供需形势。综合研判认为，我国粮食等重要农产品供给保障面临国内增产边际效果递减和利用国际市场风险增大的双重挑战，应从统筹国内和国际两个大局、发展和安全两件大事出发，谋划好现代化新征程粮食等重要农产品供给保障思路。一方面，应从供需两侧入手扩产能、控消费，构建农业综合生产能力内在增长机制，针对农民务农种粮和地方重农抓粮底层逻辑采取差异化扶持政策，推进节粮减损、倡导节约消费。另一方面，应实施农产品进口多元化战略，提高海外供应链稳定性可靠性。此外，还应推动建立统一、联动的全国农产品大市场，完善农产品储备调节制度。

我国在现代化建设进程中，历来重视发展粮食和其他重要农产品生产，立足国内较好地保障了全社会对农产品不断增长的需求。但也应看到，随着工业化城镇化发展到一定阶段，农业生产继续发展面临资源环境约束趋紧、农业副业化、农户兼业化、农民老龄化程度加深等挑战。尤其是随着国内需求增长、市场开放程度提高和国内外价格倒挂幅度扩大，我国部分重要农产品缺口驱动型和价差驱动型进口不断增长、对外依存度不断攀升。这既给缓解国内农业资源环境压力、更好满足国内需求提供了重要支撑，也给我国保障粮食安全和其他重要农产品有效供给带来多重风险隐患。我国已进入新发展阶段，内外环境发生深刻变化，应从统筹国内和国际两个大局、发展和安全两件大事出发，谋划好现代化新征程的农产品供给保障战略，一手抓提高国内农业综合生产能力，一手抓提高农产品海外供应链稳定性可靠性。

## （一）2035 年前我国大部分农产品将迎来消费峰值

前瞻性谋划重要农产品供给保障战略，需要把握好未来我国重要农产品生产和消费的变化趋势，以及由产消缺口决定的进口走向。本文采用中国农业科学院农业经济与发展研究所和国际食物政策研究所（IFPRI）联合开发的中国农业产业模型（China Agriculture Sector Model，CASM），对我国未来重要农产品生产和消费变化进行预测。

从需求看，我国猪肉、禽肉和禽蛋的消费总量将分别在2028 年、2029 年和 2026 年达峰，届时峰值消费量将分别达到

6 200 万吨、2 872 万吨和 3 499 万吨，随后处于平台期并缓慢下降；牛肉、羊肉、奶类和水产品消费总量在 2035 年前仍将持续增长，其峰值将在 2037 年、2037 年、2043 年和 2043 年分别达到 1 207 万吨、620 万吨、7 864 万吨和 8 543 万吨。到 2035 年，我国这 7 类动物性食品消费总量将达到 29 908 万吨，其中猪肉、牛肉、羊肉、禽肉、禽蛋、奶类和水产品的消费量将分别达到 5 944 万吨、1 181 万吨、616 万吨、2 836 万吨、3 387 万吨、7 631 万吨和 8 313 万吨。根据不同产品耗粮系数测算，2028 年我国粮食表观消费量将达到 85 386 万吨的峰值，之后逐步下降，2035 年为 84 685 万吨。其中，稻谷和小麦的表观消费量将持续下降，分别从 2021 年的 21 647 万吨和 14 657 万吨下降为 2035 年的 20 221 万吨和 12 494 万吨；大豆和玉米的表观消费量将分别在 2033 年和 2031 年达到 11 814 万吨和 33 303 万吨的峰值，到 2035 年将分别下降到 11 798 万吨和 33 080 万吨（见图 3-1-1）。

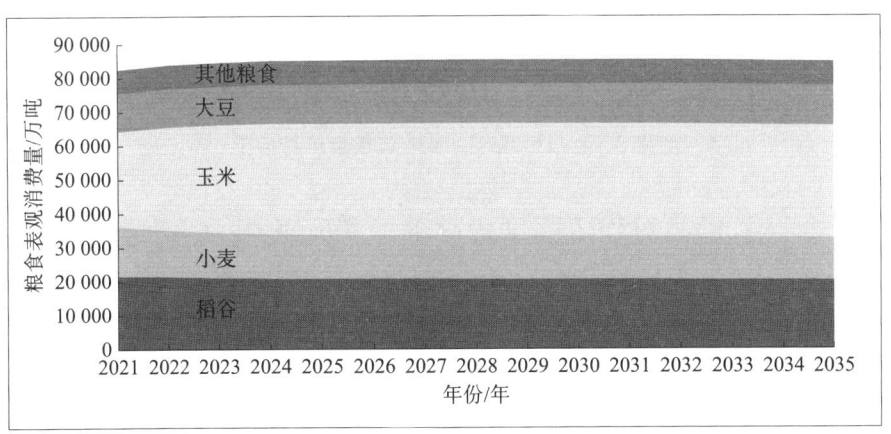

图 3-1-1　2021—2035 年粮食表观消费量预测

从产量看，2035年粮食总产量将达到72 492万吨，比2021年增加4 207万吨。其中，稻谷产量为21 027万吨、比2021年减少257万吨，小麦产量为14 602万吨、比2021年增加908万吨，玉米产量为28 717万吨、比2021年增加1 462万吨，大豆产量为3 686万吨、比2021年增加2 046万吨（见图3-1-2）。2035年猪肉、牛肉、羊肉、禽肉、禽蛋、奶类和水产品产量分别为5 903万吨、798万吨、532万吨、2 836万吨、3 387万吨、4 150万吨和6 498万吨。

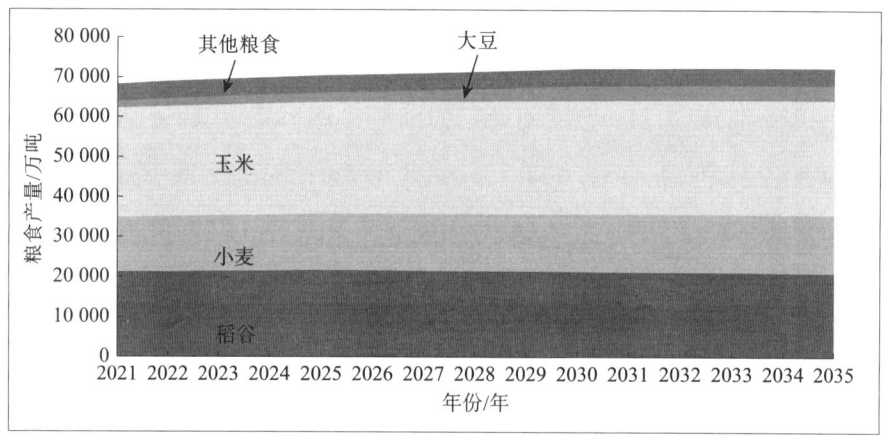

图3-1-2　2021—2035年粮食产量预测

部分农产品对外依存度仍有继续攀升的压力。在我国动物食品和粮食消费峰值到来之前，我国牛肉、羊肉、奶类和玉米的对外依存度将继续攀升，直到消费峰值过后才会趋于下降（见图3-1-3）。未来我国将会继续高度重视口粮的供给保障问题，稻谷和小麦的生产不会被削弱，而是随消费总量的持续下降，将长期呈现自给有余。我国将持续实施油料产能提升工程，高油大豆、油菜籽、花生等油料作物产量将显著提升，持续推进豆粕减量替代，大豆和食用植物油的对外依存度将趋于下降。为应对"猪周期"的大起大落，我国已建立生猪产能调控机制，未来猪肉的对外依存度有望控制在防守目标内；同时，猪肉消费总量在2028年达峰后将逐步下降，其对外依存度也会相应逐步下降。未来牛肉、羊肉、奶类的消费还将持续快速增长，而我国资源环境承载力难以支撑相应产能扩张，其对外依存度将持续攀升较长时期。国内动物性食品的产能增长会导致对玉米等饲料粮的需求增加，国内玉米产量增长恐难以跟上需求增长速度，玉米对外依存度有继续提高的压力。

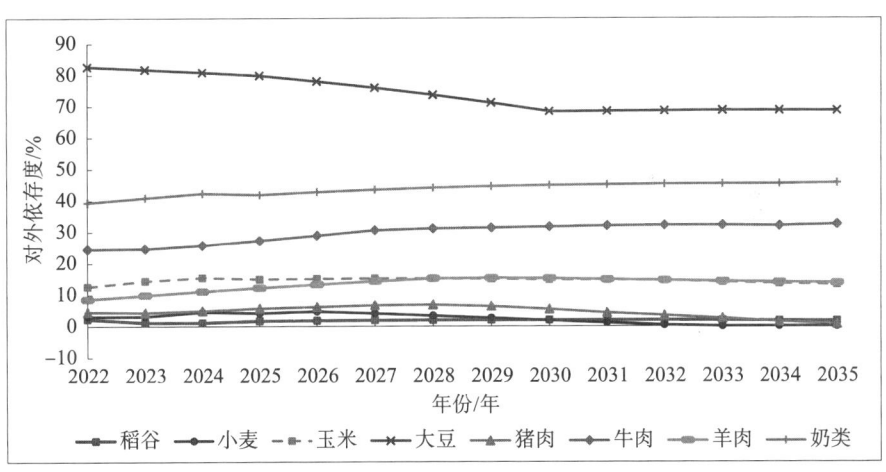

注：对外依存度 =（消费量—产量）/消费量 * 100，负值表示自给有余。

图 3-1-3　2022—2035 年主要农产品对外依存度预测

资料来源：CASM 模型计算结果。

## (二) 我国重要农产品供给保障面临的主要挑战

基于前面预测分析可以判断，在口粮上我国供给安全能够绝对有保障，但未来动物性食品和饲料粮的产需缺口会扩大、对外依存度将攀升，供给保障面临较大挑战。尤其是我国已进入新发展阶段，世界正处于大变局之中。国内外环境的深刻变化，将对稳定和提高国内农业综合生产能力带来新挑战，也会对适度利用全球农业资源和农产品市场带来新风险。

### 1. 重要农产品国内生产发展面临的主要挑战

在农业生产已经站在较高起点的情况下，未来继续促进重要农产品国内生产发展，既需要克服传统增长动能衰退带来的压力，又需要应对结构性、趋势性变化带来的挑战。

农业副业化、农户兼业化和农民老龄化对农业供给弹性的抑制作用将越来越明显。家庭联产承包责任制之所以极大地促进了农业生产发展，既在于劳动者与生产资料实现了直接结合、农户劳动与收入直接挂钩，也取决于当时农户就业和收入主要靠农业，对国家提高农产品收购价格能够有效作出扩大生产的反应。工业化城镇化的快速发展，使农户家庭劳动力资源和农民劳动时间越来越多地配置到非农产业，使家庭经营收入特别是家庭农业经营收入所占比重越来越低。全国农村居民人均可支配收入中，家庭经营净收入所占比重从1985年的74.4%下降到 2023 年的 34.3%；同期，家庭经营第一产业净收入所占比重从 66.4% 下降到 21.3%，家庭经营种植业净收入所占比重从 48.2% 下降到 16.2%。农户就业和收入来源非农化程度逐步提高，加之刚性支出占家庭全部支出比重逐步降低，会抑制农户从农业经营中获得收入的边际努力，从而抑制其农业供给弹性。留守农业的农民平均年龄越来越高，退出城市就业市场的高龄农民工返乡务农，一方面会抑制土地流转率、使小规模农业稳固化，另一方面也会导致农业休闲化、非生计化。与作为从业者主要收入来源和一种职业的农业相比，作为补充收入来源和打发时间的一种生活方式的农业，其接受新技术、增加生产投入、提高产出效率的内在动力明显要低。

资源环境因素对农业发展的约束作用将越来越明显。长期以来，为满足经济社会发展对农产品不断增长的需求，我国农业以增产为导向，高强度利用农业资源。未来我国农业发展将面临存量资源环境修复任务艰巨和增量资源环境开发利用空间狭小的双重挑战。在水资源方面，地下水超采区大多是我国重要粮食产区，推进超采治理势必要影响到这些地区的粮食产量；推进黄河流域生态保护和高质量发展，要求既要稳定粮食播种面积，又要推进农业深度节水控水；受 2030 年全国用水总量控制在 7 000 亿立方米以内的水资源开发利用控制红线制约，农业用水总量不可能再增加，这给扩大耕地灌溉面积带来"天花板"式约束。在耕地资源方面，现有耕地质量不高，在第三次全国国土调查公布的 19.18 亿亩耕地中，旱地高达 9.65 亿亩，位于年降水量 400mm 以下地区的耕地达 3.03 亿亩，还有 0.63 亿亩耕地坡度在25度以上、难以长期稳定利用；守住现有耕地面积压力较大，从2009年底到2019年底的10年间全国耕地面积减少1.13亿亩，今后无论是管控非农建设用地、遏制耕地"非农化"，还是引导农业结构调整、防止耕地"非粮化"，都将面临严重的利益冲突；开发利用宜农荒地，不仅投入大，而且受水资源缺乏的制约。在环境问题方面，治理重金属污染耕地不仅成本高昂，而且对种植结构的安排与农产品供给保障的优先序存在错位，需要优先保障的口粮乃至谷物的生产能力会受到一定影响；在推进化肥和农药减量的同时做到不影响单位面积产能，需要改进施肥施药技术和方式；提高畜禽粪污、农膜、秸秆资源化利用率需要增加相关设施设备投资和运行费用，这将抬升农业生产成本。

比较优势下降对农业发展的牵制作用将越来越明显。未来我国农业发展特别是土地密集型农产品生产的发展，既要继续承受国内非农产业发展带来的资源争夺压力，又要继续承受国外农产品进口带来的市场竞争压力。从国内资源争夺看，农业相对于非农产业的比较效益较低，工业化城镇化深入发展将继续挤占优质耕地和优质农业劳动力资源。从国内外农产品市场竞争看，我国人多地少的农业资源禀赋决定了工业化城镇化发展到一定阶段后会出现农产品生产成本倒挂，即国内农产品生产成本会超过国外水平；当生产成本倒挂幅度超过运费、关税等进口贸易成本后，就会出现农产品价格倒挂，即进口农产品价格低于国内农产品价格。我国已先后迎来这两个倒挂的拐点，近年来农产品进口压力不断加大。未来随着工业化城镇化程度的提高，我国农业的比较优势还将继续下降，这两个倒挂的幅度也将随之继续扩大。为对冲农业承受的国内资源争夺压力和低价农产品进口压力，从2004年前后开始，我国即已实行系统的农业补贴政策，包括种粮农民直接补贴、良种补贴、农机具购置补贴、农资综合补贴、农业保险保费补贴等财政支付型补贴，以及最低收购价、临时收储等市场支持型补贴。这些补贴发挥了重要作用，但其弊端也逐步显现。从2014年前后开始，先后引入目标价格补贴、生产者补贴、耕地地力补贴、轮作休耕补贴等新型补贴政策工具。但2019年世贸组织争端案专家组先后就我国粮食补贴和农产品关税配额管理办法所作的裁决结果警示我们，我国农业部分补贴政策面临较大的合规性压力。这意味着通过加大农业补贴力度以稳定和促进缺乏比较优势农产品生产的空间明显收窄。

气候变化将加大农业发展面临的不确定性。我国北方地区正在经历以暖湿化为主要特征的气候变化。在西北地区，气温呈快速升高趋势，1961年至2018年，年平均气温增温速率为0.30℃/10年，而全球年平均气温增温速率为0.12℃/10年，全国年平均气温增温速率为0.23℃/10年；降水量总体呈增加趋势，新疆年降水量增加速率为9.6毫米/10年，青海、甘肃中西部年降水量增加速率为5.4毫米/10年。在东北地区，无霜期延长，初霜冻出现日期呈逐年推迟趋势，1971年至2008年，初霜日延后4~5天，无霜期增加14~21天；作物生长季积温增加，玉米可种植界限向北移动158.3~285.8公里，可种植面积增加5 805万亩。这种变化趋势在拓展农业生产地理边界的同时，也会带来极端天气事件多发、农业旱涝灾害频次与强度增大、农作物病虫害加重等新问题，会相应放大区域间和年度间农业生产的波动性。

**2. 重要农产品进口稳定性、安全性面临的主要风险**

农产品进口已成为我国国内消费的重要来源。通常情况下，农产品贸易既有利于进口国消费者也有利于出口国生产者，由市场起决定性作用。但由于粮食的极端重要性，进口风险问题已引起越来越多研究者关注。本文对影响我国重要农产品进口稳定性、安全性的主要风险进行系统梳理和归类分析，根据进口依赖度、市场占比、物流渠道控制力、运输线路集中度等评估对我重要农产品供给安全的影响程度，并结合当前国际形势分析各类风险的发生概率。从我国情况看，重要农产品进口的风险包括价格传导、负面舆论、粮源失控、航路卡点、出口限制、地缘冲突等，但各类风险发生的概率、带来的冲击、应对的难度存在较大差异（见表3-1-1）。价格传导风险主要是因为我国市场体量大，我国大豆、油菜籽、棉花和天然橡胶进口量占全球贸易量比重均超过20%，在全球农产品贸易市场上具有典型的大国效应，短期内扩大进口会导致全球价格上涨，全球价格上涨也会快速传导到国内市场。负面舆论风险主要表现在国外部分媒体出于政治原因，频繁制造全球粮食安全"中国威胁论"、全球粮价暴涨"中国责任论"以及"中国进口的环境风险论"。粮源失控风险主要是我国进口粮食的海外供应链自主可控程度低，主要跨国粮商在南美等主要农产品出口国已建立起包括金融服务、种子等农资供应、仓储、内陆运输、港口码头等在内的完整产业链，中资企业无论是自有码头数量还是仓储能力都远不及这些跨国粮商。航路卡点体现在我国大豆等农产品进口主要依靠海洋运输，其中经过的巴拿马运河、苏伊士运河和马六甲海峡等咽喉要道易形成卡点。出口限制主要是指出口国在粮食危机发生时出于自保而限制出口，21世纪以来全球粮食价格经历过2007年至2008年、2010年至2011年和2020年至2023年三次大幅度上涨，每次上涨过程中都发生过大范围出口限制。全球粮食出口限制的品种涉及小麦、大米、玉米、大麦、荞麦、油料和食用植物油等，这些产品中不少是我国进口量较大、具有硬缺口的品种。地缘冲突的发生可能会导致我国农产品进口供应链部分中断，尤其是我国大豆、油菜籽、食糖、高粱对北美和南美市场依赖度超过80%，一旦冲突涉及这些区域和农产品，短期内将难以寻找到相关农产品的足够替代进口来源。

表3-1-1　　我国农产品进口面临的风险类型比较

| 风险类型 | 影响机理 | 发生概率 | 冲击力度 | 应对难度 |
| --- | --- | --- | --- | --- |
| 价格传导 | 自然灾害、投机炒作等因素引起的全球农产品价格上涨，导致我国进口农产品价格上涨，进而推动国内农产品价格上涨 | ●●●●● | ●●● | ●● |
| 负面舆论 | 美西方通过"囤粮""毁林"等叙事战损害我国国际形象、挑拨我国与发展中国家关系 | ●●●● | ● | ● |

续表

| 风险类型 | 影响机理 | 发生概率 | 冲击力度 | 应对难度 |
|---|---|---|---|---|
| 粮源失控 | 部分进口需要通过新的贸易商进行或组织新的粮源，增加了进口的不确定性 | ●●● | ●●● | ●●● |
| 航路卡点 | 部分进口需要绕行其他航路，延长时间，增加成本 | ●●● | ●●● | ●●● |
| 出口限制 | 一方面导致全球价格上涨，另一方面导致我国部分进口来源中断，需要以更高价格扩大自其他未采取出口限制措施的国家进口 | ●● | ●●●● | ●●●● |
| 地缘冲突 | 贸易禁运、海上封锁等极限制裁导致我国部分或全部进口来源中断，国内市场出现硬缺口 | ● | ●●●●● | ●●●●● |

资料来源：作者根据相关文献整理。

注："●"号越多表示概率、力度或难度越大，以5个为上限。根据已经发生过的频次以及发生时对我国的实际影响情况进行评价。

## （三）提高我国粮食等重要农产品供给保障能力的基本思路

在新发展阶段提高粮食等重要农产品供给保障能力，必须深入贯彻新发展理念，遵从构建新发展格局、实现高质量发展的要求，坚持实施"以我为主、立足国内、确保产能、适度进口、科技支撑"的国家粮食安全战略，保障谷物基本自给、口粮绝对安全，坚持大食物观、大资源观、大农业观和深化农业供给侧结构性改革，保障肉蛋奶、菜果鱼等各类食物有效供给，坚持统筹利用国内外两个市场两种资源和实施进口多元化战略，保障国内消费者对优质进口农产品的需求。

**1. 从供需两侧入手提高国内供给保障能力**

构建农业综合生产能力增长支撑体系。落实最严格的耕地保护制度，完善耕地质量动态监测与评价，建立与耕地质量挂钩的激励约束机制，确保耕地占补平衡"占优补优"，强化流转经营主体对耕地质量的保护责任，因地制宜推进保护性耕作，加强对耕地地力提升的奖补支持。统筹推进高标准农田建设，加强多部门相关项目和资金的整合聚力投入，联合推进土地集中连片综合整治、土壤改良、农田水利设施、机耕道及田间道路以及农田生态环境治理等综合配套建设和现代化改造。科学挖掘耕地资源潜力，采取工程措施、选育耐逆品种和配套开发适宜机械和栽培技术，适度有序开发符合条件的盐碱地等边际土地。以"大食物观"构建多元化食物供给体系，依靠科技促进生产生态协同发展，突破耕地等自然条件对农业生产的限制，开拓林下种养采集、深远海养殖、戈壁设施农业、植物工厂等食物供给新渠道。以新型举国体制构建全产业链种业创新体系，加强对玉米、大豆、肉牛、奶牛等未来缺口较大产品的高产优质品种选育，完善生物育种产业化的配套制度。建立健全跨区域、跨部门的农业科技协同创新机制，扩大在不同区域的适应性试验和配套栽培、机械技术开发，重构农业技术推广体系，推广良种良法、农机农艺相结合的综合集成技术。推进农田水利设施的修复和升级改造，加强农业农村、水利、气象灾害监测预警体系建设，强化农业减灾救灾技术和物资储备，增强农业气候韧性。

针对农民务农种粮和地方重农抓粮底层逻辑优化农业补贴政策体系。推进农业经营体制创新，强化社会化服务支撑，促进农业节本增效，支持建立统一管理、分包协作的新型统分结合经营体系，引导发展种养结合、加工链延伸、多功能拓展的产业融合项目，优化保底订单、收益分成、二次奖励、入股分红等利益联结机制，促进产业增值、农民增收。重视发展新型农业经营主体，规范土地流转行为，引导签订土地长期流转合同，稳定其农业长期投资预期，支持其提升设施装备、技术水平和经营能力。综合精准使用农业补贴，完善粮食作物完全成本和种植收入保险制度，增加农机购置、社会化服务采购以及农资等补贴，加大对轮作、保护性耕作、种养循环、生物肥料与农药等绿箱补贴力度，提高农业生产者的综合补贴收益。加大对粮食主产区的支持力度。

推进节粮减损、倡导节约消费。构建豆粕减量和饲料原料多元化的激励机制，根据可利用饲料资源情况，动态优化完善豆粕减量饲料配方。鉴于低蛋白饲料可明显降低动物粪便氮排放，应采取绿色补贴方式加快推广低蛋白日粮技术。根据农业农村部食物与营养发展研究所的食物损耗调查，粮食、肉类和水产品全产业链的损耗率分别为7.9%、6.6%和8.1%，以最大可减损量占损耗量比例表示的减损潜力分别为40%~60%、15%~20%和25%~30%。应加强节粮减损科技创新，支持粮食和动物性食品全产业链设施装备升级。《中国食品安全发展报告

（2021）》显示，食物浪费量为每人每餐93.3克、食物浪费率为11.7%，成年居民肉类、烹调油、食糖、食盐摄入量超过推荐营养标准。应推进营养均衡型饮食教育，推广适量多样的动物产品、减盐、减油、减糖的平衡健康饮食指南，强化珍惜粮食、节约消费理念，杜绝餐饮浪费。

**2. 实施进口多元化战略，提高海外供应链稳定性可靠性**

稳定和扩大自北美地区和大洋洲农产品进口。这些地区农业资源禀赋优越，农业现代化水平很高，在非极端情形下农产品生产和出口的稳定性较强，是我国重要的农产品进口来源地。农业合作是我国与这些地区国家经贸关系的压舱石，稳定和扩大自这些地区有竞争力、符合我国需要的农产品进口，符合双方利益。

着力补齐南美地区农产品供应链安全短板。南美地区作为我国农产品的主要进口来源地，未来农产品生产和出口增长潜力依然巨大，其在我国农产品进口多元化战略中举足轻重。巴西等南美地区存在着化肥、种子等农资高度依赖进口的短板。以巴西为例，氮、磷、钾肥对外依存度分别高达95.7%、72%和96.4%。从长远看，为提高南美地区农产品供应链的稳定性、可靠性，应支持相关企业在南美地区开展供应链协同布局，加强与巴西、阿根廷等国家在化肥、种子等农业全产业链的投资贸易合作。

把黑海和中亚地区作为实施农产品进口多元化的重要目标区域。包括俄罗斯、乌克兰在内的黑海地区和包括哈萨克斯坦在内的中亚地区,农产品生产和贸易增长仍具有较大潜力。应坚持把这些地区作为我国实施土地密集型农产品进口多元化的重要目标地区。在深化拓展与域内国家的农业投资贸易合作时,应注意签订长期协议,在争取更多的出口限制豁免权方面多下功夫,提高合作条款的针对性、约束性;加大种业、农机、农化等领域合作,推动域内国家扩大种植我国进口需求大的农作物。

加强与东南亚和非洲国家的农业投资贸易合作。东南亚和非洲部分国家农业资源禀赋较好,食用植物油、大米、玉米等农产品生产和出口增长潜力较大。应把农业合作放在与这些国家战略合作的优先位置,在共建"一带一路"倡议下,通过农业基础设施建设和技术援助等方式帮助这些国家提高农业生产能力,使其在满足自身消费需求后有剩余农产品可供出口。应对这些国家的自然生态、文化习俗、社会政治等进行深入评估,规避农业投资贸易合作可能遭遇的风险。

### 3. 着力增强大宗农产品储备调控能力,加强大宗农产品市场体系建设

完善农产品储备调节制度。合理确定战略储备与市场调节储备规模,优化调整战略储备轮入轮出时间,科学设计市场调节储备的吞吐调节机制,通过"低吸高抛"发挥好平抑市场波动的作用。建立与市场挂钩的运费与仓储费用补贴调整机制,鼓励经营主体承担市场调节储备责任,引导商业储备助力保供

稳价。

推动建立统一、联动的全国农产品大市场。应加强各部门的沟通与联合研究，完善农产品全产业链市场信息的收集和分析机制，提高综合运用调查数据和实时大数据的能力，建立统一的农产品供需信息发布制度，提高农产品展望的准确性。完善期货交易机制，促进农产品期货和现货市场有效联动。针对小规模农业生产者无力满足现有期货合约规模要求的问题，应充分利用合作社、"公司+农户"等生产组织模式，帮助小农户利用期货工具规避市场风险。

推动农产品市场体系国际化。我国农产品期货交易量已多年在全球期货交易市场上名列前茅，但国际化水平较低。应积极通过"引进来、走出去"提升我国农产品期货市场的国际化水平，推进交易品种和规则与国际接轨，吸引更多外商企业和境外投资者参与，鼓励优秀期货公司、资产管理公司、现货企业以多种方式参与国际市场交易。

（国务院发展研究中心农村经济研究部　程郁　叶兴庆　张诩；中国农业大学经济管理学院　张玉梅；农业农村部食物与营养发展研究所　程广燕）

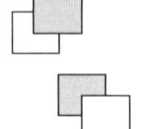

# 二、新质生产力助力粮食生产的逻辑与途径

【内容提要】

习近平总书记在新时代推动东北全面振兴座谈会上提出"新质生产力",这是针对东北地区经济社会高质量发展,以及国民经济发展全局和总体目标做出的重大论断。本文构建了由科技装备、基础设施和政策改革组成的农业新质生产力理论框架,农业新质生产力对粮食生产作用效果明显,带来了"五提五降"的作用。但粮食生产短板问题不能忽视,面临成本竞争力不强、可持续发展能力不优、产业效益不匹配、国际竞争力弱等问题,需要科技创新赋能、装备理论驱动、设施建设筑基、政策改革蓄势。

生产力是决定人类社会发展和进步的决定性力量。2023年9月,习近平总书记在新时代推动东北全面振兴座谈会上提出"新质生产力"这一重要概念,这是针对东北地区经济社会高质量发展,以及国民经济发展全局和总体目标做出的重大论断。2024年政府工作报告提出加快发展新质生产力，可以说新质生产力到了推进实施阶段。新质生产力概念一经提出便成为研究热点。追踪梳理学术界的研究成果，习近平总书记提出"新质生产力"半年后已有数百篇这方面的期刊文章，但关于农业粮食方面的新质生产力研究成果寥寥。十八大以来我国粮食发展取得了显著成效，粮食产量和农民收入增长较快。然而也要看到我国粮食数量与质量、总量与结构、成本与效益、生产与环境等方面的结构性矛盾依然比较突出，特别是存在一些掣肘粮食竞争力提高的因素。增强粮食竞争力是我国特殊国情的必然要求。我国既是粮食生产大国，也是消费大国，粮食长期处于紧平衡状态。粮食生产和供给不仅直接关系全国14亿人口吃饭问题，而且会影响国际粮食市场供需关系。如何利用农业新质生产力赋能粮食安全，形成农业新质生产力作用和粮食安全保障的良性互动，对未来高水平高标准高质量保障国家粮食安全具有重要意义。

## （一）农业新质生产力与粮食安全的内在关联

农业新质生产力源自新质生产力，与新质生产力有着共同底色，但由于农业与生俱来的自然属性，所以要对农业新质生产力进行个性刻画。部分专家学者从"新""质"、要素和产业角度分别阐述了新质生产力，其核心要义是以科技装备创新为引擎，这也是同传统生产力最鲜明的区别，然后以新技术、新设备为载体，融合新模式、新业态，驱动培育未来产业增长极。农业新质生产力有着新质生产力的共性即科技装备创新的驱动力，但农业还有两个独特属性，一是自然性，受资源条件约束强。农业生产是人与自然进行物质交换以满足自身需求的过程，也是人类劳动与自然因素、经济因素交互影响的过程，在这一过程中，人类必须依赖和尊重自然规律，由于农业生产对外界因素环境具有强烈依赖性，这也决定了其易受到光照、水源、土地以及洪涝、干旱等自然灾害的影响。二是弱质性，受政策变动影响大。纵观主要发达国家农业发展历程，实施政策支持是他们的普遍做法，发达国家不仅政策支持力度大，而且手段丰富多样，形成了全方位、多层次、立体式的政策体系。《中华人民共和国2023年国民经济和社会发展统计公报》显示，2023年我国人均GDP 8.9万元（约1.27万美元），我国居民收入临近高收入国家门槛，未来是农业政策大变革、深重塑的时期。培育我国农业新质生产力，离不开农业的基本属性和我国国情特色，要考虑设施建设、政策变革两个重要变量。因此，农业领域新质生产力需要科技装备、基础设施和政策改革"三位一体"统筹推进。农业新质生产力的内核要义是以科技装备创新为主线，整合资源要素，引入新业态、新模式等手段，提升农业要素优化组合而形成的配置效率，以设施建设、政策变革为两翼，增强对自然条件的抗争力，做到生产力与生产关系相互适配，旨在促进农业生产力发展由量变到质变，符合新发展理念的先进农业生产力质态。

发展新质生产力是应对激烈国际竞争的着力点，也是保障国家粮食安全的关键抓手。我国粮食生产稳定发展、成就显著、经验丰富,自豪地讲已经实现了"谷物基本自给,口粮绝对安全"的粮食安全目标。但我们依然不能掉以轻心,必须清醒地认识到,作为一个人口规模巨大、需求不断升级,可利用的农业资源禀赋相对贫乏且还在不断减少的发展中大国,我国粮食还存在着深层次结构性矛盾和问题。以科技装备创新为引擎,拓展传统生产力下粮食生产外延边界,创新生产要素配置方式,其迸发的新动能有助于从根本上提高粮食安全保障能力和市场竞争力,打造新质生产力与粮食安全的新交互形态,进而推动粮食产业的深度转型升级换代。

科技赋能。在人口红利逐渐减弱和生产成本持续上涨背景下,科技进步发挥着千斤顶的支撑作用。先前原始创新不够,导致我国农业科技重大原创成果和产业核心关键技术成果供给明显不足,基因编辑、合成生物、人工智能等领域缺乏自主知识产权。我国在生物技术等领域还存在"卡脖子"风险,必须牢牢抓住科技创新这一关键变量,走内生性创新之路。根据内生增长理论,内生性技术进步是保证经济持续增长的决定因素,所以内生性科技创新的关键是在源头上提高创新能力。当前我国已经具备走粮食科技内生性创新之路的内外在条件,特别是依托国家重大科学工程和国家重点实验室等条件平台,开展重大任务联合攻关,在分子改良、分子聚合育种等原始创新有重大突破。

装备驱动。诱致性技术变迁理论认为,借助要素相对价格的变化实现廉价的丰裕要素对昂贵的稀缺要素的替代。随着二、三产业的快速发展所带来的就业机会增多，使农业生产的机会成本快速增长，导致在农业生产中劳动力价格不断增长。在动力要素成本结构中，表现为人力成本的快速增长，对人力有较高替代作用的装备动力，相对而言价格水平较低，当装备动力实现对人力的替代，就会大幅度降低人力成本，进而节约动力要素总成本。同时，农业科技创新日益从以生物技术为主转向生物技术与装备化技术并重，农业装备深刻引领着作物品种选育方向、耕作制度变革方向、栽培模式改进方向。农机农艺深度融合，不仅有利于关键环节机械化技术的突破，也有利于先进适用农业技术的推广普及应用。我国新一代人工智能技术广泛渗透及深入应用，农业机械技术发展特点是融合生物、农艺、工程技术，集成先进制造、信息、生物、新材料、新能源等高新技术，深入拓展微生物、养殖、加工等产业领域，向高效化、智能化、网联化、绿色化方向发展，并向提供全链条的农业装备与信息技术解决方案延伸发展。

**设施筑基。**从经济学层面看，以基础设施投资为代表的公共投资对农业生产的影响不可忽视，改善粮食生产基础设施条件，既可以减少私人投入的数量，又可以根据投入要素相对价格，调整私人投入结构来降低单位产品私人成本。同时，完善的设施条件，有利于生产要素在不同部门产业之间的有效转换与合理配置。但从效益的广义层面看，设施的作用范畴不止于投入回报，更大的回馈来自止损，特别是应对自然不利因素的侵袭。粮食作物生产的"靠天吃饭"特征使其对农业基础设施的需求更为强烈，完善的农业基础设施能有效抵御自然灾害侵袭，拉长应对周期，提高粮食生产的稳定性。

政策改革。事物发展是波浪式前进和螺旋式上升的，农业新质生产的形成与推广也将呈现出反复性和渐进性的特征。生产力与生产关系，二者相互依存、辩证统一，要相互适应和动态互动。《中国农村政策与改革统计年报（2021）》显示，2021年全国经营耕地农户 2.7 亿户，其中经营规模 10 亩以下的 1.9 亿农户，占 71.3%，这些常规农户大多对新质生产力比较陌生。农业新质生产力必将要求新的生产关系，所以要通过深化政策改革，推进生产关系调整，进而与农业新质生产力相耦合，以促进两者良性互动（见图 3 - 2 - 1）。

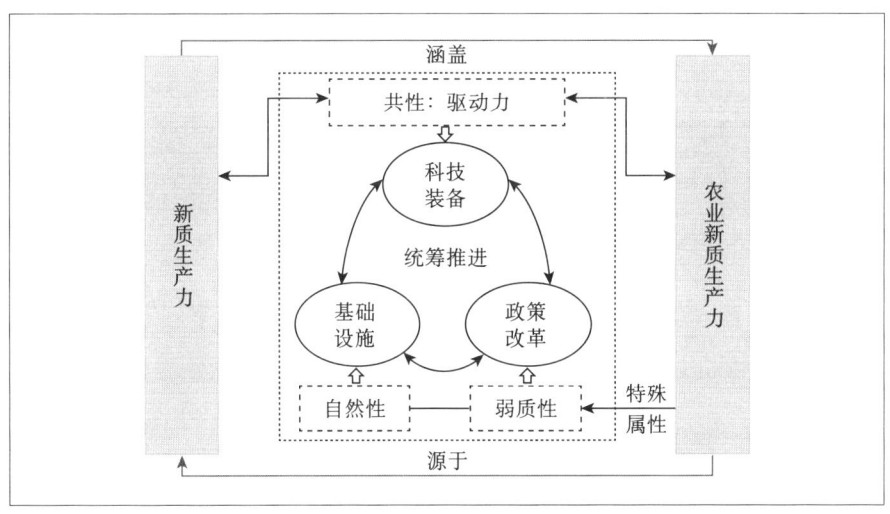

图 3 - 2 - 1　农业新质生产力赋能粮食生产的逻辑理蕴

## （二）生产力变革转换对粮食生产的作用效果

从近年粮食生产变化情况看，创新的作用日益明显。农业科技创新是农业生产力发展提速的关键因素，为进一步巩固夯实粮食安全根基打下了扎实基础。2012—2019年中国农业全要素生产率波动上升，2016年之后西部地区农业全要素生产率增速明显提高，2018年后中东部地区农业全要素生产率也加速提升。2012—2020年中国深化绿色发展理念，农业绿色全要素生产率从1.027加速增长至1.157。农业正在摆脱传统生产方式和生产力发展路径，向数字化、智能化转型升级，在这个过程中，掌握新知识新技术的"新农人"、具有更高科技含量的农业生产技术装备等新的生产资料，成为发展农业新质生产力的关键要素。科技创新赋能农业生产，催生新模式、新动能，劳动力要素、土地要素、资本要素生产效率渐进增长，要素配置持续优化，探索出"五降五提"的经验。

### 1. 降低劳动强度，提升人均劳动产出

传统农业的劳动者是依赖世代摸索积累的经验进行生产的小农，以家庭为单位的传统农业精耕细作、用地养地结合，形成持久稳定的农业生产形态，但劳动资料是犁、耙、镰、锄头等以人力或畜力为动力的传统工具，很难减轻人力劳动艰辛，缺少生产力进一步提高的支点，不能适应现代生产生活对农业

生产的要求。现代科学技术武装农民,从依靠经验进行生产决策转向依靠可信数据,接受现代科学技术知识和具有更强技术应用能力的新农民,在农业生产中采用新技术、新装备,利用基于激光平整、物联网系统的水田智能监测设备,可以精确设定稻田水位,实时监测苗情墒情,利用小型气象监测站和传感器,可以测气温、水温、泥温,精准掌握作物生长情况。农民从起早贪黑查看农情,到动动手指就能获取农事信息,耕、种、管、收轻松完成。

"生产方式的变革,在工场手工业中以劳动力为起点,在大工业中以劳动资料为起点",农业劳动资料从传统人力、畜力驱动农具向以能源为动力的现代农机跃迁,意味着农业生产方式的深刻变革和农业生产力的大幅提升。"机器就其本身来说缩短劳动时间……减轻劳动……是人对自然力的胜利……增加生产者的财富",中国发展农业现代化,用现代化机械装备农业,实现资本要素对劳动力的替代,把劳动力从农业生产中释放出来。全国农作物耕种收综合机械化率从2012年的57%,增长至2023年超过73%,其中水稻综合机械化率超过85%,玉米超过90%,小麦超过97%,缓解了农业生产对劳动力的依赖。农业机械化发展极大减轻了农业劳动力的劳动强度,2012—2022年,稻谷、小麦、玉米平均每亩用工量从6.43日下降至4.17日,与此同时,单位用工产值从2012年的171.82元/日增长至2022年的345.81元/日,把农业劳动力从"地里刨食"的低效生产中解放出来,获得更大自由度,农业劳动生产率实现跨越式提升。

## 2. 降低生产风险，提升土地产出水平

小农经济"把土地分成小块耕种的方式，排斥了采用现代农业改良措施的任何可能性"，现代农业在适度规模化经营的基础上，农业大数据应用使农业生产过程更可预期，完备的水利设施、排灌系统及时应对农业生产的旱涝风险，土地平整化使机械化作业得以广泛实现。数据要素是发展农业新质生产力的关键，深入挖掘和充分利用农业数据，为有效防范农业生产风险提供新方案。智慧农业集成空天地数据，结合环境信息对作物生长进行建模，高效指导农业生产，科学确定耕种收时机，精确设定水肥条件，及时给出灌溉、喷药作业建议，有效响应高温、干旱等不利天气，准确预防病虫害。气象数据助力准确识别各区域热量资源变化，黑龙江基于气象观测信息动态调整积温带，为农业生产适应气候变化提供重要信息，为种植结构调整、作物选种提供依据。完善的农业生产基础设施增强土地生产韧性，高标准农田建设通过整治田块变零为整，增加耕地面积；农田地力提升工程对土壤进行改良、培肥，提高耕地有机质含量，释放土地生产潜力；农田防护与生态环境保护工程防风固沙、保持水土、改善农田小气候，防范缓冲自然灾害，耕地的承灾能力得到加强。农田基础设施建设在抵抗自然风险、防灾减灾稳产方面发挥重要作用，2012—2023年，农作物受灾面积从2 494万公顷下降到1 054万公顷，农作物绝收面积从183万公顷下降到98万公顷，受灾率从15%下降至9%。2022年底，全国已建成10亿亩高标准农田，保土保肥保水，亩产增

加 10%~20%，为粮食增产创造了新的增长点。

**3. 降低作业工期，提升抢收环节效率**

以现代农机装备为主要劳动资料的农业生产经营中，逐渐实现工业生产的标准化流程，高效、快速、整齐成为现代化农田中的作业特点。机械化收割快速完成收获，减少农作物成熟后在地停留时间，降低因天气变化或其他自然因素导致的损失风险。在卫星定位导航系统指导下的农机，能够快速完成土地耕作、播种、收割，相较于传统人工劳动，提高作业精度与效率。2023 年 3 月 26 日到 4 月 16 日，全国春播面积从 0.55 亿亩推进到 1.4 亿亩，日均完成约 400 万亩，10 月 22 日到 11 月 11 日，全国秋粮收获进度从 77.0% 到 96.2%，日均收获约 1 262 万亩，在现代农机助力下，农业生产可以与时间赛跑。针对"烂场雨"，2023 年河南夏收期间投入 21.6 万多台联合收割机抢收小麦，高峰期日收 1 543 万亩，高出常年日收进度 200 万亩，最大限度地减少了不利天气导致的损失。针对小麦"一喷三防"作业要求，无人机飞防作业安全、精准，一架无人机一天可作业面积 400 亩以上，是人工喷药效率的 20 倍以上，病虫防治及时高效。此外，及时收割作业为延长作物生育期、作物营养输送和后续作物种植争取到更多时间。生育期长有利于干物质积累，增加千粒重和产量，农作物机械收割作业快、工作时间短，对提高农业生产效率、保障粮食产量和质量具有积极作用。复种地区两季作物接茬时间短，机收、机播让"上午收小麦、下午播玉米"成为现实。机械化作业不仅节省了大量的人力和时间,还提高了作物种植的灵活性和应变能力,在气候变化和不确定的天气条件下,确保作物适期播种和收获,同时也为更大范围内实现复种制造潜在可能性。

**4. 降低环境污染,提升绿色发展效能**

我国传统农耕文化中蕴含着绿色农业观念,用地养地结合、"视其土之性类,以所宜粪而粪之",主张农业生产要顺应自然。在过去几十年的工业化进程中,受益于农药化肥带来的产能提升,粮食产量经历了很长时间的增长期。实施化肥农药零增长行动之前,我国农用化肥施用折纯量从1978年的884万吨增长至2015年的6 022万吨,增长了5.8倍,同期粮食产量仅增长了1.2倍,农药使用量从1991年的77万吨增长至2015年的178万吨,增长了1.3倍,同期粮食产量仅增长0.5倍,化肥农药的投入产出并不平衡,粗放施肥、用药导致面源污染严重。发展农业新质生产力,不仅是做加法增加要素投入质量,同时也是做减法,优化化肥农药等要素配置。测土配方施肥根据土壤情况量身定制氮磷钾、微量元素肥料配比方案,缓释肥根据作物生长需求变化缓慢补充释放肥料,调节了作物生长肥料需求与土壤肥料供给之间的矛盾,精准变量施肥农机根据土壤信息因地制宜进行平衡施肥,改善了传统施肥中施肥过量、肥料浪费的问题。病虫害绿色防控技术模式集成推广,专业化防治推动农药喷洒作业从传统人工"肩上背"到现代无人机"天上飞",农药喷雾技术、喷雾器械及农药剂型向精准、低量、对靶性方向发展,从传统全面均匀施药到精准识别杂草和病虫害,高效控制病虫草害。2015—2022年，农用化肥施用折纯量从6 022万吨降至5 079万吨，年均减少2.40%，2015—2021年，农药使用量从178万吨下降至124万吨，年均减少5.85%。现代农业技术通过优化化肥农药投入量，提高化肥农药利用率，减少资源浪费，降低农户生产成本，实现经济、社会、环境协调发展，为推动绿色农业奠定坚实基础。

**5. 降低资源浪费，提升生态循环能力**

马克思认为，生产节约分为两种，其一是废料再利用的节约。"所谓的废料，几乎在每一种产业中都起着重要的作用"，"化学工业提供了废物利用的最显著的例子……把以前几乎毫无用处的煤焦油，变为苯胺染料……变成药品"。技术打破了传统认知的桎梏，既解决了废料对环境的污染、对空间的占用问题，又衍生新的产品、增加产出与收入。提出秸秆综合利用后，过去只能燃烧作草木灰的秸秆，变为生物质发电、复合肥、瓦楞纸等原材料，提高附加值，并缓解了秸秆燃烧产生的空气污染。2021年，全国秸秆利用量6.47亿吨，综合利用率88.1%，肥料化、饲料化、燃料化、基料化、原料化利用率分别为60%、18%、8.5%、0.7%和0.9%，秸秆还田量4亿吨，秸秆还田后土壤有机质平均增加5%~7%，农业技术在秸秆综合利用中的创新实践，实现了经济效益与生态效益双赢。农膜一直以来都是稳产保产的重要生产资料，但是传统农膜难降解、难回收，成为破坏土壤的主要污染源。在贵州湄潭，废弃农膜绿色回收再处理技术探索出解决白色污染的长效机制，智能化总控破碎机对地里回收的农膜进行处理，经过切断破碎、摩擦清洗、漂洗造粒、注塑成型加工为塑料框篮或生产育苗托盘，废弃农膜摇身变为新产品，深度改变了农膜利用方式。通过技术创新和资源化利用，农业生产中的废弃物得到了有效管理，不仅减少了环境污染，还创造了新的经济价值。但同时也需要注意到，"由于大规模社会劳动所产生的废料数量很大，这些废料本身才重新成为商业的对象，从而成为新的生产要素"。

## （三）粮食生产提质增效面临的突出问题

乡村振兴战略实施以来，中国粮食产业发展成效显著。粮食产能稳步提升、物质技术装备条件明显改善、品质持续优化升级，粮食生产由保障口粮安全过渡到注重质量、营养和生态等多目标的大食物安全观。同时也必须看到，粮食生产短板问题依然突出。与农业强国相比，中国粮食成本竞争力不强、可持续发展能力不优、产业效益不匹配。厘清关键问题，有助于更好推进粮食产业强国建设。

### 1. 部分品种土地产出率较低

从国际比较视域看，粮食土地产出率呈现显著增加趋势，但各国别土地产出水平差距明显。三大主粮中，中国稻谷土地产出率高于东南亚稻谷主产国，玉米土地产出率低于农业强国美国，小麦单产水平高于农业强国且处于世界领先水平。

2000—2022年稻谷主产国土地产出率，中国高于东南亚发展中国家（见图3-2-2）。2022年中国稻谷土地产出率为7 079.6公斤/公顷，分别比印度、越南、泰国的4 229.4公斤/公顷、2 988.2公斤/公顷、6 019.5公斤/公顷高67.3%、136.92%和17.61%。印度、泰国、越南稻谷出口份额虽位于世界前列，但亩产量较低，原因集中于基础设施建设、机械化水平、品种选择等方面。印度水利工程落后，机械化水平低下，致使劳动生产效率低下，从而影响稻谷亩产量；泰国稻谷亩产量很大程度源于品种限制，以传统水稻品种为主，且稻田连作种植单一容易诱发病虫害，限制了稻谷亩产量；而越南稻谷种植依赖人工栽秧，栽培技术相对落后，生产规模小，进而影响稻谷种植的经济报酬。

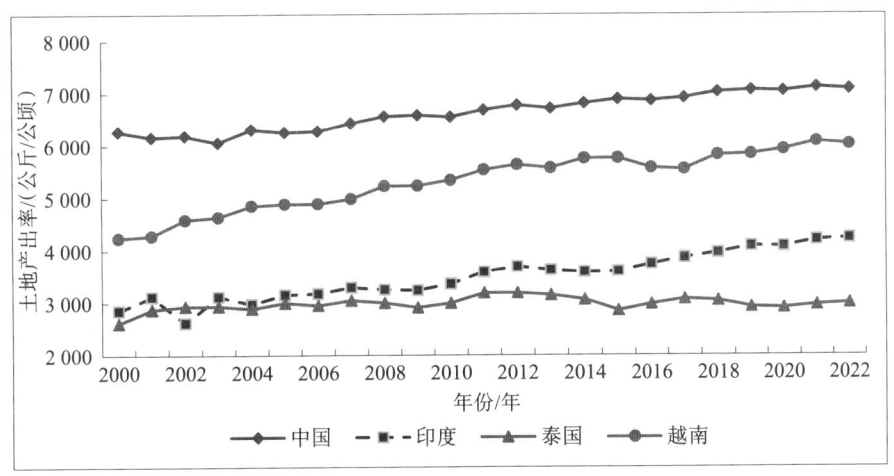

图3-2-2 2000—2022年稻谷主产国土地产出率

资料来源：《中国农村统计年鉴》、FAO数据库。

玉米主产国土地产出率数据，中国玉米土地产出率远低于美国，高于发展中国家巴西。2000—2022年中国玉米单位面积产量稳中有升，由4 597.5公斤/公顷增至6 436.1公斤/公顷，增长幅度40.00%（见图3-2-3）。但在全球范围内，中国玉米土地产出率依然比较低。美国农场主规模化经营、机械化程度高，标准化管理形成了高产优势，提高了玉米生产效益和产品竞争力。相较于发展中国家，中国和巴西两国玉米单产波动上升的趋势基本一致，2020—2022年两国玉米单产年均增长率分别为1.43%、1.45%。巴西玉米单产年均增速最高，主要原因在于巴西玉米转基因技术的应用和普及，巴西自2005年正式批准转基因玉米种植，2017年转基因玉米普及率已高达88.4%，极大提高了玉米单产水平。

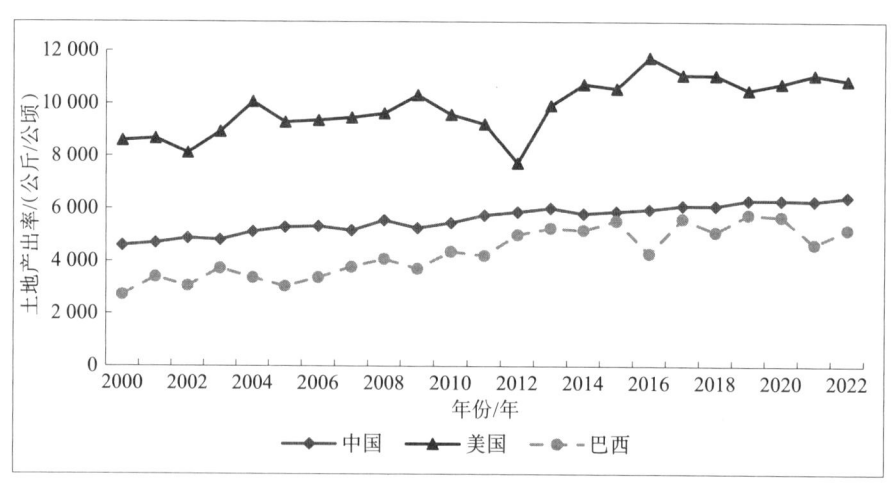

图3-2-3　2000—2022年玉米主产国土地产出率

资料来源：《中国农村统计年鉴》、FAO数据库。

中国小麦土地产出率呈现优势，单产水平高于美国、加拿大、澳大利亚等小麦主产国。2022年，中国小麦单产水平为5 855.4公斤/公顷，高于美国3 127.3公斤/公顷、澳大利亚2 847.0公斤/公顷、加拿大3 405.6公斤/公顷（见图3-2-4）。中国小麦锚定高产、稳产目标，农户把"千粒重""亩产量"作为衡量生产技术、提升种植效益的重要指标，随着生产水平的提高，中国小麦单产实现了跨越式增长。此外，中国重视小麦生产的规模化、区域化、专业化，强调种质资源的保护利用，通过引进和培育优良品种、推广节水灌溉技术、实施精准施肥，为保证粮食安全做出了重要贡献。河南、山东等地的麦农正在转型专业化种植，河南作为"小麦之乡"，全程机械化作业水平程度高，截至2020年底，小麦生产已经基本实现全程机械化，耕种收综合机械化率达到99.33%，科技手段助力小麦单产提升。

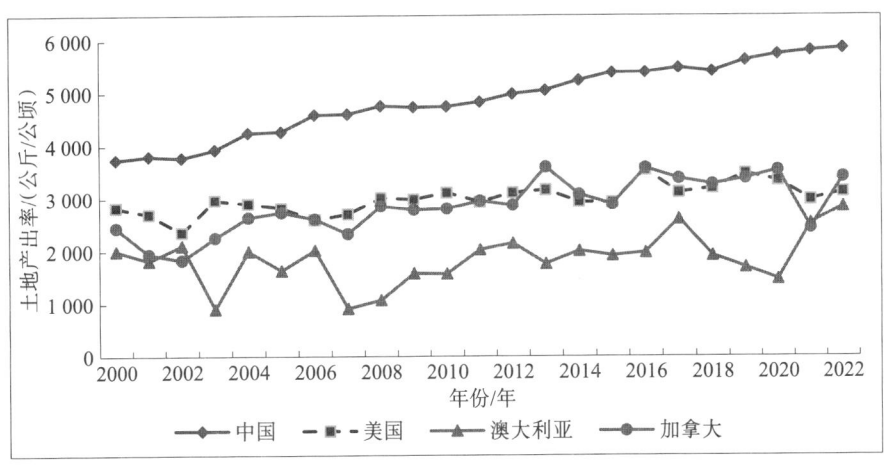

图3-2-4　2000—2022年小麦主产国土地产出率

资料来源：《中国农村统计年鉴》、FAO数据库。

## 2. 劳动生产率与国际差距大

各国劳动生产率整体有所提升，发达国家劳动生产率显著高于发展中国家。一是 2003—2020 年以来，中国、美国、澳大利亚、巴西、泰国五国粮食劳动生产率呈波动增长趋势。2020 年以上五国平均每个农业劳动力的粮食产量分别为 3 426 公斤/人、162 149 公斤/人、44 860 公斤/人、13 818 公斤/人、3 109 公斤/人，分别比 2003 年增长 241.63%、22.86%、51.29%、228.96%、42.03%（见表 3-2-1）。其中，中国和巴西两国粮食劳动生产率增速最快，年均增速均超过 1.08%，高于美国的 1.01%、澳大利亚 1.03%。粮食综合农业机械化率和农业机械总动力提升，提高了劳动力资源配置效率。中国自 2004 年起实施了农机购置补贴政策，截至 2020 年底，扶持 3 800 多万农民和农业生产经营组织购置农机具 4 800 多万台；巴西高度重视粮食生产领域的科技投入，通过推广灌溉系统、集约化牲畜饲养等技术，直接促进了粮食生产方式转变，推动了农业现代化转型，实现质量变革、效率变革和动力变革。

表 3-2-1    2003—2020 年粮食主产国劳动生产率    单位：公斤/人

| 年份 | 中国劳动生产率 | 美国劳动生产率 | 澳大利亚劳动生产率 | 巴西劳动生产率 | 泰国劳动生产率 |
| --- | --- | --- | --- | --- | --- |
| 2003 年 | 1 003 | 131 984 | 29 652 | 4 201 | 2 189 |
| 2004 年 | 1 153 | 151 236 | 76 093 | 3 651 | 2 436 |
| 2005 年 | 1 249 | 145 721 | 64 252 | 3 177 | 2 551 |
| 2006 年 | 1 384 | 135 174 | 77 038 | 3 498 | 2 393 |

续表

| 年份 | 中国劳动生产率 | 美国劳动生产率 | 澳大利亚劳动生产率 | 巴西劳动生产率 | 泰国劳动生产率 |
|---|---|---|---|---|---|
| 2007 年 | 1 458 | 172 139 | 32 479 | 4 294 | 2 542 |
| 2008 年 | 1 574 | 163 384 | 40 535 | 5 009 | 2 468 |
| 2009 年 | 1 646 | 176 801 | 62 718 | 4 529 | 2 519 |
| 2010 年 | 1 754 | 159 888 | — | 5 198 | 2 788 |
| 2011 年 | 1 930 | 152 783 | 80 241 | 7 386 | 2 673 |
| 2012 年 | 2 069 | 142 612 | 99 224 | 8 718 | 2 583 |
| 2013 年 | 2 262 | 178 818 | 77 332 | 10 432 | 2 747 |
| 2014 年 | 2 421 | 175 362 | 88 585 | 10 659 | 2 939 |
| 2015 年 | 2 783 | 154 660 | 77 051 | 11 463 | 2 643 |
| 2016 年 | 2 909 | 179 887 | 73 718 | 9 695 | 3 086 |
| 2017 年 | 2 987 | 157 314 | 105 304 | 13 658 | 3 201 |
| 2018 年 | 3 079 | 159 954 | 68 983 | 11 854 | 3 075 |
| 2019 年 | 3 239 | 153 783 | 54 576 | 14 285 | 2 805 |
| 2020 年 | 3 426 | 162 149 | 44 860 | 13 818 | 3 109 |

资料来源：FAO 数据库、《国际统计年鉴》。

注：粮食为"三大主粮"——稻谷、小麦、玉米。

二是发展中国家与发达国家粮食劳动生产率差距显著，短期内缩小差距难度较大。2003 年美国、澳大利亚粮食劳动生产率分别是中国的 132 倍、30 倍，巴西的 31 倍、7 倍，泰国的 60 倍、14 倍；2020 年该项比值有所缩减，美国、澳大利亚粮食劳动生产率与中国比值下降至 47 倍、13 倍，与巴西比值缩小至 12 倍、3 倍，美国粮食劳动生产率与泰国比值小幅缩为 52 倍。

美国和澳大利亚两国粮食劳动生产率呈现出绝对优势,其重要原因在于现代农业技术装备水平高,生产经营的规模化、专业化、特色化,为支撑现代粮食产业发展奠定了基础。其中美国作为世界头号农业强国,粮食生产分布集中,平均经营规模较大,各地区依据资源禀赋特色专门生产比较优势的特色产品,为实现粮食节本增效和提高劳动生产率提供了便利。澳大利亚注重利用先进技术和推进农业机械化,使得其农业劳动生产率持续提高。反观中国粮食劳动生产率较低,日益成为农业竞争力与可持续发展的关键短板,主要原因可归结为劳均耕地面积小、耕地质量不高且细碎化。2020年中国有27 285.7万户农户经营耕地,经营耕地面积在30亩以上的农户只有1 152.5万户,占比不足5%,耕地细碎化阻碍了农地适度规模经营、农业机械化普及。此外,中国正在步入劳动力短缺时代,即"刘易斯拐点",2006—2019年粮食主产区务农劳动者平均年龄由46.6岁增长至55.3岁,60岁及以上务农劳动力占比由15.0%增至39.7%,农业就业人口老龄化降低了专业化优势,从而影响农业劳动生产率提高。

### 3. 转化增值率低于农业水平

中国粮食加工业总体保持平稳较快发展,但转化增值率不高。2015年中国粮食加工业总产值为3.9万亿元,2020年达6.9万亿元,年均增长率为12%,产业规模平稳增长,经济效益不断提高。尽管粮食生产从种养环节向农产品加工流通等二三产业延伸,三次产业融合发展的乘数效应倍增,但对标发达国家，农业增值增效空间亟待拓宽。从粮食产业来看，2020年中国粮食总产量为66 949.15万吨，稻谷、小麦、玉米三种粮食集贸市场均价为每百斤122.4元，测算所得粮食转化增值率约为2:1；放宽至农产品行业，目前中国农产品转化增值率为2.52:1，低于发达国家的3:1~4:1。

**4. 农资利用率整体水平不高**

中国资源利用效率低，可持续能力有差距。化肥投入产出比反映了各国化肥的投入产出效果，投入产出比越高，意味着资源利用效率越高。通过对2000—2021年稻谷、玉米、小麦化肥投入产出比进行测算，结果发现中国资源利用率在全球范围中处于较低水平。

2000—2021年稻谷主产国化肥亩均投入量中，印度化肥投入产出最好，中国次之，最后是泰国，稻谷投入产出比均值分别为24.77、18.95、8.92。从纵向看，中国、印度、泰国三国化肥投入产出比波动较为平稳，2021年中印泰三国的化肥投入产出比分别为22.25、23.63、10.01，与2000年相比分别变化-0.07%、-0.19%、0.15%，可能原因在于稻谷单产提高与化肥投入量增幅相一致（见图3-2-5）。横向来看，中印两国与泰国的化肥投入产出比差距维持在一定水平，泰国化肥施用综合效率相对较低，中印两国稻谷化肥投入效果优于泰国。

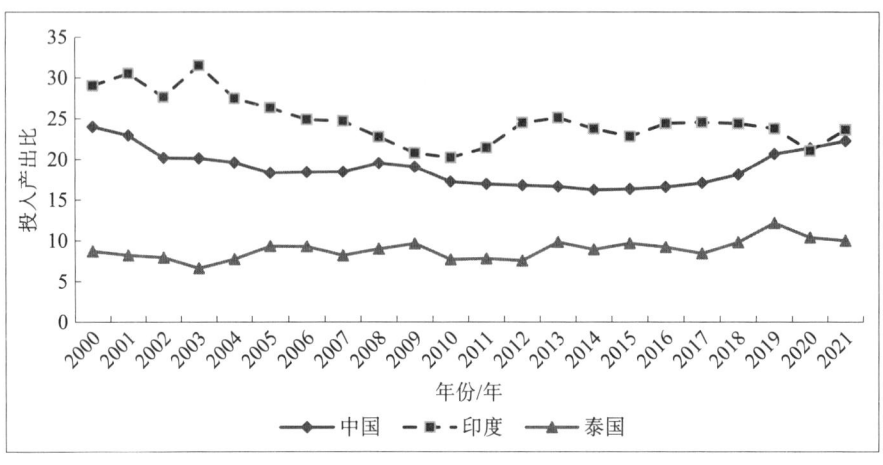

图3-2-5 2000—2021年稻谷主产国化肥投入产出比

资料来源：FAO数据库。

美国玉米化肥施用综合效率显著高于发展中国家，从数值上来看，美国化肥投入产出比最高，中国玉米投入产出比最低。2000—2021年玉米主产国化肥投入产出比从大到小的排序为美国、巴西、中国，其平均值分别为94.40、23.64、15.88（见图3-2-6）。美国玉米化肥投入产出比是巴西的3.99倍、中国的5.94倍，尽管中国随着"化肥减量增效"政策实施后，化肥投入量呈现下降趋势，但中国化肥投入量仍远高于农业强国，单产水平也与农业强国存在一定差距，造成中国与美国化肥投入产出比差距较大。从纵向看，美国玉米化肥投入产出比小幅增加，2021年美国玉米化肥投入产出比为94.40，相较于2000年增长1.70%。中国和巴西两国玉米化肥投入产出比总体呈现出平稳特点，化肥农药投入产出水平变化不大，但整体有所下降。2021年中巴两国的玉米化肥投入产出比分别为15.88、

23.64，与 2000 年相比分别变化 -9.74%、-0.58%。

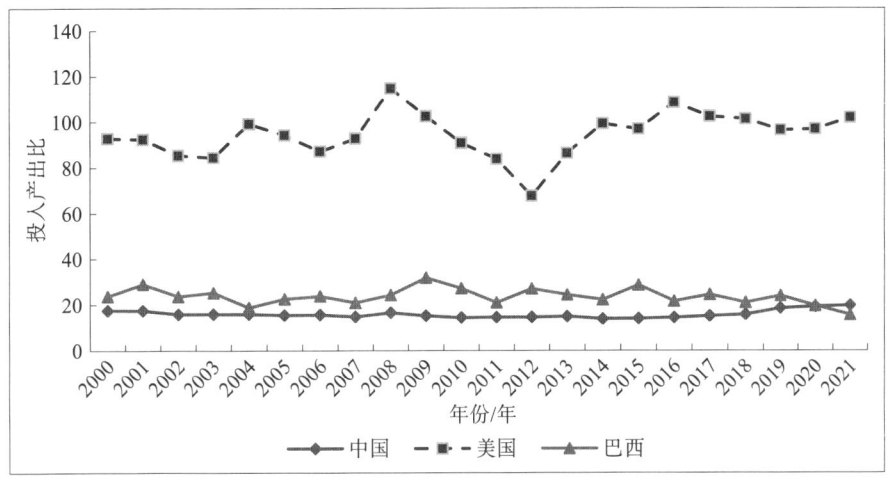

图 3-2-6　2000—2021 年玉米主产国化肥投入产出比

资料来源：FAO 数据库。

中国小麦化肥投入产出水平同样低于发达国家。通过测算 2000—2021 年中国、美国、澳大利亚及加拿大小麦化肥投入产出比发现，加拿大化肥投入产出比均值最高为 36.20，是中国的 2.64 倍。虽然中国小麦单产水平高于加拿大，但中国化肥投入量却远高于加拿大，中国化肥亩均投入量均值是加拿大的 4.38 倍，因此中国与加拿大的小麦化肥投入产出比差距较大。美国和澳大利亚的化肥投入产出比均值分别为 28.68、27.39，均高于中国 13.71 的水平。纵向上，中国和澳大利亚的小麦化肥投入产出比波动下降，2021 年中国和澳大利亚小麦化肥投入产出比分别为 18.17、37.97，较 2000 年分别涨 27.08%、44.16%；美国和加拿大小麦化肥投入产出比分别 27.35、20.84，较 2000 年跌 -10.34%、-52.89%（见图 3-2-7）。

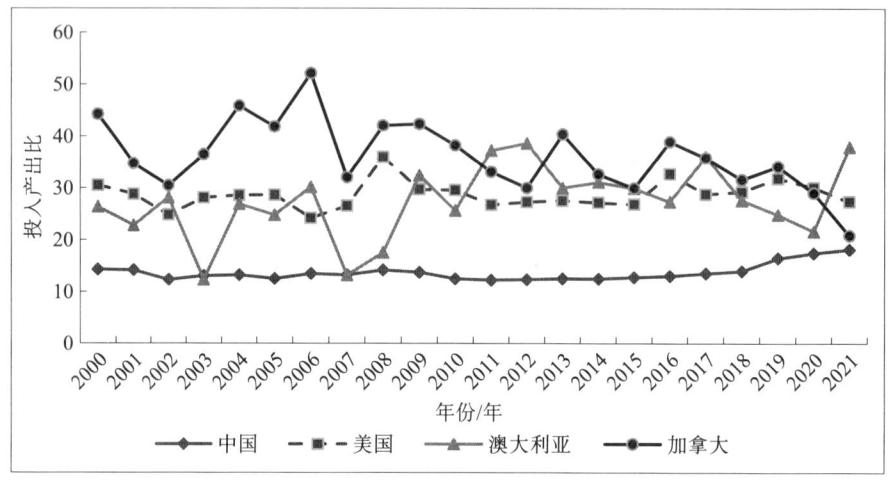

图 3－2－7　2000—2021 年小麦主产国化肥亩均投入产出比

资料来源：FAO 数据库。

### 5. 产品综合利用率有待提升

发达国家农林废物产量低于发展中国家，农林废物利用经济效益较高。2012 年全球秸秆总产量为 50.81 亿吨，中国作为世界第一秸秆产量大国，秸秆总产量高达 9.40 亿吨，占全球秸秆总产量的 18.50%；秸秆产量超过 0.50 亿吨的 15 个国家，如美国、巴西、印度等，秸秆总产量为 28.75 亿吨，占全球秸秆总产量的 56.58%；秸秆产量低于 0.50 亿吨的其他国别，秸秆总产量为 12.66 亿吨，占全球秸秆总产量的比例为 24.92%。中国农作物秸秆产生量也在逐年递增，2021 年全国秸秆产生量 8.65 亿吨，较 2018 年增加了 3 500 多万吨。从秸秆综合利用主导方式来看，发达国家形成"秸秆直接还田＋厩肥＋化肥"的三合制施肥制度。美国土壤氮素 3/4 来自秸秆和厩肥，秸秆直接还田量占秸秆总产量的68%；同时，美国注重农业废弃物资源化利用，如秸秆食用菌、纤维素乙醇、生物塑料等，增加秸秆利用附加值。中国秸秆资源则以肥料化和饲料化利用为主，根据2022年《全国农作物秸秆资源调查与评价报告》，2021年全国秸秆利用量6.47亿吨，经计算总体上秸秆利用率只有74.8%，与美国秸秆综合利用率90%以上的水平相比，相差15个以上百分点，大约1.3亿吨秸秆被浪费。

## （四）以农业新质生产力保障粮食生产

在农业强国建设新征程道路上，要着力推动粮食生产质量变革、效率变革、动力变革，依托新质生产力赋能粮食发展新引擎，实现内涵式发展、多元化发展，推进粮食产业与经济发展深度融合，对标粮食强国建设，开创农业科技现代化建设新局面。

**1. 科技创新赋能，稳定粮食安全向"前"突破**

科技创新是控制粮食产业链最前端的关键手段，也是实现产业可持续发展的重要途径，应抢抓创新战略制高点，用科技支撑粮食生产优质升级。一是有力推动新旧动能转换。推广基因编辑技术、精准农业技术、智能化农业技术等的应用，改良粮食作物品种、多途径提高粮食生产率及质量效益。加强科技成果转化推广体系建设。打通科研成果到现实生产力通道，将粮食科技成果的产生与实际需求进行对接，创新粮食科技成果转化体系，形成以国家农业技术推广机构为主体，龙头企业、农民合作组织为基础，农业科研、涉农企业等社会力量广泛参与的农业技术推广体系。提高农业科技成果研发转化率，畅通农业科技成果转化渠道，加强科技特派员的实行力度，支持高技能人才、专业技术人才等到田间地头开展科技服务，解决"最后一公里"问题，促使成果"接地气"。二是全面实施生物育种重大项目。深入实施种业振兴行动，加快培育高产高油大豆、优质功能水稻、优质节水小麦、耐旱宜机收玉米、耐盐碱作物等新品种，通过生物技术产品创新，挖掘育种价值新基因，攻克关键核心技术制约，面向产业发展需求，研发多基因叠加、多性状复合新产品，解决种子现代化进程中的"卡脖子"难题。三是推动农业产业链条核心技术研发。促进科技与产业融合力，要推进育种、育苗、栽培、收获、加工、包装、物流、保鲜等全产业链集成技术的研发，促进粮食产业文化与高科技相结合的多业态发展模式，最大限度挖掘品牌农产品市场价值与技术优势，为农村一二三产业融合创造后发优势，延伸农业产业链条，亟需紧紧围绕现代粮食转型升级需求，以全面提高产业创新能力和引领支撑服务能力为中心。

## 2. 装备力量驱动，引领粮食生产向"深"迈进

培育生产效益增长点，用装备力量驱动粮食产业延伸。一是强化粮食生产装备支撑。加强智能化、复合型农业机械研发应用，鼓励和支持科研机构、研发企业投入资源研发粮食生产

装备。加强耕地"宜机化"改造，提升粮食生产装备的性能和效率，提高农作物耕种收综合机械化率。二是聚焦"数字产粮"建设，加快数字经济创新。提升智慧农业科技创新力，紧抓"新基建"历史机遇，在农业物联网、智能控制系统与智能机器人、智能化农业机械与装备、信息实时采集技术和设备、区块链等领域部署数字农业科技专项，抢占粮食科技创新制高点，培育世界粮食科技引领能力。三是完善粮食产品追溯体系，打造优质粮食产品品牌，建立"一物一码"追溯体系，运用5G通信网络及田间传感器、物联网等可以囊括农产品从种到收的完整数据，实现产品全周期可追溯，有效提升流通系统的透明度，增加消费者信任度。构建信息共享平台，建立全程可追溯、互联共享的农产品质量和食品安全信息技术，完善农产品质量监测技术体系、农产品质量要素数据信息搜集和质量评价技术。

### 3. 设施建设筑基，提升粮食产能向"新"拓展

加大一般服务性质的"绿箱"支持投入，推动政府的公共投资替代粮农的私人生产投入，让粮农在同等支出下获得更大产出或以更少支出获得同等产出，从而相应降低粮食单位产品的平均成本。一是加大粮食生产领域的基础设施投资，为粮农提供更多公共产品。加大土地集中连片整理、土壤改良、高标准农田、机耕道建设等的投资力度，创造规模经营和机械化作业条件，并将晒场、烘干等配套设施纳入投资建设范围。加大对农田水利和节水灌溉设施设备的投资力度，集中建成一批高效节水灌溉工程，大力普及喷灌、滴灌等节水灌溉技术。二是

加大粮食流通领域的基础设施投资,打造顺畅平滑的粮食供应链。加快物流节点库建设,提高粮食流通效率,在东北、京津冀、长三角、大湾区等布局物流节点库,增加粮食公共储备、质量检测、流通与市场促销方面的公共投资,改善流通领域的基础设施条件、制度安排和运作效率,发挥财政投入资金对私人成本的"挤出效应"。

### 4. 政策改革蓄势,推动粮食产业向"绿"转型

粮食发展已从注重数量到质量、效益并重,从注重生产功能为主向注重生产生态生活功能并重转变,迫切需要掌握农业新质生产力的高技能人才促进农业技术创新、支撑粮食产业建设、丰富支持绿色低碳科技研发的政策工具箱。一是建立绿色可持续发展机制。新质生产力本身就是绿色生产力,应开辟增创绿色新亮点,实现粮食产业生态发展。大幅提高资源利用效率,夯实绿色技术引领农业环境改善。增强农业清洁生产技术研发与应用,要部署实施以农田生态恢复、精准施药技术、种养生态平衡、农业资源高效利用、生物灾害绿色防控等为核心的农业绿色生产科技专项。建立以绿色生态为主导的技术体系,研究生态交易方式机理,完善生态产权确定技术、生态利益、生态补偿测算技术等政策,形成农业生产生活相协调的技术体系,实现农业生产和乡村自然生态保护与开发利用和谐统一。二是深化改革,着力促进生产力与生产关系协调。增强小农户与大市场、大农业的衔接能力,提升合作化、组织化程度,通过集中决策、统购统销等方式,节约交易成本,增强对新技术、

新工具的接受能力。农业科技人才作为引领科技进步与农业科技自主创新的坚实力量，代表农业科技发展的核心竞争力，切实提高主体科技素质，加快培育新型的农业经营主体，加强农民职业培训，逐步建立职业农民的制度。

（中国农业科学院农业经济与发展研究所产业经济室主任、研究员　钟钰；河北农业大学经济管理学院副院长、教授　宗义湘）

＊原文首发于2024年第10期《人民论坛·学术前沿》

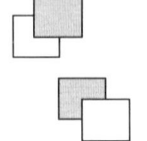

# 三、我国转基因政策演变及启示

**【内容提要】**

转基因技术被认为是农业领域发展最快、应用最广的高新技术之一,日益成为农业国际竞争的制高点,体现了农业发展的新质生产力。我国一贯高度重视农业转基因技术发展,把农业转基因纳入国家战略性新兴产业,并出台了一系列支持政策。我国农业转基因支持政策的演进主要经历了四个阶段:以技术研发为导向的起步阶段(1986—1999年);法规构建与重大专项发展阶段(2000—2008年);农业转基因作物审慎推进阶段(2009—2020年);粮食转基因产业化的试点阶段(2021年至今)。通过不同阶段的推进,形成一批农业转基因技术的自主知识产权,从而保证了我国在农业转基因科技方面的自主性、先进性。我国农业转基因支持政策的发展给予我们诸多启示:包括以科技先行成就自主知识产权;以法律法规提供法治保障体系;以安全体系织就产业化发展安全阀;以全面监督构建最严格管理体系;以公开透明赢取公众理解支持。

自 1983 年第一株转基因植物在美国的实验室培育成功以来，转基因技术快速发展。所谓转基因技术就是将高产、抗逆、抗病虫、提高营养品质等已知功能性状的基因，通过 DNA 重组方法转入到受体生物体中，使受体生物在原有遗传特性基础上增加新的功能特性，获得新品种，生产新产品。农业转基因技术的广泛应用，有效降低了农业生产的成本，减少了农药使用量和灾害损失，提升了农产品质量和营养价值，提高了粮食生产的产量，引发了农业生产方式的革命性变化。作为农业生物技术的核心，转基因技术日益成为农业国际竞争的制高点。

我国农业转基因技术的研发始于 20 世纪 80 年代，实际上也是开展这项新技术研发最早的国家之一，并取得了巨大成就。一直以来，国家高度重视农业转基因技术的研发与应用，并出台了一系列支持政策。

## （一）我国农业转基因支持政策演进历程

### 1. 以技术研发为导向的起步阶段：1986—1999 年

我国对转基因技术的研发起步较早，早在 1986 年，启动了"国家高技术研究发展计划（863 计划）"。"863 计划"，在生物技术领域设立"优质、高产、抗逆动植物新品种"主题，设置了优质超高产农作物培育重大专项，重点支持水稻基因图谱、两系法杂交水稻和转基因农作物研发。根据科技部资料，国家

"863计划"现代农业技术领域，通过攻关精细定位和克隆一批重要性状的有利基因，在水稻、小麦、玉米、大豆、油菜、马铃薯等农作物开发一批功能标记，奠定了开展分子标记育种的技术基础。通过优质超高产农作物培育重大专项的实施，全面构筑了我国农作物育种技术创新体系，整体提升了我国农作物育种和产业化水平，由此开启了我国转基因技术研发的征程。

1997年我国组织实施"国家重点基础研究发展计划（973计划）"。"973计划"在农业领域重点部署了以新品种、新品质为目标的农业动植物功能基因组与分子改良研究，对转基因生物安全评价与风险控制予以重点支持，对农业生物基因资源进行发掘。

1999年，经国务院批准，启动实施"国家转基因植物研究与产业化"专项，重点开展功能基因克隆、转基因新产品培育和产业化、转基因植物安全性评价以及转基因研发能力建设等工作。这也是我国首次启动的以转基因研究为主的专项，有力支持了水稻、玉米、棉花、大豆等主要农作物的转基因研究与产业化。中国政府网资料显示，经过多部门的科学组织与攻关，超额完成了专项目标和任务。转基因科技达到国际先进水平，在发展中国家处于领先地位；转基因抗虫棉产业化取得巨大的经济效益，初步具备主要作物的转基因产业化能力；转基因植物研发能力建设取得突出成效。

我国转基因技术推广走的是从非食用到间接食用再到食用的路线图。在这个阶段，经过农业转基因生物安全委员会评审，原农业部1997年首次批准了转基因抗虫棉花商业化种植，这在我国转基因技术应用方面具有重要历史意义。经过农业科技工作者的攻关，我国逐渐构建起了较为完善的国产转基因抗虫棉创新体系，为世界上第二个拥有自主知识产权转基因抗虫棉的国家。

**2. 法规构建与重大专项发展阶段：2000—2008 年**

随着转基因技术的研发、推广和应用，我国政府十分重视转基因生物安全管理问题，逐步构建了较完善的法律法规体系。

我国最早的基因工程管理规章是 1993 年 12 月原国家科学技术委员会颁布的《基因工程安全管理办法》，1996 年 7 月，原农业部又颁布了《农业生物基因工程安全管理实施办法》，但这些是部门规章，转基因相关法律法规体系的真正构建是从 2000 年种子法的颁布实施开始的。

2000 年 7 月《中华人民共和国种子法》由全国人大常委会审议通过，该法有多处涉及转基因植物的条款，明确规定：转基因植物品种的选育、试验、审定和推广应当进行安全性评价，并采取严格的安全控制措施，具体办法由国务院规定；销售转基因植物品种种子的，必须用明显的文字标注，并应当提示使用时的安全控制措施；从境外引进转基因植物品种的管理办法，由国务院规定。

2001 年，国务院颁布了《农业转基因生物安全管理条例》，对在中国境内从事农业转基因生物的研究、试验、生产、加工、经营和进口、出口等活动进行全程安全管理。同时，原农业部和原质检总局制定了 5 个配套规章，即《进出境转基因产品检验检疫管理办法》（2001）、《农业转基因生物安全评价管理办法》(2002)、《农业转基因生物进口安全管理办法》(2002)、《农业转基因生物标识管理办法》(2002)、《农业转基因生物加工审批办法》(2006)等。5个配套规章主要从农业转基因生物安全评价、进口安全管理、标识管理、产品检验检疫管理、加工审批等方面构建了转基因生物安全管理制度。

2009年全国人大常委会审议通过的《中华人民共和国食品安全法》规定,生产经营转基因食品应当按照规定显著标示;生产经营转基因食品未按规定进行标示要依法处罚;转基因食品安全管理,食品安全法未作规定的,适用其他法律、行政法规的规定。该法的颁布,为我国的转基因食品安全管理提供了法律依据。

通过多年建设,我国形成了以《农业转基因生物安全管理条例》及5个配套规章为基本规范,以种子法、食品安全法等法律为保障的转基因管理法律法规体系。

在这一时期,我国进一步强化转基因技术研究。2006年,国务院发布《国家中长期科学和技术发展规划纲要(2006—2020年)》,农业作为11大重点领域之一,把转基因生物新品种培育列为16个国家科技重大专项之一。

2007年,中央一号文件首次提到农业转基因问题,明确提出"严格执行转基因食品、液态奶等农产品标识制度"。2008年,中央一号文件进一步提出"启动转基因生物新品种培育科技重大专项,加快实施种子工程和畜禽水产良种工程"。

在中央政策支持下,2008年7月,经国务院常务会议审议,我国启动了转基因生物新品种培育重大专项,该专项是新中国成立以来我国农业科技领域投入最大的高技术项目。通过专项实施，获得一批具有重要应用价值和自主知识产权的功能基因，培育一批抗病虫、抗逆、优质、高产、高效的重大转基因生物新品种，推动我国农业转基因研发应用从局部创新到自主基因、自主技术、自主品种的整体跨越。

**3. 农业转基因作物审慎推进阶段：2009—2020 年**

按照从非食用到间接食用再到食用的路线图，我国转基因技术推广是在确保安全的基础上，慎重推广转基因技术。

2009 年，原农业部首次颁发了拥有自主知识产权的 2 项抗虫转基因水稻和 1 项饲用转基因玉米的生产应用安全证书，这在我国转基因作物技术研发与应用方面具有里程碑意义，同时也引发了全社会对转基因安全的空前关注。"挺转"和"反转"两方在转基因食用安全、环境风险、产品标识、政策法规和生物伦理等方方面面展开激烈论战。2016 年"十三五"科技创新规划重提转基因玉米、大豆等重大产品的产业化，但进度较缓慢。直到 2019 年，10 年后我国才重启对粮食转基因安全证书的审批，批准了 2 项转基因玉米和 1 项转基因大豆的生产应用安全证书。

纵观世界科技发展的历史，新的重大科学发现和技术突破往往会伴随激烈的争论，但从没有因争论而止步，我国转基因作物技术研发与应用也是这样。尽管这种论战与分歧，客观上在一定程度上迟滞了农业转基因新产品产业化的进程，转基因政策导向在之后的一段时间确实趋于更加审慎，但是我国并未由此放松对转基因技术的研究与政策支持,转基因重大专项仍然顺利实施并取得显著成效。

从中央一号文件看,自2007年中央一号文件首提农业转基因问题,2007至2020年间,先后有7年的文件涉及转基因或以转基因为核心的生物育种(见表3-3-1),文件重点强调要加快推进转基因生物新品种培育科技重大专项,对农业转基因技术要在确保安全的基础上慎重推广。

表3-3-1 2007—2020年中央一号文件关于农业转基因与生物种业的重要表述

| 年份 | 文件名称 | 主要表述 |
| --- | --- | --- |
| 2007年 | 《中共中央 国务院关于积极发展现代农业扎实推进社会主义新农村建设的若干意见》 | 严格执行转基因食品、液态奶等农产品标识制度 |
| 2008年 | 《中共中央 国务院关于切实加强农业基础建设、进一步促进农业发展农民增收的若干意见》 | 启动转基因生物新品种培育科技重大专项,加快实施种子工程和畜禽水产良种工程 |
| 2009年 | 《中共中央 国务院关于2009年促进农业稳定发展、农民持续增收的若干意见》 | 加快推进转基因生物新品种培育科技重大专项,整合科研资源,加大研发力度,尽快培育一批抗病虫、抗逆、高产、优质、高效的转基因新品种,并促进产业化 |
| 2010年 | 《中共中央 国务院关于加大统筹城乡发展力度、进一步夯实农业农村发展基础的若干意见》 | 切实把农业科技的重点放在良种培育上,加快农业生物育种创新和推广应用体系建设。继续实施转基因生物新品种培育科技重大专项,抓紧开发具有重要应用价值和自主知识产权的功能基因和生物新品种,在科学评估、依法管理基础上,推进转基因新品种产业化 |
| 2012年 | 《中共中央 国务院关于加快推进农业科技创新持续增强农产品供给保障能力的若干意见》 | 继续实施转基因生物新品种培育科技重大专项,加大涉农公益性行业科研专项实施力度 |

续表

| 年份 | 文件名称 | 主要表述 |
|---|---|---|
| 2015年 | 《中共中央 国务院关于加大改革创新力度加快农业现代化建设的若干意见》 | 加快农业科技创新，在生物育种、智能农业、农机装备、生态环保等领域取得重大突破。……加强农业转基因生物技术研究、安全管理、科学普及 |
| 2016年 | 《中共中央 国务院关于落实发展新理念加快农业现代化、实现全面小康目标的若干意见》 | 统筹协调各类农业科技资源，建设现代农业产业科技创新中心，实施农业科技创新重点专项和工程，重点突破生物育种、农机装备、智能农业、生态环保等领域关键技术。强化现代农业产业技术体系建设。加强农业转基因技术研发和监管，在确保安全的基础上慎重推广 |

资料来源：根据历年中央一号文件整理。

从科学研究看，在这个阶段，我国主要通过产业政策与发展规划来大力推进农业转基因技术研究。

2009年国务院出台《促进生物产业加快发展的若干政策》，明确提出要"加快把生物产业培育成为高技术领域的支柱产业和国家的战略性新兴产业"，在生物农业领域，要"重点发展优质、高产、高效、多抗的农业、林业新品种和野生动植物繁育种源"等。

2012年，国务院印发《"十二五"国家战略性新兴产业发展规划》，把生物产业列入7大国家战略性新兴产业，提出要加快实施转基因生物新品种培育科技重大专项，把生物育种工程作为20大工程之一，围绕国家粮食生产核心区，重点研发转基因、分子设计、航天育种、胚胎工程等生物育种技术，建设国家级生物育种基地、区域性良繁基地,建立转基因生物安全管理体系,加快培育水稻、玉米、小麦、大豆、棉花、油菜等主要作物新品种并实现产业化。

2016年国务院印发《"十三五"国家科技创新规划》,把转基因生物新品种培育作为国家科技重大专项,提出"加强作物抗虫、抗病、抗旱、抗寒基因技术研究,加大转基因棉花、玉米、大豆研发力度,推进新型抗虫棉、抗虫玉米、抗除草剂大豆等重大产品产业化,强化基因克隆、转基因操作、生物安全新技术研发,在水稻、小麦等主粮作物中重点支持基于非胚乳特异性表达、基因编辑等新技术的性状改良研究,使我国农业转基因生物研究整体水平跃居世界前列,为保障国家粮食安全提供品种和技术储备。建成规范的生物安全性评价技术体系,确保转基因产品安全"。

从国民经济和社会发展规划看(见表3-3-2),农业转基因或以转基因技术为核心的生物育种,第十一个五年规划为第一次涉及,近几期的规划都高度重视,有力推进了转基因生物新品种培育和生物育种的创新应用。

表3-3-2  国民经济和社会发展规划关于农业转基因与生物育种的主要表述

| 规划 | 名称 | 主要表述 |
| --- | --- | --- |
| 第十一个五年规划(2006—2010) | 《中华人民共和国国民经济和社会发展第十一个五年规划纲要》 | 转基因生物新品种培育。开发功能基因克隆与验证、规模化转基因操作等核心技术,建立和完善优异种质创新、新品种培育和规模化制种三大技术平台 |

续表

| 规划 | 名称 | 主要表述 |
|---|---|---|
| 第十二个五年规划（2011—2015） | 《中华人民共和国国民经济和社会发展第十二个五年规划纲要》 | 加快农业生物育种创新和推广应用，开发具有重要应用价值和自主知识产权的生物新品种，做大做强现代种业 |
| 第十三个五年规划（2016—2020） | 《中华人民共和国国民经济和社会发展第十三个五年规划纲要》 | 加强农业科技自主创新，加快生物育种、农机装备、绿色增产等技术攻关，推广高产优质适宜机械化品种和区域性标准化高产高效栽培模式 |
| 第十四个五年规划（2021—2025） | 《中华人民共和国国民经济和社会发展第十四个五年规划和2035年远景目标纲要》 | 加强农业良种技术攻关，有序推进生物育种产业化应用，培育具有国际竞争力的种业龙头企业。推动生物技术和信息技术融合创新，加快发展生物医药、生物育种、生物材料、生物能源等产业，做大做强生物经济 |

资料来源：根据相关国民经济和社会发展规划整理。

我国把农业转基因纳入国家的战略性新兴产业，通过国家科技重大专项和发展规划的实施，实施以核心技术为主的抢占科技制高点、以经济作物和原料作物为主的产业化、以口粮作物为主的技术储备战略，使我国农业转基因生物研究整体水平跃居世界前列，在水稻、小麦、玉米、大豆等粮食作物方面取得了一系列成果，为保障国家粮食安全提供了品种和技术储备。

从农业转基因生物安全证书（含生产应用、进口）批准清单看（见表3-3-3），伴随农业转基因品种和技术储备的增加，这个时期批准的农业转基因生物安全证书快速增加，为转基因新品种产业化做了更充分的准备。从安全证书发放情况看，对于进口类包括转基因大豆、玉米、油菜、棉花、甜菜等，全部用作加工原料；对于国内具有知识产权的绝大部分为转基因棉花。但在2019年重启发放3项转基因玉米、大豆等粮食类安全证书,此后我国明显增加了粮食类转基因生物安全证书发放的数量。

表3-3-3　2009—2020年农业转基因生物安全证书批准清单基本情况

| 年份 | 批准清单 | 批准安全证书数量 |
| --- | --- | --- |
| 2009年 | 农业转基因生物安全证书批准清单 | 共250项生产应用安全证书。其中转基因棉花为224项,转基因水稻2项,转基因玉米1项 |
| 2010年 | 农业转基因生物安全证书批准清单 | 共184项生产应用安全证书,其中转基因棉花为168项,转基因番木瓜为1项 |
| 2011年 | 进口用作加工原料的农业转基因生物审批情况 | 共10项安全证书,包括转基因大豆、玉米、油菜、棉花、甜菜类 |
| 2012年 | 农业转基因生物安全证书批准清单 | 共158项生产应用安全证书,其中转基因棉花为129项 |
| 2013年 | 农业转基因生物安全证书批准清单 | 共267项生产应用安全证书,其中转基因棉花为238项 |
| 2014年 | 农业转基因生物安全证书批准清单 | 共158项生产应用安全证书。其中转基因棉花为142项,转基因水稻2项(延期),转基因玉米1项(延期) |
| 2015年 | 农业转基因生物安全证书批准清单 | 共190项生产应用安全证书。其中转基因棉花为165项,转基因番木瓜为1项 |
| 2016年 | 农业转基因生物安全证书(进口)批准清单 | 共1项安全证书。为转基因大豆,为加工原料 |
| 2016年 | 农业转基因生物安全证书批准清单 | 共216项生产应用安全证书,其中抗虫转基因棉花为191项 |
| 2017年 | 2017年农业转基因生物安全证书(进口)批准清单 | 共18项安全证书,包括转基因大豆、玉米、油菜、棉花、甜菜类 |
| 2017年 | 2017年农业转基因生物安全证书(生产应用)批准清单 | 共16项生产应用安全证书。其中转基因棉花为7项 |

续表

| 年份 | 批准清单 | 批准安全证书数量 |
| --- | --- | --- |
| 2018 年 | 2018 年农业转基因生物安全证书（进口）批准清单 | 共 31 项安全证书，包括转基因大豆、玉米、油菜、棉花类。为加工原料 |
| | 2018 年农业转基因生物安全证书（生产应用）批准清单 | 共 366 项生产应用安全证书。其中转基因棉花为 336 项（113 项为续申请），转基因番木瓜 1 项 |
| 2019 年 | 2019 年农业转基因生物安全证书（进口）批准清单 | 共 12 项安全证书，包括转基因大豆、玉米、油菜、棉花、番木瓜、甜菜类。为加工原料 |
| | 2019 年农业转基因生物安全证书（生产应用）批准清单 | 共 281 项生产应用安全证书。其中转基因棉花为 268 项（79 项为续申请），转基因大豆 1 项，转基因玉米 2 项 |
| 2020 年 | 2020 年农业转基因生物安全证书（进口）批准清单 | 共 13 项安全证书，为转基因大豆、玉米、棉花，为加工原料 |
| | 2020 年农业转基因生物安全证书（生产应用）批准清单 | 共 211 项生产应用安全证书。其中转基因棉花为 171 项（102 项为续申请），转基因大豆 2 项，转基因玉米 9 项，转基因番木瓜 1 项 |

资料来源：根据农业农村部公开资料整理。

获得生产应用生物安全证书是转基因作物产业化进程的重要一步，根据《农业转基因生物安全管理条例》，转基因作物在取得农业转基因生产应用生物安全证书、通过品种审定、获得种子生产经营许可证后，即可进入商业化生产应用。

为切实做好农业转基因生物安全监管工作，保障我国农业转基因生物研究与应用的健康发展，这个时期，我国对《农业转基因生物安全管理条例》及 5 个配套规章均进行了修订或修正。同时，多年来，农业农村部每年印发加强农业转基因生物监管工作方案或转基因作物监管工作通知，不断加强研究试验监管，严格品种审定管理，强化种子生产经营监管，严格进口加工监管,加大转基因科普宣传工作力度。

### 4. 粮食转基因产业化的试点阶段:2021年至今

2020年以来,在政策推动下,我国明显加快了玉米、大豆生物育种产业化步伐。2020年12月中央经济工作会议明确提出,"要尊重科学、严格监管,有序推进生物育种产业化应用"。2021年的中央一号文件强调,"有序推进生物育种产业化应用"。2023年的中央一号文件提出,"加快玉米大豆生物育种产业化步伐"(见表3-3-4)。第十四个五年规划(2021—2025)提出,"加强农业良种技术攻关,有序推进生物育种产业化应用"。

表3-3-4　2021—2024中央一号文件关于农业转基因与生物育种的主要表述

| 年份 | 文件名称 | 主要表述 |
| --- | --- | --- |
| 2021年 | 《中共中央　国务院关于全面推进乡村振兴加快农业农村现代化的意见》 | 对育种基础性研究以及重点育种项目给予长期稳定支持。加快实施农业生物育种重大科技项目。……尊重科学、严格监管,有序推进生物育种产业化应用。加强育种领域知识产权保护。支持种业龙头企业建立健全商业化育种体系 |
| 2022年 | 《中共中央　国务院关于做好2022年全面推进乡村振兴重点工作的意见》 | 大力推进种源等农业关键核心技术攻关。全面实施种业振兴行动方案。……启动农业生物育种重大项目 |
| 2023年 | 《中共中央　国务院关于做好2023年全面推进乡村振兴重点工作的意见》 | 全面实施生物育种重大项目,扎实推进国家育种联合攻关和畜禽遗传改良计划,加快培育高产高油大豆、短生育期油菜、耐盐碱作物等新品种。加快玉米大豆生物育种产业化步伐,有序扩大试点范围,规范种植管理 |

续表

| 年份 | 文件名称 | 主要表述 |
| --- | --- | --- |
| 2024 年 | 《中共中央 国务院关于学习运用"千村示范、万村整治"工程经验有力有效推进乡村全面振兴的意见》 | 开展重大品种研发推广应用一体化试点。推动生物育种产业化扩面提速 |

资料来源：根据历年中央一号文件整理。

在中央政策的支持下，2021 年农业农村部启动了转基因玉米和大豆的产业化试点种植工作。试点种植采取"三年三步走"的实施计划。2021 年种植面积约 1 150 亩，2022 年扩展到 8 万亩，2023 年种植范围扩展到河北、内蒙古、吉林、四川、云南 5 个省份 20 个县，种植面积达到 400 万亩左右。所有具有自主知识产权和应用前景的国产抗虫和耐除草剂转基因玉米和大豆品种都被纳入试点种植范围。农业农村部评估结果显示，三年试点达到了预期目标，转基因玉米对草地贪夜蛾等害虫防治效果在 90% 以上，转基因玉米、大豆平均分别增产 8.9%、8.8%，增产增效和生态效益明显，基本形成了与产业化应用配套的制度体系，为推动生物育种产业化扩面提速奠定重要基础。

2023 年 12 月 7 日，农业农村部发布第 732 号公告，根据公告，大北农、裕丰 303D 等 37 个转基因玉米品种、脉育 526 等 14 个转基因大豆品种，经国家农作物品种审定委员会审定通过。此次我国首批 51 个转基因玉米、大豆品种通过审定，被农民日报评为"2023 年中国种业十件大事"之一，标志着我国在有序推进生物育种产业化应用上迈出了关键一步。

2023年12月25日，农业农村部发布第739号公告，根据有关法规，向26家企业发放转基因玉米、大豆种子生产经营许可证。这也是我国批准发放的首批转基因玉米、大豆种子生产经营许可证。

首批转基因玉米、大豆品种通过审定，首批转基因玉米、大豆种子生产经营许可证发放，意味我国生物育种产业化布局落子加快。

在这一时期，我国农业转基因生物安全证书批准清单情况表现出新的特点（见表3-3-5）。即拥有自主知识产权的转基因水稻、小麦、玉米、大豆等粮食类的安全证书发放数量（含续申请）明显增加，2021—2024年分别为9项、7项、22项、19项，合计达57项，其中涉及口粮类的转基因水稻、小麦安全证书数量为5项。

表3-3-5　　2021—2024年农业转基因生物安全证书批准清单基本情况

| 年份 | 批准清单 | 批准安全证书数量 |
| --- | --- | --- |
| 2021年 | 农业转基因生物安全证书（生产应用）批准清单 | 共332项生产应用安全证书。其中转基因棉花为317项（191项续申请），转基因水稻2项（均为续申请），大豆1项，转基因玉米6项（2项续申请） |
| | 农业转基因生物安全证书（进口）批准清单 | 共34项安全证书，其中32项为续申请。为转基因玉米、大豆、油菜、棉花。用作加工原料 |
| 2022年 | 农业转基因生物安全证书（生产应用）批准清单 | 共74项生产应用安全证书。其中转基因棉花为46项（均为续申请），转基因玉米6项，转基因大豆1项 |
| | 农业转基因生物安全证书（进口）批准清单 | 共21项安全证书，其中12项为续申请。为转基因棉花、玉米、大豆、油菜、甜菜、甘蔗、苜蓿等。用作加工原料 |

续表

| 年份 | 批准清单 | 批准安全证书数量 |
|---|---|---|
| 2023年 | 农业转基因生物安全证书（生产应用）批准清单 | 共346项生产应用安全证书。其中转基因棉花为286项（285项续申请），转基因大豆6项，转基因玉米13项 |
| | 农业基因编辑生物安全证书（生产应用）批准清单 | 共3项生产应用的安全证书。均为转基因大豆 |
| | 农业转基因生物安全证书（进口）批准清单 | 共4项安全证书（1项为续申请）。为转基因棉花、大豆、玉米、油菜。用作加工原料 |
| 2024年 | 农业转基因生物安全证书（生产应用）批准清单 | 共231项生产应用安全证书。其中转基因棉花186项（185项为续申请），转基因玉米9项（1项为续申请），转基因大豆3项；转基因番木瓜1项 |
| | 农业基因编辑生物安全证书（生产应用）批准清单 | 共7项生产应用安全证书。其中转基因玉米2项，转基因小麦2项，转基因水稻1项，转基因大豆2项 |
| | 农业转基因生物安全证书（进口）批准清单 | 11项安全证书，其中10项为续申请。为转基因大豆、玉米、棉花类。用作加工原料 |

资料来源：根据农业农村部公开资料整理。

同时，2020年10月，全国人大常委会审议通过《中华人民共和国生物安全法》，并于2024年4月进行修正。该法对生物技术研究、开发与应用，生物资源安全管理等纳入适用范围，这对防范和应对生物安全风险，保障人民生命健康，保护生物资源和生态环境，提供了进一步的法律保障。

2022年1月，农业农村部对《农业转基因生物安全评价管理办法》进行了第四次修订。为规范农业用基因编辑植物安全评价工作，2022年1月农业农村部印发了《农业用基因编辑植物安全评价指南（试行）》，2023年4月又公布《农业用基因编辑植物评审细则》，细则从分子特征、环境安全、食用安全三个方面进一步细化了基因编辑植物的安全评价内容。

随着各项政策频频出台，转基因安全评价、主要农作物品种审定、种子生产经营许可、农业植物品种命名等规章制度，以及相关标准规范等不断修改完善，我国转基因作物产业化应用的制度体系与技术支持体系已经基本形成。

在转基因玉米、大豆三年产业化试点种植成果的基础上，2024年中央一号文件中提出，"推动生物育种产业化扩面提速"。农业农村部明确提出，下一步，将认真贯彻落实党中央、国务院决策部署，深入总结试点工作经验，完善配套技术和管理措施，在严格监管、严控风险前提下，稳慎有序推进相关工作，加强技术储备，健全制度体系，强化监督管理，按要求规范有序扩大应用范围。相信在政策的支持下，我国的转基因粮食作物产业化会进入扩面提速的新阶段。

## （二）我国农业转基因支持政策演进的启示

### 1. 科技先行：以计划专项成就自主知识产权

转基因技术被认为是农业领域发展最快、应用最广的高新技术之一。毫无疑问，转基因就是农业发展的新质生产力。农业转基因的产业化，客观需要科技先行，占领转基因技术制高点。我国一贯高度重视农业转基因技术发展，把农业转基因纳入国家战略性新兴产业，通过一系列的重大的专项、计划、规划进行推进，早规划、早动手，从而保证了我国在农业转基因科技方面的自主性、先进性。

我国从 20 世纪 80 年代开始,先后通过"863 计划""973 计划""国家转基因植物研究与产业化"专项、转基因生物新品种培育重大专项等计划与专项,有力推进了农业转基因科技的发展。同时,《"十二五"国家战略性新兴产业发展规划》《"十三五"国家科技创新规划》,以及第十一个五年规划(2006—2010)至第十四个五年规划(2021—2025),均对农业转基因或生物育种等前沿科技进行规划。通过这些计划、专项、规划,形成了一批农业转基因技术的自主知识产权,提升了农业产业的核心竞争力,把握了国家重大科技战略主动权。

**2. 法律法规:为农业转基因提供法治保障**

农业转基因既是科技必须争夺的高地,也是生物安全管理的重要领域。自从开展农业转基因工作以来,我国非常重视法治建设,支持规范农业转基因发展的法律法规制度从无到有,从单一到体系,目前我国已经形成以《农业转基因生物安全管理条例》及配套规章为基本规范,以种子法、食品安全法、生物安全法等法律为保障,以地方政府规章等为支持的法律法规体系,为我国农业转基因健康发展提供了法治保障。

实际上,在转基因工作启动之初,早在 1993 年原国家科学技术委员会就颁布了《基因工程安全管理办法》。根据对北京大学"北大法宝"法律法规数据库有关"农业转基因"的检索,从 2001 年以来,其中中央的行政法规 5 项(含修订)、部门规章 59 项;地方政府规章、规范性文件、工作文件共计 317 项。

如中央的行政法规包括《农业转基因生物安全管理条例》（2017修订），地方政府规章包括《湖北省农业转基因生物安全管理实施办法（2024修订）》等。同时，国家还出台了种子法、食品安全法、生物安全法等法律，其中一些条款涉及农业转基因或生物安全问题。这些法律法规，对农业转基因工作规范安全开展起到了保驾护航的作用。

当然，当前我国还未有农业转基因方面的专门法律，随着农业转基因的产业化推进，适时出台农业转基因方面的专门法律已有必要。

### 3. 安全体系：织就农业转基因产业化安全阀

农业转基因的科研成果最终要产业化，保障转基因生物安全就成为社会最为关注的焦点。为此我国建立了世界上最严格的转基因产品的安全性评价体系。按照全球公认的评价准则，借鉴欧美普遍做法，结合我国国情，已经形成了一整套适合我国国情并与国际接轨的法律法规、技术规程和管理体系。

我国转基因生物安全管理技术支撑体系主要包括安全评价体系、检测体系和标准体系。从安全评价体系看，主要是农业农村部按照《农业转基因生物安全管理条例》的规定，组建了国家农业转基因生物安全委员会，该委员会是我国农业转基因生物安全管理最权威的评价机构，负责农业转基因生物的安全评价工作，为转基因生物安全管理提供技术咨询。从检测体系看，根据《农业转基因生物安全评价管理办法》规定，技术检测机构应当具备相关基本条件，承担为农业转基因生物安全管理和评价提供技术服务等职责任务。从标准体系看，依法成立全国农业转基因生物安全管理标准化技术委员会，该委员会主要负责转基因植物、动物、微生物及其产品的研究、试验、生产、加工、经营、进出口及与安全管理方面相关的国家标准制定修订工作，并已研制系列转基因标准发布实施。安全体系的构建，为我国农业转基因安全管理提供了有力保障。

### 4. 全面监督：构建农业转基因最严格管理体系

农业转基因的监督管理建立在法律法规基础之上。我国《农业转基因生物安全管理条例》在总则中规定，国务院农业行政主管部门负责全国农业转基因生物安全的监督管理工作，县级以上地方各级人民政府农业行政主管部门负责本行政区域内的农业转基因生物安全的监督管理工作。《条例》第六章专门对监督检查进行规定，明确赋予农业行政主管部门履行监督检查职责的一系列有效权限。包括发现农业转基因生物对人类、动植物和生态环境存在危险时，国务院农业行政主管部门有权宣布禁止生产、加工、经营和进口，收回农业转基因生物安全证书，销毁有关存在危险的农业转基因生物，等等。各级农业行政管理部门应切实加强田间试验、品种审定、种子生产经营和产品标识等环节的执法监管，大力开展法规培训和科普宣传，确保各项活动依法有序进行。

同时，按照《农业转基因生物安全管理条例》，国务院建立了农业转基因生物安全管理部际联席会议制度，由农业、科技、环境保护、卫生、外经贸、检验检疫等有关部门组成。农业农村部每年印发农业转基因生物安全监管工作方案,要求各地农业行政主管部门切实履行属地化管理的责任,研发人切实落实"第一责任人"的制度。

**5. 公开透明:赢取公众理解支持的必要举措**

农业转基因技术被认为是发展最快、应用最广泛,同时也是当今世界争论最大的育种技术。从人类科技进步史的角度来看,农业转基因的产业化时间并不长,人们对转基因有疑虑、有担心、有争论,这是正常现象。我国对转基因技术坚持尊重科学、严格监管、依法依规、确保安全的基本方针。在政策上一定要做到保证社会公众对转基因产品的知情权与选择权,加大公开透明与宣传力度,这样才能让社会公众有更好的认识,得到大家的理解支持。

按照《中华人民共和国政府信息公开条例》《农业转基因生物安全管理条例》等相关规定,农业农村部积极进行信息公开,在官方网站设立了"转基因权威关注"栏目,凡是涉及农业转基因生物的相关法律法规、安全评价标准、审批结果及相关安全评价资料等信息,全都在农业农村部的网站上进行公开,并接受社会的监督。同时,农业农村部还依照公众的个人申请,依法向申请人公开了农业转基因安全管理相关的政府信息。通过信息公开,极大提高了我国农业转基因生物安全审批和管理的透明度,满足了公众的知情权,有利于推进农业转基因的科研与产业化进程。

(上海立信会计金融学院　杨光焰)

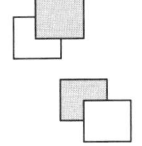

# 四、中非农业价值链合作的机遇与途径

【内容提要】

中国与非洲的农业合作有悠久的历史和坚实的基础。尽管非洲具有巨大的农业发展潜力和机遇,但其总体发展水平的落后,也造成了农业价值链上各环节互相制约,难以形成有效的增长机制。在当前全球地缘政治局势动荡,宏观经济困难的背景下,中国与非洲国家政府对双方农业合作更为重视。在《中非合作论坛行动计划》《全球发展倡议》等政策指引下,双方共同合作推进农产品进出口减税、海关"绿色通道"、农业技术培训、新能源应用等领域的改善与突破。投资项目除秉承传统务实的经营策略,采用适应当地环境的实用技术改进外,还显著增加了遥感技术、无人机、基因测序、可再生能源等先进技术的使用。另一个值得注意的趋势是,飞速发展的电子商务和饮食文化,推动了非洲优质农产品在中国市场的影响提升与需求增长。通过精细加工、品牌化和专业化来提升产品附加值，成为近期中非农业合作的重要趋势。当前中非农业合作的政策导引与市场动向都展现出有力的支持态势，尤其是非洲农产品对华出口增加推动了价值链的延伸，双边农业合作有望在经济、科技、社会和环境等各方面显著增强可持续性发展。

## （一）中非农业合作概况

中非农业合作有悠久的历史传统和坚实的政治基础，并在几十年的实践过程中不断探索改进，增强经济上的互惠收益与合作的可持续性。从20世纪50年代末起，中国开始向非洲国家提供传统的发展援助，主要包括建设农业基础设施和派遣农业专家。自2000年中非合作论坛（FOCAC）成立以来，中非在贸易、投资、援助三个方面的合作都进入了新阶段，合作项目形式多样。在"一带一路"倡议下的深入合作标志着中非关系新的里程碑。

自2009年以来，中国一直是非洲最大的贸易伙伴。2021年以来，中国已成为非洲农产品的第二大出口目的地。中非农产品贸易额从2015年的约57亿美元增至2023年的超过86亿美元（见图3-4-1），贸易额年均增长率约为6.4%。中非农产品贸易的市场结构具有高度集中的特点，前10个非洲国家占据了70%以上的贸易额。多哥、塞内加尔和南非均位居中国农产品进出口前十名。在产品结构方面，中非农业资源禀赋互补性强。

中国主要从非洲进口芝麻、大豆、茶叶、香料、蔬菜、水果、坚果以及海产品和水产品。中国 90% 的芝麻进口来自马里、多哥、莫桑比克等非洲国家。在中美贸易战的背景下，中国迅速增加从非洲采购农产品，以替代美国。

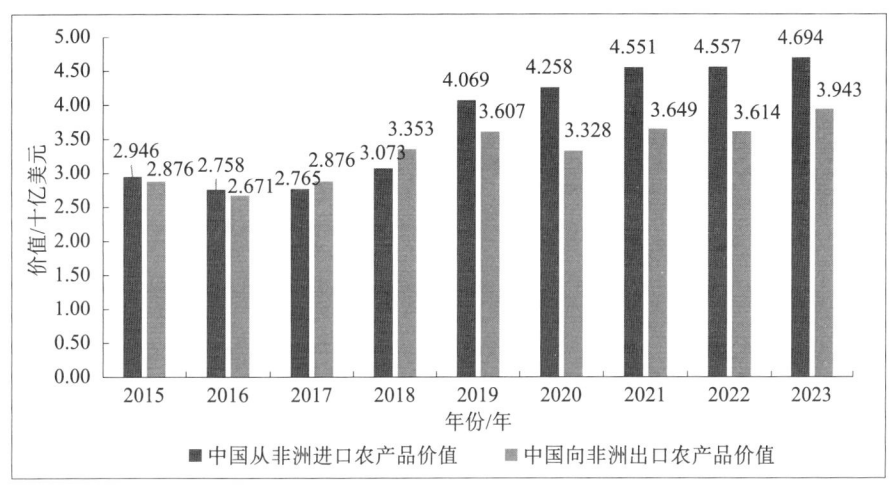

**图 3-4-1　2015—2023 年中非农产品贸易值**

资料来源：海关总署。

注：农产品范围根据世界贸易组织公布的《农产品协议》确定。

进入 21 世纪以来，中国在非洲的直接投资存量不断扩大，从 2003 年的 7.5 亿美元增加到 2022 年的 409.0 亿美元。中国对非农业投资快速增长。中国在农业领域的投资存量从 2015 年的 10.3 亿美元增加到 2019 年的 13.9 亿美元。截至 2020 年底，200 多家中国企业在非洲 35 个国家的农业领域累计投资 11.1 亿美元。这些投资涉及种植、养殖、加工等领域。

中国在非洲的农业投资有几个特点。首先，尽管中国在农业领域的直接投资增长迅速，但与投资额排名前五位的矿业、建筑业、制造业、金融业以及科研和支持服务业相比，其规模相对较小。其次，中国投资主要集中在低附加值、低技术含量的行业，如渔业、种植业以及与农业相关的服务业。再次，投资流向毛里塔尼亚、乌干达、埃及、赞比亚、马达加斯加、津巴布韦、坦桑尼亚和南非等少数目标国家。最后，投资者多种多样，国有企业是先行者，越来越多的私营企业和个人参与其中。

官方发展援助继续在中非农业合作中发挥重要作用。除传统的项目和人员援助外，发展援助还包括一些新的形式，如在非洲国家引进和开发杂交水稻、建设和运营技术示范中心、海外农业合作区等。中国在非洲积极推广杂交水稻，旨在提高粮食产量，从而解决粮食安全问题。自2010年以来，湖南省的专家一直在帮助马达加斯加实现杂交水稻的本地化。截至目前，该国已种植杂交水稻2万公顷，平均每公顷产量7吨，比当地水稻生产高出两吨。然而，由于受到政治、经济和社会等多方面因素的制约，杂交水稻在非洲尚未实现大规模商业化种植。农业技术示范中心是中国援助非洲农业领域的旗舰项目。截至2021年，中国已在23个非洲国家援建了24个示范中心。

## （二）非洲农业价值链中的挑战和制约因素

非洲具有巨大的农业发展潜力和机遇，拥有世界上最年轻的劳动力群体，近70%的人口生活在农村地区，人均耕地高于全球平均水平。但是，非洲农业产值仅占 GDP 的 15%，甚至无法确保自身粮食安全。非洲农业发展的障碍是系统性和相互关联的，从种子供应、种植方式到贸易收购和加工运输，上下游农户与农业企业从规模到质量都普遍存在局限性，价值链环节之间相互制约，形成低水平恶性循环。而在基础设施建设和政策管理环境，以及产业链延伸领域也较为落后。在非洲农业领域的投资项目既有发展机遇，也面临多重交织挑战，存在较高风险。

笔者采用世界粮食及农业组织（FAO）制定的农业价值链分析框架，以此分析价值链上的参与者和现阶段遇到的挑战和制约因素。农业价值链可分解为三个组成部分：一是价值链参与者，即价值链上与产品交易相关的利益相关者，包括农民、供应商、仓储、运输商、采购商、进口商、出口商等。本部分重点关注非洲本土从种子供应商到加工商的参与者。二是有利环境，即构成和塑造市场环境的基础设施、政策、机构和流程。三是服务供应商，包括支持价值链运作的企业或推广服务。图 3-4-2 展示了一个简化的农业价值链。

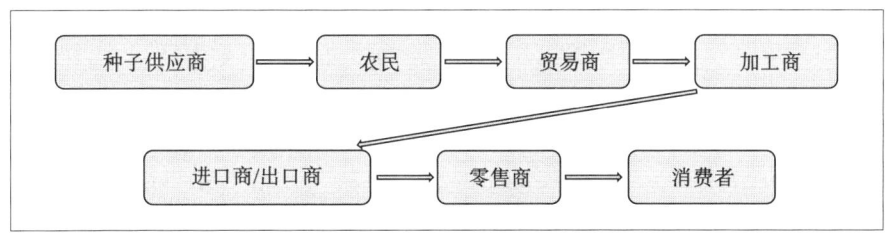

图 3-4-2　农业价值链简化版

资料来源：联合国粮食及农业组织。

非洲农民面临的首要挑战是如何获得优质种子，而无法获得优质种子的原因在于市场不发达。目前，市场上大约80%的种子鱼龙混杂，掌握在分散的小公司、中间商和个体农户手中。剩下的20%市场占有率由几个大型国际企业共同持有，而这些国际企业主要售卖优质商业化种子。许多小农户不愿意购买或没有能力购买商业化种子，可能因为货币资源有限、害怕潜在风险或者不熟悉现代商业模式。只有少数专业化和大规模的商业农民有能力投资于高品质的种子。

非洲的小农户面临着一系列制约因素。从内部角度看，非洲农民面临诸多体制和社会经济层面的挑战，例如资金流动性不足、劳动力短缺、技能和培训匮乏，以及民族文化冲突等。从外部来看，农民还受到多重限制，包括自然风险、市场波动、信贷和机械化服务不足、营销体系不完善、基础设施落后、机构能力薄弱、不合理的政策与立法，以及行政和社会结构的局限。这些因素增加了风险和不确定性，阻碍了小农户进入更大的农业市场。根据FAO的数据，2022年非洲的农业总产值仅占全球总产值的6.3%。

非洲农业贸易商在经营过程中面临诸多挑战和限制因素，这些问题既来源于内部运营，也受到外部环境的制约。基础设施不足是一个关键瓶颈。此外，在一些国家，烦琐的行政程序、频繁变动的法规，以及高额的关税和非关税壁垒阻碍了农产品的跨境贸易。非洲农产品的区域加工比例较低，大多数出口产品处于早期加工阶段，附加值不高。制造业占国内生产总值的比例不断下降，从2000年的16%下降到2023年的13%，限制了食品加工的潜力。

环境包括硬件的基础设施与软件的政策环境。能源供应的不稳定和不足,严重限制了某些农产品的加工能力。信息基础设施的缺乏则限制了农业发展的效率和市场的联通。此外,非洲独特的地理位置和广阔的疆域导致运输成本居高不下,阻碍了区域内贸易和与全球市场的对接。由于农业在国民经济和社会中的核心地位,非洲的农业发展呈现出高度政治化的特征。从土地所有权、种子分配到粮食定价,以及农业投入和信贷补贴,国家在多个领域的干预十分普遍。从长远来看,过度的政治干预不仅难以解决农业发展的问题,反而可能造成农业部门的长期不发达。

配套服务提供者包括化学品投入、机械设备、仓储物流和金融服务等。非洲的化学投入品使用量在过去十年间有所增加,但依然显著低于全球平均水平。以化肥为例,2023 年非洲的化肥进口总额约为 62.3 亿美元,仅占全球化肥进口额的 6.4%。技术知识匮乏和资金短缺是限制化肥需求的关键因素。非洲农田的机械化水平极其不均,撒哈拉以南非洲的拖拉机数量从卢旺达每平方公里 1.3 台到南非每平方公里 43 台不等,而相比之下,印度和巴西的拖拉机数量分别达到每平方公里 128 台和 116 台。这种机械化差距凸显了非洲农业在现代化进程中的落后地位。非洲的粮食储存主要分为家庭、社区和区域三个层级。然而,当前社区和区域层面的仓储设施与服务缺乏组织化,既限制了农产品的价值保留,也抑制了农业价值链的进一步延伸和优化。由于电力供应不足且不稳定,冷链运输难以大规模推广,进一步加剧了这些挑战。许多金融机构因规避风险而不愿向农业部门提供贷款,从而导致产量下降及市场波动加剧。数字金融技术和电信设施落后也限制了远程金融服务的推广。

## (三)围绕农业价值链的创新合作

中国农业企业在非洲尽管也曾遭遇各种挫折,但依然能克服重重阻力不断增长。这既因为过去四十年中国国内农业取得飞跃式发展,对发展中地区农业开发有丰富的经验和高涨的热情;也是由于在非洲运营的中国企业数量逐渐增多,覆盖从种植、贸易、物流到基建、加工、信息等一系列相关行业,逐渐形成了集聚效应,这些中国企业互相之间以及与非洲合作伙伴之间都有紧密互动,在农业价值链的不同环节做出改进努力。

种子创新:虽然中国企业并未在非洲种子市场占据主导地位,但许多机构一直在积极努力创新,并引入适合非洲环境的种子品种。如前所述,杂交水稻是中国援助的一个重点。在坦桑尼亚、布隆迪、马达加斯加、利比里亚等国家,农业技术示范中心(ATDC)和实验农场尝试将杂交水稻本地化,引入能够抵抗当地病虫害并具有高产潜力的改良品种。然而,非洲农民对购买杂交水稻种子的意愿不高,这对其商业化推广构成了重大障碍。位于深圳的中国前沿生物科技公司华大基因则与云南大学合作,于2022年在非洲成功培育了多年生水稻品种,这些品种通过公司的技术融合了非洲野生稻的基因。目前,这些新型水稻品种的试验种植已在中国、乌干达、埃塞俄比亚以及世界其他许多国家开展。一旦获得相关部门批准并实现规模化种植，多年生水稻有望将现有生产成本减半，提高产量并减少土壤退化。

农业无人机和遥感技术：现代数字技术能够帮助管理农业生产，降低成本，提高作物性能和产量，减少负面环境影响，降低对人力劳动的需求，并在几乎所有方面提升精度和效率。遥感技术在应对土壤、作物和产量的空间与时间变异性方面尤其有用。无人机除了可以作为传感器的移动载体，还能够执行诸如种子播种和田间喷洒等任务。中国作为无人机技术的领先制造商和用户，长期以来在无人机相关领域与非洲各国政府、企业和专家开展合作，重点在于能力建设、技术转移和经验共享。例如，在距离南非开普敦200公里的一座农场，农业无人机被广泛用于喷洒作业。这些无人机由一家南非公司生产，并由中国技术团队提供支持。中非发展基金设在莫桑比克的夏伊（Xai – Xai）农场，无人机承担了土地测量、种子播种、农药喷洒以及植物保护等全方位任务，并由北斗导航系统提供定位支持。此类合作能显著提升农业生产水平，并推动非洲国家攀升农业价值链。

技术培训与转化：农业技术与经验共享也是中国与非洲国家合作构建先进农业体系的重要内容。在卢旺达的中国农业技术示范中心，仅在其真菌项目中就已培训了超过 5 000 名技术人员。自 2011 年成立以来，该中心吸引了来自不同国家和国际组织的 16 000 多名农业专家前来访问。中心因推动本地就业、并帮助非洲国家如卢旺达减少和消除贫困而获得了卢旺达政府农业委员会主席和国际专家的高度评价。投资同样促进了技术转化。晨光生物科技集团是天然色素行业的全球领先企业，也是植物提取物的重要供应商，主要生产红色素（辣椒油树脂）和叶黄素。植物提取物广泛用于健康食品、食品添加剂和动物营养等领域。该公司于2018年在赞比亚开始运营，并不断扩大辣椒和万寿菊的种植面积，用于提取红色素和叶黄素。公司将种植手册从中文翻译成英文，指导当地员工操作，再由这些员工向其他本地签约农户教授田间准备、育苗、移栽、田间管理、喷洒、采摘、干燥和分拣等流程。此外，公司还在赞比亚建设了一个提取工厂，并将加工后的植物提取物出口到欧洲市场。

气候变化与新能源：气候变化对气温和降水模式产生了直接影响，根据政府间气候变化专门委员会（IPCC）的预测，到21世纪末，非洲的气温将上升2℃至4℃，北非和撒哈拉沙漠北部的降水量将大幅减少。由于农业和欠发达农村地区最容易受到气候变化的影响，中国和非洲都致力于环境保护。2021年12月，中国与53个非洲国家以及非洲联盟委员会共同宣布了《中国—非洲应对气候变化合作宣言》，承诺通过战略伙伴关系共同为环境保护而努力。关键措施之一是共享绿色技术，并与非洲国家共同建设新型电站。2019年，由中国江西国际经济技术合作公司（CJIC）总承包建设的肯尼亚加里萨光伏电站正式投入运营。该电站每年可减少碳排放6.4万吨，满足肯尼亚东北部35万人口的能源需求。在南非，中国龙源南非公司运营的德阿尔（De Aar）风电项目包括两个风电场和163台风力涡轮机，总装机容量达244 500千瓦。该项目年发电量超过7.5亿千瓦时，相当于节约 20 多万吨标准煤，并减少碳排放超过 70 万吨。作为全球最大的风能和太阳能设备生产和出口国，中国利用自身在清洁能源领域的技术优势，帮助非洲国家提高农村地区的能源供应，同时优化电力生产结构。

粮食加工和储存：由于非洲缺乏食品加工和保存技术，造成严重的粮食损失、浪费和污染。中国已承诺在非洲建设食品加工厂，例如 2022 年 2 月，湖南与科特迪瓦签署了一系列合同，其中包括在非洲建立 11 家棕榈油和其他产品的初级加工厂。另一个案例中，果锐科技（Greechain）在十多个非洲国家开展物流业务，并将荷兰的熏蒸技术引入肯尼亚，使肯尼亚的牛油果符合中国海关和检验检疫的标准，果锐的管理层希望通过食品加工和保鲜技术的不断开发，将更多非洲的水果品类引入中国市场。

卫生检疫：非洲农产品需按照中国的要求进行检验、检测、检疫、注册和监管，并取得相关认证才能进入中国市场。然而，非洲国家检验检测能力上的不足对非洲农产品的出口带来了巨大挑战。2021 年第八届中非合作论坛部长级会议上，中国承诺为非洲农产品出口开设"绿色通道"。中国海关总署积极落实此承诺，并采取具体、务实的措施，促进非洲农产品更便捷地进入中国市场。优先考虑非洲国家提出的农产品市场准入申请，简化注册流程，缩短产品清关时间。

电子商务：中国帮助多个非洲国家建立了电子商务平台，包括 Kilimall、Chinabuy 和 Amanbo，为非洲国家提供了数字经济系统和电商生态体系，使非洲企业能够更便捷地参与全球贸易。

中国企业也协助非洲建设了移动支付系统和应用程序，强化了与非洲的移动支付合作，2018年，卢旺达政府与阿里巴巴集团在基加利推出了电子世界贸易平台eWTP，成为首个启动该平台的非洲国家。在合作框架下，阿里巴巴下属的盒马超市将卢旺达咖啡和辣椒大量引入中国市场，受到中国消费者的欢迎。

### （四）结论

总之，尽管面临挑战，中非农业领域的合作依然保持着强劲的动力，而且展现出了全面且多样化的特点，政府机构、研究机构以及来自各个领域的大量企业均参与其中。从种子研究、种植和基础设施，到加工、贸易和市场营销，各利益相关方探索出了许多创新且务实的方式克服困难。与过去相比，当前的合作呈现出四个新的特征。

首先，科学技术如基因测序、遥感、无人机、熏蒸等在农业生产和加工中的作用愈发重要，并推动了农业合作的增长。熏蒸之类的技术不需要巨额的研究资金，但它们以极高的效率解决了实际问题。相比之下，基因测序和生物技术可能对农业领域产生革命性的影响，但其测试过程需要较长时间，相关商业模式尚不明确。

其次，近年来的农业项目更加注重通过加工、品牌化和专业化来提升附加值。具有国际市场经验的中国投资者不仅为非洲农产品出口开辟了渠道，还引入了农业加工的知识和能力。

他们从国际客户的视角出发,提高产品质量,统一标准,并为非洲产品打造良好的市场声誉。向价值链更复杂环节的迈进,对整个非洲农业行业来说是一个鼓舞人心的发展趋势。

再次,价值链的延伸部分受到对中国市场日益增长的农业出口的推动。随着收入的增长,中国消费者对更为多样化和高品质的食品需求不断上升。进口水果、蔬菜和饮料在这个庞大的市场中日益受到欢迎,并得到了社交媒体和电子商务的支持。在中国企业意识到市场机遇并来到非洲寻找更多资源的同时,中非间的"绿色通道"政策协议预计将通过减少跨境运输的时间和成本,大大促进这一趋势的发展。

最后,中非农业合作在经济、社会和环境领域的可持续性不断增强。具有数十年非洲运营经验的中国公司如今占据了大多数。这些公司熟悉当地社会和自然环境,逐步从试验性投资阶段过渡到知识性投资阶段,从而实现了可预测且可持续的盈利。此外,中国人在非洲工作的时间越长,就越了解如何与当地合作伙伴和社会进行有效合作。他们理解当地习俗,能够避免涉及土地所有权和重新安置等争议问题,同时也能准确识别当地社区的需求,从而为长期发展的合作伙伴关系做出贡献。在生态方面,关注长期发展的企业往往会重视并保护非洲的自然条件,这些条件正日益成为一种宝贵资产。作为世界上最大的风能和太阳能设备制造国,中国还可以为非洲推动可再生能源的使用提供有力支持。

(清华大学国际关系学系教授　唐晓阳;
清华大学国际关系学系硕士　吴尚润)

# 五、粮食集成化供应链企业培育路径探究

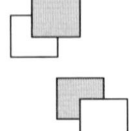

**【内容提要】**

粮食供应链稳定是粮食安全的重要基础。当前，受中美贸易摩擦、国际地缘政治冲突不断等影响，粮食等大宗农产品的供应链遭受冲击，给粮食安全带来不确定性。建设韧性强劲的粮食供应链，对于我们这样一个人口大国来说尤为重要。大型粮食集成化企业在供应链中居主导地位，培育大型粮食集成化供应链企业对于维护粮食供应链安全，保障国家粮食安全具有重要意义。

## （一）粮食供应链的概念、结构及现状

### 1. 粮食供应链概念

粮食供应链是由农户、生产组织、收储企业、加工企业、购销企业、物流服务商、

消费者等组成的完整链条，具体经过生产、加工增值、交易流通等过程，随后延伸到成品粮销售服务。粮食供应链可包括粮食产前的生产资料购买，产中的种植、收割，以及产后的收购、运输、储藏、运输、加工、包装、配送等各环节，涉及生产资料供应商、粮食生产者、粮食加工企业、物流、粮食经销商、零售部门及消费者等主体，原粮从供应链上游到下游的整个过程中增值，最终变成粮食产品进入市场，实现整条粮食供应链利润增加。由于粮食具有生产地域性、收购季节性、消费全域性的特点，粮食产业链供应链具有复杂性、动态性、交叉性，只有粮食供应链上众多企业密切配合、高效运作，才能确保粮食产品顺畅流通，更好满足人民群众需求，维护和保障国家粮食安全。

### 2. 粮食供应链结构

粮食供应链中存在商流、物流、资金流和信息流，商流、物流、资金流属于单向流通，信息流是双向或多向流通。具体流动情况见图3-5-1。

商流，是粮食商品通过购销交易实现商品价值让渡和所有权转移的过程，主要是从供应者流向需求者，主要形式有粮食收购、批发、零售等。

物流，是粮食商品实体从供给地向消费地转移过程，是使用权的让渡，主要形式有仓储、运输、加工等。粮食物流能力对于保障粮食安全非常重要，如果物流能力不强，即使粮食充足，也会存在发生局部粮食危机的可能。

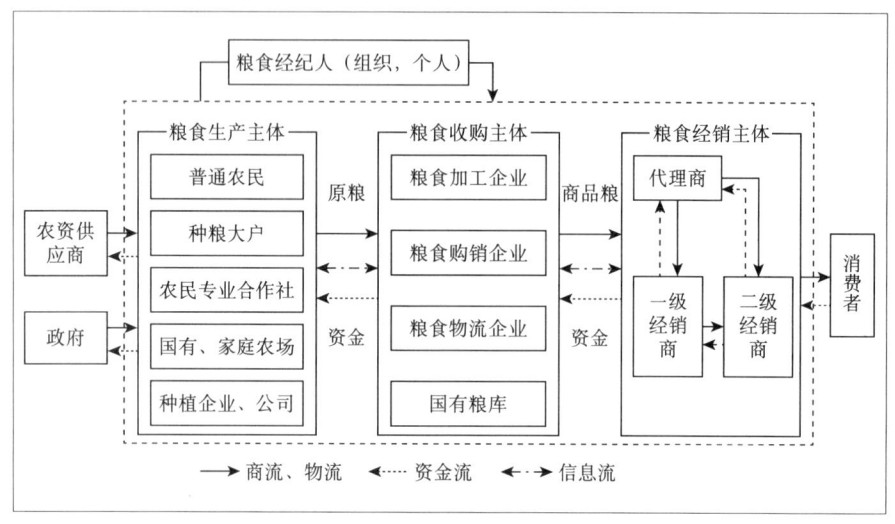

**图 3-5-1 一般粮食供应链结构模型**

资金流,是在商流过程中的资金转移,如转账、付款等,主要是由下游消费者向上游粮食生产者和农资供应商方向转移,但利润集中于下游主体,重点是粮食经销商。

信息流,是粮食的生产、库存、运输、需求、交易、价格等各种信息在相关者之间收集、处理、分析、发生、接收、反馈的过程,是实现粮食商流、资金流、物流的有效媒介。信息的透明度、高效流通有利于供应链的协调和发展。

**3. 国际国内粮食供应链现状**

从国际上看,2000 年以来,全球粮食供应量整体呈上升态势,产量增幅高于人口增幅,全球饥饿人口数量下降趋势比较明显。2024 年 12 月联合国粮农组织《谷物供求简报》显示,谷物供应量总体呈增长态势,2018—2024 年全球谷物供应量在35亿~37亿吨，全球库存消费比持续维持在30%~31%，远高于17%~18%的国际粮食安全警戒线，粮食供应总体宽松。但粮食生产和出口国相对集中，粮食生产国集中于中国、美国、印度、巴西、俄罗斯、印度尼西亚、法国等，全球前六大粮食生产国生产的粮食占全球粮食产量的四分之三左右，而粮食消费和进口国则比较分散，粮食供需区域性矛盾较为突出，同时"ABCD"四大粮商（即ADM、邦吉、嘉吉和路易达孚四大国际粮商）控制着全世界约80%的粮食交易量，几乎垄断了国际粮食市场，国际粮食供应链明显缺乏弹性、韧性和稳定性。

从国内看，我国实现粮食生产"二十连丰"，2024年，我国粮食总产量达14 130亿斤，连续9年保持在1.33万亿斤以上；粮食收购量保持在4亿吨以上；全国标准仓房完好仓容达到7亿吨；全年粮食企业实现工业总产值约4.3万亿元，同比增长7%；人均粮食占有量达到493公斤，小麦与稻谷两大口粮自给率超过100%、谷物自给率超过95%，粮食安全形势总体向好。但目前粮食供应链面临着运行效率不高等问题，在生产端，持续稳产增产难度增大；在供给端，我国尽管实现谷物基本自给，口粮绝对安全，但大豆等部分品种进口依赖过高；在流通端，由于我国粮食生产向主产区集中，大范围、长距离、快速调运供应的压力增大等，同时伴随着自然灾害、经济衰退、粮食贸易供应链中断风险增大等，这些都给我国粮食供给体系带来新的风险与挑战。

## （二）培育粮食供应链企业的必要性

### 1. 深入贯彻习近平总书记关于国家粮食安全重要论述的必然要求

习近平总书记2013年在中央农村工作会议上说，"要借鉴国际大粮商的做法，到全球各地粮仓去建仓储物流设施，人家生产我们采购，掌控了粮源就掌控了贸易，就掌控了定价权……我们这么大的国内市场，要有打造我们自己的国际大粮商的信心"。2022年在G20峰会重要讲话中指出"当前危机根源不是生产和需求问题，而是供应链出了问题，国际合作受到干扰……构建大宗商品合作伙伴关系，建设开放、稳定、可持续的大宗商品市场，共同畅通供应链，稳定市场价格"。培育粮食集成化供应链企业，打造国际大粮商，是落实习近平总书记关于粮食安全的重要论述的重要举措。

### 2. 认真落实党的二十大和二十届三中全会精神的必然要求

党的二十大报告指出："全方位夯实粮食安全根基……确保粮食、能源资源、重要产业链供应链安全。"《中共中央关于进一步全面深化改革、推进中国式现代化的决定》提出，"健全提升产业链供应链韧性和安全水平制度""建设大宗商品交易中心……支持有条件的地区建设国际物流枢纽中心和大宗商品资源配置枢纽"。培育粮食集成化供应链企业，推动我国粮食企业在全球布局，完善粮食流通基础设施，是落实党的二十大和二十届三中全会精神的应有之义。

**3. 加快完善粮食购销和储备管理体制机制改革的必然要求**

改革开放以来，我国粮食流通体制改革经历了六个阶段：1978—1984 年，实施"统购统销"制度，即国家统一收购农民生产的大部分粮食，统一供应城市居民所需粮食，严格禁止粮食自由买卖；1985—1992 年，粮食统购取消，合同定购开始实行，任何单位不得再向农民下达指令性生产计划，定购以外的粮食自由上市；1993—1997 年，不再管控粮食价格和经营，实行政策性业务和商业性经营分开运行机制；1998—2003 年，按照"放开销区、保护产区、省长负责、加强调控"的改革思路，推进以市场为取向的粮食流通体制改革；2004—2012 年，粮食购销市场不再管控，实行"四补贴一支持"的支持保护政策；2013 年以来，逐步推进粮食收储制度改革和储备体制机制改革，2024 年 8 月，中央专门部署深化粮食购销和储备管理体制机制改革。从改革历程来看，以市场化为方向的粮食流通体制改革不断深入，培育粮食集成化供应链企业是落实改革任务的根本需要。

**4. 落实"双循环"战略的必然要求**

当前以美国为首的西方发达国家主导形成了全球粮食安全格局，粮食被当做政治博弈的筹码和工具，俄乌等地缘冲突导致粮食供应链重塑,同时粮食生产和出口国相对集中,而粮食消费和进口国则比较分散,粮食供需区域性矛盾较为突出。作为世界第一大粮食进口国,我国需要充分利用国际粮源适当弥补紧缺品种产需缺口、改善品种结构,通过培育粮食集成化供应链企业,才能更好地服务"双循环",保障国家粮食安全。

## (三)国际国内粮食供应链企业的基本情况

### 1. 供应链企业盈利模式

大宗供应链公司发展初期,大多通过"择时"来赚取收益,通过研究商品在时间、区域等维度的价格变动趋势进行交易从而获取收益。当具备一定规模后,依托庞大的业务体量,通过集中采购获得成本优势,贡献交易收益。随着长期持续深耕产业链,在各个环节发挥专业化运营优势和规模效应,大幅度降低边际运营成本,获得交易收益。供应链企业的盈利模式可归结为"价差"和"服务"两种(见表3-5-1)。

表3-5-1　　　　　　大宗供应链企业的盈利模式

| 类型 | 盈利模式 | 普及性 |
| --- | --- | --- |
| 价差模式 | 粮食生产产生的价差 | 较少 |
| | 规模采购产生的价差 | 普遍 |
| | 长协价格产生的价差 | 普遍 |
| | 套利机会带来的差价 | 很少 |
| | 下游分销获得的返点 | 很少 |

续表

| 类型 | 盈利模式 | 普及性 |
|---|---|---|
| 价差模式 | 简易加工 | 很少 |
|  | 链条运营（云工厂/虚拟）产生的收益 | 极少 |
| 服务模式 | 采购/分销代理 | 普遍 |
|  | 船/货代 | 一般 |
|  | 网络货运 | 一般 |
|  | 保险经纪 | 普遍 |
|  | 招标代理 | 一般 |
|  | 价格管理服务 | 极少 |
|  | 物流服务 | 普遍 |
|  | 金融服务 | 很少 |
|  | 仓储管理 | 很少 |
|  | 简易加工 | 很少 |
|  | 供应链集成服务 | 极少 |
|  | 线上交易服务 | 很少 |

## 2. 国际粮食供应链企业情况

当前，"ABCD"四大粮商通过对商流、物流、资金流、信息流的控制和整合优化，控制着全世界约80%的粮食交易量，牢牢掌握全球粮食定价权（见表3-5-2）。

表3-5-2　　　　　国际四大粮商情况

| 企业 | 发展模式 | 核心业务 | 2023年营业收入 | 净利润率 |
|---|---|---|---|---|
| 美国嘉吉 | 形成了"农业+食品+工业+物流+金融"的综合性全产业链布局 | 生产加工方面，是美国最大的玉米饲料制造商，美国第三大面粉加工企业和屠宰、肉类包装加工厂，最大的养猪和禽类养殖场，覆盖从食品的生产、包装，到市场的每一个环节。贸易物流方面，粮食输出和交易业务全球第一，拥有全美最多的粮仓，业务范围横跨五大洲及66个国家 | 1 770亿美元 | 1.55% |

续表

| 企业 | 发展模式 | 核心业务 | 2023年营业收入 | 净利润率 |
|---|---|---|---|---|
| 美国ADM | "农产品加工为核心、实现全产业协同"的全球领先的粮食和食品企业 | 主营业务为农业服务、油籽加工、玉米加工、营养品业务。通过在全球范围内的投资并购实现多元化品类经营，除了传统的粮食加工和贸易业务，ADM还积极拓展食品添加剂、营养补助品、类固醇、食用油等新的业务领域。此外，ADM还在农业技术、生物工程等方面进行了大量的投资和研发，以应对全球粮食安全和可持续发展的挑战 | 939.68亿美元 | 3.7% |
| 美国邦吉 | 全球最大的农业综合公司 | 业务涵盖农业、食品与配料、糖和生物能源、化肥业务四个方面，形成了从农场到终端的一体化产业链条。还将营业范围扩展到了化肥、纺织、油漆、银行等行业，工厂和业务遍及美国、巴西等国家 | 595.4亿美元 | 3.77% |
| 法国路易达孚 | 法国第一粮食输出商，其核心是"全产业链+大金融" | 产业链上，以农产品贸易为基点，延伸覆盖了从原料到分销的整个产业价值链，实现产业上游种植、中游研发、下游销售发展的模式，在全球100多个国家和地区建立了60余个生产基地，并在销区通过招徕大量的下游经销商通过让出部分利益的方式在全世界树立自己的产品销售终端。大金融上，凭借其领先的期货交易能力，积极利用国际大宗商品期货市场进行套期保值，预防大宗商品价格波动、平衡风险，确立了领先的风控优势 | 506亿美元 | 5.15% |

资料来源：根据有关文献资料整理。

## 3. 我国粮食供应链企业情况

近年来，为构建更有韧性的粮食供应链，国内中粮、国贸、象屿、建发、首农、光明等供应链企业迅速崛起,从传统的集购分销和委托采购拓展到了集分销、代理、期现结合、加工、物流仓储、金融等服务为一体的供应链服务,盈利模式也由"价差"模式演变为管理、资金、价差的多样化组合,通过多点盈利,获得相对稳定的回报(见表3-5-3)。

表3-5-3　　　　　　国内粮食供应链企业情况

| 企业 | 发展模式 | 核心业务 | 2023年营业收入 | 净利润率 |
|---|---|---|---|---|
| 中粮集团 | 以农粮为核心主业,在全球构建起集收购、储存、加工、物流运输、销售贸易、分销于一体的全球产业链 | 全球加工能力超过1.2亿吨,中转能力达7 400万吨,仓储能力达3 300万吨,在全球建立起连接140多个国家和地区的运营网络,具备粮食流通主通道及关键物流节点掌控能力,营收50%以上来自海外。在国内,通过发挥自身连通上游农业种植作物和下游销售渠道的供应链优势,借助国内230万家终端售点和旗下电商平台,将上游供应方与下游消费者联结起来,畅通供需链路 | 6 921亿元 | 3.06% |
| 建发集团 | 为上游和下游客户提供从采购、运输、仓储、技术服务、销售、结算直至送达最终客户的"一站式"全方位服务的供应链运营商 | 整合物流、信息、金融、商务等资源打造"LIFT"供应链综合平台,为客户规划个性化的一站式供应链运营解决方案,打造具有建发特色的数智化、多应用场景的供应链服务体系,供应链服务辐射全球超过170个国家和地区,近六年内签约合作的境内外供应商和客户数量超过11万家,其中境外的近2万家。农产品业务涉及油脂、油料、能量、蛋白、棉纺、农用物资、食品原料等业务,运营范围辐射北美、南美、欧洲、黑海、"一带一路"等全球农产品主产区,实现了国际供应链资源的有效配置,农产品年经营总量近3 500万吨 | 5 933.66亿元 | 0.66% |

续表

| 企业 | 发展模式 | 核心业务 | 2023年营业收入 | 净利润率 |
|---|---|---|---|---|
| 国贸集团 | 聚焦供应链管理核心主业,深化金融服务的协同作用,积极拓展健康科技新赛道,致力于成为值得信赖的全球化综合服务商 | 加快推进供应链相关业务的数字化转型,打造了"数智化"供应链平台。纵向拓展产业链上下游,打造了"铁矿—钢铁""纺织—服装""橡胶—轮胎""林—浆—纸""农牧产品"等垂直供应链,横向丰富服务内容,扩大业务品类,将线式的供应链条升级为网络化的供应链综合服务体系 | 4 682.47亿元 | 0.44% |
| 象屿集团 | 通过"搭平台、促共赢"发展模式,形成集种子繁育、化肥生产、合作联社、农业种植、粮食仓储、物流运输、金融服务、贸易销售和粮食深加工于一体,三产有效联动的现代化农业全产业链运营服务商 | 农产品供应链已形成集种子和肥料服务、种植、收购储存、物流运输、原粮购销、价格指导及金融业务等于一体的服务布局。创建"象屿农业产业级互联网平台",致力于打造一个串联粮食产业前中后段,以"粮食种植产业联盟、粮食仓点联盟、粮食流通产业联盟"为核心的互联网平台。已拥有粮食仓储能力逾1 300万吨、烘干能力逾12万吨/日、外运能力近20万吨/周,年进口谷物200万吨,储存国家政策性粮食400余万吨;另外鱼粉、乳清粉销售量也居于国内行业第一梯队 | 4 590亿元 | 0.50% |
| 首农集团 | 形成了从田间到餐桌的全产业链条和一二三产业融合发展的全产业格局的现代食品产业集团 | 与中信农业联手收购英国樱桃谷农场有限公司100%股权,推动流失海外的北京鸭品种重返家园。聚焦补强全球布局,围绕优质农副产品生产产地和加工产能,在全球范围内配置资源,投资项目遍及13个国家,业务往来遍布全球50余个国家。以玉米精深加工为方向,在可降解生物材料原料领域取得重大技术突破,国内市场占有率达15%,生物科技板块行业领先。公司拥有中华老字号16个、北京老字号18个和知名品牌39个 | 1 619.71亿元 | 0.81% |

续表

| 企业 | 发展模式 | 核心业务 | 2023年营业收入 | 净利润率 |
|---|---|---|---|---|
| 光明集团 | 集现代农业、食品加工制造、食品分销为一体，具有完整食品产业链的综合食品产业集团 | 聚焦两大主业：食品产业与供应链、城市食品保障服务与资产经营管理，形成肉业、乳业、康养和城市服务四大引擎产业，建成糖酒业、品牌食品及供应链、农业及种业、海洋食品、资源利用及开发和城市保供六大支柱产业，形成农场区域管理和总部实体化管理两大基础管理平台，构建安全稳健的产业体系。注重生产，在云南、广西等地发展甘蔗订单农业，上海农场实施"投入品套餐+养殖技术服务+蛋品回购"项目；旗下拥有上海市著名商标高达49个；全球布局高蛋白产业，引进国外牛肉、羊肉和食品制作技术；探索"产业+服务"融合共生的新模式，以食品产业为切入点，构建起庞大的"城市厨房"网络 | 1 327亿元 | 3.01% |

资料来源：根据调研资料整理。

## （四）我国粮食供应链企业发展面临的挑战和问题

### 1. 粮食供应链较为脆弱

在地缘政治冲突、极端自然灾害等极端事件及贸易保护主义等思潮的冲击下，国际粮食市场利用的不确定性、不稳定性明显增强，粮食供应链脆弱性愈发凸显，面临的脱钩与断链风险进一步加大。粮食出口国单方面采取出口限制贸易政策，比如 2023 年 7 月，印度宣布限制大米出口，引发全球粮食价格有所波动；粮食进口国对进口粮食加征关税或实施其他限制措施，造成进口粮食价格上涨。为规避风险，厦门建发、国贸、象屿等三家企业进一步缩减粮食板块的业务，谨慎开展。

**2. 开拓国际市场有些困难**

ABCD 四大国际粮商均成立于 1900 年前后，凭借其资本与先发经验的优势，实现了全球布局。ADM 公司共拥有约 200 个仓库，271 个食品和饲料原料生产车间，46 个创新中心等。邦吉在全球拥有 32 个港口、160 个粮仓和 119 个工厂。嘉吉业务覆盖五大洲 70 个国家，设有 1 100 多家分支机构。路易达孚在全球拥有约 180 个仓储、港口和运输枢纽站等物流资产。同时四大粮商在中国市场深耕多年，控制了中国 80% 的进口大豆来源，全国 97 家大型油脂企业中有 64 家参股控股，占比达 66%。国内粮食供应链企业拓展业务占据更多的国内外市场份额非常困难。

**3. 企业核心竞争力不强**

与国外大粮商相比，国内粮食企业总体起步较晚、整体规模较小。国内仅个别大型粮食企业，比如中粮，在全球构建了粮食贸易网络，加速发展和扩张，其规模和净利润可以比肩 ABCD 四大粮商。其余以农粮为核心业务的国内粮食企业，产业链供应链节点和营收来源主要在国内市场，全球业务覆盖范围较窄，尚未在粮食主产国建立完善的物流网络和仓储设施，跨国经营和服务领域单一，厦门建发、国贸、象屿三家企业净利润率在 0.5% 左右，远低于四大粮商。

**4. 企业供应链自身存在短板和弱项**

许多供应链企业（如厦门象屿、建发、国贸）的主要业务是处于中游的粮食贸易供应链服务，在粮食生产、加工环节缺少布局，供应链各环节衔接不够紧密，收储环节分散，上下游关系松散、整合度不高，协同作用不明显，未能形成利益共同体的战略联盟。粮食初级加工产品比重较大，精深加工明显不足。经营管理人才缺乏，特别是涉外法律人才短缺，经营成本高，信息化、专业化和标准化程度不够，还需要强化供应链整合和管理。

## （五）培育粮食集成化供应链企业的方法路径

新时期，培育粮食集成化供应链企业的基本思路是：通过整合资源型企业、基础设施运营商和物流企业，打造供应链综合服务企业，鼓励上游加大资源并购，实施横向多元化发展，中游加强仓储物流设施建设，把控核心节点，下游向产业链延伸，最终形成粮食种子、生产、收购、储存、运输、加工、销售协同发展的供应链服务产业群。

**1. 延长产业链条，壮大企业经营规模**

纵观"ABCD"四大粮商的发展之路，产业链条不断延伸，企业规模不断壮大。培育集成化粮食供应链企业应按照粮食产业链、价值链、供应链"三链协同"要求,向生产端、消费端延伸,同时在粮食加工上发力,提升产品附加值。

(1)注重向生产端延伸。各级政府可引导鼓励小农户逐渐分化成种粮大户、家庭农场,或通过联合和合作组建农民合作社,发展适度规模经营,推动农业生产与供应链有机衔接。企业可通过在主产区租赁土地种植目标作物、大力发展订单农业、与合作社和农户合作等,获取更优质价廉的原粮;积极在主产区、产粮大县建设粮食产后服务中心,为农民提供收粮、储粮、卖粮、清理烘干等服务,提升原粮质量。

(2)注重向消费端延伸。政府要积极搭建粮食交易大会、优质粮油产品展等平台,推动产销有效对接。企业要从"卖原粮"向"卖产品"转变,从"大粮仓"向"大厨房"转型,大力开发中高端主食加工产品,推动粮食由"食"字号、"原"字号向"健"字号、"药"字号、"妆"字号等转变,加快粮食产业链条向下游延伸;通过实施门店工程、"物流配送+连锁经营"模式等,建立自己的终端零售网络;与大型商超、电商平台企业等建立合作,推动建立线上线下销售渠道。

(3)注重品牌化发展。充分认识到粮油产品品牌的重要性,加大在品牌建设方面的投入,提高市场竞争力。通过品牌对质量、文化和全链路的承诺,实现品牌溢价,增加利润溢出,为粮油产品带来更高的价值。对标国际更高标准,加强品牌建设,提高产品质量,以满足国内需求并进入国际市场,学习欧美发达国家经验,注重地理标识产品的发展,将地域文化与农产品高度结合,打造具有独特竞争优势的品牌。加强加工类优势品牌的打造与保护,培育一批拥有自主知识产权,并具有较强市场竞争力的全国或区域性知名粮油产品。

**2. 实施"出海"战略,完善企业购销体系**

在全球产业链价值链加速重构的背景下,"出海"已成为中国企业在国际产业链重塑过程中争取主动权的重要战略部署。

(1)加强基础设施建设。政府要加强沿海和内河港口航道建设,优化提升全国水运设施网络,提升现有散粮铁路专用线使用效率,促进粮食更好地引进来和走出去。企业加大海外投资力度,积极建设仓储物流基础设施,打通与国外重要产区间的物流通道,构建以国外城市群为终点,以重要港口城市和交通要道为节点,全面联结生产基地、加工中心和营销渠道,集陆运、海运、空运于一体的网络体系。积极建设相应的配套设施,如码头、仓房、中转站等,把控核心节点,更好掌握货源。

(2)加强国际合作。我国政府可同粮食出口大国签订长期稳定的国家协定和贸易合约,如2023年与俄罗斯签订的价值约257亿美元的粮食供应合同,建立高效稳定的国际粮源供应;积极组织或参与涉粮类国际会议,扩大我国在国际粮食领域的话语权。企业通过跨国并购、与ABCD等国际大粮商协作,开展多种形式的国际合作,在生产、加工、物流等环节中参与国际粮食分工和产业链再造;增强其主营业务的竞争优势,同时加强与大豆玉米主产国合作交流,拓展饲料粮多元进口渠道。借助国家粮食食品产业加工能力优势地位,大力发展粮食、油料及其他农产品加工品的全球贸易，提高出口量，扩大我国优质粮油产品的世界影响力。

### 3. 强化科技创新，提升企业核心竞争力

科技创新是企业提质发展的核心动力，对粮食企业而言，必须坚定创新求突破，为企业长远发展拓展更多的生存空间，谋求更好的成长机遇。

（1）提升数字化智能化水平。企业可搭建信息共享平台，将粮食交易过程中产生的各种结构化和非结构化数据进行存储、挖掘、分析、整合，促进各环节裂变、转化、重组和优化，提升交易效率，实现各个环节的价值共创，推动整个产业生态系统的升级与转型；加快推动5G、人工智能、区块链、物联网等创新技术与企业供应链各环节业务融合应用，加速企业数字化、网络化、智能化转型升级。

（2）提升科技支撑能力。政府可进一步统筹各类院校、科研院所、龙头企业等，搭建跨行业、跨区域的产学研用联盟，提升创新能力；定期征集并发布企业创新需求，公布可供企业应用转化的科技成果包；组织科技人员和高层次专家定期服务基层；支持科研院所专家与企业开展合作。企业要加大科研资金投入力度，开展小麦加工、大米加工等行业共性关键技术装备的研发攻关和成果推广应用；积极与科研院所、大中专院校等具有技术优势的单位对接，建设重点实验室、工程研究中心、技术创新中心、技术转让中心，实现联合开发、成果共享、风险共担、产学研相结合。

（3）提升人才培养质量。政府要大力推进粮食行业科技创新领军人才工作室建设，分类培养选拔领军人才和工作团队；在涉粮院校和相关企事业单位建设重点实验室、工程中心、技术创新中心和专家工作室，为高层次创新人才提供平台。企业要定期组织科研人员到科研院所进行研修，提高创新能力；组织管理人员参加管理类培训，培育高端经营管理人才；引进国际化的专业人才与优秀团队，优化现有人才结构，为企业的跨越转型发展输送更多新鲜血液，注入更多发展活力。

**4. 优化运营模式，破除企业发展困局**

随着市场竞争的加剧和消费者需求的多样化，企业需要不断调整和改进经营模式，破除发展困境，以适应市场的变化和需求。

（1）优化产业布局。统筹规划建设粮食产业园区，引导加工企业配套的上下游企业、相关贸易企业和物流企业，以及批发市场、信息平台、产后服务中心等资源向产业园区聚焦，通过地理上的集中促进供应链上下游主体在区域内的分工与合作，降低运作成本，提升运营绩效。重点在公路、铁路、水路等运输方式衔接处（如"一带一路"沿线临海地区港口节点、京广和京沪重要铁路节点、长江经济带重要港口节点等）建设粮食物流园区，将仓储、运输、加工、销售等环节结合起来，融粮油批发、竞价交易、信息交流、仓储联运、加工配送等功能于一体，促进粮食产销对接。企业要运用现代物流技术与管理理念，重构粮食供应链物流系统，优化物流渠道，降低物流成本，提高物流效率。

（2）优化产品结构。企业需不断提升跨行业整合商品、市场、物流、金融和信息资源的能力，为客户定制供应链解决方案和服务产品，提供稳健高效的供应链运营服务。在聚焦粮食的同时，逐步推进在食品、养殖、化肥、物流等相关领域的多元化经营，拓展获利渠道。大力实施品牌培育计划，积极开展宣传和产品推介，扩大产品市场影响力，提高产品市场份额。

（3）优化金融服务。政府要支持商品交易所与企业协同配合，促进主粮期现货结合发展，活跃小麦、玉米等主粮期货品种，完善粮食供应链企业风险管理手段。企业加强与金融机构、配套服务机构信息协同和共享合作，可为供应链上合作成员提供资金支持，降低融资成本，提高资金流转效率；积极开发线上化、数字化供应链金融产品，推动供应链交易的可视、可感、可控。大力推进资产证券化，加快培育上市资源，创造条件逐步在主板上市或新三板挂牌，拓宽融资渠道，优化资本结构，提升资产质量。

### 5. 完善管理体系，提升企业内在软实力

规范企业的各项经营和管理活动，提升管理规范化、制度化、科学化水平，切实提升企业软实力。

（1）强化风险防范。企业可汇集国际国内粮食产购储加销全产业链数据，构建集成数据平台，建立数据模型，强化分析研判，实现对全球粮食供应链异常波动的监测、预判和预警，降低经营风险。积极在粮食生产、运输等环节投保，杜绝潜在

风险给企业造成严重亏损。构建高效的研究决策机制，如成立专门的市场研究部门，加强海外市场研究，为企业的战略规划提供数据支持，防止走错走偏。

（2）强化能力提升。针对政府控股或参股的国有粮食企业，要实行政企分开，推动放权赋能，帮助企业稳妥实施混合所有制经营，优化企业股权结构，落实职业经理人管理制度，激活人才"源动力"，吸纳更多的社会优质资源，以更具活力的运营机制和管理经验来推动企业发展。引进国际化的专业人才与优秀团队，布局全球，提高国际资源整合、产业运营和资本运作能力。

（3）强化党建引领。把企业党组织内嵌到公司治理结构之中，树立"大党建"的理念，解决党的领导与企业经营管理"两张皮"问题，发挥党建引导带动、凝聚人心作用，提升企业凝聚力、战斗力。打造特色企业文化，树立以人为本的文化理念，笃行艰苦奋斗的乐观精神，坚持诚信为本的经营理念，践行爱岗敬业优良传统，赋予粮食供应链企业独具特色的强大生命力。

（粮食集成化供应链企业培育研究课题组　吴祖明

徐富勇　郝宝清　李　刚　姚大红　刘正敏

闫李慧　吴豫杰　马　帅　王向博）

# 六、新征程中国农产品国际贸易发展与提升

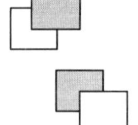

【内容提要】

2018年以来,美国发起关税战和贸易战等国际经贸摩擦,全球贸易规则呈现出碎片化趋势。中国农产品进口规模经历了快速扩张和重新调整的变化;农产品出口规模经历了从收紧到扩大的变化;大豆进口呈现出稳定态势,粗粮和食用油等进口波动较大;巴西等进口来源国所受影响有限,而美国等进口来源国所受影响较多;"一带一路"和东盟国家农产品进出口份额大,这些国家与RCEP国家在农产品进出口增长方面有潜力。新质生产力发展和国家粮食安全形势是农产品国际贸易格局的决定性因素。多边和双边规则会影响农产品国际贸易格局。为了适应农业新质生产力发展,更好地保障国家粮食安全,要逐步建立健全有中国特色的农产品贸易与国内农业生产及粮食安全协调机制,为加快形成新发展格局作出积极贡献。

## (一) 中国农产品国际贸易新格局的主要特征

党的二十大以来,农产品国际贸易格局正在发生深刻变化。农产品进出口及逆差不再保持快速增长态势,食用水产品、蔬菜及食用菌等农产品出口不断增长,粮食等进口出现稳定甚至减少的势头。

### 1. 农产品进出口总体格局变化

自 2018 年起,特朗普政府借着美国法律 301 条款以威胁美国国家安全为由,对进口商品加征 10% 到 25% 不等的关税,发起关税战和贸易战,对全球贸易格局产生广泛深刻影响。

美国制造的经贸摩擦,总体上没能阻止中国农产品进出口规模持续扩大。根据中国海关部署数据,2018 年到 2022 年,中国农产品进出口总规模由 2 160 亿美元扩大到 3 343 亿美元(见表 3-6-1),4 年间增加了 1 000 多亿美元,表明中国农业对外开放的节奏并没有因为国际形势变化和多边贸易规则遭到破坏而发生根本性的改变。

表 3-6-1　　　　　中国农产品进出口总体情况

| 年份 | 进出口总额 | | 国际贸易逆差 | | 出口额 | | 进口额 | |
|---|---|---|---|---|---|---|---|---|
| | 金额/亿美元 | 增长指数(2018=100) | 金额/亿美元 | 增长指数(2018=100) | 金额/亿美元 | 增长指数(2018=100) | 金额/亿美元 | 增长指数(2018=100) |
| 2018 年 | 2 160 | 100.0 | 574 | 100.0 | 793 | 100.0 | 1 367 | 100.0 |
| 2020 年 | 2 468 | 114.3 | 948 | 165.2 | 760 | 95.8 | 1 708 | 124.9 |

续表

| 年份 | 进出口总额 | | 国际贸易逆差 | | 出口额 | | 进口额 | |
|---|---|---|---|---|---|---|---|---|
| | 金额/亿美元 | 增长指数(2018=100) | 金额/亿美元 | 增长指数(2018=100) | 金额/亿美元 | 增长指数(2018=100) | 金额/亿美元 | 增长指数(2018=100) |
| 2022年 | 3 343 | 154.8 | 1 378 | 240.1 | 983 | 124.0 | 2 361 | 172.7 |
| 2023年 | 3 330 | 154.2 | 1 352 | 235.5 | 989 | 124.7 | 2 341 | 171.3 |
| 2024年 | 3 182 | 147.3 | 1 122 | 195.4 | 1 030 | 129.9 | 2 152 | 157.4 |

资料来源：海关总署。

值得说明的是，2022年中国农产品进出口总额创历史新高后，2023年和2024年中国农产品进出口总额都比上年略有下降，分别为3 330亿美元、3 182亿美元，比上年各下降0.4%、4.5%，这不是美国制造贸易战和关税战，对中国农产品进出口格局造成的滞后反应，而是新时代新征程中国农产品贸易新格局加速形成的体现，表明中国农产品贸易发展更能服务于国家粮食安全和农业现代化以及中国高水平对外开放大局。

农产品国际贸易逆差出现缩小态势。与农产品进出口总额变化态势基本一致，2018年到2022年，中国农产品国际贸易逆差曾呈现出快速扩大态势，由574亿美元扩大到1 378亿美元，翻了一倍多，2022年农产品国际贸易逆差比2018年增长了140.1%。2023年和2024年农产品国际贸易逆差不断减少，分别为1 352亿美元、1 122亿美元，比上年分别下降1.9%、17.0%。2024年农产品国际贸易逆差比2022年减少200多亿美元，揭示了新征程农产品出口和进口局面的新变化。

### 2. 主要农产品进出口格局变化

分品种看，中国出口农产品主要集中在食用水产品、蔬菜及食用菌等少数品类上，进口农产品主要集中在粮食、食用植物油、肉类及水产品等相对较多品类上。2024年，中国进口粮食690.2亿美元，进口食用植物油74.2亿美元，占农产品进口金额比重分别为32.1%、3.4%；进口肉及杂碎233.8亿美元，进口食用水产品182.6亿美元，占农产品进口金额比重分别为10.9%、8.5%。

中国农产品出口总体较分散，比较集中的是食用水产品、蔬菜及食用菌两大类。2024年，食用水产品、蔬菜及食用菌两大类农产品出口分别为201亿美元、148亿美元，分别占农产品出口金额的19.5%、14.3%。特别地，2023年、2024年连续两年蔬菜及食用菌出口保持较快增长，分别比2022年增长7.6%、19.1%，连续两年蔬菜及食用菌出口增长对农产品出口增长的贡献率达到50.1%。

粮食进口在中国农产品进口中份额较大，而粮食出口所占份额非常低。2024年，中国粮食进口和出口金额分别为690亿美元、14亿美元，占农产品进口和出口比重分别为32.1%、1.4%。

自2018年以来，中国进口粮食数量总体上呈现出不断增加的态势。2018年中美经贸摩擦发生后，虽然影响了中国从美国进口粮食的数量，但没有改变中国进口粮食规模不断扩大的趋势。2018年到2022年，中国进口粮食每吨由397.0美元上涨到562.7美元，进口粮食数量由11 555万吨扩大到14 687万吨，进口粮食金额由458.7亿美元增加到826.5亿美元（见表3-6-2），这一格局表明进口单价可能影响进口规模，但不是进口规模的唯一决定性因素。2024年，进口粮食15 753万吨，比上年减少2.3%，这是否意味着中国粮食进口量将呈现出稳定或者减少的态势，值得观察。

表3-6-2　　　　中国进口粮食和食用植物油情况

| 年份 | 进口粮食 | | | 进口食用植物油 | | |
| --- | --- | --- | --- | --- | --- | --- |
| | 进口量/万吨 | 进口总额/亿美元 | 单价/（美元/吨） | 进口量/万吨 | 进口总额/亿美元 | 单价/（美元/吨） |
| 2018年 | 11 555 | 458.7 | 397.0 | 629 | 47.3 | 751.6 |
| 2020年 | 14 255 | 508.3 | 356.6 | 983 | 74.4 | 757.4 |
| 2022年 | 14 687 | 826.5 | 562.7 | 648 | 89.8 | 1 385.1 |
| 2023年 | 16 196 | 823.0 | 508.1 | 981 | 104.4 | 1 064.1 |
| 2024年 | 15 753 | 690.2 | 438.1 | 716 | 74.2 | 1 036.1 |

资料来源：海关总署。

2018年以来，中国进口粮食中大豆进口规模波动幅度相对较小，而玉米和大麦等粗粮进口规模波动幅度相当大。从2018年到2022年，中国进口大豆由8 803万吨增加9 108万吨，而2023年和2024年中国进口大豆分别为9 941万吨、10 503万吨，呈现出稳定态势。2018年到2022年，中国进口玉米由352万吨增加到2 062万吨，而2024年中国进口玉米则下降到1 364万吨。中国2022年进口大麦576万吨，而2024年进口大麦达到1 424万吨。粮食进口格局表明中国粮食产需常态化缺口主要是大豆，其他种类粮食进口与否，对中国粮食的供给无法造成决定性影响。

2018年以来，中国进口食用植物油数量及金额波动幅度较大，没有呈现出趋势性增长或者下降的态势。2018年到2024年间，进口数量最多的年份为2020年，达到983万吨，进口金额最高的年份是2023年，达到981万吨。2022年，中国食用植物油进口海关价格为每吨1 385.1美元，进口量相对较少，为648万吨，也与当年一些食用植物油出口国实施出口管制直接相关。2023年到2024年，中国进口食用植物油海关价格每吨由1 064.1美元降到1 036.1美元，进口食用植物油数量不增反减，由981万吨减少到716万吨，并且很难用价格来解释进口规模的变化。

**3. 主要来源国及组织格局变化**

日本、美国和韩国是中国农产品出口大国，新征程中国出口到这三国的农产品所占比重在27%左右波动，没有出现趋势性上升或者下降。2018年到2022年，中国出口到日本、美国和韩国的农产品由242亿美元扩大到271亿美元，但所占比重则由30.5%下降到27.5%（见表3-6-3）。2024年，中国出口到日本、美国和韩国的农产品金额则达到287亿美元，占农产品出口比重为27.8%。

表3-6-3 中国对日本、美国和韩国三国的农产品出口情况

| 年份 | 中国对日本 | | 中国对美国 | | 中国对韩国 | | 三国小计 | |
|---|---|---|---|---|---|---|---|---|
| | 金额/亿美元 | 比重/% | 金额/亿美元 | 比重/% | 金额/亿美元 | 比重/% | 金额/亿美元 | 比重/% |
| 2018年 | 107.5 | 13.5 | 82.5 | 10.4 | 52.4 | 6.6 | 242.3 | 30.5 |
| 2020年 | 96.4 | 12.7 | 64.4 | 8.5 | 48.6 | 6.4 | 209.4 | 27.5 |
| 2022年 | 106.0 | 10.8 | 102.5 | 10.4 | 62.2 | 6.3 | 270.7 | 27.5 |
| 2023年 | 101.6 | 10.3 | 100.9 | 10.2 | 61.9 | 6.2 | 264.5 | 26.7 |
| 2024年 | 102.4 | 9.9 | 123.3 | 12.0 | 60.8 | 5.9 | 286.5 | 27.8 |

资料来源：海关总署、商务部。

2018年以来中国出口日本农产品规模在100亿美元左右波动，虽然日本是多年来最大的中国农产品出口国，但其所占中国农产品出口比重不断下降。2018年到2022年，中国到日本的农产品出口额由108亿美元下降到106亿美元，占中国农产品出口额比重由13.5%下降到10.8%。2024年，中国到日本的农产品出口额为102亿美元，比美国少了21亿美元，日本成为中国第二大农产品出口国，日本占中国农产品出口额的比重下降到9.9%，表明中国农产品出口存在转移效应和替代效应。

2018年之前，美国是中国第二大农产品出口国。2018年以后，短期内受美国制造经贸摩擦等影响，中国出口到美国的农产品由2018年的82.5亿美元下降到2020年的64.4亿美元，在中国农产品出口额中的比重也由10.4%下降到8.5%，出现一定程度的萎缩。受近些年美国通货膨胀和美元升值等影响，2022年以来中国出口到美国的农产品金额不断增加，2024年达到123.3亿美元，所占比重升到12.0%，位列中国农产品出口国之首。

中国出口到韩国的农产品数量出现了缩小态势。2022年到2024年，中国出口到韩国的农产品金额由62亿美元减少到60.8亿美元，所占比重由6.3%下降到5.9%。

在农产品出口总额保持增长的情况下，中国出口到部分伙伴国的农产品金额减少，必然发生了转移效应，即中国出口到另一些伙伴国的农产品金额增加。2022年到2024年，中国出口到俄罗斯的农产品金额由23.9亿美元扩大到30.8亿美元，所占比重由2.4%上升到3.0%。

与中国进口农产品相对集中对应,中国进口农产品的来源国也相对集中,且这一态势虽然没有因为国际局势变化而发生根本性改变,但短时间内会发生结构性变化。2018 到 2022 年,中国进口美国、巴西、澳大利亚、新西兰、加拿大、俄罗斯和阿根廷等七国农产品总额由 805.9 亿美元增加到 1 391.3 亿美元(见表 3-6-4),占中国农产品进口总额比重由 58.8% 上升到 58.9%,虽然中美经贸摩擦发生后中国减少了美国农产品进口份额,在 2020 年中国进口这七国农产品金额比例曾下降到 55.6%,但仍然占中国农产品进口比重超过一半。由于我国进口美国等七国农产品所占比重近 6 成,可见进口这七国农产品走势基本上会决定中国农产品进口走势。2024 年,中国进口美国等七国农产品金额达 1 232 亿美元,比 2022 年减少约 160 亿美元;占中国进口农产品比重为 57.3%,比 2022 年下降了近 2 个百分点。

表 3-6-4　　中国进口美国等 7 国农产品金额情况

| 年份 | 进口主要国家农产品金额/亿美元 | | | | | | | 七国小计 | |
| --- | --- | --- | --- | --- | --- | --- | --- | --- | --- |
| | 美国 | 巴西 | 澳大利亚 | 新西兰 | 加拿大 | 俄罗斯 | 阿根廷 | 金额/亿美元 | 比重/% |
| 2018 年 | 161.9 | 330.1 | 108.4 | 71.5 | 79.4 | 32.1 | 22.4 | 805.9 | 58.8 |
| 2020 年 | 237.3 | 352.7 | 94.7 | 89.8 | 72.2 | 40.8 | 62.6 | 950.0 | 55.6 |
| 2022 年 | 420.5 | 524.4 | 113.6 | 118.5 | 75.9 | 61.1 | 77.3 | 1 391.3 | 58.9 |
| 2023 年 | 328.9 | 585.8 | 123.5 | 101.0 | 102.4 | 88.0 | 55.2 | 1 384.8 | 59.2 |
| 2024 年 | 275.3 | 525.7 | 120.4 | 93.2 | 85.4 | 73.8 | 58.2 | 1 232.0 | 57.3 |

资料来源:海关总署、商务部。

在农产品主要进口国家中，美国农产品出口到中国的变化特别值得关注。2018年中美发生经贸摩擦，2018年和2019年中国进口美国农产品分别下降到161.9亿美元、140.9亿美元，在中国农产品进口金额中比重分别下降到11.8%、9.4%，与2018年之前中国进口美国农产品所占比重普遍超过20%相比，美国农产品出口到中国的地位下降。从2022年到2024年，中国进口美国农产品金额差异显著。2022年，中国进口美国农产品420.5亿美元，占中国进口农产品比重为17.8%。2024年，中国进口美国农产品275.3亿美元，比2022年减少145.2亿美元；占中国进口美国农产品比重为12.8%，比2022年下降5个百分点。中国进口美国农产品规模极不稳定，这与美国采取单边主义，发起关税战、贸易战和科技战等直接相关，表明中美经贸摩擦明显加大了双边贸易的不确定性，对美国自身也极其不利。

中国进口澳大利亚和加拿大等国农产品总体稳定或者增长非常有限，所占比重总体上经历了由降到升的过程。2018年到2022年，中国进口澳大利亚农产品由108.4亿美元增加到113.6亿美元，所占比重则由7.9%下降到4.8%；中国进口加拿大农产品由79.4亿美元下降到75.9亿美元，所占比重由5.8%下降到3.2%。中国进口澳大利亚和加拿大农产品规模及在中国地位的变化，与这些国家和中国的双边关系变化直接相关。2024年，中国进口澳大利亚和加拿大农产品分别为120.4亿美元、85.4亿美元，所占比重比2022年都略有上升，分别为5.6%、4.0%。

新西兰和阿根廷等都是中国农产品进口大国，双边农产品贸易格局显得复杂，进口规模总体上不十分稳定。2018年以来，中国进口这类国家的农产品经历了由扩大到缩小的转变。2018年，中国进口新西兰和阿根廷农产品分别为71.5亿美元、22.4亿美元，2022年中国进口这两个国家农产品分别增加到118.5亿美元、77.3亿美元，2024年中国进口这两个国家农产品又分别下降到93.2亿美元、58.2亿美元。

巴西是中国进口农产品的最大国家。相比美国，中国进口巴西农产品规模总体呈现出不断扩大的态势，新征程以来中国进口巴西农产品规模则出现稳定的迹象。2018年到2022年，中国进口巴西农产品由330.1亿美元扩大到524.4亿美元，但所占比重由24.1%下降到22.2%。2024年，中国进口巴西农产品525.7亿美元，与2022年规模相当；所占比重为24.4%，与2018年相近。

2018年以来，中俄关系不断改善，中国进口俄罗斯农产品规模不断扩大。从2018年到2022年，中国进口俄罗斯农产品由32.1亿美元增加到61.1亿美元，所占比重由2.3%上升到2.6%。2024年，中国进口俄罗斯农产品73.8亿美元，比2022年增加了12.7亿美元；所占比重3.4%，比2022年上升了0.8个百分点。

"一带一路"国家是中国最大的农产品进出口国际性组织。2018年以来，中国与"一带一路"国家的农产品进出口规模总体上明显扩大，所占比重不断上升。从2018年到2024年，中国出口农产品到"一带一路"国家由246.8亿美元增加到489.9亿美元，所占比重由31.1%上升到47.6%；中国从"一带一路"国家进口农产品由270.2亿美元增加到879.3亿美元，所占比重由19.8%上升到40.8%。中国与"一带一路"国家贸易关系将有广阔的发展前景。

东盟是中国除"一带一路"国家之外最大的农产品进出口国际组织。2024年,中国出口到东盟国家的农产品为227.5亿美元,比2018年增加57.0亿美元;占中国农产品出口比重为22.1%,比2018年提高0.6个百分点。中国进口东盟国家农产品为347.3亿美元,比2018年增加187.7亿美元;占中国进口农产品比重为16.1%,比2018年上升4.5个百分点。在东盟国家中,越南、马来西亚、泰国和印度尼西亚是中国农产品出口规模较大的国家,2024年中国出口到这四个国家的农产品达175.7亿美元,占中国出口农产品比重为17.1%。泰国、印度尼西亚和越南是中国农产品进口规模较大的国家,2024年中国从这三个国家进口的农产品达281.6亿美元,占中国农产品进口比重为13.1%。与出口相比,中国扩大东盟农产品进口更加明显。总体上说,中国与东盟国家农产品贸易规模大,在《区域全面经济伙伴关系协定》(简称RCEP)作用下,中国与东盟国家农产品进出口应有进一步扩大前景。

2022年1月1日,RCEP生效,亚太经济一体化主渠道发挥作用,有力促进了区域内货物、服务、投资等市场准入,域内营商环境不断优化,要素流动自由便利。特别地,快件6小时通关等政策有利于农产品进出口。三年来,中国与RCEP国家农产品进出口格局正在加快形成。2024年,中国出口到RCEP国家农产品411.8亿美元,占中国出口农产品40.0%;中国进口RCEP国家农产品587.8亿美元,占中国进口农产品27.3%。

## （二）对新征程中国农产品国际贸易格局的简要评价

2018年以来，逆全球化、地缘政治、新冠疫情、气候变化等加剧了国际关系单边主义及贸易保护主义，世界未有百年大变局深刻演变，国际贸易秩序及格局加快重构，带来了中国农产品贸易新格局加快形成，虽然给中国农业发展和国家粮食安全带来更加不确定的外部环境，但是，也给中国提供了将农业作为应对国际环境变化的重要工具，可以积极主动地让农产品国际贸易服务于国家战略需要，服务中国式现代化。

农产品国际贸易与国内农业生产及国家粮食安全协调性得到重视。2024年中央一号文件明确，要完善农产品贸易与生产协调机制。2023年以来，中国部分农产品生产能力明显提升后带来供求关系改变，价格面临较大下行压力，中国不断地减少玉米、猪肉的进口，减缓进口对国内农业生产冲击，更好地可持续保障国家粮食安全。2024年，国内玉米均价同比下跌14.1%，当年中国进口玉米海关价格1 937元/吨，同比下跌17.1%，但中国进口玉米1 364万吨，同比减少49.7%。国内生猪价格连续多年低迷，为了协调国内生猪生产，中国进口猪肉数量自2021年以来持续减少。2024年，中国进口猪肉107万吨，比2020年减少了300多万吨。

2024年11月22日商务部收到各地畜牧业协会代表国内牛

肉产业提交的申请,请求对中国进口牛肉进行保障措施调查,考虑到2019年以来中国进口牛肉急剧增长,2023年比2019年进口牛肉增长64.9%,2024年上半年比2019年上半年进口牛肉增长了106.3%,根据相关规则规定,商务部决定自2024年12月27日起对进口牛肉进行保障措施立案调查,这将避免国内牛肉生产能力遭受严重冲击和市场过度波动,促进国内牛肉产能稳定和供给保障。

完善农产品贸易与生产协调机制,中国农产品出口有空间,虽然大宗农产品出口缺乏比较优势,但具有特色及竞争力的小宗农产品开拓新的市场并不是不可能。相比中国出口农产品目标市场相对分散来说,中国进口农产品来源则相对集中。中国进口农产品来源多元化,虽然取得一定进展,但总体效果并不完全理想。这主要与中国进口农产品的产区相对固定和集中,在短时间内以进口需求改变中国进口农产品世界布局有一定难度。

在国际贸易规则碎片化和WTO发挥作用越来越困难的情况下,双边关系和不断成长的新型区域性国际性组织对农产品国际贸易格局的影响正在形成。

日本在中国农产品出口中所占份额较大,而在中国农产品进口中份额较低。出口到日本农产品所占比重总体上呈现出下降趋势。无论是以2018年为基期,还是以2022年为基期,中国出口到日本农产品所占比重呈现出下降趋势,这与中国农产品出口更加注重多元化和分散化策略以及加强农产品国际贸易风险管制等有关。

中国与美国农产品贸易比较特别，无论是进口，还是出口，美国都是中国的主要伙伴。2018年以来，中国进口美国农产品所占比重呈现出下降趋势。对于存在产需缺口的农产品，如大豆，除了受进口国竞争国（主要是价格）影响外，还受到双边贸易关系影响。美国制造经贸摩擦，同等质量、同等进口成本下，中国仍然优先考虑从美国外的其他国家进口。

中国进口巴西等国农产品与美国形成鲜明对比，反映双边关系及多边贸易规则对农产品进出口稳定的重要性。一般认为，一国带头破坏双边和多边协议及贸易规则，发起关税战，实施贸易保护主义，其伙伴国若不采取反制措施，则贸易争端发起国往往会得利。现实是贸易争端发起国得到各种反制，结果发起国不仅不能实现预期目标，而且还可能散失更多利益，如原有的伙伴国农产品市场被其他国家占领。2018年，特别是新征程以来，中国与主要国家农产品进口格局的变化表明，在国际贸易规则碎片化背景下，双边关系对中国农产品进口影响更大，显著地超过贸易规则的影响。

## （三）构建农产品国际贸易新格局对策建议

中国农产品国际贸易新格局正在形成，表明国家粮食安全主动权不断增强，粮食及农产品进口冲击国内生产的风险管控得到重视，农产品进口来源多元化显现，农产品国际贸易新格局支撑新发展格局的作用不断增强。

构建农产品国际贸易新格局，要与农业生产及国家粮食安全相协调，要优先根据国内农业生产形势、粮食等重要农产品供求状况，再审慎决定农产品进出口策略，在此前提下才考虑国际关系、双边或者多边协议及规则，考虑农产品进出口国际竞争力。国内食品价格上涨，农产品及食品进口则较多，维护国家粮食安全。反之，若国内食品价格下跌或者低迷，大量进口农产品及食品将冲击国内农业生产能力。

在国际贸易碎片化背景下，中国农产品贸易既要重视双边关系，又要不断地开拓区域合作。为了高水平发展中国农产品国际贸易，在进一步做好"一带一路"国家和RCEP等农产品国际贸易便利化和互联互通工作基础上，还要积极加入CPTPP等新型国际经贸组织，要加强澜湄合作，重视与上合组织、金砖国家、欧亚经济联盟、阿拉伯国家联盟和南部非洲关税同盟等的密切合作。构建国际贸易新规则，要充分借鉴中国文化，更加灵活地运用规则，避免出现多边贸易规则过于机械化、执行过于僵化等弊端，让双边和多边贸易规则更好地促进贸易、服务大局。

（中国社会科学院农村发展研究所研究员　李国祥）

# 七、农业龙头企业品牌建设中的主要问题与对策成效

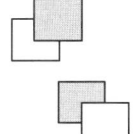

【内容提要】

农业企业品牌建设,是一项对政策、技术、经营思维均有较高要求的系统工程,需要企业在政府区域品牌引导下主动作为。当前,农业企业品牌建设取得了一定成效,但还存在缺乏品牌建设整体技术等问题,需要企业提高企业品牌定位和品牌资产管理水平。

## (一) 农业企业品牌价值构成与管理

### 1. 农业企业品牌概念

"品牌"来源于一个古老的挪威词,brandr,意思是"燃烧"。这是因为早期,牛仔们会在牲畜皮肤上烙印,以表明他们是牲畜的主人。在13世纪的英国,手工业行会强制要求会员商品带有专有标志以控制贸易。18世纪,商标成为标准做法,政府开始就专

利、商标和版权出台法律。工业革命引发大规模生产，制造商开始使用徽标作为区别于竞争对手的一种方式。19世纪，广告公司开始出现在英国，品牌推广从简单的视觉品牌发展到包括精心包装和广告、吉祥物、广告歌以及其他销售和营销技巧在内的策略。

品牌发展早期更偏重品牌的物理属性及标识过程。品牌指的是一个名称、口号、标志、符号或设计。品牌不仅代表质量、信誉、服务而且承担着情感、自我个性和社会地位。哈金森和柯金从"可感知性、市场定位、附加价值、形象、个性化"的营销功能定义品牌。品牌就是目标消费者及公众对于某一特定事物心理、生理、综合性肯定性感受和评价的结果。市场营销中的品牌，指的是公众对于某一特定商业事物，包括产品、商标、企业家、企业四大类型商业物的综合感受和评价。

农产品品牌以农产品的区位优势、质量等差异性为基础，以商标、认证标志、产品包装等外在信息来传播农产品相关信息，从而区别于其他产品，使其在市场中脱颖而出。农业企业品牌是使用在农业企业名称上，用于区别不同农产品生产者或经营者的一种标记。农业企业品牌与农产品区域品牌、企业产品品牌、企业家和员工个人品牌构成相互支撑的伞形结构。良好的农业企业品牌形象，一方面为消费者提供了产品质量和服务承诺，另一方面使企业获得了口碑和信任。农业企业品牌建设是现代企业最为重要的管理内容，品牌形象的建立是获得消费者认可和提升市场竞争力最有力的武器。

**2. 农业企业品牌价值构成**

正如《哈佛商业评论》（简称 HBR）所报道的那样，大多数公司 65% 的收入来自与现有客户的重复业务。不仅忠于品牌的现有客户比新客户购买的频率高出 90%，而且保持品牌忠诚度也比吸引新客户的营销成本低得多。好的农业企业品牌，不仅直接带来营收的增长，也给股东带来高回报。现有的品牌理论研究发现，品牌知名度、知觉质量、品牌忠诚和品牌联想是品牌价值即品牌资产的来源。

品牌知名度反映的是品牌影响范围或影响广度。品牌忠诚度是消费者对品牌偏爱的心理反应。品牌联想指消费者与产品特征、消费构成、消费者利益、竞争对手等内容产生联系，使品牌间的差异得以显现。品牌品质形象是消费者对品牌的总体质量感受或在品质上的整体印象和整体感知，另外还有如专利、专有技术、分销渠道等附着资产。

一个好的品牌有一个明确的重点，强大的视觉效果，熟悉其目标受众（例如，家庭与成熟受众），并且在许多相似品牌中很容易被识别出来。农业企业品牌同企业名称融合为一体，其被赋予情感含义，以增强企业员工的向心力，树立良好的企业形象。同时，农业企业品牌为消费者追求高品质生活、购买优质农产品提供向导。可以说，农业企业品牌的构建，代表着农业强国的发展程度。

**3. 农业企业品牌资产管理**

品牌是企业最重要的无形资产。品牌资产指与品牌相联系，可为公司或顾客增加（或削减）产品或服务价值的资产（或负债）。品牌资产代表了品牌的价值，这是品牌产品的价值和无品牌产品的价值之间的简单区别。农业企业品牌经营的是食品，其具有营养安全的双重质量保证。品牌建设是一项综合性强的工程，主要有五大关键要素：品牌视觉系统、品牌定位、品牌故事、品牌传播、品牌体验等。农业企业需按照品牌知名度、品牌联想、感知质量、品牌忠诚度和其他专有资产五个方面对品牌资产进行有效管理。

农业企业品牌资产管理要特别关注细分市场中消费者行为。产品市场竞争越充分，消费者购买力越强，消费水平越高，优质产品与普通产品的价格差异会越大。品牌农产品在品质上显著高于同类的非品牌农产品。一流的品质是品牌忠诚度的首要和最重要的条件。无论企业营销预算有多大，或者有多少名人代言，低质量的产品和服务总会在社交媒体上受到嘲笑。始终如一地提供一流质量的企业将把客户转化为品牌忠诚的拥护者。此外，好的客户服务可以提高品牌忠诚度，从而产生巨大的回报。事实上，在一个竞争的市场中，让客户感到被重视的一流服务可能是使一个品牌区别于竞争对手的唯一因素。

## （二）农业企业品牌建设取得的成效

### 1. 国家出台了一系列农产品品牌发展支持政策

2014 年 12 月 15 日，原农业部召开了关于《中国农产品品牌发展研究报告》新闻发布会。2018年印发《农业农村部关于加快推进品牌强农的意见》，明确了新时期品牌强农的主攻方向、目标任务和政策措施；2019年11月15日，在第十七届中国国际农产品交易会上，中国农业品牌目录正式发布。2020年，农业农村部印发《农业品牌精品培育计划（2022—2025年）》，提出聚焦茶叶等品类，塑强一批农产品区域公用品牌。2024年农业品牌精品培育计划名单正式发布，82个区域公用品牌纳入新一批培育计划，涵盖粮油、果品、畜禽、蔬菜等多个类别，培育计划品牌总数已达到226个。

**2. 各省市出台了推动农产品品牌建设办法**

除了国家层面，各个地区根据当地优势特色农产品发展要求，也出台了相应的支持企业品牌发展办法。比如河南构建"豫农优品"品牌体系、标准体系、运营体系，力争把"豫农优品"打造成最能代表河南优质绿色农产品的金字招牌。河南从生产规模、商标注册、质量控制体系、现场检查合格报告等10个方面，制定了"豫农优品"准入"十大金标准"。通过《河南省农业区域公用品牌豫农优品商标及标识管理办法》《豫农优品商标及标识使用管理规范》等措施，建立了从"豫农优品"商标及标识的申请、评审、使用，到抽检、续展、退出的全环节动态管理制度。内蒙古自治区人民政府办公厅于2021年初印发《农畜产品区域公用品牌建设三年行动方案（2021—2023年）》。2023年9月浙江省出台了《浙江省农业品牌目录制度（试行）》，明确了浙江省制定农业品牌推选标准。

### 3. 农业品牌和企业品牌数量显著增长

据农业农村部数据，从培育数量看，全国省级农业农村部门重点培育区域公用品牌约 3 000 个，企业品牌约 5 100 个，产品品牌约 6 500 个。2012 年到 2022 年全国农业品牌目录区域公用农产品产量增长近 55%。2024 年发布的"豫农优品"名录中，从企业类别看，省级以上龙头企业 196 家，占比 52%，其中国家级重点龙头企业 61 家，占比 16.2%；从行业类别看，种植业类产品数量 201 个，占比 28%，加工业类产品数量 486 个，占比 67.8%。

### 4. 品牌发展理念深入人心

以质量特色和市场引导为理念，农业企业特别是各级龙头企业，在企业品牌创建过程中形成了一定的方法和技术体系，初步形成了以标准化生产和质量认证为基础、以产销促进和品牌推介为抓手的品牌农业工作机制。一大批具有地方特色的名、特、优、新农产品已成为具有较高知名度、美誉度和较强市场竞争力的品牌。如三元、顺鑫、鹏程等农业企业品牌，涪陵榨菜、烟台苹果、西湖龙井、赣南脐橙等区域公用品牌。国家重点龙头企业河南豫道农业科技发展有限公司坚持大单品战略，把产品性价比做到极致，从消费者需求角度进行创新，开发更多美味且健康的产品，凭借近 10 亿元的销售规模，拿到酸辣粉类目的全国销冠。豫道酸辣粉荣获比利时布鲁塞尔国际美味大奖，豫道黑金酸辣粉长期荣登抖音速食榜第一名，复购率在

50%以上。

**5. 促进销售，带动农民就业增收**

品牌贯穿农业生产、加工、流通、消费的全过程，引领着农业全产业链升级、供应链稳定、价值链提升。品牌建设实践领域，我国农业品牌建设呈现出多元化的探索态势。各地区积极创新，形成了丰富多样的品牌建设模式，增加农业企业营收，促进乡村产业振兴和农民收入增加。2012年到2022年，农业品牌销售额增长近80%，带动农民增收65%。"沙县小吃"品牌依托于全国8.8万多家标准化门店做大品牌。普洱茶连锁品牌"大益"在全国200多个城市布局超过2 000家门店。贵州省全力打造"贵州酱酒"区域公用品牌，离不开以茅台为代表的农业企业的努力。河南豫道农业红薯身价成倍增加，带动当地8 000余人就业、4万多农户增收。

## （三）农业企业品牌建设中存在的主要问题

当前，不少农业企业已形成行之有效的品牌建设理念与方法，但也有不少企业缺乏科学品牌认知，也缺乏品牌营销战略和技术。

**1. 不理解品牌定位**

科特勒将品牌定位定义为"设计公司的产品和形象，以在目标市场中占据独特地位的行为"。换句话说，品牌定位描述了一个品牌与竞争对手的不同之处，以及它在客户心目中的位置或方式。因此，品牌定位策略在于在客户心中建立品牌联想，使他们以特定的方式感知品牌。品牌定位策略与消费者忠诚度、基于消费者的品牌资产和购买品牌的意愿直接相关。不少企业不理解品牌定位，不理解品牌设计、宣传为谁而做，无法锁定、瞄准目标客户群体，不利于品牌高效地传达到细分目标市场，达不到提升企业营收的目标。

### 2. 不站在消费者立场

祖国大地上，好的产品、美食数不胜数。从市场营销专业角度，普遍是"我"生产者说好的生产者思维，而不是"你"消费者说好的消费者思维。当企业的品牌得到了用户的认可和传播裂变时，品牌才会成功。可以说，注入用户心智的品牌才是真正的品牌。不少企业以为注册了商标，注册了知识产权就有了品牌，在名字、创意上模仿他人，没有特色，更没能把企业和产品特色与文化有机结合。品牌要实现我说、你说、他说、传说的价值传递过程。只有站在消费者立场去塑造品牌价值，与消费者建立深厚的情感联结，才是有效的品牌战略。

### 3. 产品质量不能持续稳定

农业企业以食品生产、加工、销售、服务为主，受小农规模种养影响，生产基地的产品还不能完全实现标准化生产。不少中小农业食品加工企业设施条件、种养技术、生产标准化程度、加工产品标准化程度与国际接轨程度均比较低。绿色食品和通用的食用农产品国际体系认证——HACCP 和 GAP 两项质量标准等质量管理体系还没有完全推行，产品质量的稳定性不够，影响到消费者对食品安全和品质的信任。

### 4. 对数字世界品牌创建了解不多

随着新生代逐渐成为市场消费主体，超级个性化已成为一个新消费市场变革的基本特征。企业品牌必须利用新技术重新挖掘消费者信息，研究消费习惯和消费行为。超级个性化对客户体验和品牌忠诚度都有深远而相互关联的影响。研究发现，49%的消费者更有可能通过个性化互动成为回头客。通过实现个性化内容创建、数据分析以适应客户行为的实时变化。在分析满足消费者超级个性化需求方面，生成式人工智能等现代技术发挥着至关重要的作用。农业企业大多为传统企业，对新技术的应用存在明显不适应，不能系统了解客户在每个数字平台上的独特个性，在品牌创建时不能有效地瞄准目标市场。

### 5. 具有国际影响力的品牌较少

随着国内外经济发展，农业企业正日益参与全球竞争，比如，粮食、蔬菜、食品、饮料、茶叶类企业，走出去引进来是经济全球化的要求。从品牌定位来看，大多数农业企业对国际市场研究不够，品牌建设不能适应国际市场需求，缺乏品牌国际化整体战略，品牌国际化程度低，自有品牌数量少。

## （四）农业企业提升品牌建设效能的措施

龙头企业的品牌建设，需要将其纳入企业营销领导力层级，形成系统与流程，从企业内部组织到发展战略，全方位体现品牌引导市场营销的理念。

### 1. 积极参与支持政府区域品牌建设

农产品是大自然的杰作，其品质因地理、气候条件而有所差异，具有明显的区域性和历史文化特征，这与工业品非常不同。区域公用品牌包含了一个区域的产品形象，是当地优质农产品的代言人。作为区域性生产要素，地方政府发挥着主导性作用，并在构建区域公用品牌标准，快速传播品牌形象中取得了丰富成果。农业企业要积极主动参与承担政府主导下的区域品牌建设，把企业品牌与公用品牌有机结合，在利益相关者构成的生态系统中共同创造企业品牌，充分借助政府公益平台宣传企业品牌，形成可识别性和差异化的"政府+企业"共赢模式。

### 2. 精确定位品牌市场

企业创立品牌，以服务市场为根本。消费导向的品牌观和生产导向的品牌观是很不一样的。消费导向第一要问的是，谁是我的顾客，他们想听什么，想要什么，然后才是我有什么，我能做什么，我如何去做；我的同行是如何做的，我怎么做才有效率和竞争力。各地农产品在气候环境适应性中，都有其独特的营养成分和功效。如果各个地方都说自己的产品，又是抗衰老、又是抗过敏、又是抗癌症，那么各地方农产品的区域差异化和个性化就得不到体现。比如，甘肃文冠果、重庆秀山山银花、新疆叶城石榴、广西甘蔗、广东化橘红、五常大米、西宁冷凉蔬菜、河北鸭梨、贵州七星关古茶、伏牛山道地药材、藏香猪等特色优质农产品不计其数。企业在建立品牌时，一定要有明确的市场定位。强大品牌定位有3个简单步骤，首先要明确顾客是谁，企业品牌能力是什么？第二是制定与消费者能产生共鸣的定位宣言，第三是从品牌个性、包装设计、产品、服务、视觉识别设计、沟通等全过程体现企业品牌定位要求。

### 3. 创新品牌创建方式

创新是企业发展的源动力，是企业品牌发展的重要基础。企业需要在创新中不断提高产品质量，满足消费者需求，不断提升顾客忠诚度。数字时代，品牌建设要线上线下同步发力，建立大数据平台，分析目标市场。企业品牌建设要面向ToB、ToC双领域，大力支持数字技术在农产品品牌生产、创建和管理中的运用，实现农产品数字触达。借助大数据、云计算、移动互联等现代信息技术，拓宽品牌流通渠道。除了技术创新、产品创新，还应包括品牌内涵、LOGO设计、营销方式和管理手段等方面的创新。聘请专业咨询人才，通过品牌合作等方式学习国际先进技术和品牌管理方法，结合企业产品特点和品牌文化加以创新。历史悠久的老字号企业要将品牌与年轻化、国际化、现代化相链接。市场卖的是特产，更是绿水青山的生态和一种诚信精神，要注重人的培育。品牌的后面是人，因为人的独特性，才有产品的独特性。产品的独特性是为人的独特性服务的。独特的产品是为懂他的人服务的。企业要建立企业家个人、企业员工个人品牌，形成企业品牌、产品品牌、个人品牌和区域品牌相互支撑的良好局面。

### 4. 保持产品优良、稳定品质和提供优质服务

品牌忠诚度的第一个也是最重要的条件是产品质量。无论营销支出多大，质量差都会扼杀品牌忠诚度。品牌忠诚度是通过客户保留率、客户终身价值和客户满意度调查来衡量的。当食品安全成为全球热门话题时，农产品质量安全成为消费者关注的焦点，全球各生产企业在生产过程中都严格将质量监督放在首位，用标准化的程序控制生产过程的质量。日本的大米颗粒饱满、口感细腻，这得益于他们对种子选择、土壤管理、水肥控制等方面的精细化管理。法国葡萄酒对土地、品种选择、种植酿造方式、储存、标识、酒精含量等都作出了严格的规定。农业企业要更加注重用标准化的程序打造标准化的产品，保证并逐步提高农产品质量。对进入商场超市的每个批次的农产品提供相应的质检报告，实现从生产、加工、销售各环节质量控制。无论是大米、蔬菜还是水果，都应追求极致的品质。这种追求不仅体现在外观上，更要深入到口感、营养等多个层面，让消费者满意而复购。

## 5. 制定企业品牌国际化战略

不少农业企业积极参与国际市场竞争，正在积极"出海"，扩大国际市场影响力，这要求企业制定品牌国际化战略。品牌国际化是一个长期发展的过程，对企业品牌国际化发展的各个阶段、各个时间节点都要精细谋划，使企业产品研发、设计、生产与品牌战略相匹配。双汇集团通过品牌收购直接进入发达国家市场。伊利集团在发达国家市场采用品牌合作方式，在不发达国家市场采用自有品牌和品牌收购相结合模式。鲁西集团以自有品牌进入发达国家市场。有条件的企业应加大海外营销活动力度，参加国际知名农业展会，参与建设境外中国农业展示展销中心，积极参与国际农产品贸易合作平台建设运营，提升企业品牌的国际影响力和渗透力。

## 6. 强化品牌资产管理

品牌是企业最重要的无形资产，品牌管理是营销的一个重要功能。它通过使用体系性技术增加产品线或品牌的感知价值。有效的品牌管理使产品价格上涨，并通过积极的品牌联想和形象，或对品牌的强烈认知来建立忠诚的客户。品牌管理通常以培养品牌认知度、品牌资产和品牌忠诚度为中心。品牌经理确保产品或品牌的创新，通过使用价格、包装、徽标、相关颜色和字体格式来提高品牌知名度。品牌资产是与品牌相联系的，是可为公司、顾客增加或削弱产品或服务价值的资产和负债。维持品牌资产或获得品牌价值需要全面了解品牌、目标市场和公司的整体愿景。企业要关注不同层级的品牌塑造核心，确定不同层级的品牌推广策略与管理，只有从产品、事业单元，甚至到企业/集团层面的不同规划和信息传播，才能从不同视角与维度丰富企业的品牌影响力和在客户中的认知。品牌代表什么产品，核心利益是什么，满足什么需求。品牌如何使产品看起来更优良，哪种强大的、令人喜爱的、独特的品牌联想应该存在于消费者的头脑中，必须时刻关注。品牌建设是一个长期持续的过程，强大的品牌形象和影响力，必须持续投入，只要坚持，企业必能看到真正品牌带来的高价值回报。

（中国社会科学院农村发展研究所　廖永松）

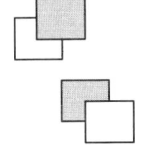

# 八、生鲜电商模式演变历程及驱动机制

【内容提要】

随着数字技术的快速发展,生鲜电商已经快速演化为"产地直采+全程冷链+即时配送"的全新运营模式,突破了传统农产品供应链的多重瓶颈,如信息传递滞后、流通环节冗长以及产品损耗高等问题。数字化技术,如大数据、人工智能和区块链,在优化供需匹配、提升物流效率、加强食品溯源等方面起到了核心作用。生鲜电商模式的实施大大提高了冷链物流的覆盖范围和技术水平,确保了农产品在流通过程中的品质稳定,显著降低了损耗率。通过平台化协同,生鲜电商实现了生产端、流通端和消费端的高效整合,提高了供应链的协作能力和资源配置效率。多样化商业模式,如前置仓即时配送、社区团购和产地直供,进一步满足了不同市场的需求。

尽管生鲜电商在推动农产品供应链优化方面取得了显著进展,但行业仍面临诸多挑战，其中，农业生产标准化水平不足、利益联结机制不畅以及城乡资源协同效应尚未充分发挥，依然是亟待解决的问题。展望未来，生鲜电商需要以技术创新为驱动，持续推动城乡市场资源的高效联动，进一步提升供应链的效率与可持续发展能力。为此，政策支持、商业模式优化以及农户协作的深化，将成为关键抓手。通过多方合力，生鲜电商有望在优化农产品供应链、促进农业现代化和推动乡村振兴方面发挥更大的作用。

## （一）引言

随着中国农业现代化进程的加快，农产品供应链的效率与品质问题日益凸显。传统供应链存在流通环节多、损耗率高、信息割裂等问题，难以适应消费者对高品质、安全、可追溯农产品的需求，也对农业现代化目标的实现形成了制约。在此背景下，生鲜电商凭借数字化技术和创新商业模式迅速崛起，成为优化农产品供应链的重要力量。

在生鲜电商最新的运营模式中，通过"产地直采+全程冷链+即时配送"等手段，显著提高了供应链效率与品质保障能力。如图3-8-1所示，预计2024年中国生鲜电商市场规模突破7367.9亿元，用户规模达到5.77亿人，行业渗透率提升至12.5%。这一持续增长的趋势不仅满足了消费升级的需求，也为传统农产品供应链的优化提供了新路径。

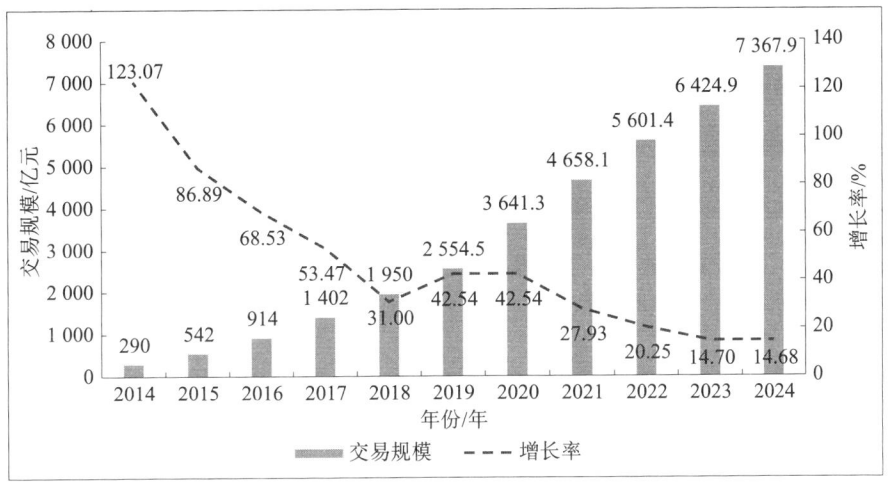

图 3-8-1 2014—2024 年生鲜电商行业交易规模及其增长率数据图

然而,生鲜电商的发展也面临一系列现实问题。例如,城乡间冷链物流基础设施分布不均,难以实现全面覆盖;农业生产端的标准化和组织化程度不足,难以支撑生鲜电商对产品稳定性的要求。此外,高昂的冷链成本和行业内同质化竞争进一步压缩了企业的盈利空间,而物流能耗与包装废弃物对环境的影响也日益显著,亟需有效应对。

总而言之,生鲜电商模式创新为农产品供应链带来了重要变革,但其发展仍面临诸多制约因素。未来,如何在提升供应链效率的同时,实现经济效益与可持续发展的平衡,将是生鲜电商行业发展的关键方向。

## （二）生鲜电商模式及发展阶段

生鲜电商的发展历程大致可以分为萌芽期、快速发展期和深度整合期三个阶段，各阶段通过技术进步与模式创新不断推动行业演进与供应链优化：

### 1. 萌芽期（2005—2012 年）

这一阶段是生鲜电商的探索时期，市场业态丰富多元，但集中度较低，其典型特征是依赖 PC 端操作，主流业态包括 B2B、B2C 和 C2C 等模式。消费者对生鲜电商的认可度较低，市场需求尚未完全释放。例如，以沱沱工社和天天果园为代表的企业尝试采用 B2C 模式进行线上销售，但受限于冷链物流体系覆盖不足及技术水平较低，整体效率偏低，市场发展相对缓慢。然而，这一阶段的探索为后续行业扩张和供应链优化积累了宝贵的经验。

### 2. 快速发展期（2013—2019 年）

伴随 4G 技术的普及与移动互联网的快速发展，手机逐渐取代 PC 端成为主流终端。至 2019 年，移动互联网普及率达到 59.6%，为生鲜电商的发展提供了重要契机。在资本注入和技术进步的双重驱动下，行业进入高速增长阶段。O2O 模式的兴起推动了线上线下的深度融合，头部企业如盒马鲜生、京东生鲜等迅速壮大,市场集中度显著提高,行业业态逐步整合并走向成熟。同时,社区团购凭借在下沉市场的竞争优势实现了快速崛起。

这一阶段,生鲜电商的市场规模快速扩张,冷链物流体系不断完善,技术和服务的创新成为企业抢占市场的重要策略,行业竞争愈加激烈。供应链效率显著提升,为消费者提供了更加便捷和高效的服务。

### 3. 深度整合期（2020年至今）

随着5G普及,叠加疫情影响,生鲜电商逐渐成为城镇居民日常消费的重要渠道。到2020年,生鲜农产品通过电商渠道的销售比例达到24.7%,移动互联网普及率进一步提升至70.4%。然而,随着行业的快速扩张,销售增长率逐步趋于放缓,市场格局进入深度整合阶段。企业开始更加注重整合供应链资源,推动绿色供应链和标准化生产的发展,同时通过数字化技术的深度渗透和精细化运营提升供应链效率与可持续性。在这一阶段,企业更加关注用户体验优化与长期竞争力的构建,行业逐渐趋于成熟与稳定。

贯穿这三个发展阶段,生鲜电商的核心特征不断深化,技术进步与模式创新始终是其发展的关键动力,同时对上游农业生产提出了更高要求。数字化技术（如大数据、人工智能和区块链）贯穿于供应链的全流程,为优化供需匹配、提升物流管理效率以及加强食品溯源能力提供了重要支撑。冷链物流的覆盖范围和技术水平显著提升,不仅降低了农产品的损耗率,也有助于品质稳定。平台化协同进一步实现了生产、流通与消费资源的高效整合，多样化商业模式（如前置仓即时配送、社区团购和产地直供）满足了不同市场的差异化需求，为行业的持续发展注入了强大动力。

## （三）生鲜电商模式与农产品供应链的关系

传统农产品供应链模式存在诸多问题，尤其在产品品质和消费者体验等方面表现尤为突出。与之相比，生鲜电商通过技术创新和商业模式优化，有效重构了传统供应链，为农产品流通注入了新活力（见表3-8-1）。

表3-8-1　　　　　　传统供应链与生鲜电商供应链对比

| 对比维度 | 传统供应链 | 生鲜电商供应链 | 典型案例 |
| --- | --- | --- | --- |
| 流通环节 | 多级分销，链条冗长，交易成本高 | 产地直采+平台直销，流通路径显著缩短 | 淘菜菜：依托阿里云的数字农业方案，与全国超500个农产品产地合作，产地直采比例达80%。通过AIoT（人工智能物联网）技术实现种植、采摘、仓储到运输全流程数字化管理，构建高效物流体系，产地仓日均处理量超1 000吨，销地仓24小时内完成社区配送，配送效率提升30% |
| 冷链物流 | 覆盖范围有限，设备简陋，损耗率高 | 冷链网络覆盖全国，智能温控管理，损耗率显著降低 | 顺丰冷运：已开通34个食品仓，仓储总面积超24万平米，冷运干线达164条，专业冷藏车超13 000辆 |

续表

| 对比维度 | 传统供应链 | 生鲜电商供应链 | 典型案例 |
|---|---|---|---|
| 信息流通 | 渠道不畅，市场信息反馈延迟，供需错配严重 | 大数据+区块链，信息透明化，精准供需匹配 | 盒马鲜生：利用区块链技术构建全流程溯源体系，实现产品从源头到销售的透明化管理，消费者可通过扫码获取全程信息。同时，结合大数据分析消费者需求，优化采购与库存管理，库存周转率提升35%，有效实现精准供需匹配 |
| 标准化生产 | 质量标准缺乏，产品品质参差不齐 | 严格质量管理，推动生产标准化，促进品牌化 | 叮咚买菜：2023年启动"清洁标签"计划，2024年进一步推出首批90款饮品"营养选择"分级标识，将饮品按关键健康指标分为ABCD四级，帮助消费者按照对成分的需求选购产品。同时，叮咚买菜自有品牌"蔡长青"品牌2023年GMV（商品交易总额）达4亿元，同比增长43% |

首先，生鲜电商通过"产地直采+平台直销"模式，显著缩短流通链条，降低流通成本并提高供需匹配精准度。一些平台还与农户建立长期合作，优化生产计划，减少供需失衡问题。其次，冷链物流体系升级提供了品质保障。全国范围的低温储运网络和智能温控设备降低了产品损耗率，提升了生鲜品质，物联网技术进一步确保了物流系统的高效稳定运行。

信息透明化是供应链优化的重要环节。生鲜电商借助大数据和区块链技术整合信息流，精准预测需求并动态调整生产和配送计划，建立可追溯体系以增强消费者对食品安全的信任。此外，生鲜电商推动农产品标准化生产，制定统一质量标准，确保产品一致性，降低交易成本并提升品牌化竞争力。以叮咚买菜为例，该平台通过标准化流程和智能化管理优化供应链效率，提升消费者体验。

然而，尽管相对于传统供应链模式，生鲜电商在供应链效率和品质保障方面展现出明显优势，但现阶段其发展仍面临一定挑战。例如，供应链上架品类相对较少、运营成本偏高、质量控制难度较大等问题依然存在。随着生鲜电商模式的不断迭代与更新，这些问题有望逐步得到纾解。以拼多多为例，其生鲜电商板块在 2020 年已实现盈利。此外，山姆会员店、盒马鲜生、小象生鲜等平台的优质货源渠道已经基本实现标准化，为生鲜电商进一步扩大品类和提升品质奠定了基础。

## （四）生鲜电商模式驱动农产品供应链升级发展

生鲜电商通过技术创新和模式优化，逐步建立了适应现代市场需求的供应链体系（见图 3-8-2）。其中，技术赋能是发展的关键驱动力，大数据、人工智能和区块链的应用显著提升了供需匹配、库存管理和物流调度的效率与精准度。冷链物流的升级，通过智能控温和低温仓储网络，有效保障了产品新鲜度和品质，降低了损耗率。平台协同进一步整合了生产、流通和消费端资源，提升了供应链整体效率。例如，盒马鲜生通过建立"盒马村"与农户和合作社合作，构建"田间到餐桌"的直采模式，降低了流通成本并提高了产品品质。同时，绿色发展理念贯穿供应链优化全过程。以菜鸟网络为例，其通过新能源冷藏车和可降解包装，减轻了物流环节的环境负担，为低碳运营提供了行业示范。

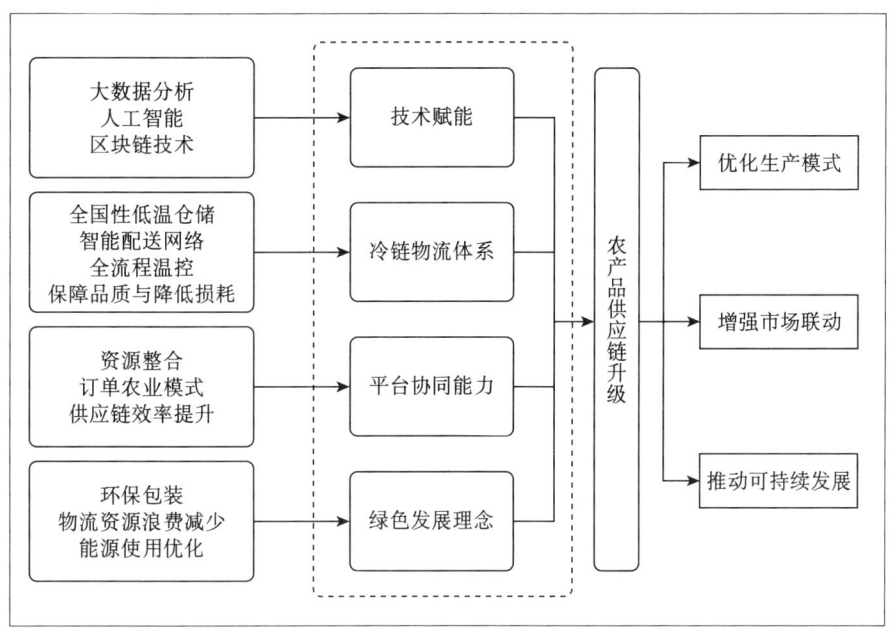

图 3-8-2　生鲜电商模式驱动农产品供应链升级的机制

当前,生鲜电商模式驱动农产品供应链升级发展主要体现在内容电商的创新迭代与低空经济的快速发展两方面。

**1. 内容电商的创新**

内容电商的崛起显著推动了生鲜农产品销售模式的转型,从传统货架式电商向直播带货等互动形式演进。这种模式不仅大幅提升了消费者的互动体验与购买意愿,还拓宽了农产品销售渠道。例如,抖音电商在 2023 年 9 月至 2024 年 9 月期间,通过短视频和直播带货推动了农产品销售的快速增长。据统计,该期间内挂车售卖农产品的短视频数量达 1 157 亿条,直播间内农特产商品讲解总时长累计达 3 825 万小时,共实现 71 亿单农产品的销售，平均每天有1 740万单包裹销往全国各地。

然而，内容电商在推动生鲜农产品销售的同时，也暴露出诸多问题。其中，李维刚假牛肉事件是典型案例。这位拥有700万粉丝的网红主播在直播中宣传的原切牛肉卷，却被消费者发现为假货，其检验报告和屠宰证书均为伪造。事件曝光后，尽管主播公开道歉并采取补救措施，但消费者对生鲜电商，尤其是直播电商的信任也受到严重削弱，影响了整个行业的信誉。

### 2. 低空经济的快速发展

低空经济的兴起为生鲜电商模式的升级开辟了新的路径。无人机集群配送技术的突破使得多架无人机可以高效协同工作，快速完成生鲜产品的配送，不仅避免了交通拥堵，还显著降低了运营成本。结合需求动态调整运力，无人机技术为物流的灵活性和效率提供了有力支撑。此外，低空物流枢纽通过整合仓储、分拣和转运功能，优化了配送链条，提高了物流效率和协同性，同时确保了产品在流通过程中的品质。

无人机配送的智能化和可视化进程也得益于北斗卫星导航和5G技术的融合。这种技术组合优化了配送路径规划与实时监控，提升了配送的精准性与稳定性。例如，"重庆巫山脆李"项目采用"无人机运输 + 低空货运飞机 + 航空中转"的"干支末"物流模式，将果园采摘至1 600公里外消费者手中的配送时间压缩至24小时以内，大幅提高了运输效率和消费者满意度。

## （五）生鲜电商模式驱动农产品供应链升级面临的挑战与路径

生鲜电商在推动农产品供应链升级中取得了显著成效，但在实践中仍面临多重挑战。这些问题在一定程度上制约了供应链效能的全面提升，也对行业的长期可持续发展构成了压力。当前的核心矛盾在于农业生产端的协同性与标准化水平不足，限制了供应链的深度整合，导致生产端与消费端仍然依赖流通端的桥接作用，直连的"端到端"模式在短期内难以实现。

生产端的主要制约因素包括：以小规模分散经营为主的农业生产模式缺乏统一的质量标准，导致农产品质量参差不齐，难以满足市场对高品质农产品日益增长的需求。此外，生产端对市场需求变化的响应能力较弱，供需错配问题突出，这进一步增加了生鲜电商平台的运营成本，加剧了企业的经营压力。

从全球视角来看，农业生产标准化主要有两条实现路径：一是通过过程控制实现产出标准化，例如日光温室内种植的水果番茄；二是通过分选技术实现产品标准化，这是现有生鲜电商供应链的主导模式。这也意味着，从生产端到消费端的供应链仍然需要依赖流通加工环节作为桥接。"端到端"的产销直连模式在大市场空间和多品类农产品中实现，仍需时间，并取决于农业生产方式的进一步演化。

与此同时，行业内部的同质化竞争日益加剧，盈利模式仍不明晰。许多企业依赖价格补贴和促销活动争夺市场份额，但这导致了盈利能力不足的问题。高昂的冷链物流和技术研发成本进一步加重了企业的运营负担，部分企业陷入了"规模扩张与财务亏损并存"的困境。在市场逐步进入稳定期后，行业势必需要通过深度整合优化财务结构，这一过程将需要时间来消化当前成本高企的问题。

尽管如此，生鲜电商供应链未来仍有广阔的发展前景。例如，以 eVTOL（电动垂直起降飞行器）为代表的低空经济快速发展，为突破地域限制、创造新价值提供了可能。同时，人工智能和物联网等技术的持续深化将推动供应链全流程的数字化，通过优化需求预测、仓储管理和配送路径，显著提升运营效率和精准度。此外，低碳经济和可持续发展理念将成为供应链优化的重要驱动力。通过推广节能冷链技术和可降解包装材料，构建兼具经济效益与环境责任的绿色供应链，将为生鲜电商的长期发展注入源源不断的动力。

## （六）对策建议

为顺应生鲜电商供应链升级与可持续发展趋势，从长远视角出发，应从政策层面和行业层面协同推进以下措施：

### 1. 政策层面

（1）提升农业生产现代化水平。农户的组织化和生产标准化是关键。通过推广标准化种植技术与合作社组织模式，强化农户与电商平台之间的协作能力，确保农产品品质的一致性，推动品牌化建设，提升市场竞争力。

（2）构建高效的农产品检测体系。进一步提高生鲜农产品检测效率，加快完善检测技术与基础设施。在主要农产品产区建立区域性检测中心，并引入数字化手段提升检测速度与准确性，确保农产品质量安全，实现全流程可追溯，增强消费者信心。

（3）支持绿色供应链建设。鼓励绿色能源和环保包装的推广应用，加大政策支持力度。例如，出台专项补贴政策，推动企业使用可降解包装材料与新能源冷链运输设备，加速绿色物流体系的建设，助力低碳经济发展。

（4）加强消费者食品安全科普。借助多渠道宣传和教育，普及食品质量安全知识，减少流言与谣言传播。通过短视频平台和社区活动，开展食品安全知识讲座和互动活动，提高消费者对食品安全的认知水平，进一步增强市场信任。

**2. 行业层面**

（1）推动行业自律与信用体系建设。加强供应链企业的资金结算管理与信息共享机制，建立行业性信用评价体系。对失信企业采取惩戒措施，同时为诚信企业提供更广泛的市场准入支持，规范市场行为，提升行业整体健康发展水平。

（2）推动企业标准互联互通。促进不同企业间标准的兼容性，减少资源浪费。例如，推广"统仓共配"模式，通过统一的仓储、分拣与配送渠道,优化物流资源配置,提高行业整体运营效率,同时降低企业的运营成本。

(3)完善利益联结机制。建立更加公平合理的利益分配体系,确保生产端、流通端与消费端各环节的收益平衡,激励产业链各方的长效协作,推动供应链的稳定发展。

(中国社会科学院农村发展研究所农产品贸易与政策研究室主任　胡冰川;中国社会科学院大学应用经济学院博士　罗春霞)

# 第四部分

## 2024年中国粮食相关政策法规

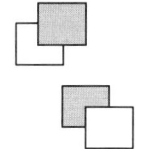

# 一、健全粮食产销区利益补偿机制

**【内容提要】**

农关国本,粮系民生。粮食安全是"国之大者",是国家安全的重要基础。党的十八大以来,以习近平同志为核心的党中央始终把解决好十几亿人口的吃饭问题,作为治国理政的头等大事,团结带领全党全国人民走出了一条中国特色粮食安全之路。党的二十届三中全会通过的《中共中央关于进一步全面深化改革、推进中国式现代化的决定》,对统筹建立粮食产销区省际横向利益补偿机制作出了明确部署,这引领和推动了粮食安全理论创新、制度创新和实践创新。本文通过深入学习贯彻党的二十大和二十届二中、三中全会精神,阐述建立粮食产销区省际横向利益补偿机制的逻辑内涵,系统分析建立的必要性和可行性,在此基础上,提出要树牢底线思维、系统观念,找准着力点和突破口,厘清重大关系,强化支持保障,加力推进粮食产销区省际横向利益补偿机制的建立和完善。

## （一）建立粮食产销区省际横向利益补偿机制的逻辑内涵

目前通过综合运用价格支持、直接补贴、收入补贴、生态补贴、农业保险、信贷支持等多种形式的支持政策，强化了对各类粮食生产经营主体的支持保障，加大对产粮大县的奖励力度。在全国划定永久基本农田工作基础上，划定粮食生产功能区，并将其作为主产区利益补偿的重点，支持主产区建设粮食生产核心区，将销区的产粮大县纳入补偿的范围，加大中央财政支持；加大高标准农田建设、新增千亿斤粮食产能规划等投入力度，完善东北地区大豆玉米生产者补贴政策，完善稻谷、小麦最低收购价政策，提高中央、省级财政对产粮大县稻谷、小麦、玉米三大粮食作物保险的保费补贴比例，加大超级产粮大县奖励支持，加大对特大产粮省份的支持等政策措施。在一定意义上说，我国主产区利益补偿机制基本构建。所谓粮食产销区横向利益补偿机制是在已有中央财政投入支持方向不变、力度不减基础上，统筹设立的新型制度。

从其逻辑内涵看，所谓"补偿"，从字面来理解，就是在某方面有所亏失而在另方面有所获得；所谓"横向补偿"，是相对于"纵向补偿"而言的，可以理解为"非上下方向""平行的"的补偿。粮食产销区省际横向利益补偿机制，即是在粮食的产区和销区省际间的利益补偿制度安排，这是粮食省际间、产销区间共同扛稳粮食安全重任的新制度创设。

早在1985年中央一号文件就倡导"东西互助",沿海各地向西部转移技术,联合开发西部资源,分享利益。2003年新世纪第一个中央一号文件强调,主销区和产销平衡区也要加强粮食生产能力建设。进一步密切产销区的关系。粮食销区的经营主体到产区建立粮食生产基地、仓储设施和加工企业,应享受国家对主产区的有关扶持政策。产区粮食企业到销区建立仓储、加工等设施,开拓粮食市场,销区政府应予以支持并实行必要的优惠政策。2014年中央一号文件即明确要求,销区要保证一定的口粮自给率。2016年,习近平总书记在农村改革座谈会上就深刻指出,"促进农民增收,难点在粮食主产区和种粮农民"。在2022年中央农村工作会议上,习近平总书记再次明确提出"要出实招健全主产区利益补偿机制,探索产销区多渠道利益补偿办法。既不能让种粮农民在经济上吃亏,也不能让种粮大县在财政上吃亏"的要求,为探索建立粮食产销区省际横向利益补偿机制指明了方向。2023年12月的中央经济工作会议和中央农村工作会议明确提出"探索建立粮食产销区省际横向利益补偿机制"。党的二十届三中全会审议通过的《中共中央关于进一步全面深化改革、推进中国式现代化的决定》指出:"加快健全种粮农民收益保障机制,推动粮食等重要农产品价格保持在合理水平。统筹建立粮食产销区省际横向利益补偿机制,在主产区利益补偿上迈出实质步伐"。

从上可以看出,建立粮食产销区省际横向利益补偿机制,是在新时代党的理论不断创新发展基础上形成的,是在不断总结和完善粮食支持保护政策制度基础上探索发展起来的。

## （二）建立粮食产销区省际横向利益补偿机制十分迫切、切实可行

**1. 粮食产销区协作取得积极进展，建立产销区横向利益补偿机制、提升粮食安全保障能力具有现实条件**

粮食产销协作取得明显进展，粮食主销区积极与主产区签订粮食购销合作协议，在优化主产区利益补偿格局、确保主产区粮食产能、保护农民种粮利益、提高主产区粮食加工转化附加值、改善主产区财力状况、健全粮食产销协作机制方面取得了明显成效，主产区粮食生产能力有效提升，粮食生产进一步向主产区集中，我国粮食安全状况总体向稳向好。

政策性粮食和商品粮都在主产区采购，民营粮食企业也与主产区企业建立了稳定的贸易合作关系。主销区允许和鼓励主产区企业来主销区经营粮食贸易；无偿或低价给主产区企业提供土地和厂房；鼓励主产区粮食商户入驻本地粮食批发市场等。主销区委托主产区粮食企业进行粮食代收、代储和代管，并支付如仓库、储粮设施出售、租赁等相关费用，主产区企业能够获得更多稳定收益。

**2. 建立产销区横向利益补偿机制，是保障国家粮食安全、解决产销区发展不平衡、促进共同富裕的迫切需要**

一方面，由于地方政府追求经济增长的利益驱动，即使近年来不断加大粮食安全省长责任制考核力度，大部分粮食主销区粮食和口粮播种面积仍在下降，需要调入粮食的省份越来越多，给国家粮食安全带来较大风险。另一方面，主产区财政收入水平与其对保障国家粮食安全的贡献程度还不匹配，农民种粮和地方政府抓粮"两个积极性"难以得到有效调动。2003—2023年，7个主销区粮食产量占全国的比重，由7.9%下降到4.3%；11个产销平衡区粮食产量占比由21.1%下降到17.8%。

从人均一般公共预算收入来看，2023年7个主销区为16 809元/人，13个主产区为7 161元/人。由于资源禀赋、区位特点和经济社会发展不平衡性，粮食主产区承担着确保国家粮食安全的重任，在资源利益、经济效益和发展机会上作出了一定牺牲，因此迫切需要在粮食产销区之间实现更为公平的分担。建立产销区横向利益补偿机制，通过市场化运作，让主销区为主产区提供直接的横向利益补偿，有利于推动区域更加充分、更加平衡地发展，实现优势互补、协调发展，促进合作共赢、共同富裕。

**3. 横向生态保护机制不断完善，为建立产销区横向利益补偿机制提供了思路借鉴**

根据公共物品理论、产权理论、外部性理论、法治理论和补偿者、受偿者之间的相对行政隶属关系，国内外学者很早就研究提出了横向生态补偿制度，并在实践中予以完善。一定意义上讲，横向生态补偿制度是以保护生态环境和促进人与自然和谐发展为目的，通过将生态保护中的经济外部性内部化，采用公共政策手段或市场化手段，调整生态保护区与生态受益区等相关区域之间利益关系的制度安排。党的十八届三中全会明确指出"推动地区间建立横向生态补偿制度"。2015年9月，中共中央、国务院发布《生态文明体制改革总体方案》，提出探索建立多元化补偿机制，制定横向生态补偿机制办法，以地方补偿为主，中央财政给予支持。2016年5月，国务院办公厅发布《关于健全生态保护补偿机制的意见》，提出推进横向生态保护补偿，鼓励受益地区与保护生态地区、流域下游与上游建立横向补偿关系。2016年12月，财政部、原环境保护部、国家发展改革委和水利部四部委联合发布了《关于加快建立流域上下游横向生态保护补偿机制的指导意见》，提出要使保护自然资源、提供良好生态产品的地区得到合理补偿，促进流域生态环境质量不断改善。2021年4月，中共中央办公厅、国务院办公厅《关于建立健全生态产品价值实现机制的意见》明确提出，建立横向生态保护补偿机制。2021年9月，中共中央办公厅、国务院办公厅印发了《关于深化生态保护补偿制度改革的意见》，支持自主建立省际和省内横向生态保护补偿机制。这为建立粮食产销区横向利益补偿机制拓展了思路办法。

## （三）加快推进粮食产销区省际横向利益补偿机制建立，需要坚持改革创新、统筹施策，找准着力点和突破口

**1. 强化系统观念，统筹两难或多难问题**

粮食是重要特殊商品，具有不可替代性、弱质性、公共产品属性和全生命周期性。这表现在粮食产品在产量、市场和政策的关系上，不仅需要考虑生产的自然条件和资源禀赋，还要考虑市场供求规律，同时也要考虑时间空间因素在粮食的季节性、年度间、地理位置和区域省份的差异性，需要处理好总量与年度平衡、品种结构、区域布局、市场、价格以及与其他产品间的相互替代、补充关系。粮食产销区省际横向利益补偿机制是调整粮食供求总量、结构和布局的重要举措，不仅需要考虑粮食自身的特殊属性，还关系经济利益格局重大变化，涉及主体多，因素错综复杂相互交织。为此，需要统筹处理好横向和纵向，产区和销区，政府和市场，短期和长期等多重关系，处理好两难或多难的问题，避免"按下葫芦起了瓢"；需要强化系统观念，统筹部署、协同推进，抓住重点、补齐短板；需要强调精准、因地制宜，激发乘数效应和化学反应，提高保障国家粮食安全的效力效能。

## 2. 强化支农惠农力度，加大主产区纵向利益补偿

一方面粮食生产受自然环境和市场规律的双重制约，既是自然再生产又是经济再生产的过程，受客观因素和主观能动性的双重影响。另一方面，从历次粮食流通体制改革的经验来看，农民粮食生产能不能顺利销售出去，直接影响农民种粮收益和种粮积极性。政策支持力度的大小和粮食流通状况的好坏，成为影响粮食生产能力的重要因素。可见，原有主产区利益补偿机制不仅不能弱化，还需要不断强化，这样才能顺利推进粮食产销区省际横向利益补偿机制的建立。特别是对部分基本支出难以保障的产粮大县，加大中央财政直接转移支付力度，全面保障产粮大县的基本支出和基本运行。探索建立中央财政转移支付和奖补资金年均增幅不低于GDP增幅的增长机制，切实为粮食主产区担责尽义提供物质保障。

## 3. 强化多渠道利益补偿办法，不断完善粮食产销区省际横向利益补偿机制

一是完善补偿资金的使用用途。按照"谁用粮、谁出钱，谁种粮、谁收益"原则，统筹建立粮食产销区的利益联结机制，鼓励主销区到主产区建设高标准农田、绿色仓储设施，下订单采购粮食，抵顶调入粮食应缴补偿金额。在使用方向上，切实将补偿资金用在粮食全产业链条上，在多环节多层次上提升粮食产业质效，提高粮食生产和流通效益，促进农民增收，促进粮食产业增效，提高产业竞争力。二是探索建立粮食产销利益

补偿基金。参照欧盟的农业担保基金做法，其资金主要通过税收和各个成员国贡献资金等方式筹集，而向各个国家发放时主要以直接补贴支付为主。依此思路，对于粮食主产区、主销区和产销平衡区按照税收和贡献资金方式筹集，再按照粮食的净调出量进行分配。三是完善粮食产销区战略合作和协作。通过深化产销合作，积极搭建产销合作平台，主产区粮食有了更加稳定的销路，主销区市场供应有了更加稳定的粮源。国家粮食和物资储备局通过举办中国粮食交易大会，指导各地做好粮食产销合作。黑龙江、福建等省份牵头开展粮食产销对接，有力地推动了粮食产销协作。这些有效的合作协作方式，对于推动和完善粮食产销区省际横向利益补偿机制具有重要意义。四是完善对种粮农民利益补偿办法。进一步完善企业+农户、公司+基地、家庭农场或粮食合作社+粮食购销企业+用粮企业等生产经营模式，探索通过"二次结算""多次结算"、股份制合作、土地托管、混合所有制等方式，建立科学合理的订单粮食利益分配机制，充分调动农民或粮食经纪人、家庭农场、粮食合作社、种粮大户参与订单的积极性。

下一步，在有条件的省份可先行开展省内横向利益补偿，并在实际操作中不断完善各项制度措施；同时，将粮食产销区省际横向利益补偿机制纳入责任制考核，全面落实粮食安全党政同责，扛起粮食安全的政治责任。

（中国粮食研究培训中心　亢霞）

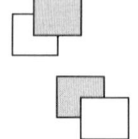

# 二、节粮减损稳固粮食安全

**【内容提要】**

粮安方能国安，保障粮食安全是治国理政的头等大事。确保粮食安全需要增产、开源和节流三管齐下，减少粮食损耗（节流）是保障粮食安全的重要途径。2024年6月1日，《中华人民共和国粮食安全保障法》正式实施，同年11月中办国办印发《粮食节约和反食品浪费行动方案》，对节粮减损和反食品浪费做了具体部署，标志着我国节粮减损和反食品浪费的决心和力度不断加大，节粮减损工作也进入有法可依阶段，为全方位夯实粮食安全打下良好根基。

本文在阐明节粮减损重要性的基础上，分析了我国粮食损耗现状和节粮减损成就，并进一步研究了导致粮食损耗的因素和节粮减损的潜力。研究表明：（1）近年来，节粮减损有效地提升了我国粮食安全，2022年我国三大主粮全链条损耗率为14.25%，较2016年下降5.77个百分点；（2）我国粮食减损潜力较大，局部均衡模型的分析结果表明，到2030年，我国稻谷、小麦和玉米减损潜力分别为2 194万吨、927万吨和2 038万吨，三大主粮总计可减损5 159万吨，即相当于再造千亿斤粮食。在此基础上分析了粮食损耗的影响因素，并提出了针对性的政策建议。

粮食安全，国之大者。在全社会共同努力下，我国粮食产量稳定增长，2024年达到1.4万亿斤，人均粮食占有量达到500公斤，远高于国际公认的400公斤粮食安全标准线，我国粮食安全取得更大成绩。但必须清醒认识到，我国需要以全球8.62%的耕地和5.19%的可再生水资源，养活全球19.14%的人口。这意味着，我国粮食供求将长期处于紧平衡状态。2024年中央农村工作会议特别强调，要坚决扛牢保障国家粮食安全重任。

## （一）减少粮食损耗是保障粮食安全的重要途径

保障国家粮食安全，需要增产、开源和节流三管齐下。确保粮食安全，增产是基础。受我国耕地、水资源和其他农业资源不足的影响，在粮食单产难以较快提高情况下，更要做好开源和节流。

开源，即要开辟更多的食物资源和食物原料资源，包括森林资源、草地资源、江河湖海资源等。一方面它可以更好满足城乡居民多样化、健康营养的食物需求，另一方面可以缓解粮食供给的压力，有助于保障我国粮食安全，同时也为广大农民开辟了更多收入来源。为此，中央适时提出了"大食物观"，大力扶持各地因地制宜发展特色农业。

节流，即要节粮减损。节粮减损是建设节约型社会的重要组成部分，也是确保粮食安全的重要途径。2021年，国家主席习近平向首届国际粮食减损大会致贺信指出，"粮食安全是事关人类生存的根本性问题，减少粮食损耗是保障粮食安全的重要途径。"实际上，党的十八大以来，中央采取了一系列措施厉行节约、反对浪费。早在2012年，中央政治局审议通过了"中央政治局关于改进工作作风、密切联系群众的八项规定"（即"中央八项规定"），厉行勤俭节约。2013年1月，习近平总书记作出重要指示，要求厉行节约、反对浪费。同年，一些民间人士和组织积极响应，提出"光盘行动"，众多餐厅和公益组织积极参与，节粮减损、反餐饮浪费在全国蔚然成风。2020年8月11日，习近平总书记对制止餐饮浪费行为再次作出重要指示，指出："餐饮浪费现象，触目惊心、令人痛心"。2021年4月《中华人民共和国反食品浪费法》正式颁布，2024年6月1日《中华人民共和国粮食安全保障法》开始实施，2024年11月中办国办印发《粮食节约和反食品浪费行动方案》，上述文件都对节粮减损提出了具体要求。

## (二) 近年来节粮减损为我国粮食安全做出了突出贡献

为了全面掌握我国粮食全链条损失浪费状况,本团队参与了2015—2018年国家粮食公益性行业科研专项"粮食产后损失浪费调查及评估技术研究",对从田间到餐桌全链条粮食损耗进行了大范围调研,并基于调研数据评估了2016年我国粮食各环节损失率。2022年以来,本团队先后主持了国家社科重大、教育部社科重大和国家自科等多项粮食损耗研究项目,对2022年和2023年粮食主要环节的损失浪费情况再次进行了调查评估(见表4-2-1)。

表4-2-1　2016年与2022年粮食全链条损失率情况

| 环节 | 2016年 | | 2022年 | |
| --- | --- | --- | --- | --- |
| | 损失率/% | 损失量/万吨 | 损失率/% | 损失量/万吨 |
| 收获 | 3.94 | 2 394 | 2.75 | 1 717 |
| 干燥 | 4.77 | 2 901 | 2.21 | 1 376 |
| 农户储粮 | 2.02 | 392 | 1.46 | 134 |
| 企业储藏 | 0.38 | 158 | 0.37 | 198 |
| 运输* | 0.3 | 179 | 0.25 | 156 |
| 加工* | 6.03 | 3 665 | 5.45 | 3 398 |
| 销售* | 0.61 | 370 | 0.45 | 283 |
| 消费 | 3.47 | 2 111 | 2.60 | 1 621 |
| 综合 | 20.02 | 12 170 | 14.25 | 8 883 |

注:综合损失率采用各环节加权累加法计算所得。其中2016年农户储粮占比为0.320 1(赵霞,2021),根据调研数据,2022年农户储粮占比为0.148 0,在计算综合损失率时,根据农户储粮比例进行调整。另外,加工环节损失率为2023年全国大范围企业调查数据。运输和销售为2023年典型调查数据。

可以看出，2016 年我国粮食（三大主粮）全链条综合损失率为 20.02%，在政府、农户、企业和消费者共同努力下，2022 年损失率下降至 14.25%，比 2016 年下降了 5.77 个百分点，粮食总损失量也从 2016 年的 12 170 万吨下降到 2022 年的 8 883 万吨。减损的三千余万吨粮食，相当于 2022 年粮食产量的 5%，如果按照国际公认的粮食安全线，人均年度 400 公斤粮食占有量核算，相当于增加了 8 000 余万人的粮食安全保障。

## （三）未来十年节粮减损仍有较大潜力

＊我们基于中国农业产业局部均衡模型（CASM）（曹芳芳、武拉平，2024），将损耗作为粮食需求（或去向），区分短期和中长期，以 2022 年为基期，对 2025 年、2030 年和 2035 年节粮减损的潜力进行了模拟分析。

CASM 模型是基于局部均衡理论构建的包含 31 种农产品生产、消费、贸易和价格等多市场的局部均衡模型，该模型包括需求模块、供给模块、库存模块、价格方程、贸易方程和市场出清方程等构成，由 36 组方程组成，共 566 个单方程，23 组变量和 566 个内生变量以及若干外生变量构成。

模拟时，根据技术进步情况，设定低中高三种方案，短期（2025 年），假设技术水平不变，采取"剔除三倍标准差"的方法，剔除小于 $\mu-3\sigma$ 和大于 $\mu+3\sigma$ 的样本。对于剩余样本，由小到大排序，取前 5% 的损失率均值为"样本最小损失率"，同时考虑到减损的成本,最后确定可行的"目标损失率",据此测算节粮减损幅度。在进行中长期分析时,设定不同的技术进步水平进行模拟。

研究结果表明,2025—2030年,我国三大主粮全产业链减损潜力很大(见图4-2-1),根据低中高三种减损方案:2025年,三大主粮全产业链损失量较基准方案可分别减少1 929万吨、2 570万吨和4 698万吨;2030年,三大主粮较基准方案分别减少3 865万吨、5 160万吨和7 342万吨;2035年,三大主粮较基准方案总损失分别减少6 485万吨、7 793万吨和9 552万吨。其中,水稻减损潜力最大,为40%~60%,玉米次之,为30%~40%,小麦最低,为10%~20%。按照中方案,到2030年我国稻谷、小麦和玉米减损潜力分别为2 194万吨、927万吨和2 038万吨,三大主粮合计可减损5 159万吨,即相当于再造千亿斤粮食。

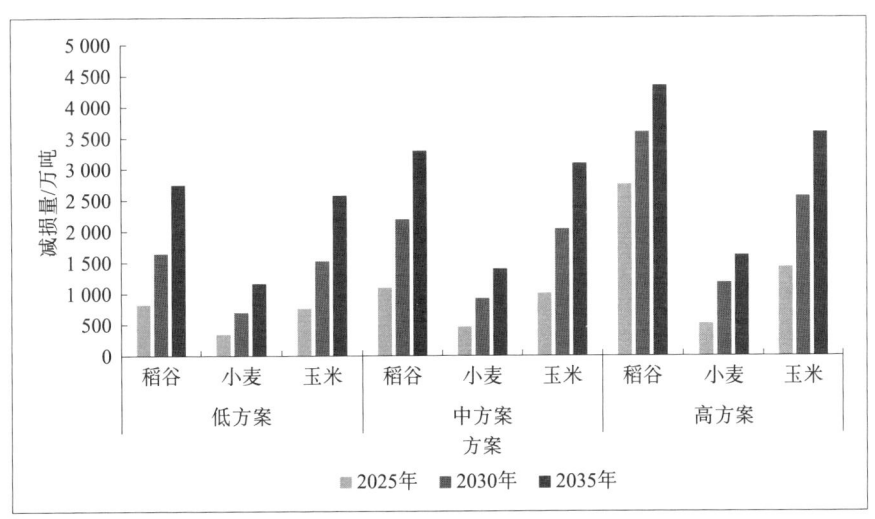

图4-2-1　未来十年三大主粮全产业链减损量变化趋势

## （四）粮食损耗的影响因素

在粮食节约和反食品浪费工作中，涉及三个密切联系的概念：损耗、损失和浪费。"损耗"，是一个广义的概念，指损失和消耗，包括自然损耗或人为损耗。从损耗的外延来看，包括了损失和浪费。通常将粮食在零售前各环节（简称前端）的损耗称为"损失"，在零售和餐饮消费环节（简称末端或后端）的损耗称为"浪费"。

粮食全链条损失涉及从田间播种到餐桌消费的多个环节，影响因素复杂。但总体来看，粮食前端损失主要由生产技术或环境条件等因素引起，而粮食后端浪费则更多由节约减损意识不足或不良消费习惯等引起。

（1）生产收获环节。生产环节，即从播种开始到粮食成熟待收阶段，生产环节损失主要由播种时种子遗漏或过量用种、干旱洪涝大风等自然气候、病虫侵害等引起。生产环节粮食损失较难直接量化，目前文献中没有关于中国粮食播种和田间管理环节损失率的研究。收获环节，指从开始收获到入库储藏前阶段，其损失包括收割、脱粒、清粮和田间运输等活动带来的损失。影响收获损失的因素主要是收获机械的先进性、收获操作（包括机手驾驶）的精细性、收获时的天气以及地形地况等。

（2）干燥储藏环节。目前，干燥主要有自然干燥和机械烘干两种方式，其损失主要受干燥技术、设备条件以及气候天气等的影响。农户干燥仍以自然晾晒为主，极易受到暴雨、大风等极端天气的影响，导致粮食损失增加。储藏环节，指从粮食入库到出库间的过程，可分为农户储粮和企业储粮两部分。影响储粮损失的因素主要是储藏设施设备、管理手段、鼠害虫害等。我国企业储粮损失率远低于农户储粮损失率，干燥环节损失率高于储藏环节损失率。

（3）加工运输。加工是粮食链中机械化程度最高的环节，设备先进性和加工工艺是影响加工损失的首要因素，其次是加工标准和过度加工问题，另外原粮品种品质也是影响加工损失的重要因素。当然，作为中间环节，前端干燥和储藏等的措施也会影响加工过程的损失，比如快速高温烘干往往会导致粮食出现裂纹（即爆腰）或破碎，导致加工时损失提高。影响运输损失的因素主要是设施设备不完善、装卸环节较多、管理不规范、作业不标准等。我国粮食加工损失率要远远高于运输环节。

（4）销售消费。销售环节损失主要是受销售商经营条件的限制，造成的到达消费者之前的粮食数量减少（包括不可再食用或转为非食用用途）。销售包括批发和零售，影响因素包括包装水平、储藏条件和装卸手段等。我国粮食销售环节损耗相对较少，远低于消费环节。导致消费环节粮食浪费的主要因素包括：节约意识淡薄，特别是随着收入水平提高，勤俭节约的良好美德逐渐被淡忘；不健康的消费理念，比如一味追求精米细面；落后的传统习俗，比如面子消费，等等。

## （五）节粮减损的政策建议

节粮减损具有很强的外部性，难以通过市场机制自动实现，必须政府介入。在粮食生产经营中，农户和企业是重要的行为主体，因而也是节粮减损的关键主体。另外，在众多节粮减损措施中，科技节粮将是重要的手段之一，相关科研机构也需要积极承担起责任，为节粮减损作出贡献。消费者是节粮减损的最基础单元，节粮减损涉及我们每个个体。

第一，从政府角度看，目前我国围绕节粮减损的法律法规密集出台，包括"反食品浪费法"（2021）、"粮食节约行动方案"（2021）、"粮食安全保障法"（2023）、"粮食节约与反食品浪费行动方案"（2024）等，这些成为约束和指导社会各界推动粮食节约和反食品浪费的重要规范，未来需要严格落实和遵循。

在顶层设计中，要明确各部门责任，强化节粮减损的部门协调。短期内，主要是地方政府根据各地实践，贯彻落实各项法律法规，保证各项工作顺利实施。同时，加快建立常态化粮食损失与食品浪费统计监测体系和标准体系，定期开展反食品浪费工作评估和成效总结。长期来看，要特别重视科技节粮的作用，积极鼓励节粮减损技术的研发和推广，为节粮减损提供根本保障。同时，在全社会营造更加浓厚的节粮减损良好风气。

第二，从生产经营者角度，首先，要提高节粮减损的意识，积极引进先进适用的精量播种技术和设备，利用现代技术做好田间管理，深化粮食收获减损行动。其次，加强教育培训，特别是针对农机操作人员，通过培训学习提高农机操作水平，降低损失率。同时，积极采用现代干燥技术和低温储藏技术，减少干燥环节损失。积极开展"四散"运输，做好多式联运，普及企业低温储藏技术和农户储粮实用技术，减少运输和储粮损失。另外，政府应积极引导社会化服务组织提供节粮减损技术服务，更好满足生产经营需求。

对于餐饮服务业，包括单位食堂、酒店餐馆、外卖平台等，一方面要加强自律，严格按照餐饮业标准从事经营活动，另一方面要积极主动提醒消费者（特别是宴请用餐）适量点餐、餐后剩饭菜打包等。旅游旅行相关机构要积极主动践行各项节粮减损行动方案。

第三，从科研机构角度来看，要从供应链的全链条视角进行研发。育种机构在以提高产量或质量为目标的同时，也要充分考虑收获（特别是机械收获）和加工等后端环节的需求。收获机械的研发，要考虑分级、干燥和清粮等现实需要。加工技术要考虑储藏和保鲜等问题。

技术节粮是节粮减损的根本，特别是粮食链前端，要面向产业需求，充分考虑我国中小规模生产经营的特点，针对性地开发先进适用技术。相关机构需要从科学研究、技术开发、标准制定、应用落实等方面加大力度。

第四，从消费者角度来看，节粮减损有时是举手之劳，亟需提高认识。一方面，继续践行"光盘行动"，不浪费一粒粮食。实际上，节粮减损就是减少资源消耗、保护资源和环境，因而也是保护我们的未来。另一方面，节粮减损要从娃娃抓起，每个家庭要形成节粮减损的良好家风，从身边做起，从子女教育做起，真正践行粮食节约和反食品浪费行动。

（中国农业大学经济管理学院　武拉平　翟金茜　胡永浩）

# 第五部分

## 2024年中国粮食市场体系建设

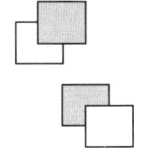

# 一、粮食批发市场发展状况与展望

【内容提要】

2024年，以习近平同志为核心的党中央持续加大粮食生产支持力度，严格落实粮食安全党政同责；中央一号文件再次把确保国家粮食安全作为治国理政的两大底线之一；我国粮食领域第一部基础性、统领性法律《中华人民共和国粮食安全保障法》正式施行；党的二十届三中全会对未来一个时期构建健全粮食安全体制机制做出了系统部署，为确保新时代中国粮食产业高质量稳定发展指明了方向。

2024年虽然受到特大暴雨、台风、洪涝灾害、国际市场价格波动、粮食储备和运输成本增加等不利因素影响，但全国粮食生产却迎来了历史性的突破，总产量首次突破1.41万亿斤，创造了新的标杆。这样的成就不仅彰显了习近平总书记关于"中国人饭碗装中国粮"论断的深远意义，而且还强固了国家粮食安全的基本面，使国内粮价整体保持在相对合理的区间。

2024年全国各级粮食批发市场紧紧围绕确保国家粮食流通安全主业，突出扛牢保障国家粮食安全重任，积极融入全国统一大市场建设，坚持稳中求进、以进促稳、守正创新，持续打造服务粮安、规范交易、创新协同的全国粮食市场交易体系，在促进粮食顺畅流通和城市粮油应急保供方面发挥了主渠道和主力军作用。与此同时，国家粮食和物资储备局粮食交易协调中心还高质量成功举办了第六届中国粮食交易大会。

## （一）全国粮食市场运行空前稳定

### 1. 粮食生产的"丰收年"

2024年，我国粮食生产实现了"三增"的傲人成绩：粮食播种面积、单产和总产量齐齐攀升（见图5-1-1、图5-1-2）。特别是总产量达到14 130亿斤，比上年增加221.8亿斤，增长1.6%，连续10年超过1.3万亿斤；粮食播种面积17.9亿亩，比上年增加525.8万亩，增长0.3%，连续5年保持增长；全国粮食单产达到394.7公斤/亩，比上年增加5.1公斤，增长1.3%。

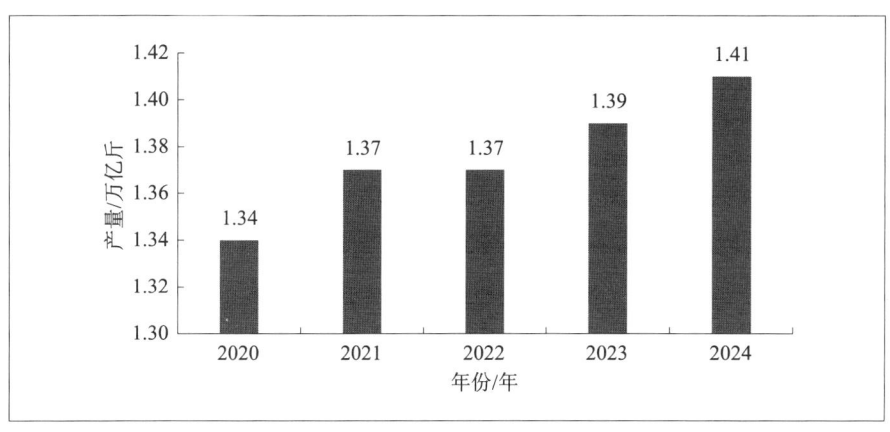

图 5-1-1　2020—2024 年我国粮食产量

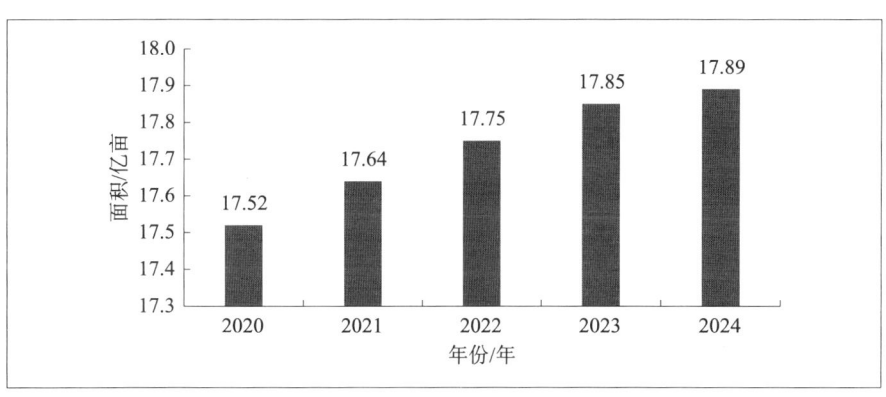

图 5-1-2　2020—2024 年我国粮食播种面积

## 2. 国内粮价的稳定年

尽管粮食生产屡创佳绩，市场却未出现剧烈波动。主要粮食品种的收购价格相比年初均有所回落，但整体波动幅度远低于国际市场，保持在一个相对合理的区间（见图5-1-3、图5-1-4、图5-1-5）。这种稳定有赖于多重因素的支撑。首先，国家出台的最低收购价政策充分保障了农民的基本利益，避免了因市场波动而导致不必要的损失；其次，适度宽松的货币政策为粮食市场提供了流动性支持，使得市场参与者能够在较为温和的环境中谋求发展。

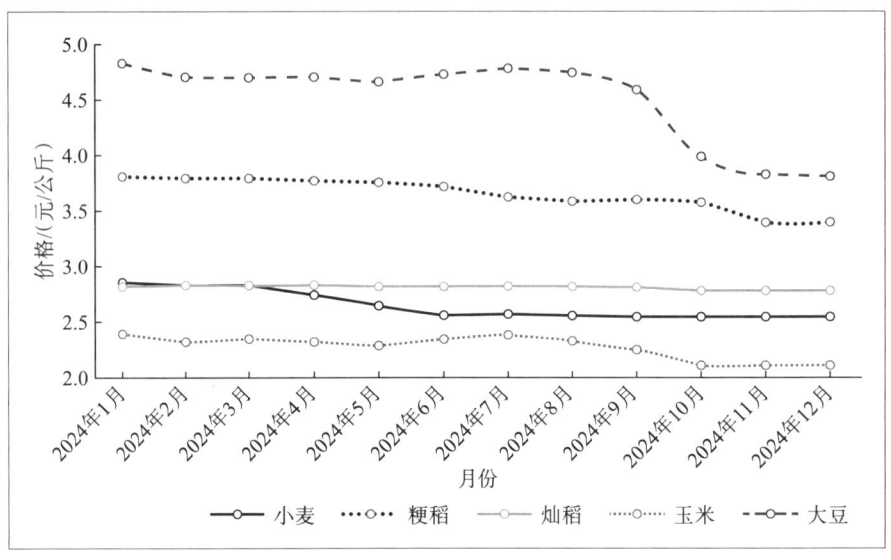

图 5-1-3　2024 年国内主要粮食品种价格走势图

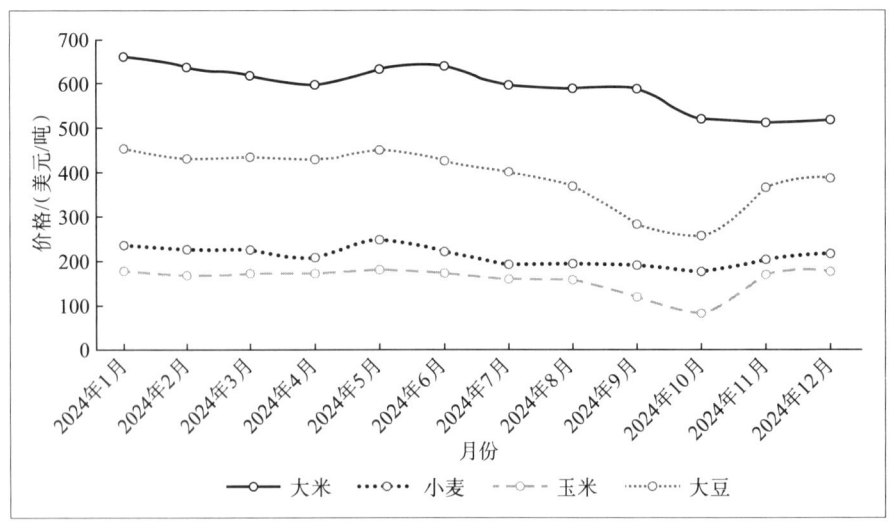

图 5-1-4　2024 年国际市场主要粮油品种价格走势图

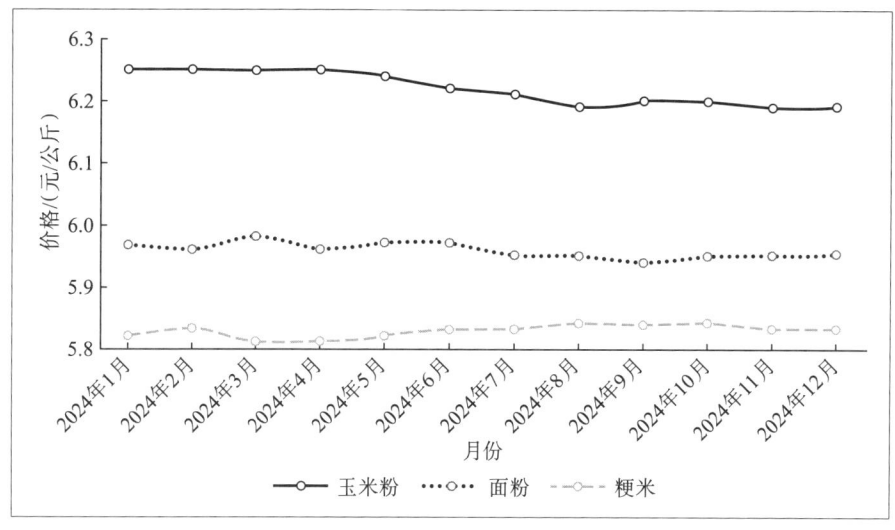

图 5-1-5　2024 年国内成品粮价格走势图

### 3. 粮食市场供需的平衡年

2024 年在粮食丰收、供应持续增加的大好形势下，虽然国内粮食需求有所减弱，特别是口粮大米的消费需求有所减少，但随着消费结构的转变，国家相关部门持续做好粮食市场和流通文章，深入推进优质粮食工程，推进优粮优产、优购、优储、优加、优销"五优"联动政策调控和强化"产购储加销"协同保障能力建设，有效提高了市场自我调节能力，粮食市场在确保基本供给的同时，也在不断尝试适应新的市场需求变化。

### 4. 良法护粮开局年

《中华人民共和国粮食安全保障法》已于 2024 年 6 月 1 日正式施行。这是我国粮食领域第一部基础性、统领性法律，意味着我国粮食安全保障体系进一步完善，端牢"中国饭碗"有了更坚实的法治支撑。粮食安全保障法对从耕地保护到粮食生产、储备、流通、加工各环节，以及粮食应急、节约减损等方面作了系统规定，为全方位夯实国家粮食安全根基提供了有力的法治保障。

### 5. 粮食安全仍存风险

虽然我国粮食实现了丰产价稳，供应保障能力不断提升，但粮食安全风险不可小视，应时刻居安思危。一是气候变化对粮食生产的影响愈加显著。从西北地区的极端天气到南方的洪涝灾害，各地的粮食生产都受到不同程度的影响，增加了国家在粮食供给上的压力。二是国际市场的变动也是影响粮食生产的重要因素。2024年，全球粮食价格波动反复，受到国际局势和政策变化的影响。一方面，中美贸易关系的变化可能大幅影响农产品的进出口；另一方面，俄乌地区冲突对小麦等重要粮食的供应链造成了冲击。这些都提醒我们，保护国内粮食生产，加强自给自足的能力显得尤为重要。

### 6. 粮食市场勇担稳定粮食流通安全重任

2024年，各级粮食批发市场围绕建立全国统一大市场战略，努力推进国家粮食产业高质量发展，积极探索构建粮食全产业链流通经营模式，在推动粮食产业链上的"产购储加销"优化升级上务实作为，充分利用好线上线下两个平台、两种模式的集约优势，稳中求进、以稳促进、先立后破，不断创新健全制度建设和体系建设，为确保国家粮食流通安全和城市粮油应急保供发挥了主力军、主渠道作用。

## （二）2024 年各类粮食批发市场运行特点

2024 年以来，国家粮食交易平台体系稳步推进粮食交易，积极探索基差交易、贸易粮线上采购销售、大豆加工奖补线上采购试点、供应链金融服务等创新业务，交易平台功能进一步优化提升，服务国家粮食宏观调控效果明显，为保障国家粮食安全和促进产业高质量发展发挥了积极作用。

（1）深入推进储备粮轮换进场交易。2024 年，全国 30 个省级交易中心通过国家粮食交易平台持续推进地方储备粮轮换进场交易，累计组织各类政策性交易 19 166 场，成交量 4 518 万吨，成交额 1 384 亿元，同比分别增长 8.4%、19.24%、12.8%，储备粮轮换效率和收益稳步提升（见图 5-1-6）。

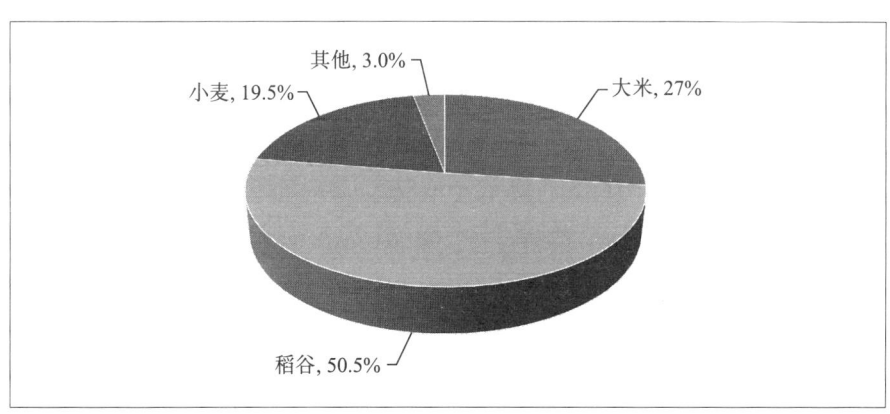

图 5-1-6　2024 年储备粮交易品种占比

(2) 国内主要成品粮批发市场全年累计成交成品粮油 1 085 万吨，保持稳定（见图 5-1-7）。

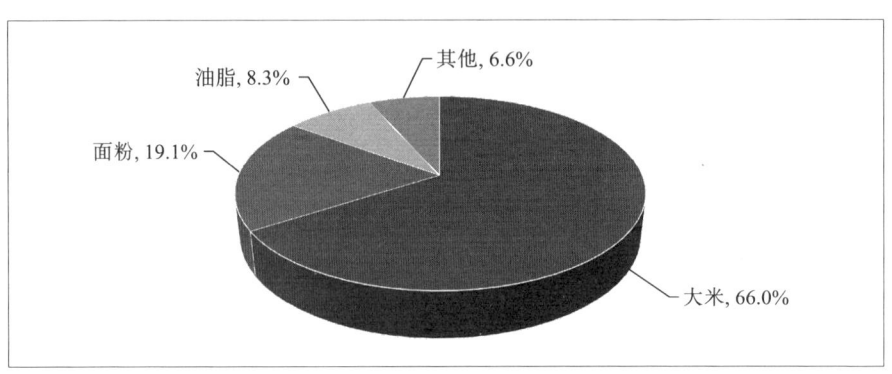

图 5-1-7　2024 年国内成品粮油市场交易品种占比

(3) 交易业务创新稳中求进。2024 年，国家粮食交易中心积极投身粮食产销服务，创立了主产区农民售粮交易新模式，4 月份率先在黑龙江推行了企业和农户通过线上竞价方式购销大豆试点交易，并圆满完成了线上交易和线下履约，有效增加了农民卖粮收益，实现了预约收购，进一步规范了企业收购行为。同时积极开展供应链金融服务创新，完成了国家平台供应链金融服务开发，有序缓解了粮食经营中小企业融资难、融资贵的难题，并且探索研究战略和应急物资储备调节交易模式，逐步实现交易业务跨越式发展。

首先，第六届中国粮食交易大会有力服务于粮食产销衔接。由国家粮食交易协调中心为主承办的第六届中国粮食交易大会围绕"粮安天下聚合力、产销融通促发展"主题，呈现几个显著特点：一是参展规模大。大会在武汉国际博览中心举办，展区面积达 6 万多平方米，吸引了约 3 000 家参展参会企业，行业人员超过 2 万人。大会设置了序厅、脱贫地区消费帮扶展区、优质粮油产品展区、粮油机械设备展区、国际展区、院校人才展区和粮科院展区等多个展区。二是品牌效应显著。各地优质粮油品牌纷纷参展，如山西小米、吉林大米、天府菜油等区域公用品牌集中亮相。湖北的"荆楚粮油""江汉大米""湖北菜籽油"等品牌也吸引了大量关注。大会期间，国家粮食交易平台还为各省粮油企业开设线上专场，组织现场贸易洽谈，帮助企业拓宽贸易渠道。三是产业升级明显。大会不仅展示了粮油产品，还强调了粮食生产的全链条升级。四是成效突出。通过展馆现场及国家粮食交易平台线上专场交易等方式，共成交及意向签约各类粮油 1 952 万吨、各类粮油机械 5 502 台（套），总金额 686 亿元，均创历史新高。

其次，省级交易中心"八仙过海"步步为营。30 家省级粮食交易中心在国家粮食交易协调中心指导下，围绕确保粮安主题，紧紧结合地方实际，交易工作亮点频出，特色鲜明。如，江苏交易中心通过突出健全全省粮食交易体系、强化规范管理、创建特色交易分中心等方式，使粮食交易量超历史最高水平，名列全国省级中心榜首；黑龙江中心首次引入"基差＋期货点价"的平台线上交易，组织基差交易专场 10 场次，打通了"现货"与"期货"线上交易的定价壁垒，促进市场化业务交易履约率；浙江中心不断探索社会贸易粮交易业务，积极对接粮食合作社、种子经营公司、粮食加工企业、粮油供应链企业等自有粮源进场交易，扩大购销群体，收效明显；湖北中心创建了全国首个地方储备粮交易监管系统，以"三个不得"规则的创新理念和实践，确保了交易能力和管理水平的提高，得到了国家粮食和物资储备局领导的高度肯定。

最后，成品粮市场"百花齐放"，保供能力不断强化。成品粮市场聚焦"稳供应、管质量、保粮安"中心工作，粮油集采供应和吞吐应急能力不断增强，充分彰显了成品粮批发市场在地方"米袋子"流通保供稳价中的主渠道作用。如，杭州市场积极推进全市粮油应急保障示范中心建设，完成了全市粮食应急保障中心总仓运营方案、管理规范的编制等前期准备工作，开展市场商户场外仓库租赁情况摸底调查，针对性制定了市场仓储设施建设规划，及时调整和完善相关工作措施，为确保全市粮油应急保障供应发挥了国有粮食市场的主动担当；同时还创新推出集业务咨询、政策宣传、商品推广等核心功能于一体的市场"粮管家"服务小程序，真正实现商户服务"最多跑一次"的便捷体验，极大稳定了商户队伍。苏州市场不断激发市场发展活力，积极服务"三农"，通过电商平台发展和产销衔接，带动优质粮源基地60万亩，联结近10万农户，为保障市场稳定和民生需求发挥重要作用；同时切实落实"粮食进场查验"制度，2024年共检测粮油质量6 242批，卫生质量抽检610批，从源头上守护百姓"舌尖上的安全"。沈阳、宁波庄桥、南京新港市场时刻紧绷安全生产弦，强化市场安全管理，通过人防技防、点面结合、管紧细节，扎实练好管理内功，确保市场平安。

## （三）粮食批发市场分会行业引领能力不断提升

粮食批发市场分会始终围绕服务于国家粮食流通安全大局，坚持发挥社团组织的行业引领作用。在中粮协和国家局有关部门支持指导下，2024年7月份牵头在昆明组织召开了中国粮食交易大会籼稻专场交易会。大会期间共组织交易657场，成交总量136.31万吨，成交总金额38.16亿元。会上12家单位的产销合作项目签订了战略合作意向，不仅为籼稻产销合作提供了重要平台，也为未来粮食产业高质量发展奠定了坚实基础。2024年8月份又在新疆召开了分会五届二次理事（扩大）会议，会上15家会员市场进行了大会交流发言，会议充分肯定了分会换届以来的工作，并围绕今后一个时期在中央推行建立全国统一大市场中更好发挥粮食批发市场的功能作用进行了热烈讨论，形成了共识。

## （四）2025年粮食批发市场发展展望

2025年是"十四五"规划目标收官之年，要以习近平新时代中国特色社会主义思想为指导，坚持稳中求进工作总基调，扛稳确保国家粮食流通安全大旗，深刻认识中央关于建立全国统一大市场的要义，适应形势发展变化，准确把握机遇和挑战，发挥好稳预期、稳流通的关键作用，稳步推进建设高效规范、公平竞争的全国粮食批发市场发展体系，更好服务于国家宏观调控，保障国家粮食安全。

**1. 聚焦主责，服务国家粮食流通安全大局**

要进一步深入贯彻习近平总书记关于国家粮食安全的重要论述精神，全面落实实施国家粮食安全战略，各级粮食批发市场要深化做好稳定和促进流通文章，主动发挥好在粮食和重要农产品保供稳价、健全粮食价格形成机制，探索建立粮食产销区省际横向利益补偿机制中的"稳定器"作用，以高质量流通，有效提高粮食生产经营综合效益和竞争力。

**2. 突出主业，彰显粮食安全流通主力军作用**

要利用批发市场信息汇集众多、行情反应灵敏的优势，深入研判粮食产销流通和国际市场行情变化，以数智打造中国粮食智慧交易。一是严格落实国家调控指令，配合国家有关部门及时把控粮食销售时机和节奏，有效稳定粮食市场预期，切实组织好国家政策性粮食交易；二是加快技术投入，深化推进政府储备粮公开、透明第三方交易，确保交易全程留痕，为执法监管提供有力支撑；三是强化做大国家平台，深入研究推动调节储备购销轮换通过国家粮食交易平台交易模式，以规范运行和优质服务，提高粮食宏观调控和购销监管能力；四是成品粮批发市场要在"经营品牌化、运行智慧化、管理规范化、服务优质化、发展特色化"上下功夫，打造以现货市场为核心、应急保供为基础的城市粮油供应多维度应用场景，深化建立产业供应链，增强市场竞争力，更好凸显市场在城市粮食保供稳价中的主渠道作用。

### 3. 勇于创新，推进建设粮食市场交易体系新质生产力

创新机制，强化"产购储加销"协同保障，引导多元主体积极入市，激发市场新质生产力。一是发挥国家平台体系集聚功能，完善系统技术指向，重点开拓行业、社会贸易粮的竞价交易购销渠道，研究推动与大商所合作，助力粮食流通全国统一大市场建设。总结在与益海嘉里开展贸易粮交易试点的基础上，融合供应链融资和基差交易等，推进贸易企业、加工企业通过平台进行采购销售，以"以稳促进、先立后破"的精神，创出大食物流通交易和食品质量安全管理规范相结合的新型交易模式。二是积极推进银行加快贸易粮融资产品运行，细化确定贷款利率、保证金比例、贷款额度、贷款周期等产品要素，联合融资业务合作银行，开展业务试点工作，推进在有效风控前提下的供应链金融服务的创新实践。三是推进期现联动，深化开展国家粮食交易平台粮食交易价格指数研究，探索建立基差价格体系，服务于国家宏观决策大局。四是建立国家、省级交易中心联动机制，探索进口粮食线上交易，通过平台协调、政企共享、中外结合，尝试开展与毗邻国家进口粮食线上交易，开辟粮食进口流通交易新途径，增强交易体系对全球粮食企业、资源的吸引力。五是高度关注粮食市场经营管理、科技业务人才的培养，为行业可持续发展提供有力支撑。

### 4. 砥砺前行，深化打造规范高效的粮食批发市场体系

要不断深化理解党中央、国务院《关于加快建设全国统一

大市场的意见》相关精神，围绕市场在资源配置中起决定性作用的"统一"，坚持市场化、法治化原则，提高粮食流通要素资源，合理有序高效配置，打造省际间、区域间、经营主体间的供需互促、产销联动、产业并进且面向全球充分开放的粮食批发市场体系，推动经济高质量发展。粮食批发市场分会要进一步发挥行业引领作用，在"稳市场、稳流通、稳供应"上发力，开展对成品粮市场建立城市粮食应急保供中心，推进社会化贸易粮进国家平台交易等重点课题的专题调研，同时要联合相关理事单位组织开好全国区域性省际间早籼稻专场交易会，不断推动粮食批发市场体系"一盘棋"业务创新与发展。

**5. 乘势而上、办好第七届中国粮食交易大会**

作为粮食批发市场体系主办的一场全国粮食行业盛会，要围绕创造市场机遇、激发市场主体活力，集中展示全国粮食行业新质生产力发展中的新技术、新业态、新变化、新趋势，重点聚焦展示成就、推动交流、打造品牌、促进贸易，延伸产业链、提升价值链、打造供应链，推动粮油产业高质量发展。全国粮食批发市场（交易中心）在国家粮食交易中心统一部署下，联动作为，要紧贴第七届粮食交易大会主题，发挥行业主导作用，共同创办一届富有创新特色的粮食交易大会，更好满足人民群众消费升级需求，在更高层次上保障国家粮食安全。

（中国粮食行业协会粮食批发市场分会理事长　陈国强）

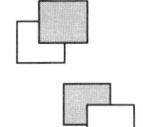

# 二、粮食期货市场发展状况与展望

【内容提要】

2024年,国内期货市场成交金额继续增长,粮食期货成交量和成交额呈现"一升一降"态势,与2023年相比,成交量略增、成交金额小幅下降,各品种成交情况分化依旧明显。

2024年,国内粮食价格走势整体受供强需弱格局影响,波动明显,整体回落。国内小麦市场化购销活跃,行情震荡反复成常态。稻米市场走势延续分化,全年"早强晚弱,稻强米弱"特征明显。玉米市场价格整体震荡下跌。

2024年,国内油脂油料走势分化明显,"油强粕弱"格局突出。国内油脂库存触顶回落,供需格局好转,油脂期货价格整体震荡走强;蛋白粕持续承受较大供应压力,同时需求表现不佳,期价呈现震荡下行走势。

2025年国内粮食市场整体仍将维持供强需弱格局,买方氛围浓厚,粮价大概率呈现区间窄幅调整态势，不同品种走势延续分化。小麦市场上半年在最低收购价小麦和临储小麦持续轮出的情况下，供应压力对小麦价格的利空影响持续存在；下半年新麦上市后，最低收购价执行预案启动概率较高，有望支持麦价走势反弹。稻米市场在产量稳中有增、需求持续疲软的供强需弱格局下，整体走势将偏弱震荡，优质稻较普通稻更加坚挺。玉米市场供需或将重回相对紧张格局，有望带动玉米价格阶段性上涨。

2025年三大油脂价格仍将呈现分化走势，棕榈油作为油脂板块风向标作用延续，菜籽油供需格局趋紧，豆油供应相对宽松，扮演油脂价格托底的角色。

## （一）2024年粮食期货市场运行状况

### 1. 2024年粮食期货市场整体成交情况

2024年，国内期货市场累计成交量约77.29亿手，累计成交额约619.26万亿元，分别较2023年下降9.08%和增长8.93%。2024年国内粮食期货市场成交总量约15.59亿手，成交金额约73.36万亿元，分别较2023年增长2.78%和下降8.91%（见表5-2-1）。其中，黄大豆二号、菜籽粕、豆粕、油菜籽期货成交量增幅较大，棕榈油期货成交量小幅增长，粳米、花生、玉米淀粉、黄大豆一号、豆油、菜籽油、玉米期货成交量均有不同幅度下降。

表 5-2-1　2024 年郑州商品交易所、大连商品交易所交易情况

| 交易所名称 | 品种名称 | 2024 年成交总量/手 | 2023 年成交总量/手 | 2024 年累计成交总额/亿元 | 2023 年累计成交总额/亿元 |
|---|---|---|---|---|---|
| 郑州商品交易所 | 早籼稻 | 0 | 0 | 0 | 0 |
| | 晚籼稻 | 0 | 0 | 0 | 0 |
| | 粳稻 | 0 | 0 | 0 | 0 |
| | 普麦 | 0 | 0 | 0 | 0 |
| | 强麦 | 0 | 294 | 0 | 0.19 |
| | 油菜籽 | 19 871 | 7 051 | 10.74 | 4.26 |
| | 菜籽油 | 153 223 115 | 185 663 459 | 131 536.20 | 163 760.66 |
| | 菜籽粕 | 314 696 747 | 230 593 113 | 79 038.95 | 72 356.42 |
| | 花生 | 21 218 741 | 36 100 351 | 9 163.35 | 17 925.18 |
| | 总额 | 489 158 474 | 452 364 268 | 219 749.24 | 254 046.72 |
| 大连商品交易所 | 黄豆一 | 28 899 209 | 42 175 264 | 12 706.14 | 21 489.63 |
| | 黄豆二 | 38 534 471 | 28 177 871 | 14 369.75 | 12 687.47 |
| | 豆粕 | 426 398 672 | 354 530 779 | 132 846.90 | 134 384.35 |
| | 豆油 | 148 949 370 | 203 940 313 | 116 106.63 | 163 033.26 |
| | 棕榈油 | 228 809 793 | 214 926 469 | 190 060.02 | 159 106.43 |
| | 玉米 | 162 126 722 | 162 627 023 | 37 593.19 | 43 043.25 |
| | 玉米淀粉 | 35 505 877 | 54 758 333 | 9 761.25 | 16 230.89 |
| | 粳米 | 1 066 544 | 3 762 406 | 373.32 | 1 316.33 |
| | 总额 | 1 070 290 658 | 1 064 898 458 | 513 817.20 | 551 291.61 |
| 交易总额 | | 1 559 449 132 | 1 517 262 726 | 733 566.44 | 805 338.33 |

注：(1) 本表数据根据郑州商品交易所、大连商品交易所数据计算；(2) 表中数据均为单边计算。

## 2. 2024 年主要粮食期货品种市场表现

(1) 小麦。2024 年郑州商品交易所强麦和普麦期货全年无成交，陷入沉寂。小麦现货市场化购销活跃，供需宽松格局下，价格重心明显下移。1 月，春节提振效应有限，终端需求偏弱，

拖累麦价走势偏弱。春节后，基层上量有限，阶段性供应偏紧，在储备小麦竞价交易成交火爆且溢价幅度较高的提振下，麦价反弹。3月至4月，下游面粉需求转淡，各级储备轮换投放增加，成交价格降低，加剧市场悲观情绪，加之新麦丰产预期强烈，打压麦价持续下行。5月底，新麦上市，季节性压力显现，市场主体收购心态谨慎，新麦价格整体低开。6月至9月，国家增储政策持续实施，支撑新麦价格整体稳定在2 500元/吨左右。但麦市供需宽松格局未改、终端面粉需求持续疲软、饲用性价比一般，叠加秋粮腾仓压力等，9月底麦价继续偏弱运行。四季度，面粉需求旺季不旺，制约企业采购需求，中储粮、地方储备小麦陆续投放市场，小麦市场供应增加，供强需弱压制麦价稳中下行（见图5-2-1）。

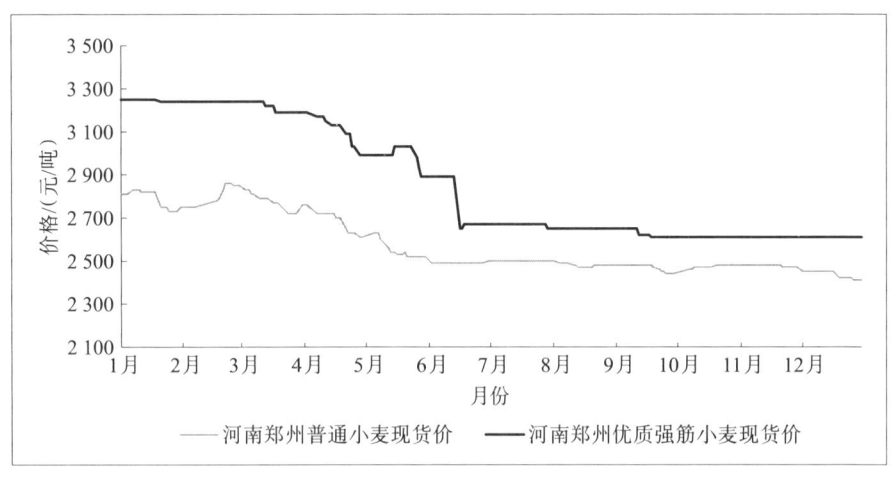

图5-2-1　2024年河南郑州普通小麦及优质强筋小麦现货价格走势图

（2）早籼稻、晚籼稻、粳稻及粳米。2024年国内稻米市场供需基本面维持宽松格局，价格走势延续分化，全年"早强晚弱，稻强米弱"特征明显。期货方面，2024年郑州商品交易所早籼稻、晚籼稻和粳稻期货全年均无成交。大连商品交易所粳米期货活跃度明显下降，2024年大连商品交易所粳米期货日均成交量0.44万手，同比下降71.65%；日均持仓量1.43万手，同比下降71.49%。

分品种看，2024年早籼稻价格走势偏强（见图5-2-2）。一是2024年产早籼稻（三等）最低收购价为1.27元/斤，较2023年上调0.01元/斤，连续第5年上调，为早籼稻价格提供底部支撑。二是受生长期降雨天气影响，产区新季早籼稻质量受到一定影响，加上生产成本增加，7月新稻上市后，市场主体持粮待涨心态较强，在各级地方储备补库的带动下，新季早籼稻价格高位坚挺。四季度，基层优质粮源偏少支撑早籼稻价格延续偏强走势。

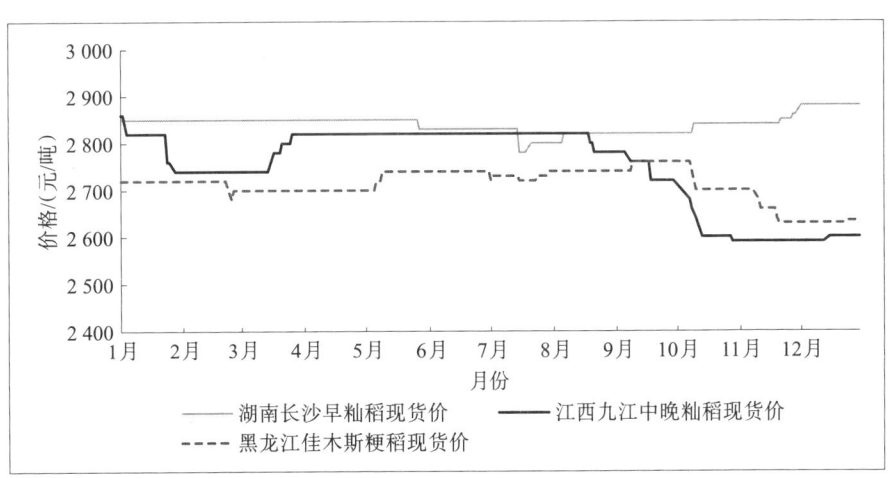

图5-2-2　2024年湖南长沙早籼稻、江西九江中晚籼稻及黑龙江佳木斯粳稻现货价格走势图

2024年中晚籼稻价格跌势明显。1月，中晚籼稻收购高峰期已过，储备企业轮入基本完成，随着春节前企业陆续放假，购销停滞，拖累中晚籼稻价格下跌。3月，集团性消费恢复，米企补库叠加部分地区增储，支持中晚籼稻价格反弹。4月至8月，终端需求偏弱，中晚籼稻现货购销量淡价稳。进入9月，新季中晚籼稻陆续上市，季节性压力沉重，新稻价格跌势明显。10月中下旬至11月上旬，河南、江苏、安徽省启动最低收购价执行预案，中晚籼稻市场底部基本探明，加上晚稻收获质量好转，加工企业入市积极性提升，中晚籼稻市场价格逐渐止跌企稳。

2024年粳稻现货稳中下跌。一季度，在黑龙江省托市收购支撑下，粳稻价格持稳为主。进入二季度，粳稻米市场购销僵持。一方面，天气升温，终端消化不畅，走货受阻；另一方面，市场流通余粮减少，受到成本支撑，短期主流粳稻报价持稳运行，局部略有上涨。三季度，粳稻处于青黄不接时期，但政策性陈稻持续拍卖，补充市场供应，另外受高温天气和院校放假等影响，终端大米需求低迷，拖累粳稻市场需求。四季度，新季粳稻集中上市，季节性下行压力较大。不过，江苏省、黑龙江省陆续启动中晚稻最低收购价执行预案，为粳稻价格提供底部支撑。

2024年粳米价格区间偏弱震荡，波动幅度有限。受制于大米消费"旺季不旺、淡季更淡"特征明显，加之粳稻原粮供需宽松格局影响，粳米现货及期货价格均呈区间偏弱震荡走势（见图5-2-3）。

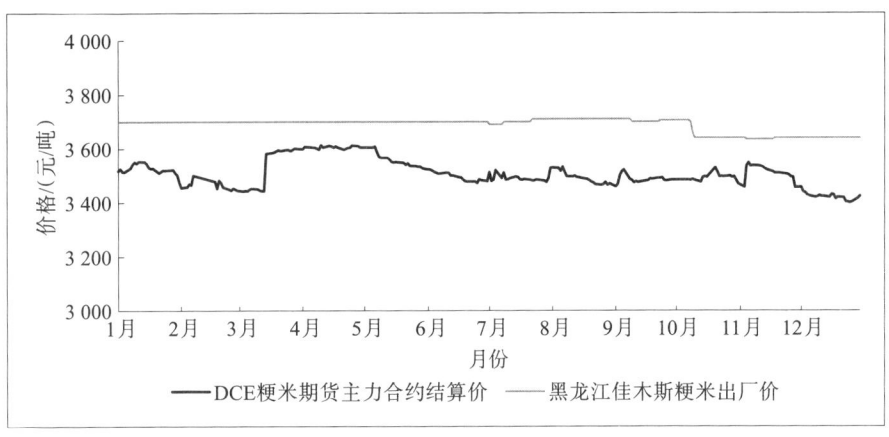

图 5-2-3 2024 年 DCE 粳米期货主力合约结算价及黑龙江佳木斯粳米出厂价走势图

（3）玉米和玉米淀粉。2024 年玉米价格整体震荡下跌（见图 5-2-4）。1 月经历春节前一波上量抛压后，春节期间供应暂停，节后雨雪天气影响物流运输，故年初至 2 月底盘面呈先下跌后反弹走势。3 月至 4 月随着气温升高，东北"地趴粮"售粮积极性提升，加之华北农户售粮意愿提升，玉米再度承压。5 月随着基层售粮压力得到释放，加之市场情绪及信心有所改善，玉米价格开始震荡上行。7 月至 9 月底，玉米价格震荡下跌。一方面，高温多雨的天气及三方资金压力使得持粮主体出货意愿增加；另一方面，进口玉米拍卖、较低的玉米和小麦价差也加剧市场看跌情绪；此外，下游需求不佳，叠加新玉米上市，现货供应充裕，压制玉米价格。四季度，玉米价格维持区间偏弱震荡走势。东北受收储预期影响，惜售情绪渐增，价格有所企稳；但华北供应压力较大，加之政策暂无利好驱动，以及临近年底、出货进一步加大，玉米阶段性供给加大，盘面持续弱势震荡。

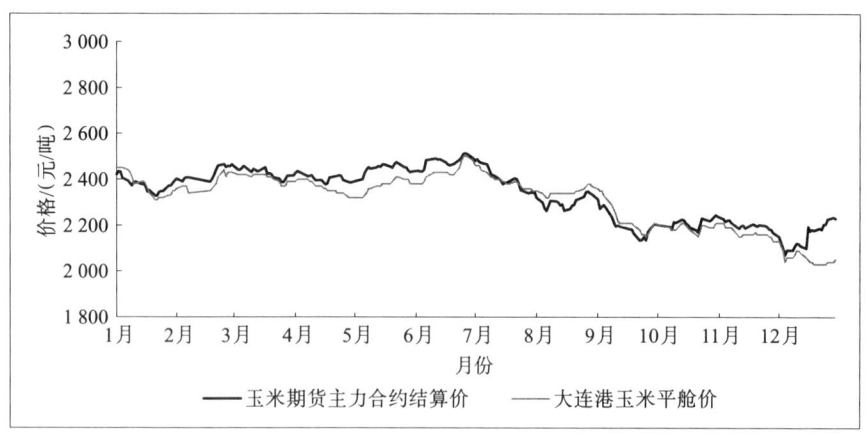

图5-2-4　2024年玉米期货主力合约结算价及大连港玉米平舱价走势图

2024年玉米淀粉继续跟随玉米价格走势，震荡偏弱运行（见图5-2-5）。一方面，原料玉米流通充足，玉米价格跌势不止，看空情绪传导至产品端，成本利空明显；另一方面，淀粉市场需求不足，企业为争取订单，降价促量，淀粉价格继续走低。

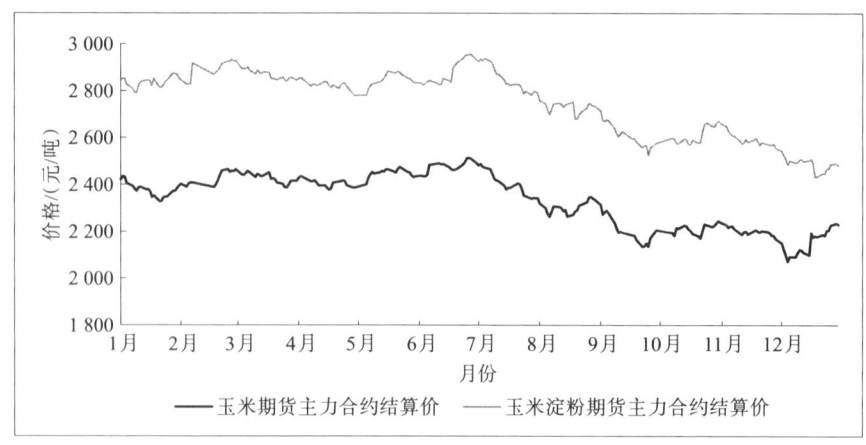

图5-2-5　2024年玉米期货及玉米淀粉期货主力合约结算价走势图

(4) 大豆、花生、油菜籽。2024 年，国产大豆期货价格震荡下跌（见图 5-2-6）。1 月至 2 月，产区大豆库存明显偏高，销区需求疲弱，豆制品消费旺季不旺，大豆期价持续走弱。3 月，九三、中粮等产区收购主体加大收购力度，收购库点增多且收购价提高，交易活跃度提升，大豆价格偏强运行。4 月至 6 月，产区余粮见底以及国产大豆拍卖成交情况良好对行情构成支撑，但贸易商收购节奏偏慢，市场成交平淡，大豆价格整体持稳。7 月至 10 月底，拍卖成交豆源进入市场，终端需求平淡，新豆上市后价格低开弱势运行，大豆期价承压持续下跌。10 月底至年末，经过前期价格大幅下跌，市场下方空间有限，大豆价格弱稳运行。

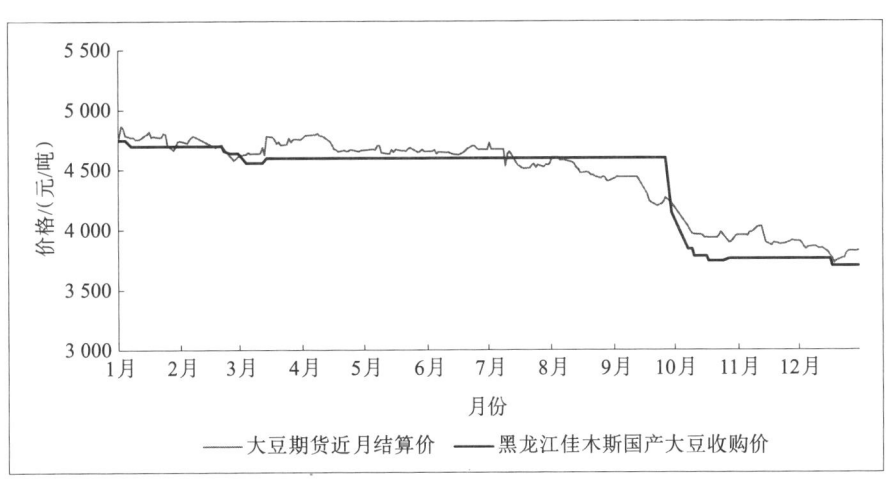

图 5-2-6 2024 年大豆期货近月结算价及黑龙江佳木斯国产大豆收购价走势图

2024 年，花生期货价格震荡走弱（见图 5-2-7）。年初，随着春节临近，油厂陆续停机停收，部分油厂则持续下调收购价，期价下跌明显。2月至3月，春节期间雨雪天气导致节后农户上货不达预期，且市场出现补库需求，期价快速反弹且达到年内高点。4月至9月，因气温逐渐升高，花生储藏难度增加，农户和贸易商出货积极，市场供应不断增加，之后新季花生上市加剧供应压力，花生期价持续下探。10月至年底，产区供应进度偏慢以及油厂收购给予市场支撑，但市场观望情绪浓厚，现货购销维持供需两弱格局，花生期价窄幅波动。

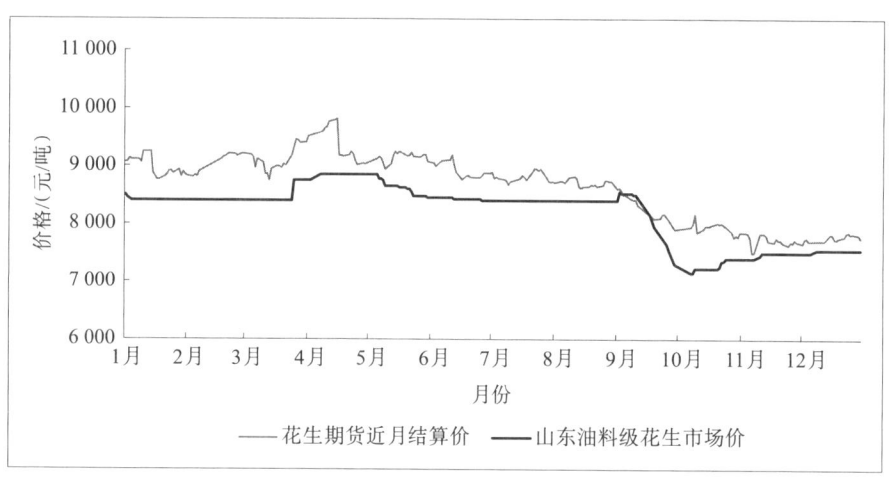

图 5-2-7 2024 年花生期货近月结算价及山东油料级花生市场价走势图

（5）豆油、菜籽油、棕榈油。2024年，国内油脂期货价格整体震荡走强。1月至3月，马来西亚棕榈油产量下降，外盘棕榈油行情不断上涨，加之春节后大部分加工企业仍处于假期状态，油脂产出较少，库存下降，油脂期货价格上涨。4月，马来西亚棕榈油产量预估增加，棕榈油上行动能减弱，同时国内油脂供应充裕，供需维持宽松格局，油脂期货价格承压走低。5月至7月，欧洲油菜籽减产担忧加剧，巴西洪涝灾害导致大豆产量受损，对国内油脂价格构成支撑，不过随着进口大豆、油菜籽增多以及棕榈油买船增加，国内植物油整体供给明显转向宽松，油脂期价弱势整理。8月至11月，印度尼西亚计划提高棕榈油在生物柴油中的掺混比例，国际棕榈油价格大幅上涨，中国决定对原产于加拿大的进口油菜籽进行反倾销立案调查，市场担忧未来我国进口油菜籽减少，国内油脂期价在上述利多消息提振下快速上行（见图5-2-8）。年底，受巴西大豆丰收预期增强、市场担忧特朗普政府支持美国生物柴油发展的力度将减弱，以及印度尼西亚政府可能放慢推出B40生物燃料等因素影响，国际豆油、棕榈油价格下跌，国内油脂期货价格跟随回落调整（见图5-2-9至图5-2-11）。

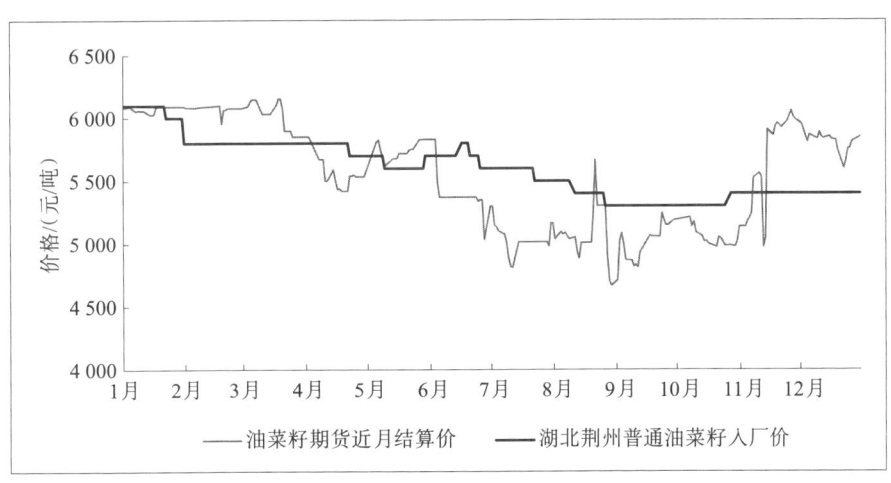

图5-2-8　2024年油菜籽期货近月结算价及湖北荆州普通油菜籽入厂价走势图

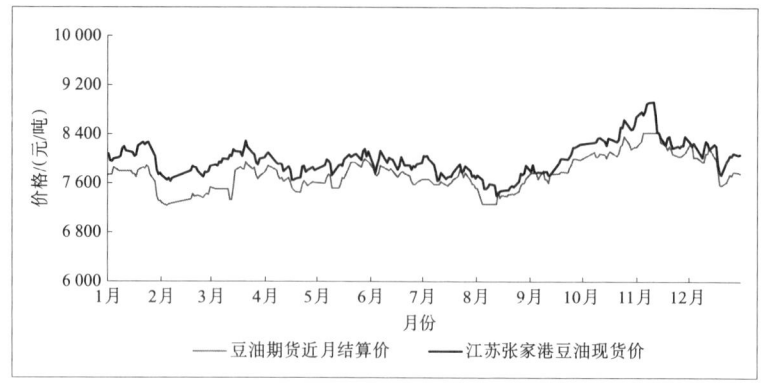

图 5-2-9　2024 年豆油期货近月结算价及江苏张家港豆油现货价格走势图

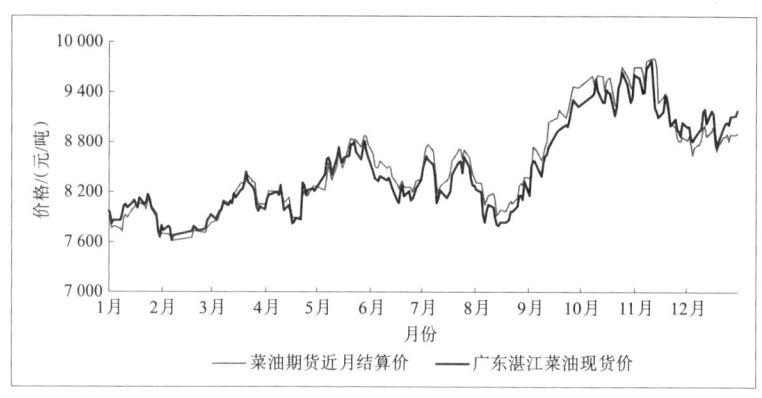

图 5-2-10　2024 年菜油期货近月结算价及广东湛江菜油现货价格走势图

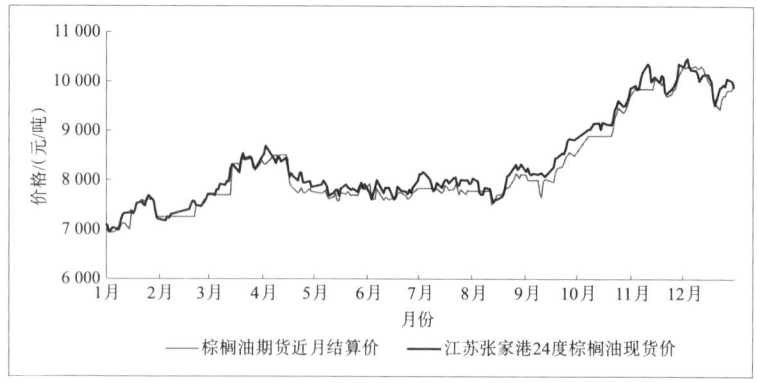

图 5-2-11　2024 年棕榈油期货近月结算价及江苏张家港 24 度棕榈油现货价格走势图

(6) 豆粕、菜籽粕。2024年，豆粕和菜籽粕期货价格呈现震荡下行走势（见图5-2-12、图5-2-13）。1月至2月，国内养殖企业备货需求较往年清淡，饲料需求疲软，豆菜粕库存处于偏高水平，供强需弱施压，豆菜粕期货价格走弱。3月至5月，巴西大豆产区出现洪涝灾害，预估对作物造成损害，欧洲极端天气加剧油菜籽减产担忧，外盘大豆、油菜籽市场走强，提振国内蛋白粕价格上涨。6月至8月，美国大豆产区天气良好，新作大豆丰产预期强烈，国内豆菜粕期价承压下行。9月，美国大豆销售需求旺盛，支撑美盘大豆期价止跌反弹，我国依法对自加拿大进口油菜籽发起反倾销调查，豆菜粕期价低位回升。10月至年底，新季巴西大豆丰产预期强烈，打压豆粕价格，国内进口大豆和油菜籽集中到港，蛋白粕供给依然充足，但饲料养殖需求不振，豆菜粕期价弱势运行。

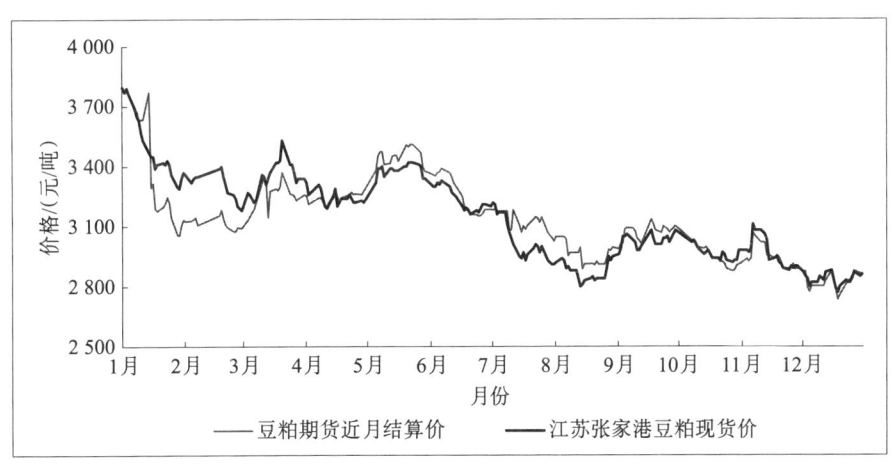

图5-2-12 2024年豆粕期货近月结算价及江苏张家港豆粕现货价格走势图

图 5-2-13 2024年菜粕期货近月结算价及广东湛江菜粕现货价格走势图

## (二) 2025年粮食期货市场发展展望

2024年国内粮食市场整体呈现供强需弱格局,粮价波动明显,整体回落。展望2025年,粮食市场压力仍旧较大。供应端,疫情后全球对粮食的关注度明显升级,各国均在努力增产以保障粮食的绝对安全,国际粮食市场供应相对充裕。我国更是将保障粮食和重要农产品稳定安全供给作为建设农业强国的头等大事。2024年召开的中央农村工作会议强调,要坚决扛牢保障国家粮食安全重任,持续增强粮食等重要农产品供给保障能力,稳定粮食播种面积,深入推进粮油作物大面积单产提升行动,加强农业防灾减灾能力建设,确保粮食稳产丰产。2025年,在没有大的自然灾害影响的情况下,预计我国粮食总产量将继续保持高位，粮食库存充足，进口量维持高位，供应压力仍然较大。需求端，疫情后全球经济增速放缓对粮食等大宗商品需求产生抑制作用，我国同样受到影响，经济和居民收入增速放缓，需求受到拖累，加之人口增量放缓，老龄化不断加重，农产品尤其是粮食消费趋于刚需饱和状态，供需两方面因素对国内粮食价格形成拖累。需要注意的是，2024年中央经济工作会议提出，2025年国家将实施更加积极的财政政策和适度宽松的货币政策支持全方位扩大国内需求，有望为2025年粮食价格带来一定提振作用。

综上所述，2025年粮食市场整体仍将维持供强需弱格局，买方市场氛围仍较浓厚，粮价大概率呈现区间窄幅调整态势，不同品种价格走势延续分化。

小麦、稻谷：2025年小麦市场价格预计先抑后扬。上半年小麦市场延续供大于求格局，最低收购价小麦和临储小麦轮出，春节后小麦市场卖压仍存，而终端需求依赖于制粉消费，需求单一抑制小麦价格走势。预计新产小麦上市前，供应压力对小麦价格的利空影响持续存在。新麦上市后，政策性调控的核心仍将为稳市场、稳预期。2025年小麦最低收购价为1.19元/斤，同比提高0.01元/斤。预计2025年小麦夏收启动最低收购价收购的概率或较往年提高，主产区新季小麦价格将围绕最低收购价运行。2025年稻米在产量稳中有增、需求持续疲软的供强需弱格局下，整体走势将偏弱震荡。不过，普通稻有最低收购价政策作支撑，托底作用明显，跌幅有限，预计将围绕最低收购价小幅震荡；优质稻较普通稻更加坚挺，稻米市场整体走势延续分化，优质优价特征明显。

玉米：2025年玉米市场供需或将重回相对紧张的格局，因主产区出现不同程度减产，玉米供应量有所下降。需求端，深加工行业变化幅度有限，饲料玉米需求受生猪存栏增加影响或同步增加，总需求预计同比略有增加，理论供需差下降，或将带动玉米价格阶段性上涨。但由于需求增加幅度有限，加之受小麦价格顶部限制，玉米价格上涨幅度也将有限。

油脂油料：2025年油脂油料市场将受到供应端产量变化、需求端消费趋势以及国际贸易政策的多重影响。棕榈油在二季度增产周期到来后，供需紧张格局有望好转，加上印度尼西亚B40实施的不确定性带来扰动，预计价格先扬后抑。菜油市场受国际贸易关系和季节性消费旺季支撑，价格高位震荡，需关注国内库存的去化进程以及加拿大菜籽销售压力的缓解情况。豆油则在相对宽松的供需背景下面临下行压力，需要警惕政策变动带来的不确定性。

（易盛信息　刘华军　李军霞）

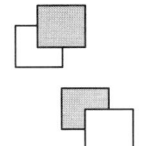

# 三、粮食电子商务发展状况与展望

【内容提要】

2024年是我国全面贯彻落实党的二十大精神的关键之年，也是加快培育新质生产力、夯实新型工业化发展底座的关键之年。这一年，我国粮食电子商务市场得到更多的政策支持，发展势头强劲。粮食电子交易体系不断完善发展，农产品网上期货（期权）市场规模进一步扩大，农产品电商模式创新多样化发展，跨境电商再创佳绩，相应的配套设施冷链物流规模持续扩大，冷链物流体系建设不断完善。

进入2025年，健全推动乡村全面振兴长效机制，确保国家粮食安全，提高粮食和重要农产品供给保障水平至关重要。我国数字农产品电商作为新质生产力，或将推动农产品电商产业大变革；农产品期货（期权）上市品种数量进一步增加，"保险＋期货"业务发展空间大，未来农产品期货（期权）市场高质量发展将稳步推进，为服务实体经济再添助力；农产品直播电商规模将进一步扩大，为农村电商高质量发展赋能。

## （一）2024年我国粮食电子商务发展现状

2024年是我国全面贯彻落实党的二十大精神的关键之年，有效推进乡村全面振兴，锚定建设农业强国目标，稳固国家粮食安全根基，对我国粮食及农产品电子商务产业发展提出了更高的要求。2024年我国粮食电子交易体系不断完善发展，农产品网上期货（期权）市场规模进一步扩大，农产品电商模式创新多样化发展，农产品网络零售额同比大幅增加，农产品跨境电商再创佳绩；相应的配套设施农产品冷链物流规模持续扩大，冷链物流体系建设不断完善。

**1. 粮食电子交易体系不断完善发展**

我国的粮食电子交易体系由国家级粮食电子交易体系和市场化运营的粮食电子交易体系共同构成。国家级粮食电子交易体系由依托于国家粮食和物资储备局、由中华粮网提供技术支持的国家粮食交易中心与30个省级交易中心联网交易，全面实现国家政策性粮、地方政策性粮和社会贸易粮购销的统一平台、统一交易、统一结算、联网交易。国家粮食交易中心交易品种主要包括小麦、稻谷、玉米、大豆和菜籽油等。近几年平台交易范围从主粮品种逐步向区域特色品种延伸，从原粮、成品粮向全产业链产品延伸。据统计，2024年通过国家粮食交易中心拍卖成交最低收购价粮食共计19万吨，同比大幅减少485万吨，减幅96%，且全部为稻谷品种。2024年受粮食行情疲软影响，最低收购价小麦没有投放市场，最低收购价稻谷投放量大幅缩减，这是导致国家粮食交易中心最低收购价粮食交易规模萎缩的主要原因。与此同时，2024年地方储备粮食轮换和社会贸易粮交易活跃度持续上升。除了完成粮食电子交易外，国家粮食交易中心也在不断完善四个子平台的建设：一是升级交易平台，构建新型粮食购销体系；二是搭建信息平台，形成粮油价格"风向标"；三是建设物流平台，助力打通"北粮南运"通道；四是构建融资平台，缓解粮食企业贷款难的困境。多措并举把国家级粮食电子交易体系建设成为国家粮食宏观调控的有效载体、服务粮食"去库存"的主渠道、推进粮食产销合作的重要平台、构建新型粮食购销体系的市场龙头。2024年10月，国家粮食交易中心在湖北武汉举办了第六届中国粮食交易大会，以"粮安天下聚合力，产销融通促发展"为主题，集中展示优质粮油产品、粮油机械设备等产业发展最新成果，通过现场组织及国家粮食交易平台线上专场交易等方式，共成交及意向签约各类粮油1 952万吨、各类粮油机械5 502台（套），总金额约686亿元，均创历史新高，充分发挥了国家级粮食电子交易平台的引领功能。

除了国家粮食交易中心外，另外一个以中央储备粮竞价交易为主的中储粮网，近年来发展势头迅猛。中储粮网是中国储备粮管理集团有限公司倾力打造的电子商务平台，主要交易品种有玉米、稻谷、小麦、大豆和油脂油料等，是唯一获得财政部专项建设资金支持的"互联网＋粮食"电子商务平台。据统计，截至 2023 年末，中储粮网交易金额超过 1 000 亿元，成功迈入千亿级交易平台行列，注册会员数量超过 13 000 家，是国内大宗农粮电商平台的典范。近几年随着粮食行情的波动幅度加大，市场化运营的粮食电子交易平台不断涌现，创新交易方式，扩大交易规模，诸如粮田易、粮达网、惠农网等，推动我国粮食电子交易体系不断完善发展。

## 2. 农产品期货（期权）市场规模进一步扩大

2024 年国内期货市场发展势头良好，虽然成交量同比小幅下降，但是成交额却逆向继续增长，其中农产品期货市场规模进一步扩大，品种体系不断丰富。中国期货业协会统计数据显示，2024 年全国期货市场累计成交 77.29 亿手，同比下降 9.08%；累计成交金额 619.26 万亿元，同比增长 8.93%。受期货市场成交量下滑影响，在全球场内衍生品市场中，中国期货交易所的成绩排名小幅下降。以 2024 年上半年的期货交易数据为例，郑州商品交易所和大连商品交易所在全球交易所期货与期权成交量排名中分别位列第 9 名和第 10 名。在全球农产品成交量 40 强排名中，中国内地商品交易所包揽了前 10 强中的 9 席；在前 40 强中占有 26 席，与 2023 年持平，其中大连商品所交易占 12 席、郑州商品交易所占 10 席、上海期货交易所占 4 席。大连商品交易所生猪期货入围，黄大豆 2 号期权和豆油期权退出；上海期货交易所天然橡胶期权入围。2024 年农产品期货在新品种研发上持续发力，红枣期权在郑州商品交易所上市，原木期货、原木期权、鸡蛋期权、玉米淀粉期权和生猪期权在大连商品交易所上市。据统计，截至2024年末，郑州商品交易所和大连商品交易所累计上市农产品期货期权品种44个，其中包括期货品种27个，期权品种17个，占我国全部期货期权品种的30%。我国农产品期货期权品种稳步增加，产品体系更加完备，诸如葵花籽油、鸡肉、大蒜、马铃薯、干辣椒等新期货品种也在持续研发阶段。农产品期货市场的产品创新，为农产品企业提供全面的避险工具和高效的风险管理解决方案，推动期货行业更好服务国家战略、服务实体经济高质量发展。

### 3. 农产品电商创新发展，为促进消费做出重大贡献

我国农产品电商经过20多年的发展，不断运用互联网技术和信息化手段实现产销对接，目前我国已经成为世界第一大农产品电商国。2024年被商务部定为促进消费年，农产品电商不断挖掘新动能，创造新模式，为促进消费做出重大贡献。商务大数据显示，2024年全国农村网络零售额同比增长6.4%，农产品网络零售额同比增长15.8%，而且农产品网络零售呈现出东中西部竞相发展、各类农产品加速覆盖的良好态势。2024年我国农产品电商模式创新多样化发展，诸如国有农产品电商平台"832平台"秉承政策性、帮扶性、公益性的特点，坚持"四化"带动，开展"双实"（质量和价格）行动、创新"乡村好品""832福字号"两个品牌，取得良好效果。淘宝天猫在食品生鲜行业利用直播加持，2024年"618"淘宝天猫食品生鲜

GMV同比增长近50%，其中直播电商贡献GMV增速高达261%，破亿直播间10个，单场破千万直播85场，生鲜破百万直播间52个，直播已经成为淘宝天猫食品生鲜行业的增长极。另外，京东、拼多多、抖音、快手、美团等都在探索新电商——数字农产品电商的模式，未来农产品电商在乡村振兴、精准扶贫以及改变农产品生产、流通、消费方式等方面所起的作用将越来越大。

**4. 数字经济助推农产品跨境电商再创佳绩**

随着互联网技术的不断进步，以及全球贸易格局的深刻变化，农产品电商已经成为连接国内外市场的重要桥梁，不仅拓宽了我国农产品的销售通道，还提高了我国农产品的国际竞争力。据海关总署发布的数据统计，2024年我国跨境电商进出口总额高达2.63万亿元，同比增长10.8%，占我国进出口比重提升至6%。4年间我国跨境电商贸易额已增长逾1万亿元。2024年中央一号文件提出要深化"一带一路"农业合作，商务部发布《关于促进外贸稳定增长的若干政策措施》明确提出，要扩大优势特色农产品出口。蓬勃发展的跨境电商，助力更多优质农产品直达全球市场，诸如云南的普洱茶、四川的辣椒、山东的大姜等，都通过跨境电商平台打开了国际市场。2024年Temu、SHEIN、AliExpress和TikTok Shop等平台加快跨境电商步伐，采取"全托管""半托管"的方式开展跨境电商业务。诸如山东日照五莲县，2024年和亚马逊、eBay、Temu等平台合作，利用海外仓资源优势，实现营收高达7100万美元。随着高水平对外开放、乡村振兴、数字乡村等战略的深入实施，未来农产品跨境电商发展潜力将进一步释放。

**5. 农产品冷链物流规模持续扩大，冷链物流体系建设不断完善**

冷链物流是农产品电商运营中的重要环节，约有85%的农产品依赖冷链物流运输，因此农产品电商行业的快速发展，间接促使冷链物流规模进一步扩大。冷链物流体系建设不断完善发展，能够适配农产品电商行业的发展节奏。2024年中央一号文件提出，要不断优化农产品冷链物流体系建设，加快建设骨干冷链物流基地，布局建设县域产地公共冷链物流设施。经过一年时间的发展，取得了良好的效果。据相关数据统计，2024年国家发布新一批20个国家骨干冷链物流基地建设名单，2020—2024年累计有86个国家骨干冷链物流基地纳入重点建设名单，基地网络覆盖到全国31个省区市。据中国物流与采购联合会冷链物流专业委员会的数据显示，2024年我国冷链物流需求总量3.65亿吨，同比增长4.3%；冷链物流总收入5 361亿元，同比增长3.7%；新能源冷藏车销售2.1万辆，同比增长350.8%。在产地冷链物流建设方面，2024年国家支持3.8万个家庭农场、农民合作社和农村集体经济组织建设7.8万个产地冷藏保鲜设施，县级覆盖率达70%以上。在完善产地冷链物流节点布局方面，已推动建设培育100个农产品骨干冷链物流重点县（重点市），培育了1 000个农产品产地冷链集配中心，打造线上线下融合、产地销地衔接的产地综合服务平台。2024年随着国家财政支持力度增强,市场投资建设力度加大,我国农产品冷链物流网络建设更加完善,为我国农产品电商产业的发展提供了强有力的支持。

## (二) 2025年我国粮食电子商务发展趋势展望

2025年是"十四五"规划的收官之年,也是将全面深化改革推向纵深的关键之年。健全推动乡村全面振兴长效机制,确保国家粮食安全,提高粮食和重要农产品供给保障水平至关重要。具体到粮食及农产品电子商务行业,有以下几个发展趋势值得关注:数字农产品电商作为新质生产力,或将推动农产品电商产业大变革,未来发展潜力巨大;农产品期货(期权)上市品种数量进一步增加,"保险+期货"业务发展空间大,未来农产品期货(期权)市场高质量发展将稳步推进,为服务实体经济再添助力;农产品直播电商规模将进一步扩大,为农村电商高质量发展赋能。

### 1. 数字农产品电商作为新质生产力,未来发展潜力巨大

数字电商既是传统农产品电商发展的必由之路,也是发展新质生产力的具体体现。随着我国进入新的经济和消费周期,"三农"信息服务数字化、智慧农业以及生产、加工、营销、物流、品牌等环节的数字化发展潜力巨大,未来将形成农产品电商产业形态的整体变革。2024年阿里、京东、拼多多、腾讯、

美团、苏宁等电商开始相互"拆墙",实现社会资源的陆续整合,促进农产品电商由传统电商向数字电商的转型。诸如淘宝开放微信支付权限;京东物流全面入驻淘宝和天猫平台,京东APP开通支付宝支付功能;阿里巴巴与国家电网达成AI合作,共建光明电力大模型;安徽顺丰与安徽供销集团达成合作,聚焦农村物流;菜鸟速递接入东方甄选,提供次日达和送货上门服务;中国邮政与供销合作社签署战略合作协议,在金融和城乡物流体系建设方面开展合作等。电商巨头破冰合作,逐渐形成链式发展,共同助力数字农产品电商快速发展。

### 2. 农产品期货(期权)市场高质量发展稳步推进

2025年我国经济发展的总基调是"坚持稳中求进、以进促稳"。在这个指导思想下,农产品期货(期权)市场高质量发展将稳步推进。一方面,紧扣国家战略需求与产业需求,不断加快农产品期货(期权)品种的研发及上市进度。得益于《中华人民共和国期货和衍生品法》的颁布实施,我国农产品期货市场品种快速扩容。截至2024年底,我国上市农产品期货(期权)品种达到44个,2025年期货交易所将稳步推进大蒜、马铃薯等农产品期货的研发,构建更为齐全的产品矩阵,更好地服务经济高质量发展大局。另一方面,进一步优化"期货+保险"业务模式,成为服务"三农"的核心金融力量。据统计,截至2024年底,我国"保险+期货"落地31个省区市,覆盖21个涉农品种,保障价值2 000多亿元,惠及农户超740万户次。2024年12月中国期货业协会发布实施《期货公司"保险+期货"业务规则（试行）》，强化监管、防控风险、推动"保险＋期货"业务高质量发展，为期货市场服务实体经济再添助力。

### 3. 农产品直播电商规模将进一步扩大

近几年，随着 5G 技术的广泛应用，直播电商发展势头迅猛，逐渐成为农产品电商销售的重要渠道。2024 年商务部等 9 部门联合印发了《关于推动农村电商高质量发展的实施意见》，重点提出要打造 1 000 个左右县域直播电商基地，进一步提升直播电商的应用水平。直播电商具有增速快、规模大、效率高等特点，赋能农产品电商效果显著。近几年，抖音、快手、京东、淘宝等电商平台的数字化程度不断提高，借助直播模式助力农产品"出圈"，培育了一系列农产品品牌，带动偏远地区农民脱贫致富，成为贫困地区农产品销售的重要渠道。以抖音为例，2024 年抖音电商累计销售农特产品 71 亿单，农货商家数量同比增长 63%。广西借助快手电商等渠道，将武鸣沃柑、百色芒果、融安金桔、北流百香果等一批农产品形成全网热销。与此同时，农产品直播电商还与其产业深度融合，形成多元化的"农产品直播电商＋"模式，诸如"农产品直播电商＋旅游""农产品直播电商＋文化"等，以"与辉同行"为例，这个直播电商公司以"商品＋文化"直播为特色，2024 年创造了超过 100 亿元的直播营收，交易订单总数更是高达 1.5 亿笔。未来农产品直播电商规模将进一步扩大，市场前景还有进一步拓展的空间。

（中华粮网　胡东　徐彦）

# 第六部分

## 行业风采

# 一、一滴油香里的巴蜀密码
## ——"天府菜油"省级区域公共品牌进阶之路

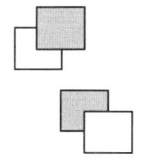

【内容提要】

"菜花黄，蜜蜂忙，耕牛无暇滚泥塘，收得菜籽榨油香。"在"天府之国"的金色田野上，油菜花海翻涌着春天的浪涛，一粒粒饱满的油菜籽承载着千年农耕文明的智慧，在现代化产业的浪潮中焕发新生。

作为川菜精髓的载体，"天府菜油"历经六年淬炼，从区域性特色产品成长为全国油脂领域的标杆品牌，进阶之路不仅是一部粮油产业升级史，更是四川从农业大省迈向农业强省的生动注脚。

## （一）战略擘画，创新驱动产业蝶变

擘画产业新图景。2018年，四川省粮食和物资储备局联合财政、农业农村等部门，启动"天府菜油"行动，油菜产业纳入全省现代农业"10+3"产业体系重点打造，构建起"政府主导、企业主体、行业协同"的推进机制。四川省建立了由省政府副秘书长牵头的联席会议制度，召开六次专题会议，不断完善"联席会议决策、奖补政策激励、品牌授权管理、产品标准控制、产业统计监测"五大支撑体系，形成"组团成链、集链成势"的新发展格局。

政策迭代赋动能。从2019年首份《"天府菜油"行动实施方案》出台，到2024年12家省级部门（单位）联合印发《深入推进"天府菜油"行动实施方案》，政策框架持续细化。新方案锚定千亿级产业目标，明确"六大工程"和21项重点任务，涵盖原料生产、主体培育、科技创新等全链条环节，聚力推动四川从油菜生产大省向油菜产业强省跨越，助力打造新时代更高水平的"天府粮仓"。

科技驱动增成效。加强油菜新品种选育及关键技术研发，实施"天府菜油"行动科技创新团队项目，聚焦油菜种植、收获、烘干、加工等关键环节，开展"链条"式科研技术集成、攻关，推动科技创新与产业对接、技术转化融合。2024年主导品种川油81等在40个县（市、区）推广，支撑四川油菜扩种面积70万亩以上，油菜耕种收综合机械化水平提升3个百分点。

产业融合促振兴。推动"天府菜油"产业融合发展县建设，深度开发"菜、花、蜜、油、肥、饲"融合发展潜力，开发油菜"菜用+油用""菜用+观花""观花+油用""菜用+观花+饲用"等多功能利用模式，全省建成绿色油菜籽、蜂蜜"双产双收"示范基地50万亩，成都平原、川东北菜、油两用集中发展区 35 万亩。在若尔盖县、炉霍县等高原春油菜区种植彩色观赏油菜，为农旅融合添彩，助力群众增收和乡村振兴。

## （二）全链精控，标准引领品质突围

健全标准体系。在全国率先制定"天府菜油""5+4"团体标准体系，覆盖种植、加工、储藏全链条。《天府菜油——油菜籽种植技术规范》将传统种植智慧与现代科技结合，规范12道田间管理工序；《天府菜油——浓香菜籽油加工技术规范》独创"六步鲜香工艺"，锁定28项风味物质指标。《油菜籽干燥储藏标准》《浓香菜籽油》等3项标准入选国家粮食团体标准培优计划，成为行业品质标杆。

育强实施主体。打造项目建设、企业培育、信贷服务政策支持体系，做优产业链核心企业，引导"天府菜油"授权产品企业专业化、精细化、特色化发展，助力企业做大做强，市场竞争力和盈利能力不断提升。德阳年丰食品公司入选中国农业企业500强，成都新兴粮油、绵阳辉达粮油公司成为农业产业化国家重点龙头企业，成都红旗油脂公司被认定为省级专精特新中小企业。全省食用植物油加工业产值近300亿元，较行动实施前增长65%。

做大原料基地。支持建设10个10万亩原料基地县，从源头上夯实"天府菜油"高端品质。建成190个油菜千亩高产展示片、70个油菜百亩超高产攻关片，油菜亩产同比增长2.8%。

实施"中国好粮油"行动示范项目 18 个,推动"天府菜油"授权产品企业建立"基地+工厂+销售终端"的全产业链发展新模式。接续实施"天府菜油"行动省级财政奖补,围绕油菜产业"产购储加销"全链条,聚焦科技创新、市场拓展、企业营收等重点环节,推动油菜产业高质量发展。

严格品质管控。省粮食行业协会规范开展年度管理体系审查和产品质量抽检,保障品牌产品品质;结合实际制修订 3 项天府菜油团体标准,强化"天府菜油"标准化发展,《天府菜油——浓香菜籽油》入选 2024 年第一批"天府名品"团体标准培育项目。强化食品安全风险防控,推进食用植物油小作坊示范试点建设,加强"天府菜油"商标品牌重点保护,严厉查处侵犯"天府菜油"商标专用权违法行为。

## (三) 宣传赋能,全域触达驱动品牌跃升

传播矩阵立体覆盖。构建"传统媒体+新媒体+高端展会"的三维传播体系。在成渝、成南等高速干线设置巨型广告牌 126 处,覆盖车流量超 2 亿次;在成都市春熙路、太古里等商圈投放 LED 屏广告,日均触达 300 万人次。联合四川卫视打造《天府菜油香飘四季》专题栏目,通过央视《味道》栏目开展品牌植入,形成"电视端+移动端+户外端"的立体传播格局。

宣传推介成果丰硕。举办"天府菜油?香飘九州"全国巡展,在北京、上海等 15 个重点城市开展品鉴活动,累计吸引参

与人数超50万。创新开展"社区精准营销",在成都、重庆等地建立"天府菜油"体验店200家,开展"以油换券""烹饪课堂"等活动,带动社区销售增长47%。入驻京东、天猫官方旗舰店等电商平台,通过"产地直播""溯源直播"等形式,实现线上销售额快速增长。

营销活动精准落地。"天府菜油"授权产品企业组团亮相中国粮食交易大会、中国西部国际博览会等多场重要会展活动,全方位释放锦绣天府的独特品牌特色与魅力。在北京、上海、广州、杭州、西安、重庆等6个重点城市开展专场推介;2023年11月,"天府菜油"首次境外推介活动亮相泰国,推动"天府菜油"走出四川,扬帆出海。

在"天府菜油"品牌带动下,四川建成油菜标准化原料基地1000万亩,绿色"两减"示范基地350万亩,通过推广"天府菜油"系列良种和绿色生产技术,构建从田间到餐桌的全程溯源体系。2024年全省油菜播种面积突破2160万亩,产量超370万吨,油菜生产第一大省地位持续巩固;全省油料产业综合产值达968.2亿元。"天府菜油"授权产品已全面布局线上线下销售网络,成功进驻全国超过8000家连锁超市,实现了对15万大型高端社区住户的精准覆盖,有效缩短了与主流消费群体的距离,为四川经济社会发展作出了重要贡献。

六年磨一剑,"天府菜油"用标准化定义了川油品质,用品牌化重塑了产业价值,用全球化拓展了发展空间。从2160万亩金色花海到价值超百亿的公共品牌,从田间地头的传统作物到现代餐桌的健康选择,这滴承载着巴蜀风情的浓香菜籽油,正书写着中国粮油品牌高质量发展的时代答卷。

面向未来,"天府菜油"将继续以品质为基、以文化为魂、以科技为翼,让这缕醇香飘向世界每一个角落,成为展现中国农耕文明魅力的闪亮名片。

(四川省粮食和物资储备局　粮油市场报　唐恒)

# 二、山东华瑞集团着力打造行业一流现代粮农产业集团

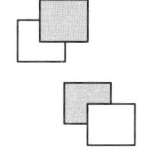

【内容提要】

近年来,山东华瑞集团在菏泽市委、市政府的坚强领导下,以维护国家粮食安全为首要任务,以加强品牌建设为重要抓手,以深化国企改革为内生动力,全面推进各项工作,取得了来之不易的成绩。集团工业加快转型升级,生产经营稳健有力;储备粮增储规模历史空前,粮安根基不断夯实;商贸板块灵活经营,期现结合应对有方;品牌建设效应凸显,"华小粮"商超实现重大突破,一个传统国有老粮油企业焕发出勃勃生机。2024年,集团先后荣获"中国粮油最具影响力企业""中国十佳粮油新锐品牌""齐鲁粮油品牌建设先锋企业""省级农业产业化重点龙头企业"等荣誉称号。在农民日报社发布的榜单中,首次跻身中国农业企业500强第203位。

## （一）扛牢粮食安全重任，着力打造国企粮食储备"新力量"

牢记粮食安全"国之大者"，强力推进国有粮食企业体制机制改革，努力当好守护粮安的"排头兵"。

一是真抓实干，深化储备管理改革。强力推进国有粮食企业体制机制改革，率先完成"两分离、四分开"和国有粮食企业改革的要求，成立了我市第一家储备粮油管理公司。优化整合分散储存的地方储备粮油，由储备粮油管理公司进行集中统一管理。逐步构建更高层次、更高质量、更有效率、更可持续的粮食安全保障体系，守住管好"大国粮仓"。目前集团政策性粮油储备规模达到89万吨。

二是蓄势赋能，抢抓异地储备机遇。发挥粮源广、品质优、仓容大、设施好的优势，多次赴海南、浙江、青海等省争取异地储备，持续深化与外省储备企业合作，构建紧密利益共赢机制。2024年，海南、浙江省级异地储备21.36万吨入仓华瑞，年增效近2 000万元，实现了经济效益与粮食安全双赢。

三是持续创新，树立储粮行业标杆。扎实推进安全、智慧、绿色、廉洁、美丽、人文"六大粮库"建设，打造菏泽市政策性粮食监管指挥中心，库区全面采用"全智能原粮扦检一体化"，实现了粮食扦检"自动化"和粮食数据"上云"，构建起政策性粮食储备"一张网"管理体系。

## （二）深入实施品牌战略，全新塑造区域公共粮油"新品牌"

品牌是企业最核心的竞争力，集团2024年以品牌建设作为主抓手，提升品牌知名度和美誉度，实现了产销两旺。

一是强品牌，高端设计产品体系。三家工业企业在油脂、米、面、肉禽等产品基础上，秉持"绿色、品质、惠民"价值内涵，与航天科工集团联手研发华瑞"华小粮"全新产品近200个种类，自主研发"瑞咪"婴标食品30余款，已申请婴标有机标识和认证，着力打造优质高端品牌产品体系。

二是广扩圈，内外联动擦亮品牌。在市内，以马拉松赛事作为突破口，品牌效应不断外溢。在域外，跟随"齐鲁粮油"不断扩大"朋友圈"，充分展现集团在粮食产业创新、产品研发、市场开拓等方面的卓越成果，产品影响力、品牌美誉度大幅提升。中央电视台《平凡匠心》栏目为集团拍摄的专题纪录片在多个黄金时段精彩播映，全面展示集团形象。2025年，菏泽市政府将持续提升"华瑞华小粮"品牌影响力写入政府工作报告。

三是重营销，线上线下同频发力。在线下，全新打造形象"华小粮"门店体系，门店营销模式实现革新，年销售额超5 000万元，打破了国有企业干商超不盈利的"怪圈"。在线上，开通北京电商直播基地，华瑞品牌迅速推向全国市场。目前，华瑞系列产品行销全国，经销客户发展到600余家，"华瑞"烘焙专用粉影响力已挺进国内前五。内蒙古兴安农垦集团对集团品牌建设工作高度认可，依托集团品牌价值、营销网络、管理模式开展全方位战略合作，"华瑞农垦"系列产品已经进行量产销售。

## （三）持续激发内生动力，聚力打造国有粮农行业"新样板"

围绕传统行业"智改、数创"，破立结合，守正创新，加速锻造粮农产业新质生产力，争当高质量发展"顶梁柱"。

一是推动重点项目，汇聚高质量发展新动能。省重大项目15万吨粮食浅圆仓，2023年8月竣工使用，10月23日，18万吨新增海南异地储备全部入仓，实现"投产即盈利"。华瑞粮食产业发展基地正加快建设，一期项目全部达产；二期1 200吨面粉生产线今年将实现竣工投产；三期项目围绕健康食品、主食厨房加快论证，一个集仓储物流、主食产业、精深加工等功能于一体的现代化食品产业园呼之欲出。

二是加快转型升级，坚定不移提质增效。着力推动三家工业企业提质增效，华瑞面业公司连续三年入围行业50强，"华瑞"烘焙专用粉强势占领全国市场；华瑞油脂公司食用油销售量再创新高，芝麻香油加工升级改造项目深入推进，获评"山东省科技型中小企业"，入围"国家高新技术企业"；绿源公司生猪宰杀、速冻面米和禽类车间加快升级改造，成功研发华小粮老面包子并上市量产，实体产业优势将加速释放，连续多年保持"省级农业产业化重点龙头企业"。

三是期现协同发力，区域合作促进共赢。与大连期货积极开展套期保值业务，期现结合对冲行情风险，实现利润200万元。与省粮油交易中心、吉林玉米批发市场、南方小麦交易市场探索粮食产销协作新模式，实现由传统贸易型企业向服务型企业转变。在海南购置资产，深化产业合作，开辟新的经济增长点。与兴安农垦集团开展战略合作，以面粉产业合作为"小切口"，在产业协同、储备管理、技术研发、市场拓展等多个领域撬动"大提升"。2月7日，兴安盟党政考察团到访集团并见证签约，开启了巩固传统友好地盟关系、促产业合作新篇章。

四是持续深化改革，激发内力行稳致远。华瑞中心启动运营，市政策性粮食监管指挥中心、市充电基础设施信息公共服务平台落户集团。建齐配强"三会一层"，公开选拔近百名年轻干部，引进专业人才17人。强化制度约束，财务、综合管理平台上线运行，全面管、管全面。注重考核结果运用，集团全员述职，对亏损企业发"黄牌"提醒，连续半年未扭亏的企业领导班子进行岗位调整，激活了干事创业"一池春水"。

2025年是国企改革深化提升行动的收官之年，也是华瑞集团提质增效的关键之年。集团将聚焦"粮头食尾""农头工尾""畜头肉尾""生头熟尾"，依托全产业链实体产业优势，大力改革创新，不断转型升级，聚力打造行业一流现代粮农产业集团，为菏泽下一个"黄金十年"、实现后来居上贡献华瑞力量与担当。

（山东华瑞集团党委书记、董事长　侯居良；

粮油市场报　胡增民）

# 第七部分

## 中国粮食市场资料

# 一、统计数据汇编

表 7-1-1　　2014—2024 年我国国民经济核算情况

| 年份 | 国内生产总值/亿元 | 第一产业增加值/亿元 | 第二产业增加值/亿元 | 第三产业增加值/亿元 | 人均国内生产总值/元 | 国内生产总值指数（上年=100） |
|---|---|---|---|---|---|---|
| 2014 年 | 643 563.1 | 55 626.3 | 277 282.8 | 310 654.0 | 46 912 | 107.4 |
| 2015 年 | 688 858.2 | 57 774.6 | 281 338.9 | 349 744.7 | 49 922 | 107.0 |
| 2016 年 | 746 395.1 | 60 139.2 | 295 427.8 | 390 828.1 | 53 783 | 106.8 |
| 2017 年 | 832 035.9 | 62 099.5 | 331 580.5 | 438 355.9 | 59 592 | 106.9 |
| 2018 年 | 919 281.1 | 64 745.2 | 364 835.2 | 489 700.8 | 65 534 | 106.7 |
| 2019 年 | 986 515.2 | 70 473.6 | 380 670.6 | 535 371.0 | 70 078 | 106.0 |
| 2020 年 | 1 013 567.0 | 78 030.9 | 383 562.4 | 551 973.7 | 71 828 | 102.2 |
| 2021 年 | 1 149 237.0 | 83 216.5 | 451 544.1 | 614 476.4 | 81 370 | 108.4 |
| 2022 年 | 1 210 207.2 | 88 345.1 | 483 164.5 | 638 697.6 | 85 698 | 103.0 |
| 2023 年 | 1 260 582.0 | 89 755.0 | 482 589.0 | 688 238.0 | 89 358 | 105.4 |
| 2024 年 | 1 349 084.0 | 91 414.0 | 492 087.0 | 765 583.0 | 95 797.0 | 105.0 |

资料来源：国家统计局网站。

表 7-1-2　　全国居民消费价格指数（上年=100）

| 年份 | 全国居民消费价格指数 | 粮食 | 油脂 |
|---|---|---|---|
| 1993 年 | 114.7 | — | — |
| 1994 年 | 124.1 | 150.7 | 161.3 |
| 1995 年 | 117.1 | 136.8 | 116.0 |

续表

| 年份 | 全国居民消费价格指数 | 粮食 | 油脂 |
| --- | --- | --- | --- |
| 1996 年 | 108.3 | 106.5 | 92.1 |
| 1997 年 | 102.8 | 91.1 | 101.5 |
| 1998 年 | 99.2 | 96.9 | 100.0 |
| 1999 年 | 98.6 | 96.9 | 94.5 |
| 2000 年 | 100.4 | 88.6 | 86.8 |
| 2001 年 | 100.7 | 99.3 | 91.7 |
| 2002 年 | 99.2 | 98.3 | 98.7 |
| 2003 年 | 101.2 | 102.3 | 112.6 |
| 2004 年 | 103.9 | 126.4 | 118.2 |
| 2005 年 | 101.8 | 101.4 | 94.3 |
| 2006 年 | 101.5 | 102.7 | 98.6 |
| 2007 年 | 104.8 | 106.3 | 126.7 |
| 2008 年 | 105.9 | 107.0 | 125.4 |
| 2009 年 | 99.3 | 105.6 | 81.7 |
| 2010 年 | 103.3 | 111.8 | 103.8 |
| 2011 年 | 105.4 | 112.2 | 113.4 |
| 2012 年 | 102.6 | 114.0 | 115.1 |
| 2013 年 | 102.6 | 104.6 | 100.3 |
| 2014 年 | 102.0 | 103.1 | 95.1 |
| 2015 年 | 101.4 | 102.0 | 96.8 |
| 2016 年 | 102.0 | 100.5 | 101.7 |
| 2017 年 | 101.6 | 101.5 | 99.8 |
| 2018 年 | 102.1 | 100.8 | 99.2 |
| 2019 年 | 102.9 | 100.5 | 101.3 |
| 2020 年 | 102.5 | 101.2 | 105.3 |
| 2021 年 | 100.9 | 101.1 | 106.9 |
| 2022 年 | 102.0 | 102.8 | 105.8 |
| 2023 年 | 100.2 | 101.0 | 100.7 |
| 2024 年 | 100.4 | 126.4 | — |

资料来源：《中国统计年鉴》，中国统计出版社；《2024 年国民经济和社会发展统计公报》。

表7-1-3　　　　全国粮食作物播种面积、粮食总产量

| 年份 | 粮食作物播种面积/万公顷 | 粮食总产量/万吨 | 谷物 | 稻谷 | 小麦 | 玉米 |
|---|---|---|---|---|---|---|
| 1978 年 | 12 058.7 | 30 476.5 |  | 13 693.0 | 5 384.0 | 5 594.5 |
| 1980 年 | 11 723.4 | 32 055.5 |  | 13 990.5 | 5 520.5 | 6 260.0 |
| 1985 年 | 10 884.5 | 37 910.8 |  | 16 856.9 | 8 580.5 | 6 382.6 |
| 1990 年 | 11 346.6 | 44 624.0 |  | 18 933.1 | 9 822.9 | 9 681.9 |
| 1991 年 | 11 231.4 | 43 529.0 | 39 566.3 | 18 381.3 | 9 595.3 | 9 877.3 |
| 1992 年 | 11 056.0 | 44 265.8 | 40 169.6 | 18 622.2 | 10 158.7 | 9 538.3 |
| 1993 年 | 11 050.9 | 45 648.8 | 40 517.4 | 17 751.4 | 10 639.0 | 10 270.4 |
| 1994 年 | 10 854.4 | 44 510.1 | 39 389.1 | 17 593.3 | 9 929.7 | 9 927.5 |
| 1995 年 | 11 006.0 | 46 661.8 | 41 611.6 | 18 522.6 | 10 220.7 | 11 198.6 |
| 1996 年 | 11 254.8 | 50 453.5 | 45 127.1 | 19 510.3 | 11 056.9 | 12 747.1 |
| 1997 年 | 11 291.2 | 49 417.1 | 44 349.3 | 20 073.5 | 12 328.9 | 10 430.9 |
| 1998 年 | 11 378.7 | 51 229.5 | 45 624.7 | 19 871.3 | 10 972.6 | 13 295.4 |
| 1999 年 | 11 316.1 | 50 838.6 | 45 304.1 | 19 848.7 | 11 388.0 | 12 808.6 |
| 2000 年 | 10 846.3 | 46 217.5 | 40 522.4 | 18 790.8 | 9 963.6 | 10 600.0 |
| 2001 年 | 10 608.0 | 45 263.7 | 39 648.2 | 17 758.0 | 9 387.3 | 11 408.8 |
| 2002 年 | 10 389.1 | 45 705.8 | 39 798.7 | 17 453.9 | 9 029.0 | 12 130.8 |
| 2003 年 | 9 941.0 | 43 069.5 | 37 428.7 | 16 065.6 | 8 648.8 | 11 583.0 |
| 2004 年 | 10 160.6 | 46 946.9 | 41 157.2 | 17 908.8 | 9 195.2 | 13 028.7 |
| 2005 年 | 10 427.8 | 48 402.2 | 42 776.0 | 18 058.8 | 9 744.5 | 13 936.5 |
| 2006 年 | 10 495.8 | 49 804.2 | 45 099.2 | 18 171.8 | 10 846.6 | 15 160.3 |
| 2007 年 | 10 563.8 | 50 160.3 | 45 632.4 | 18 603.4 | 10 929.8 | 15 230.0 |
| 2008 年 | 10 679.3 | 52 870.9 | 47 847.4 | 19 189.6 | 11 246.4 | 16 591.4 |
| 2009 年 | 10 898.6 | 53 082.1 | 48 156.3 | 19 510.3 | 11 511.5 | 16 397.4 |
| 2010 年 | 10 987.6 | 54 647.7 | 49 637.1 | 19 576.1 | 11 518.1 | 17 724.5 |
| 2011 年 | 11 057.3 | 57 120.5 | 51 939.5 | 20 100.1 | 11 740.1 | 19 278.1 |
| 2012 年 | 11 120.5 | 58 958.0 | 53 934.7 | 20 423.6 | 12 102.4 | 20 561.4 |
| 2013 年 | 11 195.6 | 60 193.8 | 55 269.2 | 20 361.2 | 12 192.6 | 21 848.9 |
| 2014 年 | 11 272.3 | 60 702.6 | 55 740.7 | 20 650.7 | 12 620.8 | 21 564.6 |
| 2015 年 | 11 334.0 | 62 144.0 | 57 225.0 | 20 825.0 | 13 019.0 | 22 458.0 |
| 2016 年 | 11 302.8 | 61 623.9 | 56 516.5 | 20 693.4 | 12 885.0 | 21 955.4 |

续表

| 年份 | 粮食作物播种面积/万公顷 | 粮食总产量/万吨 | 谷物 | 稻谷 | 小麦 | 玉米 |
|---|---|---|---|---|---|---|
| 2017 年 | 11 222.0 | 61 790.7 | 56 454.9 | 20 856.0 | 12 977.4 | 21 589.1 |
| 2018 年 | 11 703.8 | 65 789.0 | 61 019.0 | 21 213.0 | 13 143.0 | 25 733.0 |
| 2019 年 | 11 606.0 | 66 384.0 | 61 368.0 | 20 961.0 | 13 359.0 | 26 077.0 |
| 2020 年 | 11 676.8 | 66 949.0 | 61 674.0 | 21 185.0 | 13 425.0 | 26 065.0 |
| 2021 年 | 11 676.8 | 68 285.0 | 63 276.0 | 21 284.3 | 13 694.6 | 27 255.2 |
| 2022 年 | 11 833.0 | 68 653.0 | 63 324.0 | 20 849.5 | 13 772.3 | 27 720.3 |
| 2023 年 | 11 896.9 | 69 541.0 | 64 143.0 | 20 660.3 | 13 659.0 | 28 884.2 |
| 2024 年 | 11 931.9 | 70 649.9 | 65 228.7 | 20 753.5 | 14 009.9 | 29 491.7 |

资料来源:《中国统计年鉴》,中国统计出版社;国家统计局网站。

表 7-1-4　　　　　　　　全国油脂、油料播种面积及产量

| 年份 | 精制食用植物油总产量/万吨 | 油料播种面积/万公顷 | 油料总产量/万吨 | 花生 | 油菜籽 | 芝麻 |
|---|---|---|---|---|---|---|
| 1978 年 |  | 622.2 | 521.8 | 237.7 | 186.8 | 32.2 |
| 1980 年 |  | 792.8 | 769.1 | 360.0 | 238.4 | 25.9 |
| 1985 年 |  | 1 180.0 | 1 578.4 | 666.4 | 560.7 | 69.1 |
| 1990 年 | 544.1 | 1 090.0 | 1 613.2 | 636.8 | 695.8 | 46.9 |
| 1991 年 | 644.3 | 1 153.0 | 1 638.3 | 630.3 | 743.6 | 43.5 |
| 1992 年 | 660.7 | 1 148.9 | 1 641.2 | 595.3 | 765.3 | 51.6 |
| 1993 年 | 965.4 | 1 114.2 | 1 803.9 | 842.1 | 693.9 | 56.3 |
| 1994 年 | 723.0 | 1 208.1 | 1 989.6 | 968.2 | 749.2 | 54.8 |
| 1995 年 | 1 144.5 | 1 310.1 | 2 250.3 | 1 023.5 | 977.7 | 58.3 |
| 1996 年 | 946.5 | 1 255.6 | 2 210.6 | 1 013.8 | 920.1 | 57.5 |
| 1997 年 | 893.7 | 1 238.1 | 2 157.4 | 964.8 | 957.8 | 56.6 |
| 1998 年 | 602.5 | 1 291.9 | 2 313.9 | 1 188.6 | 830.0 | 65.6 |
| 1999 年 | 733.8 | 1 390.6 | 2 601.2 | 1 263.9 | 1 013.2 | 74.3 |
| 2000 年 | 835.3 | 1 540.0 | 2 954.8 | 1 443.7 | 1 138.1 | 81.1 |
| 2001 年 | 1 383.2 | 1 463.1 | 2 864.9 | 1 441.6 | 1 133.1 | 80.4 |
| 2002 年 | 1 531.2 | 1 476.6 | 2 897.2 | 1 481.8 | 1 055.2 | 89.5 |
| 2003 年 | 1 584.3 | 1 499.0 | 2 811.0 | 1 342.0 | 1 142.0 | 59.3 |

续表

| 年份 | 精制食用植物油总产量/万吨 | 油料播种面积/万公顷 | 油料总产量/万吨 | 花生 | 油菜籽 | 芝麻 |
|---|---|---|---|---|---|---|
| 2004 年 | 1 682.6 | 1 443.1 | 3 065.9 | 1 434.2 | 1 318.2 | 70.4 |
| 2005 年 | 2 071.0 | 1 431.8 | 3 077.1 | 1 434.2 | 1 305.2 | 62.5 |
| 2006 年 | 2 335.2 | 1 173.8 | 2 640.3 | 1 288.7 | 1 096.6 | 66.2 |
| 2007 年 | 2 637.0 | 1 131.6 | 2 568.7 | 1 302.7 | 1 057.3 | 55.7 |
| 2008 年 | 2 805.1 | 1 282.5 | 2 952.8 | 1 428.6 | 1 210.2 | 58.6 |
| 2009 年 | 3 433.4 | 1 365.4 | 3 154.3 | 1 470.8 | 1 365.7 | 62.2 |
| 2010 年 | 3 878.5 | 1 389.0 | 3 230.1 | 1 564.4 | 1 308.2 | 58.7 |
| 2011 年 | 4 331.8 | 1 385.5 | 3 306.8 | 1 604.6 | 1 342.6 | 60.5 |
| 2012 年 | 5 173.0 | 1 393.0 | 3 436.8 | 1 669.2 | 1 400.7 | 63.9 |
| 2013 年 | 5 590.6 | 1 402.3 | 3 517.0 | 1 697.2 | 1 445.8 | 62.3 |
| 2014 年 | 6 534.1 | 1 404.3 | 3 507.4 | 1 648.2 | 1 477.2 | 63.0 |
| 2015 年 | 6 734.3 | 1 406.0 | 3 547.0 | 1 644.0 | 1 493.1 | 64.0 |
| 2016 年 | 6 907.5 | 1 412.0 | 3 629.5 | 1 729.0 | 1 454.6 | 63.1 |
| 2017 年 | 6 071.8 | 1 322.3 | 3 475.2 | 1 709.4 | 1 327.4 | 36.6 |
| 2018 年 | 5 066.0 | 1 287.2 | 3 433.4 | 1 733.2 | 1 328.1 | 43.1 |
| 2019 年 | 5 421.8 | 1 292.5 | 3 493.0 | 1 752.0 | 1 348.5 | 46.7 |
| 2020 年 | 5 476.2 | 1 312.9 | 3 586.4 | 1 799.3 | 1 404.9 | 45.7 |
| 2021 年 | 4 973.1 | 1 310.0 | 3 613.0 | 1 830.8 | 1 471.4 | 45.5 |
| 2022 年 | 4 881.9 | 1 314.0 | 3 653.0 | 1 350.0 | 1 553.14 | 43.53 |
| 2023 年 | 4 897.0 | 1 392.0 | 3 864.0 | 1 923.1 | 1 631.7 | 45.3 |
| 2024 年 | 5 157.0 | | 3 012.0 | 1 900.0 | 1 580.0 | 43.5 |

资料来源：《中国统计年鉴》《中国统计摘要》，中国统计出版社；国家统计局网站。

表 7-1-5　　2024 年我国主要农产品产量及其增长速度

| 产品名称 | 产量/万吨 | 比上年增长 |
|---|---|---|
| 粮食 | 70 649.9 | 1.60% |
| 其中：谷物 | 65 228.7 | 1.70% |
| 豆类 | 2 362.8 | -0.89% |
| 薯类 | 3 058.4 | 1.47% |

资料来源：《2024 年国民经济和社会发展统计公报》。

表 7-1-6 我国谷物、油料进口数量

单位：千吨

| 谷物、油料名称 | 2009年 | 2010年 | 2011年 | 2012年 | 2013年 | 2014年 | 2015年 | 2016年 | 2017年 | 2018年 | 2019年 | 2020年 | 2021年 | 2022年 | 2023年 | 2024年 |
|---|---|---|---|---|---|---|---|---|---|---|---|---|---|---|---|---|
| 小麦 | 893.71 | 1 218.72 | 1 248.82 | 3 688.62 | 5 507.05 | 2 971.39 | 2 972.74 | 3 410.00 | 4 420.00 | 3 100.00 | 3 490.00 | 8 380.00 | 9 770.00 | 9 960.00 | 12 100.00 | 11 010.00 |
| 大米 | 337.54 | 366.17 | 578.38 | 2 344.62 | 2 244.32 | 2 556.55 | 3 349.98 | 3 534.63 | 4 030.00 | 3 080.00 | 2 550.00 | 2 943.27 | 4 960.00 | 6 190.00 | 2 630.00 | 1 625.00 |
| 玉米 | 83.47 | 1 572.14 | 1 752.74 | 5 207.38 | 3 264.88 | 2 598.04 | 4 730.04 | 3 166.95 | 2 825.45 | 3 521.51 | 4 790.00 | 11 294.17 | 28 350.00 | 20 620.00 | 27 130.00 | 13 640.00 |
| 大麦 | 1 738.49 | 2 367.16 | 1 775.52 | 2 527.65 | 2 335.28 | 5 413.47 | 10 731.27 | 5 005.13 | 8 863.51 | 6 815.36 | 5 930.00 | 8 079.49 | 12 480.00 | 5 760.00 | 11 320.00 | 14 240.00 |
| 大豆 | 42 551.65 | 54 796.82 | 52 639.55 | 58 383.82 | 63 375.15 | 71 398.98 | 81 740.34 | 83 910.00 | 95 536.50 | 88 030.95 | 88 510.00 | 100 327.33 | 96 518.00 | 91 080.00 | 99 410.00 | 105 000.00 |
| 豆油 | 2 391.22 | 1 340.91 | 1 143.19 | 1 826.11 | 1 157.59 | 1 135.47 | 817.88 | 560.23 | 653.45 | 549.13 | 830.00 | 962.94 | 1 121.10 | 340.00 | 400.00 | 282.00 |
| 棕榈油 | 6 441.28 | 5 696.11 | 5 912.23 | 6 341.16 | 5 979.07 | 5 323.89 | 5 909.66 | 3 160.00 | 3 460.00 | 3 570.00 | 5 610.00 | 4 660.00 | 4 650.00 | 3 410.00 | 4 330.00 | 3 660.00 |
| 油菜籽 | 3 285.85 | 1 599.85 | 1 262.27 | 2 929.59 | 3 662.41 | 5 081.04 | 4 469.66 | 699.75 | 4 747.07 | 4 756.43 | 2 737.44 | 3 114.45 | 2 650.00 | 1 960.00 | 5 491.40 | 6 485.50 |
| 菜籽油 | 467.53 | 985.32 | 550.90 | 1 175.82 | 1 526.83 | 809.96 | 815.06 | 699.75 | 757.01 | 1 300.00 | 1 620.00 | 1 931.97 | 2 153.80 | 1 061.00 | 2 356.00 | 1 880.00 |

资料来源：万得资讯。

表 7-1-7 我国谷物、油料出口数量

单位：千吨

| 谷物、油料名称 | 2009年 | 2010年 | 2011年 | 2012年 | 2013年 | 2014年 | 2015年 | 2016年 | 2017年 | 2018年 | 2019年 | 2020年 | 2021年 | 2022年 | 2023年 | 2024年 |
|---|---|---|---|---|---|---|---|---|---|---|---|---|---|---|---|---|
| 小麦 | 8.40 | 0.00 | 39.79 | 0.00 | 2.52 | 0.96 | 5.30 | 10.54 | 9.97 | 7.34 | 8.52 | 0.00 | 0.00 | 5.81 | 16.50 | 20.00 |
| 玉米 | 129.03 | 127.16 | 136.00 | 257.26 | 77.63 | 20.01 | 11.07 | 3.89 | 85.23 | 12.02 | 26.14 | 2.51 | 16.40 | 1.03 | 2.00 | 7.00 |
| 大米 | 760.76 | 596.19 | 515.50 | 279.09 | 478.40 | 419.07 | 285.94 | 394.98 | 1 196.82 | 769.19 | 2 747.00 | 2 304.56 | 2 447.90 | 2 190.00 | 1 600.00 | 1 110.00 |
| 大豆 | 350.00 | 163.60 | 208.26 | 320.10 | 208.97 | 207.07 | 133.60 | 127.23 | 112.21 | 126.53 | 110.00 | 72.60 | 54.00 | 114.00 | 90.00 | 100.00 |
| 豆粕 | 1 123.21 | 1 016.01 | 406.32 | 1 232.67 | 1 070.11 | 2 090.95 | 1 695.71 | 1 876.12 | 972.90 | 1 118.11 | 988.35 | 967.35 | 867.50 | 430.00 | 889.30 | 1 000.00 |

资料来源：万得资讯。

表7-1-8 2024年全国主要粮油批发市场年度平均交易价格

| 品种 | 等级 | 本期平均价/（元/吨） | 上期平均价/（元/吨） | 本期与上期比 |
| --- | --- | --- | --- | --- |
| 白小麦（普通） | 三级 | 2 582 | 2 975 | -13.21% |
| 黄玉米 | 二级 | 2 371 | 2 791 | -15.05% |
| 大豆（油脂业） | 三级 | 4 882 | 5 558 | -12.16% |
| 豆粕 | 二级 | 3 300 | 4 290 | -23.08% |
| 花生仁 | 二级 | 9 136 | 11 238 | -18.70% |
| 粳米 | 标一 | 4 173 | 4 200 | -0.64% |
| 早籼米 | 标一 | 4 042 | 3 977 | 1.63% |
| 晚籼米 | 标一 | 4 127 | 4 060 | 1.65% |
| 白小麦（优质） | 西农979 | 2 802 | 3 120 | -10.19% |

资料来源：中华粮网。

说明：以上价格均为卖方火车板交货价格，包装另计。

表7-1-9 2024年全国期货市场交易情况

| 交易所名称 | 品种名称 | 全年累计成交总量占全国份额 | 全年累计成交总额/亿元 | 上年同期成交总额/亿元 | 同比增减 | 全年累计成交总额占全国份额 |
| --- | --- | --- | --- | --- | --- | --- |
| 上海期货交易所 | 铜 | 0.66% | 193 986.90 | 131 585.78 | 47.42% | 3.13% |
| | 铝 | 0.94% | 73 216.99 | 71 026.36 | 3.08% | 1.18% |
| | 锌 | 0.88% | 80 195.16 | 58 296.48 | 37.56% | 1.30% |
| | 铅 | 0.39% | 26 710.11 | 15 913.04 | 67.85% | 0.43% |
| | 黄金 | 0.95% | 419 091.35 | 238 462.15 | 75.75% | 6.77% |
| | 天然橡胶 | 1.39% | 173 632.78 | 113 225.27 | 53.35% | 2.80% |
| | 燃料油 | 2.35% | 57 670.75 | 78 786.50 | -26.80% | 0.93% |
| | 螺纹钢 | 6.56% | 175 669.66 | 194 352.47 | -9.61% | 2.84% |
| | 线材 | 0.000 716% | 21.16 | 16.69 | 26.75% | 0.000 342% |
| | 白银 | 4.64% | 402 898.78 | 200 405.77 | 101.04% | 6.51% |
| | 石油沥青 | 0.76% | 20 533.70 | 39 825.25 | -48.44% | 0.33% |
| | 热轧卷板 | 2.09% | 57 813.17 | 59 893.11 | -3.47% | 0.93% |
| | 镍 | 0.81% | 84 005.31 | 106 292.54 | -20.97% | 1.36% |
| | 锡 | 0.43% | 83 756.49 | 83 578.35 | 0.21% | 1.35% |

续表

| 交易所名称 | 品种名称 | 全年累计成交总量占全国份额 | 全年累计成交总额/亿元 | 上年同期成交总额/亿元 | 同比增减 | 全年累计成交总额占全国份额 |
|---|---|---|---|---|---|---|
| 上海期货交易所 | 纸浆 | 1.07% | 48 980.40 | 71 545.98 | -31.54% | 0.79% |
| | 不锈钢 | 0.72% | 38 609.56 | 32 414.31 | 19.11% | 0.62% |
| | 氧化铝 | 1.02% | 65 923.65 | 8 198.61 | 704.08% | 1.06% |
| | 丁二烯橡胶 | 0.35% | 19 746.18 | 7 502.99 | 163.18% | 0.32% |
| | 铜期权 | 0.30% | 581.07 | 357.16 | 62.69% | 0.01% |
| | 天胶期权 | 0.18% | 304.54 | 211.66 | 43.88% | 0.004 918% |
| | 黄金期权 | 0.22% | 724.14 | 320.64 | 125.84% | 0.01% |
| | 铝期权 | 0.26% | 123.05 | 129.83 | -5.23% | 0.001 987% |
| | 锌期权 | 0.24% | 154.12 | 157.28 | -2.01% | 0.002 489% |
| | 白银期权 | 1.08% | 984.40 | 229.11 | 329.66% | 0.02% |
| | 螺纹钢期权 | 0.66% | 200.68 | 239.30 | -16.14% | 0.003 241% |
| | 丁二烯橡胶期权 | 0.14% | 56.94 | 45.57 | 24.95% | 0.000 919% |
| | 铅期权 | 0.01% | 3.58 | | | 0.000 058% |
| | 镍期权 | 0.02% | 12.54 | | | 0.000 202% |
| | 锡期权 | 0.01% | 8.19 | | | 0.000 132% |
| | 氧化铝期权 | 0.10% | 96.68 | | | 0.001 561% |
| | 总计 | 29.24% | 2 025 712.02 | 1 513 012.21 | 33.89% | 32.71% |
| 上海国际能源交易中心 | 原油 | 0.50% | 222 146.29 | 287 819.40 | -22.82% | 3.59% |
| | 20号胶 | 0.36% | 36 983.43 | 19 811.26 | 86.68% | 0.60% |
| | 低硫燃料油 | 0.46% | 14 684.81 | 21 426.06 | -31.46% | 0.24% |
| | 铜（BC） | 0.04% | 10 947.10 | 17 499.85 | -37.44% | 0.18% |
| | SCFIS欧线 | 0.27% | 28 216.24 | 11 676.08 | 141.66% | 0.46% |
| | 原油期权 | 0.19% | 766.69 | 898.61 | -14.68% | 0.01% |
| | 总计 | 1.83% | 313 744.55 | 359 131.26 | -12.64% | 5.07% |
| 郑州商品交易所 | 一号棉CF | 1.24% | 70 928.87 | 131 223.46 | -45.95% | 1.15% |
| | 白糖SR | 1.30% | 61 402.34 | 125 494.89 | -51.07% | 0.99% |
| | PTA | 2.86% | 60 911.76 | 150 103.56 | -59.42% | 0.98% |
| | 菜籽油 | 1.98% | 131 536.20 | 163 760.66 | -19.68% | 2.12% |
| | 甲醇MA | 2.62% | 50 842.91 | 95 743.02 | -46.90% | 0.82% |

续表

| 交易所名称 | 品种名称 | 全年累计成交总量占全国份额 | 全年累计成交总额/亿元 | 上年同期成交总额/亿元 | 同比增减 | 全年累计成交总额占全国份额 |
|---|---|---|---|---|---|---|
| 郑州商品交易所 | 玻璃 FG | 4.17% | 91 804.01 | 120 465.50 | -23.79% | 1.48% |
| | 油菜籽 RS | 0.000 257% | 10.74 | 4.26 | 152.15% | 0.000 173% |
| | 菜籽粕 RM | 4.07% | 79 038.95 | 72 356.42 | 9.24% | 1.28% |
| | 硅铁 SF | 0.68% | 18 022.46 | 25 280.83 | -28.71% | 0.29% |
| | 锰硅 SM | 1.42% | 42 984.93 | 20 471.00 | 109.98% | 0.69% |
| | 棉纱 | 0.01% | 744.66 | 1 067.77 | -30.26% | 0.01% |
| | 苹果 | 0.37% | 21 171.16 | 26 780.66 | -20.95% | 0.34% |
| | 红枣 | 0.20% | 8 202.01 | 7 863.30 | 4.31% | 0.13% |
| | 尿素 | 0.70% | 21 485.93 | 58 713.74 | -63.41% | 0.35% |
| | 纯碱 | 4.90% | 134 337.92 | 225 629.38 | -40.46% | 2.17% |
| | 短纤 | 0.48% | 13 312.28 | 25 810.14 | -48.42% | 0.21% |
| | 花生 PK | 0.27% | 9 163.35 | 17 925.18 | -48.88% | 0.15% |
| | 对二甲苯 PX | 0.29% | 8 530.02 | 2 350.85 | 262.85% | 0.14% |
| | 烧碱 SH | 0.34% | 20 638.76 | 11 245.47 | 83.53% | 0.33% |
| | 瓶片 PR | 0.06% | 4 600.79 | | | 0.07% |
| | 优质强筋小麦 | | 0.00 | 0.19 | -100.00% | 0.00% |
| | 早籼稻 | | 0.00 | 0.00 | | 0.00% |
| | 普麦 PM | | 0.00 | 0.00 | | 0.00% |
| | 动力煤 ZC | | 0.00 | 0.00 | | 0.00% |
| | 粳稻 JR | | 0.00 | 0.00 | | 0.00% |
| | 晚籼稻 LR | | 0.00 | 0.00 | | 0.00% |
| | 白糖期权 | 0.44% | 123.44 | 251.34 | -50.89% | 0.001 993% |
| | 一号棉期权 | 0.52% | 233.71 | 385.71 | -39.41% | 0.003 774% |
| | PTA 期权 | 0.98% | 160.80 | 405.99 | -60.39% | 0.002 597% |
| | 甲醇期权 | 0.66% | 122.00 | 287.21 | -57.52% | 0.001 97% |
| | 菜籽粕期权 | 0.61% | 148.78 | 123.59 | 20.38% | 0.002 403% |
| | 动力煤期权 | 0.000 000% | 0.00 | 0.00 | | 0.000 000% |
| | 菜籽油期权 | 0.21% | 112.75 | 144.73 | -22.09% | 0.001 821% |
| | 花生期权 | 0.11% | 24.58 | 59.87 | -58.94% | 0.000 397% |

续表

| 交易所名称 | 品种名称 | 全年累计成交总量占全国份额 | 全年累计成交总额/亿元 | 上年同期成交总额/亿元 | 同比增减 | 全年累计成交总额占全国份额 |
|---|---|---|---|---|---|---|
| 郑州商品交易所 | 对二甲苯期权 | 0.07% | 10.42 | 4.32 | 141.14% | 0.000 168% |
| | 烧碱期权 | 0.06% | 27.24 | 9.76 | 179.20% | 0.000 44% |
| | 苹果期权 | 0.06% | 24.61 | 3.17 | 676.23% | 0.000 397% |
| | 短纤期权 | 0.08% | 11.20 | 1.08 | 940.48% | 0.000 181% |
| | 尿素期权 | 0.05% | 20.45 | 8.48 | 141.14% | 0.000 33% |
| | 纯碱期权 | 1.14% | 511.02 | 109.65 | 366.03% | 0.01% |
| | 硅铁期权 | 0.09% | 23.36 | 1.38 | 1 594.40% | 0.000 377% |
| | 锰硅期权 | 0.30% | 122.18 | 0.62 | 19 646.87% | 0.001 973% |
| | 玻璃期权 | 0.41% | 137.09 | | | 0.002 214% |
| | 红枣期权 | 0.02% | 9.96 | | | 0.000 161% |
| | 瓶片期权 | 0.000 053% | 0.02 | | | 0.000 000% |
| | 总计 | 33.76% | 851 493.65 | 1 284 087.19 | −33.69% | 13.75% |
| 大连商品交易所 | 豆一 | 0.37% | 12 706.14 | 21 489.63 | −40.87% | 0.21% |
| | 豆二 | 0.50% | 14 369.75 | 12 687.47 | 13.26% | 0.23% |
| | 豆粕 | 5.52% | 132 846.90 | 134 384.35 | −1.14% | 2.15% |
| | 玉米 | 2.10% | 37 593.19 | 43 043.25 | −12.66% | 0.61% |
| | 豆油 | 1.93% | 116 106.63 | 163 033.26 | −28.78% | 1.87% |
| | 聚乙烯 | 1.06% | 33 757.00 | 41 425.82 | −18.51% | 0.55% |
| | 棕榈油 | 2.96% | 190 060.02 | 159 106.43 | 19.45% | 3.07% |
| | 聚氯乙烯 | 3.32% | 73 902.19 | 82 100.88 | −9.99% | 1.19% |
| | 焦炭 | 0.08% | 12 590.50 | 22 505.80 | −44.06% | 0.20% |
| | 焦煤 | 0.45% | 31 405.92 | 34 359.78 | −8.60% | 0.51% |
| | 铁矿石 | 1.67% | 104 341.34 | 164 306.66 | −36.50% | 1.68% |
| | 鸡蛋 | 0.81% | 22 878.36 | 13 622.85 | 67.94% | 0.37% |
| | 胶合板 | 0.000 039% | 3.35 | 0.00 | | 0.000 054% |
| | 纤维板 | 0.03% | 324.42 | 55.22 | 487.48% | 0.01% |
| | 聚丙烯 | 1.06% | 31 001.77 | 50 376.38 | −38.46% | 0.50% |
| | 玉米淀粉 | 0.46% | 9 761.25 | 16 230.89 | −39.86% | 0.16% |
| | 乙二醇 | 1.02% | 36 206.31 | 39 267.49 | −7.80% | 0.58% |

续表

| 交易所名称 | 品种名称 | 全年累计成交总量占全国份额 | 全年累计成交总额/亿元 | 上年同期成交总额/亿元 | 同比增减 | 全年累计成交总额占全国份额 |
|---|---|---|---|---|---|---|
| 大连商品交易所 | 粳米 | 0.01% | 373.32 | 1 316.33 | -71.64% | 0.01% |
| | 苯乙烯 | 1.36% | 47 086.49 | 50 814.65 | -7.34% | 0.76% |
| | 液化石油气 | 0.43% | 30 390.78 | 49 930.14 | -39.13% | 0.49% |
| | 生猪 | 0.21% | 42 988.46 | 33 977.09 | 26.52% | 0.69% |
| | 原木 | 0.02% | 1 170.95 | | | 0.02% |
| | 豆粕期权 | 0.87% | 243.61 | 248.47 | -1.96% | 0.003 934% |
| | 玉米期权 | 0.28% | 35.92 | 80.65 | -55.46% | 0.000 58% |
| | 铁矿石期权 | 0.92% | 762.77 | 1 056.92 | -27.83% | 0.01% |
| | 液化石油气期权 | 0.10% | 37.19 | 94.85 | -60.78% | 0.000 601% |
| | 聚乙烯期权 | 0.04% | 8.05 | 25.99 | -69.02% | 0.000 13% |
| | 聚丙烯期权 | 0.04% | 6.15 | 26.93 | -77.15% | 0.000 099% |
| | 聚氯乙烯期权 | 0.29% | 52.14 | 60.13 | -13.30% | 0.000 842% |
| | 棕榈油期权 | 0.58% | 269.83 | 289.93 | -6.93% | 0.004 357% |
| | 黄大豆1号期权 | 0.07% | 13.11 | 30.41 | -56.89% | 0.000 212% |
| | 黄大豆2号期权 | 0.09% | 20.63 | 49.71 | -58.49% | 0.000 333% |
| | 豆油期权 | 0.18% | 95.48 | 137.32 | -30.47% | 0.001 542% |
| | 苯乙烯期权 | 0.37% | 63.60 | 69.57 | -8.57% | 0.001 027% |
| | 乙二醇期权 | 0.13% | 38.15 | 41.65 | -8.40% | 0.000 616% |
| | 鸡蛋期权 | 0.02% | 5.47 | | | 0.000 088% |
| | 玉米淀粉期权 | 0.01% | 2.24 | | | 0.000 036% |
| | 生猪期权 | 0.004 789% | 11.14 | | | 0.000 18% |
| | 原木期权 | 0.001 298% | 2.86 | | | 0.000 046% |
| | 总计 | 29.35% | 983 533.41 | 1 136 246.93 | -13.44% | 15.88% |
| 中国金融期货交易所 | 沪深300股指期货 | 0.38% | 318 129.06 | 263 106.56 | 20.91% | 5.14% |
| | 5年期国债期货 | 0.19% | 150 678.12 | 142 267.11 | 5.91% | 2.43% |
| | 10年期国债期货 | 0.24% | 191 332.78 | 193 000.79 | -0.86% | 3.09% |
| | 上证50股指期货 | 0.21% | 118 256.35 | 116 058.40 | 1.89% | 1.91% |
| | 中证500股指期货 | 0.34% | 280 244.13 | 202 975.09 | 38.07% | 4.53% |
| | 2年期国债期货 | 0.11% | 175 417.77 | 190 546.39 | -7.94% | 2.83% |

续表

| 交易所名称 | 品种名称 | 全年累计成交总量占全国份额 | 全年累计成交总额/亿元 | 上年同期成交总额/亿元 | 同比增减 | 全年累计成交总额占全国份额 |
|---|---|---|---|---|---|---|
| 中国金融期货交易所 | 中证1000股指期货 | 0.62% | 513 237.89 | 189 101.15 | 171.41% | 8.29% |
| | 30年期国债期货 | 0.18% | 156 225.50 | 31 951.96 | 388.94% | 2.52% |
| | 沪深300股指期权 | 0.32% | 1 401.16 | 1 165.07 | 20.26% | 0.02% |
| | 中证1000股指期权 | 0.56% | 4 006.27 | 1 187.64 | 237.33% | 0.06% |
| | 上证50股指期权 | 0.13% | 365.67 | 338.55 | 8.01% | 0.01% |
| | 总计 | 3.28% | 1 909 294.69 | 1 331 698.71 | 43.37% | 30.83% |
| 广州期货交易所 | 工业硅期货 | 1.16% | 52 247.46 | 15 511.16 | 236.84% | 0.84% |
| | 碳酸锂期货 | 0.79% | 55 342.77 | 45 296.11 | 22.18% | 0.89% |
| | 多晶硅期货 | 0.01% | 918.97 | | | 0.01% |
| | 工业硅期权 | 0.30% | 113.02 | 32.56 | 247.13% | 0.001 825% |
| | 碳酸锂期权 | 0.28% | 230.27 | 80.59 | 185.72% | 0.003 718% |
| | 多晶硅期权 | 0.000 424% | 0.96 | | | 0.000 016% |
| | 总计 | 2.54% | 108 853.45 | 60 920.41 | 78.68% | 1.76% |
| 全国期货市场交易总额 | | — | 6 192 631.77 | 5 685 096.72 | 8.92% | 100.00% |

注：本表持仓数据根据上海期货交易所、郑州商品交易所、大连商品交易所、中国金融期货交易所和广州期货交易所提供数据计算，其余数据根据证监会官网发布的市场数据计算。

表 7-1-10 美国农业部世界谷物统计与预测

单位：百万吨

| 品种 | 分类 | 2013/2014 年度 | 2014/2015 年度 | 2015/2016 年度 | 2016/2017 年度 | 2017/2018 年度 | 2018/2019 年度 | 2019/2020 年度 | 2020/2021 年度 | 2021/2022 年度 | 2023/2024 年度(预估) | 2024/2025 年度(预测) | 供应量(2024/2025)年度(预测) |
|---|---|---|---|---|---|---|---|---|---|---|---|---|---|
| 小麦 | 产量 | 715.40 | 728.30 | 738.10 | 756.30 | 762.90 | 730.90 | 762.17 | 774.55 | 780.05 | 785.74 | 796.88 | 1 060.35 |
|  | 消费量 | 690.80 | 700.40 | 716.10 | 738.40 | 742.00 | 734.72 | 746.73 | 782.71 | 791.16 | 797.52 | 804.90 |  |
|  | 期末库存 | 194.00 | 217.50 | 244.90 | 262.70 | 283.50 | 283.16 | 296.54 | 290.06 | 272.75 | 259.44 | 216.51 |  |
|  | 贸易量 | 165.90 | 161.80 | 171.70 | 182.40 | 184.00 | 173.67 | 193.87 | 203.33 | 202.77 | 210.69 | 247.22 |  |
| 大米 | 产量 | 478.40 | 478.60 | 476.70 | 491.00 | 494.80 | 497.32 | 498.87 | 509.33 | 513.10 | 513.74 | 527.31 | 712.79 |
|  | 消费量 | 478.20 | 475.00 | 469.40 | 483.50 | 482.20 | 484.69 | 493.75 | 503.44 | 517.62 | 522.90 | 527.46 |  |
|  | 期末库存 | 107.40 | 115.00 | 142.40 | 149.90 | 162.60 | 176.89 | 181.70 | 188.44 | 183.28 | 167.18 | 177.24 |  |
|  | 贸易量 | 43.40 | 42.60 | 40.20 | 48.20 | 47.70 | 43.90 | 43.40 | 51.16 | 56.90 | 51.62 | 54.42 |  |
| 全部粗粮 | 产量 | 1 279.60 | 1 307.60 | 1 303.70 | 1 419.40 | 1 361.50 | 1 398.00 | 1 417.08 | 1 441.49 | 1 500.79 | 1 510.08 | 1 499.13 | 1 846.25 |
|  | 消费量 | 1 232.50 | 1 271.80 | 1 270.40 | 1 382.50 | 1 376.10 | 1 421.15 | 1 432.18 | 1 455.83 | 1 486.02 | 1 491.70 | 1 522.96 |  |
|  | 期末库存 | 211.00 | 246.90 | 348.90 | 385.80 | 371.20 | 347.04 | 336.69 | 322.94 | 337.98 | 348.47 | 319.99 |  |
|  | 贸易量 | 165.30 | 173.90 | 185.30 | 182.30 | 189.10 | 212.81 | 210.73 | 233.60 | 253.87 | 240.92 | 230.10 |  |
| 全部谷物 | 产量 | 2 473.40 | 2 514.50 | 2 518.60 | 2 666.70 | 2 619.30 | 2 626.21 | 2 678.13 | 2 725.36 | 2 793.94 | 2 809.56 | 2 825.76 | 3 619.39 |
|  | 消费量 | 2 401.50 | 2 447.20 | 2 455.90 | 2 604.40 | 2 600.40 | 2 640.55 | 2 672.66 | 2 741.97 | 2 794.80 | 2 812.11 | 2 855.76 |  |
|  | 期末库存 | 512.40 | 579.40 | 736.20 | 798.40 | 817.30 | 807.08 | 814.92 | 801.44 | 794.02 | 775.09 | 763.64 |  |
|  | 贸易量 | 374.60 | 378.30 | 397.20 | 412.80 | 420.80 | 430.38 | 448.00 | 488.10 | 513.54 | 503.23 | 503.55 |  |

资料来源：美国农业部。

说明：(1) 贸易数据为 7 月/6 月，其他为各国市场年度数据的加总。
(2) 贸易量的统计不包括欧盟内部贸易，包括前苏联各加盟共和国间的贸易。

# 二、2024年中国粮食市场大事记

## 1月

**5日**,科技部国家遥感中心在京发布全球生态环境遥感监测2023年度报告,其中"全球大宗粮油作物生产与粮食安全形势"专题报告完成了2023年全球大宗粮油作物生产形势监测和全球粮食供应形势分析。

**8日至9日**,全国粮食和物资储备工作会议在北京召开。会议以习近平新时代中国特色社会主义思想为指导,深入贯彻党的二十大和党的二十届二中全会精神,认真落实中央经济工作会议、中央农村工作会议精神,根据全国发展和改革工作会议部署,总结2023年工作,分析当前形势,安排2024年粮食和物资储备重点任务。

**12日**,海关总署的数据显示,2023年我国共进口粮食16 196.4万吨,同比增加11.7%。其中,进口大豆9 940.9万吨,同比增加11.4%。进口食用植物油981.2万吨,同比增加51.4%。我国出口粮食261.8万吨,同比减少18.2%。

**20日**,河南省粮食和物资储备工作会议在郑州召开。会议全面总结2023年工作，深刻分析当前形势，安排部署2024年任务。

23日，中国粮食行业协会玉米分会第三届理事（扩大）会议在北京举行。

25日，"豫农优品天下行·2024年货节"开幕式在河南粮投中国好粮油仓储店举行。

31日，由农业农村部、国家发展改革委、财政部、自然资源部、海关总署五部门联合编制的《国家南繁硅谷建设规划（2023—2030年）》，在海南省三亚市发布。

## 2月

6日，中国饲料工业协会发布消息，2023年，全国饲料工业实现产值、产量双增长，工业饲料总产量再创新高，行业创新发展步伐加快，饲用豆粕减量替代取得新成效。

23日，河南种业集团有限公司在中原农谷正式挂牌。

## 3月

1日，国家发展和改革委员会、财政部、农业农村部、国家粮食和物资储备局发布通知，2024年国家继续在稻谷主产区实行最低收购价政策。2024年生产的早籼稻（三等，下同）、中晚籼稻和粳稻最低收购价分别为每50公斤127元、129元和131元。

1日，国家发展和改革委员会、国家粮食和物资储备局、财政部、农业农村部、中国农业发展银行发布《关于2024年稻谷最低收购价有关政策的通知》，限定 2024 年最低收购价稻谷收购总量为 5 000 万吨（籼稻 2 000 万吨、粳稻 3 000 万吨）。

**3 日**，国家粮食和物资储备局网站发布《关于适当延长黑龙江省中晚稻最低收购价政策执行期限的通知》。决定将黑龙江省 2023 年中晚稻最低收购价预案执行截止日期延长至 2024 年 3 月 31 日。

**5 日**，提请十四届全国人大二次会议审议的政府工作报告提出 2024 年发展主要预期目标，明确粮食产量 1.3 万亿斤以上。

**8 日**，《中国粮食制度史》编写工作启动会议在京召开。会议指出，编写《中国粮食制度史》是深入学习贯彻习近平总书记在文化传承发展座谈会上的重要讲话精神、传承发展中国粮食治理和制度文化的具体行动，是一项开创性的研究工作，具有开创性意义。

**12 日**，国务院常务会议讨论通过了《新一轮千亿斤粮食产能提升行动方案（2024—2030 年）》，并要求牢牢把握粮食安全主动权。

**17 日**，2024 中国种子大会在三亚市开幕，本届大会继续以"中国种业振兴　南繁硅谷崛起"为主题。

**18 日**，马来西亚衍生产品交易所（简称 BMD）挂牌上市了"马来西亚交易所大连商品交易所豆油期货"（简称 FSOY）。这标志着 BMD 与大商所于 2023 年签署的结算价授权协议正式落地。

**19 日**，习近平总书记在湖南考察时强调，"要建设好高标准农田，推行适度规模经营，加强政策支持和示范引领""让种粮也能够致富,进而吸引更多农户参与发展现代化大农业,真正把中国特色农业现代化之路走稳走扎实"。

**20 日**,第 110 届全国糖酒商品交易会在成都开幕。

**21 日**,河南粮投集团与匈牙利豫商联合会战略合作框架协议签约仪式在郑州举行。此次签约,是河南粮投集团全面实施"豫农优品"品牌建设的具体实践,是"豫农优品天下行"走出国门的第一步和重要举措。

**24 日**,由中国粮油学会、中国粮油学会油脂分会主办,广西森洲生物技术有限公司、郑州远洋油脂工程技术有限公司协办的"油脂工厂皂脚环保无污染利用技术应用研讨会"在广西北海召开。

**28 日**,北京市粮食行业协会第八届第二次会员大会暨第八届第三次理事会会议在北京首农创新科技产业园召开。

**28 日至 29 日**,中国农垦经济研究会第十届会员代表大会暨 2024 年中国农垦经济研究会年会在北京召开。

## 4 月

**2 日**,河南省主要粮油作物单产提升行动暨防灾减灾工作现场推进会议在河南新乡召开。

**10 日**,全国粮食和物资储备系统粮食质量安全工作会议在京召开。会议深入学习贯彻习近平总书记关于粮食质量安全重要讲话和指示精神,认真落实国务院食品安全委员会第一次全体会议有关要求,总结交流近年来粮食质量安全工作,分析研判形势,安排部署任务,推动全系统粮食质量安全工作迈上新台阶。

10 日，国家重点研发计划部省联动项目"花生抗病优质高产宜机收新种质创制与应用"项目启动会在河南郑州举行。这是国家重点研发计划实施以来，花生第一次以单一作物被列入专项。

11 日，国家粮食和物资储备局召开乡村振兴工作领导小组会议，深入学习贯彻习近平总书记关于全面推进乡村振兴的重要论述，认真落实 2024 年中央一号文件精神，总结 2023 年国家粮食和物资储备局定点帮扶、对口支援工作成效，审议通过《国家粮食和物资储备局 2024 年定点帮扶工作计划》等文件，安排部署 2024 年重点工作。

17 日，全国首单主粮作物冻灾指数保险在河南周口正式签约。

19 日，首届中原粮食文化论坛在河南工业大学举办，论坛以"中国人的饭碗要装中国粮"为主题。

20 日，2024 中国农业展望大会在京召开。农业农村部市场预警专家委员会当日发布《中国农业展望报告（2024—2033）》。

21 日，河南省粮食行业协会第五届会员代表大会在郑州召开。

23 日，国家粮食和物资储备局召开中央应急抢险救灾物资储备管理工作视频会议。

26 日，中国粮食行业协会粮油仓储企业交流现场会在浙江湖州召开。

28 日，国家粮食和物资储备局在江苏张家港召开全国粮食绿色仓储工作现场推进会。会议深入学习领会习近平总书记关于保障国家粮食安全的重要指示批示精神，深化思想认识，交流工作经验，安排部署工作，持续推动粮食绿色仓储工作走深走实。

**30 日**，大商所发布公告，对黄大豆 1 号期货交割质量标准中的粗蛋白质含量指标名称、折算系数和卫生要求等内容进行相应调整。

## 5月

**10 日**，从陕西举行的第六届全国（杨凌）油菜科技大会上获悉，陕西省杂交油菜研究中心育种团队成功培育出含油量为 66% 的油菜种质资源，这一数据已获得国家粮食和物资储备局西安油脂食品及饲料质量监督检验中心的认证。这是目前已知的全球含油量最高的油菜种质。

**11 日至 12 日**，在江苏省扬州市和南京市召开的全国小麦抗赤病育种工作推进会议上，中国工程院院士、国家小麦育种联合攻关首席专家许为钢透露，我国已攻克了限制赤霉病抗性改良的关键难点，创造出一批高抗赤霉病、综合性状优良的优异新种质。

**15 日**，由河南农业投资集团有限公司主办、郑州粮食批发市场有限公司承办、粮油市场报社协办的 2024 夏粮生产形势研讨会在郑州举办。

**15 日**，国家粮食和物资储备局召开全国夏季粮油收购工作会议，分析研判收购形势，安排部署收购工作。

**15 日**，国家粮食和物资储备局网站消息，截至 2024 年 4 月 30 日，主产区各类粮食企业累计收购 2023 年度中晚籼稻、粳稻、玉米、大豆 20 016 万吨。至此，秋粮旺季收购工作顺利结束。

**16 日**，《2024 中国粮食市场发展报告》发布会在郑州举行。发布会由河南农投集团主办、郑州粮食批发市场承办、粮油市场报社协办。

**20 日**，河南省粮食和物资储备局在郑州召开全省夏粮收购工作会议，分析研判收购形势，安排部署收购工作。

**21 日**，财政部、农业农村部、金融监管总局发出通知，为推动提升农业保险保障水平，稳定种粮农户收益，支持推进乡村全面振兴，更好保障国家粮食安全，从 2024 年起，在全国全面实施稻谷、小麦、玉米三大粮食作物完全成本保险和种植收入保险政策。

**22 日至 23 日**，中共中央政治局常委、国务院总理李强在河南调研时强调，要深入贯彻习近平总书记关于推进农业现代化的重要指示精神，扎实做好"三夏"工作确保夏粮丰收，强化科技支撑和产业引领，推动农业创新发展，为构建现代化产业体系夯实根基。

**24 日**，农发行河南省分行组织省内以及贵州、陕西等省外储备、加工、贸易涉粮企业在南阳市举办粮食跨区产销对接大会。

**25 日**，由湖北省农业农村厅、湖北省粮食局指导，湖北省粮食行业协会、湖北省水稻协会主办的 2024 年"江汉大米"首届春耕节在沙洋县"江汉大米"洪森基地举办。

**27 日**，2024 年全国粮食和物资储备科技活动周启动仪式在江西南昌举行。本次科技活动周由国家粮食和物资储备局主办，江西省粮食和物资储备局、南昌市人民政府承办，国家粮食和物资储备局江西局协办。

**27 日**，国家粮食和物资储备局在江西省南昌市召开科技和人才兴粮兴储工作推进会。

**31 日**，河南 2024 年小麦产销合作洽谈会暨签约仪式在郑州举行。

## 6 月

**5 日**，作为河南省政府倾力打造的省级农业区域公用品牌商业化运营主体的河南豫农优品运营管理有限公司，与上海西虹桥预制菜发展有限公司及河南景田中央厨房有限公司分别达成战略合作。

**5 日**，巴基斯坦中国商务会议在深圳举办。

**7 日**，中国农业科学院发布《中国农业产业发展报告 2024》（简称《报告》）。《报告》建议，到 2050 年，由于居民食物需求结构向营养健康转型，中国可调减口粮播种面积和肉蛋类产能，肉类产量可调减 28%，其中，猪肉产量可减至 4 002 万吨；鸡蛋调减 10%，减至 2 720 万吨。

**11 日**，中共中央总书记、国家主席、中央军委主席、中央全面深化改革委员会主任习近平主持召开中央全面深化改革委员会第五次会议，审议通过了《关于完善中国特色现代企业制度的意见》《关于健全种粮农民收益保障机制和粮食主产区利益补偿机制的指导意见》《关于建设具有全球竞争力的科技创新开放环境的若干意见》等文件。

12日，河南豫农优品运营管理有限公司与京东（郑州）数字经济产业园在郑州市郑东新区鲲鹏软件小镇举行签约入驻仪式。

16日，南方小麦交易市场河南市场在河南周口中心港举行揭牌仪式。

18日，第二十届粮食产销协作福建洽谈会在福州开幕。本届粮洽会以"加快培育新质生产力 激发粮食安全新动能"为主题。

21日，红枣期权在郑州商品交易所正式挂牌交易。

20日至22日，中国粮食行业协会大米分会第二届专家委员会2024年第一次会议在湖南郴州召开。本次会议以"让世界爱上中国智造——走进郴州粮机"为主题。

27日，2024棉花产业创新发展研讨会在郑州召开。研讨会由郑州粮食批发市场有限公司与国投安信期货有限公司主办，《粮油市场报》社有限公司、北京棉花展望信息咨询有限责任公司承办。

27日，河南豫农优品运营管理有限公司与北京志广富庶农产品有限公司在京签订合作协议，豫农优品进首都取得实质性进展。

28日，2024年度吉林省玉米水稻产业集群金融仓储物流对接服务会在长春举办。

## 7月

**7日**，"十四五"国家重点研发计划"主要作物丰产增效科技创新工程"重点专项"南方粮食产区涝渍减灾应对技术及装备"项目启动会暨实施方案论证会，在湖北省农业科学院粮食作物研究所举行。

**9日**，塞拉利昂共和国驻华大使阿布·巴卡尔·卡里姆一行到访河南农业投资集团有限公司，双方就深化农业合作、探索农业投资与技术交流的新机遇等方面进行了深入交流。

**10日至12日**，由中国食品土畜进出口商会主办的第十五届全球大宗粮油产业大会在江苏南京举行。

**12日**，国家统计局发布关于2024年夏粮产量数据的公告，2024年夏粮播种面积保持稳定，单产有所增加，夏粮产量14 977.9万吨（2 995.6亿斤），比上年增加362.7万吨（72.5亿斤），增长2.5%。全国夏粮获得丰收，夏粮产量实现增长。

**16日**，国家统计局河南调查总队正式发布2024年河南省夏粮产量数据。2024年，河南夏粮总产量3 785.7万吨（757.14亿斤），比上年增加235.63万吨（47.13亿斤），增长6.64%。

**18日**，由稻米油产业技术创新战略联盟、中国农业产业化龙头企业协会油料产业分会主办，长寿花食品股份有限公司承办的第二届稻米油产业技术创新战略联盟会议在山东邹平召开。

**21日**，新华社受权全文播发《中共中央关于进一步全面深化改革、推进中国式现代化的决定》（简称《决定》）。《决定》提到：加快健全种粮农民收益保障机制，推动粮食等重要农产品价格保持在合理水平；统筹建立粮食产销区省际横向利益补偿机制，在主产区利益补偿上迈出实质步伐。

**22 日**，国家粮食和物资储备局党组召开扩大会议，传达学习贯彻党的二十届三中全会精神，研究部署全局全系统学习宣传和贯彻落实工作。

**23 日**，河南豫农优品运营管理有限公司与河南中视新科文化产业有限公司正式签署战略合作协议。

**26 日**，国家粮食和物资储备局召开干部大会，传达学习贯彻党的二十届三中全会精神，对全局全系统学习贯彻工作作出安排。

**26 日**，河南豫农优品运营管理有限公司与圳品市场运营科技有限公司在深圳签订合作协议。

## 8 月

**2 日**，中国证监会发布通知，同意大商所鸡蛋、玉米淀粉和生猪期权注册。这意味着，大商所期权品种将增至 16 个。

**8 日**，"齐鲁粮油"中国行杭州推介会暨 2024 鲁浙粮食产业发展合作洽谈会，在杭州拉开帷幕。

**10 日**，2024 京津冀鲜食玉米产业发展大会·第十届北京鲜食玉米节延庆分会场暨旧县镇鲜食玉米旅游季举办。

**16 日**，在第二十三届长春农博会上，100 款吉林大米分级分类产品首次亮相。

**19 日**，巴基斯坦驻华大使馆主办巴基斯坦—中国芝麻贸易对接会。

**20 日**，全国粮食和物资储备工作推进会在京召开。会议深入贯彻党的二十大和二十届二中、三中全会精神，认真落实党中央、国务院关于上半年经济形势和做好下半年经济工作的决策部署。

**21 日**，河南豫农优品运营管理有限公司与上海光明食品集团农工商超市公司在上海签署战略合作协议。

**23 日**，国家统计局发布关于 2024 年早稻产量数据的公告，2024 年，全国早稻播种面积持平略增，单产受灾害天气影响有所下降，早稻总产量 2 817.4 万吨（563.5 亿斤），比 2023 年减少 16.3 万吨（3.3 亿斤），下降 0.6%。

**23 日**，鸡蛋、玉米淀粉、生猪期权在大商所正式挂牌上市。

**24 日至 25 日**，由中国粮油学会举办的爱粮节粮·科技新生活——"谷物与健康＋"研讨会在河北秦皇岛成功召开。会议聚焦"谷物、健康、未来"主题。

**29 日**，以"汇聚精品粮油·展智能设备·筑交易平台"为主题的第四届郑州·中国好粮油产品及机械设备技术交易大会在郑州国际会展中心开幕。本届大会由河南省粮食行业协会、河南省粮食经济学会、河南农业投资集团有限公司、河南省储备粮管理集团有限公司主办，粮油市场报社等单位共同协办。会上正式发布 DB41/T2681-2024《豫麦》，河南成为全国首个制定主粮品种地方标准的省份。

## 9 月

**3 日**，全国粮油等主要作物大面积单产提升工作推进会在安徽省宿州市召开。

3日，国家标准化管理委员会下达《食用植物油散装运输卫生要求》强制性国家标准制定计划的通知。

3日，第五届中国·吉林鲜食玉米产业大会暨第四届中国·四平玉米节在吉林省四平市举办。本次大会以"汇聚鲜食玉米新质生产力，赋能产业优质发展新格局"为主题。

4日，中国粮食行业协会粮油仓储企业交流现场会在四川成都召开。

7日，塞拉利昂·中国（河南）投资经贸论坛在河南省郑州市举办。本次论坛旨在加强中国河南省与塞拉利昂共和国之间的经贸合作与交流，探索更广泛的合作领域和发展机遇。

9日，商务部发布公告，自公告发布之日起，对原产于加拿大的进口油菜籽进行反倾销立案调查。

10日，国家统计局发布的新中国75年经济社会发展成就系列报告显示，75年来，我国粮食生产实现跨越式发展，粮食安全保障有力。

12日，2024年大豆行业年会暨第八届中国大豆产业国际高峰论坛在哈尔滨圆满落下帷幕。

12日，在《中欧地理标志保护与合作协定》签署4周年之际，"第二届中欧地理标志论坛"在河南郑州开幕。

13日，由新疆农业科学院粮食作物研究所春小麦育种创新团队选育的"粮春1758"经过专家测产，以796.1公斤/亩的单产水平创全国春小麦百亩方高产纪录。

20日，国家发展和改革委员会、国家粮食和物资储备局、财政部、国家市场监督管理总局印发《关于执行粮食质量国家标准有关问题的规定》的通知。

**22日**，"美豫粮油·北京好粮油"推介会在京举行。

**22日**，第七届"中国农民丰收节"主会场活动在兰考县仪封镇开幕。本届丰收节以"学用千万工程 礼赞丰收中国"为主题。

**24日**，国家发展和改革委员会、财政部、农业农村部、国家粮食和物资储备局发布通知，国家继续在小麦主产区实行最低收购价政策，最低收购价水平改为两年一定。经国务院批准，2025年和2026年当年生产的小麦（三等）最低收购价为每50公斤119元。

**24日**，国家发展和改革委员会、国家粮食和物资储备局、财政部、农业农村部、中国农业发展银行联合发布《关于2025—2026年小麦最低收购价有关政策的通知》，限定2025年、2026年每年最低收购价小麦收购总量为3 700万吨。

**24日**，国家粮食和物资储备局在吉林省召开2024年全国秋粮收购工作会议暨优质粮食工程现场推进会。

**24日**，由郑州粮食批发市场有限公司主办、粮油市场报社协办的"2024秋粮生产形势研讨会"在郑州成功举办。

**25日至26日**，借助全国秋粮收购工作会议暨优质粮食工程现场推进会在吉林省举行的契机，吉林粮食品牌日暨粮食加工产销对接活动在长春举办。

**26日**，财政部、农业农村部、金融监管总局发布通知，从2024年起，扩大大豆完全成本保险和种植收入保险政策实施范围。2025年，政策覆盖各省、自治区、直辖市、计划单列市。2026年，实现政策全国全面覆盖。

## 10月

9日，大连商品交易所对外门户上线试运行。

16日，国家粮食和物资储备局、农业农村部、教育部、全国妇联，湖北省人民政府以及联合国粮农组织在湖北武汉联合主办2024年世界粮食日和全国粮食安全宣传周主会场活动。2024年10月16日是第44个世界粮食日，联合国粮农组织将2024年全球活动主题确定为"粮安天下，共建更好生活，共创美好未来。"本次粮食安全宣传周的主题是"强法治　保供给　护粮安"。

18日，第六届中国粮食交易大会在湖北武汉开幕。本届粮食交易大会以"粮安天下聚合力　产销融通促发展"为主题，由中国国际贸易促进委员会粮食行业分会、国家粮食和物资储备局粮食交易协调中心主办，会同湖北省粮食局、武汉市人民政府承办。

18日，2023年度金融科技发展奖颁奖仪式在京举行，大商所新一代清算系统荣获一等奖。

19日，河南省启动2024年中晚稻最低收购价执行预案。

20日，第六届中国粮食交易大会在湖北省武汉市落下帷幕。本届大会共成交及意向签约各类粮油1 952万吨、各类粮油机械5 502台（套），总金额约686亿元，均创历史新高。

21日，河南农业投资集团所属河南豫农优品运营管理有限公司与马来西亚豫商联合会在吉隆坡签订战略合作框架协议。

**23日**，国家粮食和物资储备局网站消息，截至9月30日，主产区各类粮食企业累计收购2024年度夏粮7 503万吨，同比增加642万吨，收购市场总体平稳。

**24日**，江苏省启动2024年中晚稻最低收购价执行预案。

**26日**，第十一届中国—中亚合作论坛在宁夏银川开幕。

**28日**，2024年中日稻米科技研讨会在辽宁大连举办，旨在探讨交流中日稻米绿色收储、适度加工新技术、健康产品开发等最新研究成果和学术热点问题，进一步促进产学研合作，为推动粮食产业高质量发展注入新的科技动力。

## 11月

**1日**，备受业界瞩目的首批"豫农优品"名录在河南报业大厦新闻中心隆重发布。

**6日**，黑龙江省启动2024年中晚稻最低收购价执行预案。

**6日**，中粮集团在第七届中国国际进口博览会上与来自全球的供应商现场签约，采购世界各地优质农产品，签约规模超百亿美元。与往年相比，中粮集团本届进博会"购物车"里的产品进口来源地更加多元。

**6日**，由农业农村部主办的2024年全国粮油和大豆产业博览会在山东省济南市开幕。博览会以"发展农业新质生产力 提升粮油产业竞争力"为主题。

**8日**，以"品质农业·美好生活"为主题的第18届中国武汉农业博览会开幕，河南豫农优品运营管理有限公司受邀参加。

**9 日**，安徽省启动2024年中晚稻最低收购价执行预案。

**13 日**，由大连商品交易所、马来西亚衍生产品交易所（BMD）联合主办的第18届国际油脂油料大会暨农畜产业（衍生品）大会在大连举行。

**15 日**，以"新质筑粮安　智链赢未来"为主题的中国国际粮油博览会暨第二十届中国国际粮油产品及设备技术展示交易会在江西南昌举行。

**15 日**，中国粮食行业协会六届五次理事会暨2024年协会建设工作会议在江西南昌召开。

**15 日至16 日**，由中国科学技术协会立项支持，中国粮油学会承担的替代蛋白技术创新及产业高质量发展青年科学家沙龙活动在北京举办。

**18 日**，郑州粮食批发市场有限公司"农链网"（www.czgmsoln.com）正式上线，这标志着郑州粮批在粮农供应链综合服务平台建设方面迈出了关键一步。"农链网"作为郑州粮批倾力打造的粮农供应链综合服务平台，涵盖组织交易、供求信息、信息资讯、金融服务等功能板块，致力于为农产品交易提供更加优质、便捷、高效的服务。

**18 日**，郑州商品交易所与国家气象信息中心在北京联合发布"国家气象信息中心—郑州商品交易所气温指数"，标志着实体经济识别天气风险有了"度量衡"，也标志着我国天气衍生品研发工作又迈出了坚实一步。

**19 日**，国家粮食和物资储备局召开深化粮食购销和储备管理体制机制改革落实监管责任动员部署会议。

**21 日至 22 日**，全国粮食和物资储备系统办公室工作会议在湖南省长沙市召开。

**21 日至 22 日**，2024 河南（郑州）—东盟粮农合作大会在郑州举行，大会主题为"新质赋能粮农合作　互利共赢区域发展"。

**25 日**，新华社消息，中共中央办公厅、国务院办公厅印发《粮食节约和反食品浪费行动方案》（简称《方案》）。《方案》旨在贯彻落实党中央、国务院关于厉行节约、反对浪费的决策部署，深入实施全面节约战略，推动落实《中华人民共和国粮食安全保障法》《中华人民共和国反食品浪费法》，加快形成切实管用的粮食和食物节约长效机制，加力解决粮食损失和食品浪费问题。

**29 日**，国家粮食和物资储备局召开全国粮食和物资储备系统安全风险防范视频会议。

**30 日**，国家粮食和物资储备安全政策专家咨询委员会成立大会暨第一次专题咨询会议在京召开。

## 12 月

**3 日**，商务部等九部门印发的《关于完善现代商贸流通体系推动批发零售业高质量发展的行动计划》对外发布。

**5 日**，农业农村部网站消息，为大面积、整建制提升我国小麦单产水平，推进我国小麦产业高质量发展，农业农村部种植业管理司会同全国农技中心组织部小麦专家指导组编写的《全国小麦大面积单产提升技术指南》正式出版发行。

**6 日**，市场监管总局对外发布《防范外卖餐饮浪费规范营销行为指引》，进一步规范外卖商家营销行为，落实网络餐饮平台主体责任，防范外卖餐饮浪费，营造厉行节约、反对浪费的社会风尚。

**10 日**，由粮油市场报主办，湖北省域公用品牌"江汉大米"冠名支持的 2024 粮油产业发展大会在武汉举行。大会以"强产业 保粮安 促振兴"为主题，通过主题演讲、大会对话等形式，以高级别的跨行业对话平台，探讨中国粮油产业高质量发展、筑牢粮安根基的创新思路。"第十四届中国粮油榜颁奖盛典"同期举行。

**11 日**，中国消费者协会、中国互联网协会、中国饭店协会、中国个体劳动者协会、中国电子商会、中国包装联合会、中国连锁经营协会、中国焙烤食品糖制品工业协会、中国营养学会等 9 家协会共同发出倡议，倡导餐饮行业经营者（含个体经营劳动者）通过创新举措、公益宣传、优化服务等方式遏制行业中餐饮浪费现象，履行责任，引导消费者合理点餐用餐。

**11 日至 12 日**，中央经济工作会议在北京举行。会议要求，2025 年要坚持稳中求进、以进促稳，守正创新、先立后破，系统集成、协同配合，充实完善政策工具箱，提高宏观调控的前瞻性、针对性、有效性。要实施更加积极的财政政策和适度宽松的货币政策，打好政策"组合拳"，保持经济稳定增长。

**13 日**，国家统计局发布关于 2024 年粮食产量数据的公告，根据对全国 31 个省（区、市）的调查，2024 年全国粮食播种面积 119 319 千公顷（178 979 万亩），比 2023 年增加 351 千公顷（526万亩），增长0.3%；全国粮食单位面积产量达到5 921公斤/公顷（395公斤/亩），比2023年增加75.8公斤/公顷（5.1公斤/亩），增长1.3%；全国粮食总产量70 650万吨（14 130亿斤），比2023年增加1 109万吨（222亿斤），增长1.6%。这是我国粮食产量连续9年稳定在1.3万亿斤以上的基础上，首次迈上1.4万亿斤的新台阶。

**15日**，国家统计局河南调查总队发布的数据显示，2024年河南粮食总产量6 719.4万吨（1 343.9亿斤），同比增长1.4%，粮食总产量连续8年稳定在1 300亿斤以上。河南小麦播种面积多年稳定在8 500万亩以上，产量占全国四分之一，有"中原粮仓"之称。

**16日**，中国植物油行业协会第八次会员大会暨八届一次理事会在北京召开，选出新一届理事会成员。

**17日**，2024中美大豆产品应用价值链创新大会在河南郑州召开。

**17日至18日**，中央农村工作会议在北京召开。会议以习近平新时代中国特色社会主义思想为指导，深入贯彻党的二十大和二十届二中、三中全会精神，全面贯彻习近平总书记关于"三农"工作的重要论述和重要指示精神，落实中央经济工作会议精神，分析当前"三农"工作面临的形势和挑战，部署2025年"三农"工作。

**19日**，第二十六届中国农产品加工业投资贸易洽谈会和第三届"一带一路"（河南）国际农业合作博览会在河南省驻马店市同步开幕。

**24 日**，国家粮食和物资储备局官网消息，国家发展和改革委员会、国家粮食和物资储备局等七部门印发《国家全谷物行动计划（2024—2035 年）》。

**25 日**，国家统计局发布关于 2024 年棉花产量的公告，2024 年全国棉花播种面积 4 257.4 万亩，比上年增加 75.2 万亩，增长 1.8%；单产 144.8 公斤/亩，比上年增加 10.4 公斤/亩，增长 7.8%；产量 616.4 万吨，比上年增加 54.6 万吨，增长 9.7%。

**25 日至 26 日**，全国粮食和物资储备工作会议在北京召开。会议强调，2025 年是"十四五"规划收官之年，要不断提升粮食收储调控能力，加快增强国家储备实力，进一步提高应急物资保障效能，高质量完成粮食和物资储备领域"十四五"规划目标任务，为实现"十五五"良好开局打牢基础。

**27 日**，由河南省粮食和物资储备局、河南省人民政府驻广州办事处主办，河南农业投资集团有限公司、河南省储备粮管理集团有限公司协办的"美豫粮油"大湾区推介会在深圳召开。

## 三、小麦、稻米、玉米、大豆价格走势图

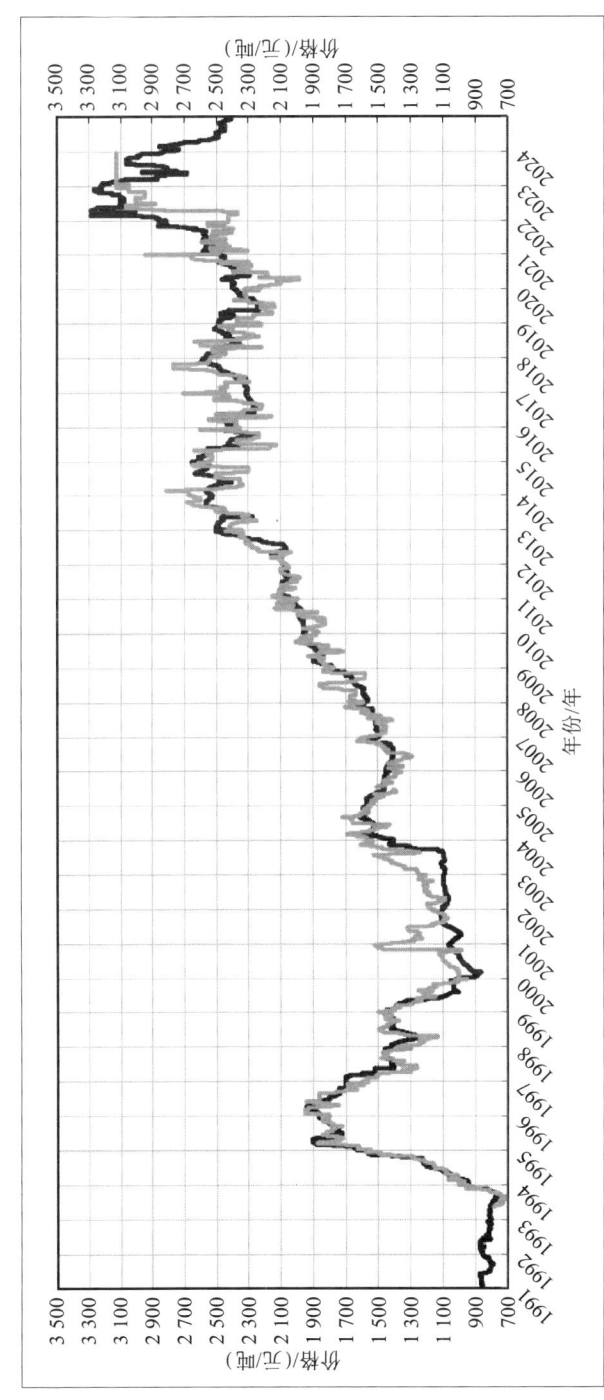

图 7-3-1 1991—2024 年郑州粮食批发市场小麦价格历史走势图

说明：黑色曲线为郑州粮食批发市场三等白小麦旬平均价（火车板交货价）；灰色曲线为郑州商品交易所普麦近交割月合约旬平均价。

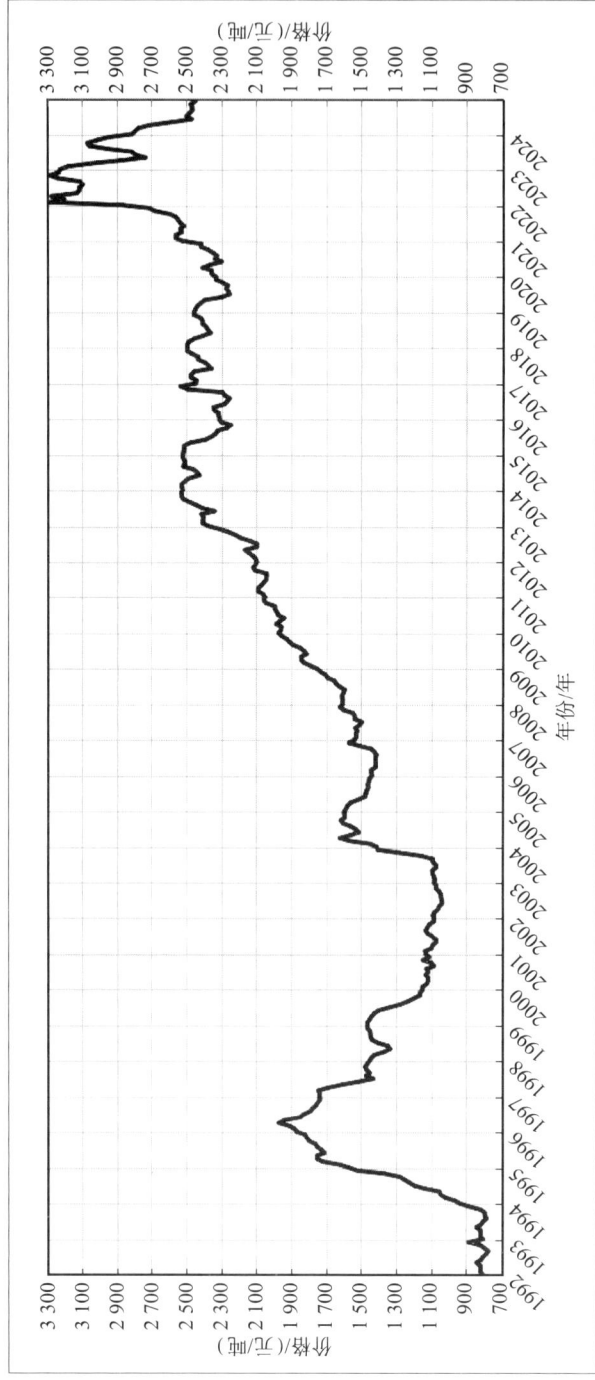

图 7-3-2 1992—2024 年全国主要粮食批发市场三级白麦均价走势图

说明：价格为全国主要粮食批发市场三级硬冬白小麦月平均价（当地火车板交货价）。

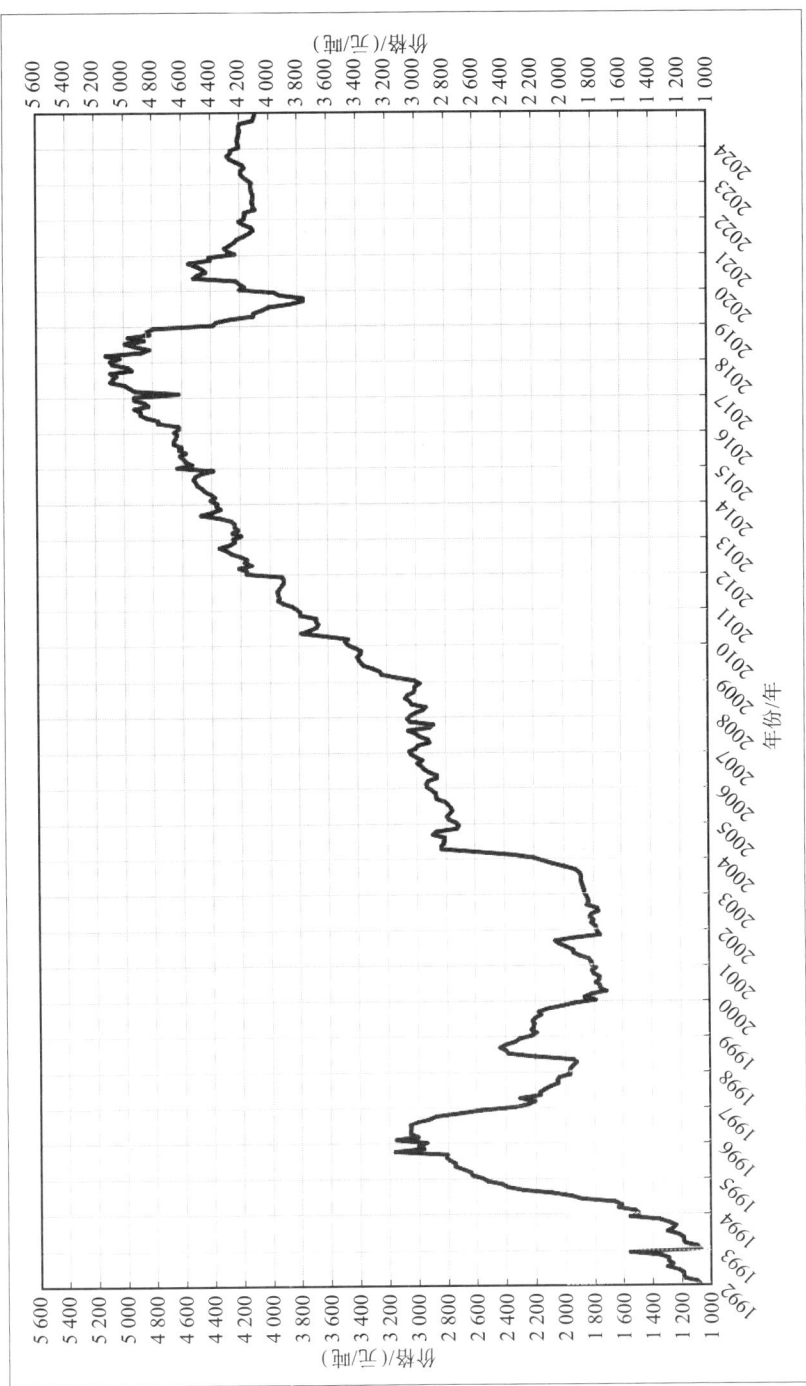

图 7-3-3 1992—2024 年全国主要粮食批发市场标——粳米均价走势图

说明：价格为全国主要粮食批发市场标——粳米月平均价（当地火车板交货价）。

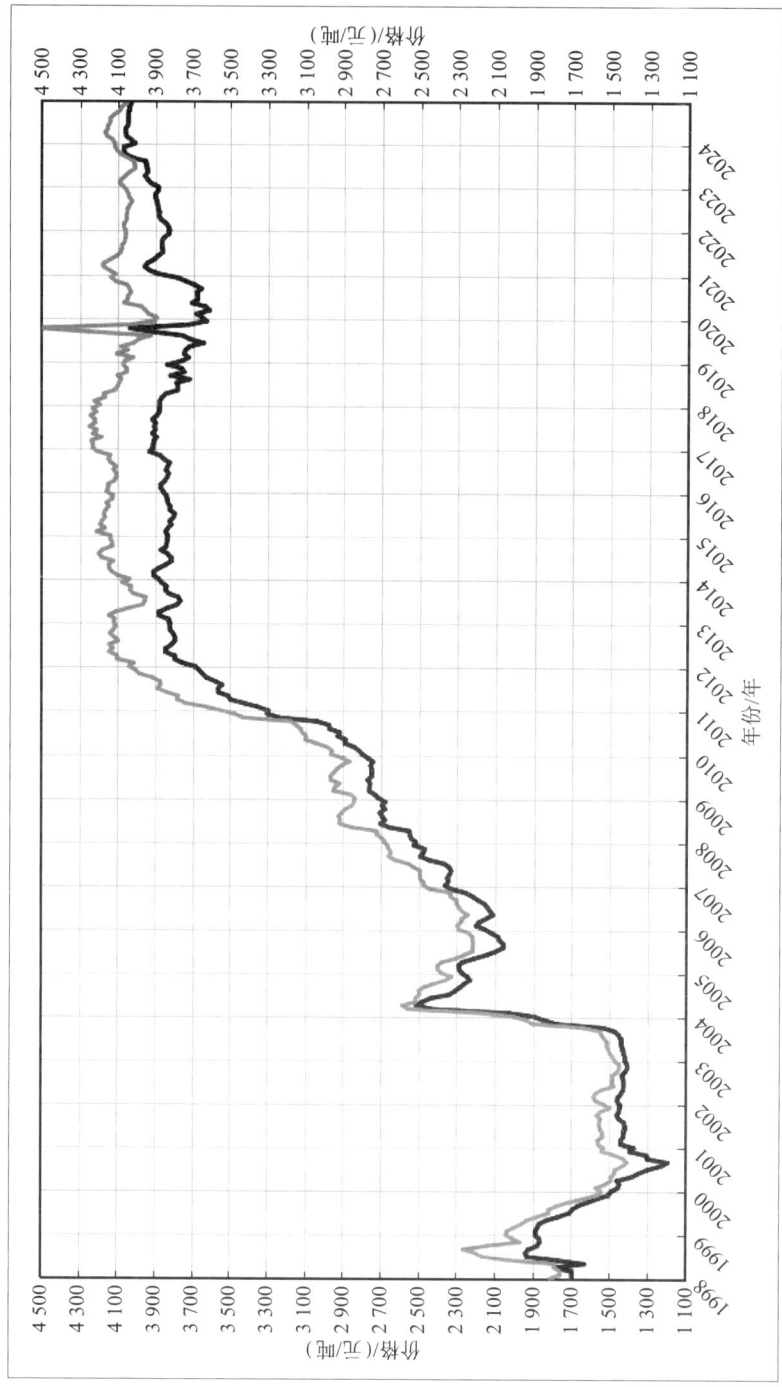

图 7-3-4 1998—2024 年全国主要粮食批发市场标——早籼米、晚籼米均价走势图

说明：价格为全国主要粮食批发市场标——早籼米（黑色曲线）、晚籼米（灰色曲线）月平均价（当地火车板交货价）。

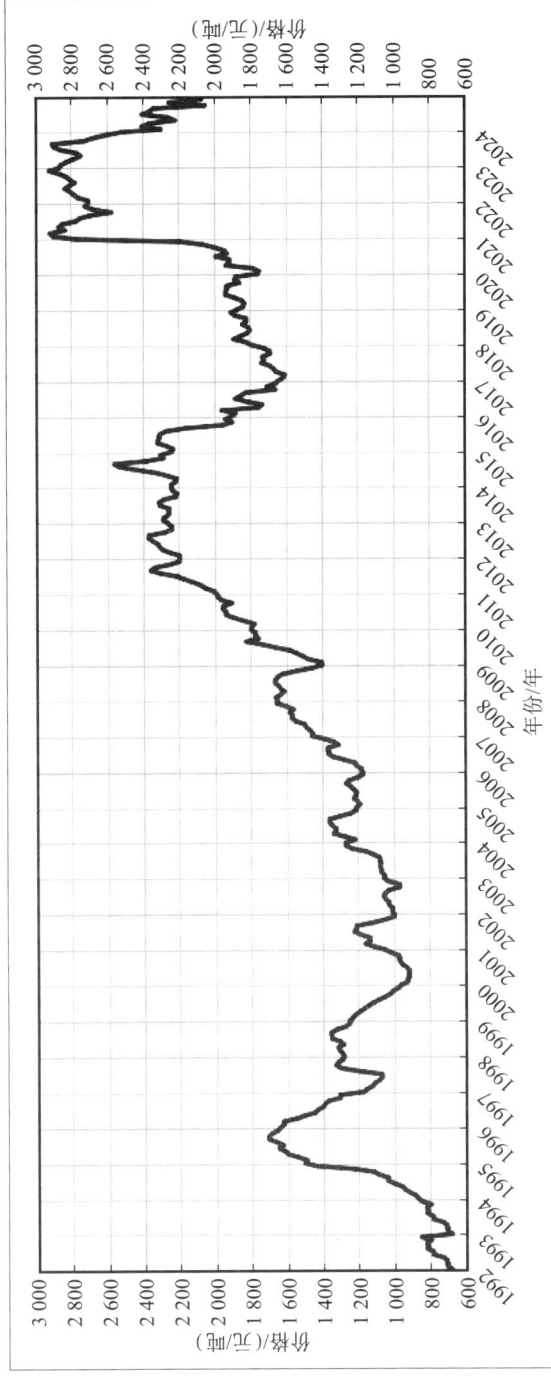

图 7-3-5 1992—2024 年全国主要粮食批发市场二级玉米均价走势图

说明：价格为全国主要粮食批发市场二级玉米月平均价（当地火车板交货价）。

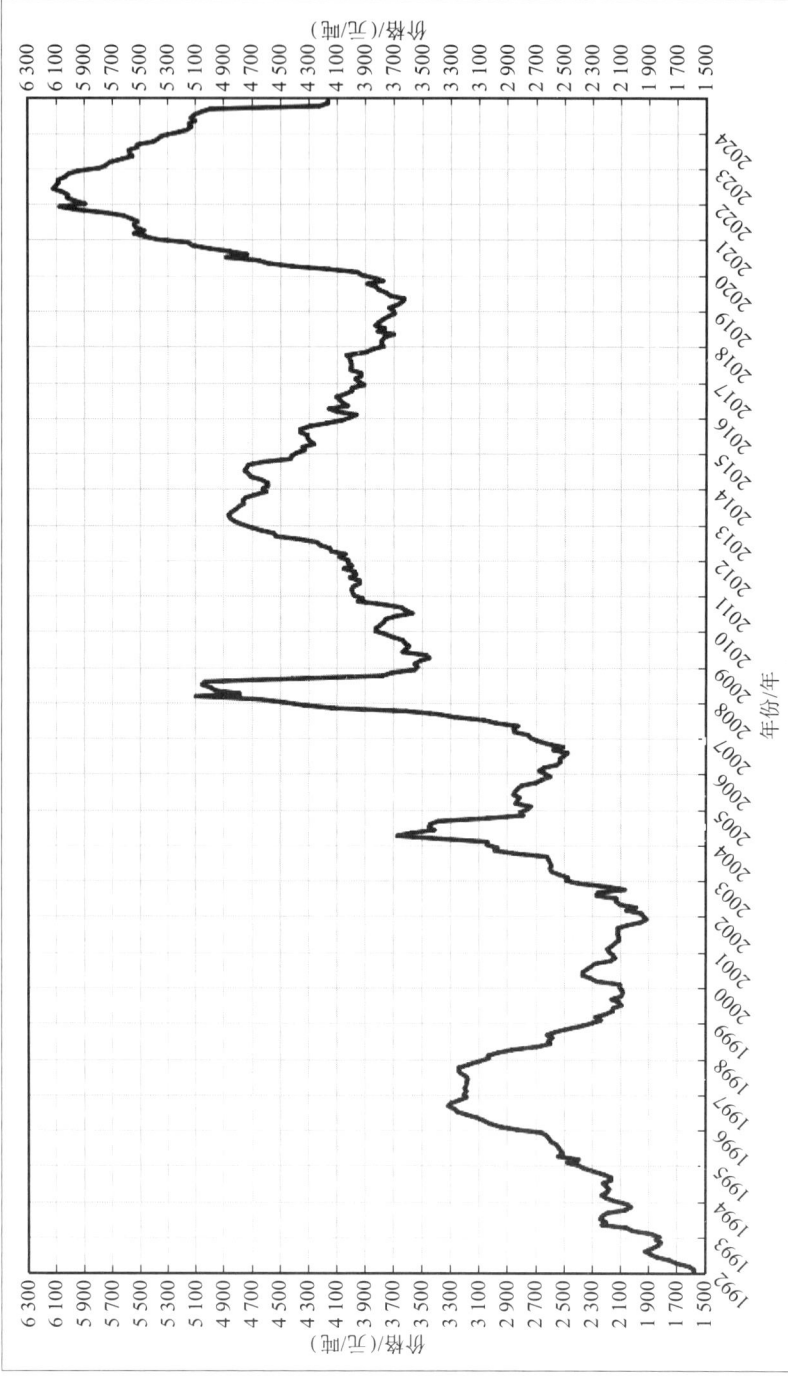

图7-3-6 1992—2024年全国主要粮食批发市场三级大豆均价走势图

说明：价格为全国主要粮食批发市场三级大豆月平均价（当地火车板交货价）。

# 主要参考资料

1. 国家粮食局课题组：《中国粮食批发市场发展研究报告》，经济管理出版社2004年版。

2. 李经谋：《2003中国粮食市场发展报告》，中国财政经济出版社2003年版。

3. 李经谋：《2004中国粮食市场发展报告》，中国财政经济出版社2004年版。

4. 李经谋：《2005中国粮食市场发展报告》，中国财政经济出版社2005年版。

5. 李经谋：《2006中国粮食市场发展报告》，中国财政经济出版社2006年版。

6. 李经谋：《2007中国粮食市场发展报告》，中国财政经济出版社2007年版。

7. 李经谋：《2008中国粮食市场发展报告》，中国财政经济出版社2008年版。

8. 李经谋：《2009中国粮食市场发展报告》，中国财政经济出版社2009年版。

9. 李经谋：《2010 中国粮食市场发展报告》，中国财政经济出版社 2010 年版。

10. 李经谋：《2011 中国粮食市场发展报告》，中国财政经济出版社 2011 年版。

11. 李经谋：《2012 中国粮食市场发展报告》，中国财政经济出版社 2012 年版。

12. 李经谋：《2013 中国粮食市场发展报告》，中国财政经济出版社 2013 年版。

13. 李经谋：《2014 中国粮食市场发展报告》，中国财政经济出版社 2014 年版。

14. 李经谋：《2015 中国粮食市场发展报告》，中国财政经济出版社 2015 年版。

15. 李经谋：《2016 中国粮食市场发展报告》，中国财政经济出版社 2016 年版。

16. 李经谋：《2017 中国粮食市场发展报告》，中国财政经济出版社 2017 年版。

17. 李经谋：《2018 中国粮食市场发展报告》，中国财政经济出版社 2018 年版。

18. 李经谋：《2019 中国粮食市场发展报告》，中国财政经济出版社 2019 年版。

19. 李经谋：《2020 中国粮食市场发展报告》，中国财政经济出版社 2020 年版。

20. 李经谋：《2021 中国粮食市场发展报告》，中国财政经济出版社 2021 年版。

21. 李经谋：《2022中国粮食市场发展报告》，中国财政经济出版社2022年版。

22. 李晓寰：《2023中国粮食市场发展报告》，中国财政经济出版社2023年版。

23. 李晓寰：《2024中国粮食市场发展报告》，中国财政经济出版社2024年版。

24. 聂振邦：《2008中国粮食发展报告》，经济管理出版社2008年版。

25. 聂振邦：《2009中国粮食发展报告》，经济管理出版社2009年版。

26. 聂振邦：《2010中国粮食发展报告》，经济管理出版社2010年版。

27. 聂振邦：《2011中国粮食发展报告》，经济管理出版社2011年版。

28. 聂振邦：《2012中国粮食发展报告》，经济管理出版社2012年版。

29. 国家粮食局：《2013中国粮食发展报告》，经济管理出版社2013年版。

30. 国家粮食局：《2014中国粮食发展报告》，经济管理出版社2014年版。

31. 国家粮食局：《2015中国粮食发展报告》，经济管理出版社2015年版。

32. 国家粮食局：《2016中国粮食发展报告》，经济管理出版社2016年版。

33. 国家粮食局：《2017 中国粮食发展报告》，经济管理出版社 2017 年版。

34. 国家粮食和物资储备局：《2018 中国粮食发展报告》，经济管理出版社 2018 年版。

35. 国家粮食和物资储备局：《2019 中国粮食和物资储备发展报告》，经济管理出版社 2019 年版。

36. 国家粮食和物资储备局：《2020 中国粮食和物资储备发展报告》，经济管理出版社 2020 年版。

37. 国家粮食和物资储备局：《2021 中国粮食和物资储备发展报告》，人民出版社 2021 年版。

38. 国家粮食和物资储备局：《2022 中国粮食和物资储备发展报告》，人民出版社 2022 年版。

39. 国家粮食和物资储备局：《2023 中国粮食和物资储备发展报告》，人民出版社 2023 年版。

40. 国家粮食和物资储备局：《2024 中国粮食和物资储备发展报告》，人民出版社 2024 年版。

41. 国家统计局：《中国统计年鉴》，中国统计出版社 1990—2024 年各版。

42. 国家统计局农村社会经济调查总队：《中国农村统计年鉴》，中国统计出版社 2000—2024 年各版。

43. 《中国财政年鉴》（2024），中国财政杂志社 2024 年版。

44. 《粮油市场报》，2024 年有关各期。

45. 《期货日报》，2024 年有关各期。

46. 《中国粮食经济》，2024 年有关各期。

47.《调研世界》，2024 年有关各期。

48.《农业经济问题》，2024 年有关各期。

49.《粮食经济研究》，2024 年有关各期。

50.《中国农村经济》，2024 年有关各期。

51. 中华人民共和国国家统计局：《中华人民共和国 2008 年国民经济和社会发展统计公报》。

52. 中华人民共和国国家统计局：《中华人民共和国 2009 年国民经济和社会发展统计公报》。

53. 中华人民共和国国家统计局：《中华人民共和国 2010 年国民经济和社会发展统计公报》。

54. 中华人民共和国国家统计局：《中华人民共和国 2011 年国民经济和社会发展统计公报》。

55. 中华人民共和国国家统计局：《中华人民共和国 2012 年国民经济和社会发展统计公报》。

56. 中华人民共和国国家统计局：《中华人民共和国 2013 年国民经济和社会发展统计公报》。

57. 中华人民共和国国家统计局：《中华人民共和国 2014 年国民经济和社会发展统计公报》。

58. 中华人民共和国国家统计局：《中华人民共和国 2015 年国民经济和社会发展统计公报》。

59. 中华人民共和国国家统计局：《中华人民共和国 2016 年国民经济和社会发展统计公报》。

60. 中华人民共和国国家统计局：《中华人民共和国 2017 年国民经济和社会发展统计公报》。

61. 中华人民共和国国家统计局：《中华人民共和国2018年国民经济和社会发展统计公报》。

62. 中华人民共和国国家统计局：《中华人民共和国2019年国民经济和社会发展统计公报》。

63. 中华人民共和国国家统计局：《中华人民共和国2020年国民经济和社会发展统计公报》。

64. 中华人民共和国国家统计局：《中华人民共和国2021年国民经济和社会发展统计公报》。

65. 中华人民共和国国家统计局：《中华人民共和国2022年国民经济和社会发展统计公报》。

66. 中华人民共和国国家统计局：《中华人民共和国2023年国民经济和社会发展统计公报》。

67. 中华人民共和国国家统计局：《中华人民共和国2024年国民经济和社会发展统计公报》。

68. 新华网：《中共中央 国务院关于促进农民增加收入若干政策的意见》（2004年中央一号文件）。

69. 新华网：《中共中央 国务院关于进一步加强农村工作提高农业综合生产能力若干政策的意见》（2005年中央一号文件）。

70. 新华网：《中共中央 国务院关于推进社会主义新农村建设的若干意见》（2006年中央一号文件）。

71. 新华网：《中共中央 国务院关于积极发展现代农业 扎实推进社会主义新农村建设的若干意见》（2007年中央一号文件）。

72. 新华网：《中共中央　国务院关于切实加强农业基础建设　进一步促进农业发展农民增收的若干意见》（2008年中央一号文件）。

73. 新华网：《中共中央　国务院关于促进农业稳定发展农民持续增收的若干意见》（2009年中央一号文件）。

74. 新华网：《中共中央　国务院关于加大统筹城乡发展力度　进一步夯实农业农村发展基础的若干意见》（2010年中央一号文件）。

75. 新华网：《中共中央　国务院关于加快水利改革发展的决定》（2011年中央一号文件）。

76. 新华网：《中共中央　国务院关于加快推进农业科技创新　持续增强农产品供给保障能力的若干意见》（2012年中央一号文件）。

77. 新华网：《中共中央　国务院关于加快发展现代农业　进一步增强农村发展活力的若干意见》（2013年中央一号文件）。

78. 新华网：《中共中央　国务院关于全面深化农村改革　加快推进农业现代化的若干意见》（2014年中央一号文件）。

79. 新华网：《中共中央　国务院关于加大改革创新力度　加快农业现代化建设的若干意见》（2015年中央一号文件）。

80. 新华网：《中共中央　国务院关于落实发展新理念　加快农业现代化实现全面小康目标的若干意见》（2016年中央一号文件）。

81. 新华网：《中共中央　国务院关于深入推进农业供给侧结构性改革加快培育农业农村发展新动能的若干意见》（2017

年中央一号文件)。

82. 新华网:《中共中央　国务院关于实施乡村振兴战略的意见》(2018年中央一号文件)。

83. 新华网:《中共中央　国务院关于坚持农业农村优先发展做好"三农"工作的若干意见》(2019年中央一号文件)。

84. 新华网:《中共中央　国务院关于抓好"三农"领域重点工作确保如期实现全面小康的意见》(2020年中央一号文件)。

85. 新华网:《中共中央　国务院关于全面推进乡村振兴　加快农业农村现代化的意见》(2021年中央一号文件)。

86. 新华网:《中共中央　国务院关于做好2022年全面推进乡村振兴重点工作的意见》(2022年中央一号文件)。

87. 新华网:《中共中央　国务院关于做好2023年全面推进乡村振兴重点工作的意见》(2023年中央一号文件)。

88. 新华网:《中共中央　国务院关于学习运用"千村示范、万村整治"工程经验有力有效推进乡村全面振兴的意见》(2024年中央一号文件)。

89. 新华网:《中共中央关于制定"十二五"规划的建议》,2010年10月。

90. 新华网:《中华人民共和国国民经济和社会发展第十二个五年规划纲要》,2011年3月。

91. 新华网:《中华人民共和国国民经济和社会发展第十三个五年规划纲要》,2016年3月。

92. 新华网:《中华人民共和国国民经济和社会发展第十四

个五年规划纲要》,2021年3月。

93. 新华网:《中共中央关于全面深化改革若干重大问题的决定》,2013年11月。

94. 郑州粮食批发市场:《中国粮油市场月度分析报告》,2024年各期。

95. 郑州粮食批发市场:《2024中国粮油市场年度分析报告》,2024年1月。

96. 高云才、顾仲阳、王浩,等:《丰收中国舒展美丽画卷》,人民日报,2023年。

97. 常钦:《更多粮田变良田》,人民日报,2023年。

98. 朱隽:《牢牢把住粮食安全主动权》,人民日报,2023年。

99. 邹伟、安蓓、韩洁,等:《牢牢把握高质量发展这个首要任务》,人民日报,2023年。

100. 郁静娴:《全国秋粮收获已过九成半》,人民日报,2023年。

101. 杨传文、邢帆、朱建春、李荣华、张增强:《中国秸秆资源的时空分布、利用现状与碳减排潜力》,环境科学,2023年。

102. 武拉平、张昆扬:《建立粮食产后前端常态化损失调查制度的思路与方案》,中州学刊,2023年。

103. 钟钰、巴雪真、陈萌山:《新时代国家粮食安全的理论构建与治理进路》,中国农村经济,2024年。

104. 曹芳芳、武拉平:《全产业链减损对中国粮食安全的影响研究——基于局部均衡模型的模拟分析》,农业技术经济,

2024年。

105. 魏后凯、王贵荣:《中国农村经济形势分析与预测（2023—2024）》,社会科学文献出版社,2024年。

106. 国家发展和改革委员会网站：https://www.ndrc.gov.cn/。

107. 财政部网站：https://www.mof.gov.cn/。

108. 国家粮食和物资储备局网站：https://www.lswz.gov.cn/。

109. 中国农业农村部网站：https://www.moa.gov.cn/。

110. 国家统计局网站：https://www.stats.gov.cn/。

111. 自然资源部网站：https://www.mnr.gov.cn/。

112. 中国海关总署网站：http://www.customs.gov.cn/。

113. 新华网：https://www.xinhuanet.com/。

114. 中华粮网：https://www.cngrain.com/。

115. 粮油市场报网：https://lyscb.kuaizhan.com/。

# 后  记

春意盎然的时节，一年一部的《中国粮食市场发展报告》，我们再相会。

自 2003 年初版以来，《中国粮食市场发展报告》今年已是第二十三卷。如果问一句，在这 23 年里，是什么精神引领我们一直初心不改，孜孜以求？可以问心无愧地回答，我们所有的坚持和坚守都为了对心中"粮安中国"梦的追寻。

细心展开刚刚出版的《2025 中国粮食市场发展报告》，一页页文字、一幅幅图表，都遵循国家粮食安全的顶层设计，忠实记录中国粮食市场的成长与进步，留下粮食行业恪尽职守、砥砺前行的奋斗与荣光。

2024 年，中国经济体量跃上了 130 万亿的新台阶，我们的经济家底殷实，经济结构向优，经济运行向好，经济活力增强。进一步全面深化改革、推进中国式现代化的决定，擘画未来，十四亿中国人凝聚信心共识，强国建设、民族复兴的伟业前景光明。

2024年，粮食安全"国之大者"的地位更趋稳固，一曲丰收的欢歌在华夏大地的每一寸田野上激情奏响。全国粮食总产量14 130亿斤，在连续9年稳定在1.3万亿斤以上的基础上，首次迈上1.4万亿斤新台阶。

每一粒粮食都是汗水浇灌，每一个丰收都来之不易。粮食是国家的命脉，民生的基石。党的十八大以来，以习近平同志为核心的党中央高度重视国家粮食安全，始终把解决好十几亿人口的吃饭问题，作为治国理政的头等大事。我国粮食产量屡创新高，粮食产业蓬勃向好，粮食品牌声名鹊起……这每一幅鲜活的图景里，都饱含着党和政府对粮食安全的殷殷关怀，也凝结着粮食行业勇担重任的默默付出。

2024年，在新质生产力的加持下，粮食产业转型升级的步伐不辞风雨，勇毅前行。增品种、提品质、创品牌已成为越来越多粮油企业的共识。从订单农业到产后服务，从优良品种选育到市场推广，从公共品牌建设到产业联盟组建……一幕幕鲜活的场景正在越来越多的粮油企业生动上演，推动着越来越多的中国粮油企业走向国际大市场，让世界清晰听见中国粮油品牌发出的最强音符，让中国粮食品牌的印记镌刻在世人的餐桌上。

新零售、物联网、大数据，时代的变迁总在不经意间来临，有时候还未感受到温度，热浪就已扑面。绿色加工、品牌塑造、冷链物流……这些词汇不再仅仅是概念，而是成为了现实，它们共同构建起一个安全、高效、多元的粮食供给体系,满足了人民群众日益增长的美好生活需要。

当前,国际舞台风云依然变幻莫测,全球地缘政治依然复杂多变,世界经济在波动中寻求新的增长点,竞争与合作交织成一幅幅错综复杂的画面。要确保国家粮食安全,需要我们以更高的站位、更广的视野去审视和应对。

《2025中国粮食市场发展报告》续承权威、专业、前瞻、实用的编写理念,市场行情、粮食专论、政策法规、行业风采……希望这些研究成果为加快我国粮食产业转型升级、促进粮食事业繁荣发展提供决策参考和智力支持,为推动我国粮食市场高质量发展贡献绵薄力量。

《2025中国粮食市场发展报告》(第二十三卷),按照写作内容的先后顺序,作者分别为:

序言:李晓寰、申洪源;第一部分:一、王向博,二、王向博 孙艺琳;第二部分:一、王向博,二、徐彦,三、冯利臣,四、张立伟,五、杨京,六、陈丽君,七、朱勇生,八、张志栋,九、王祖力 孙俊娜;第三部分:一、程郁 叶兴庆 张诩 张玉梅 程广燕,二、钟钰 宗义湘,三、杨光焰,四、唐晓阳 吴尚润,五、吴祖明 徐富勇 郝宝清 李刚 姚大红 刘正敏 闫李慧 吴豫杰 马帅 王向博;六、李国祥,七、廖永松,八、胡冰川 罗春霞;第四部分:一、亢霞,二、武拉平 翟金茜 胡永浩;第五部分:一、陈国强,二、刘华

军　李军霞，三、胡东　徐彦；第六部分：一、唐恒，二、侯居良　胡增民；第七部分：一、唐东亮，二、石金功，三、孙艺琳。

　　本书在出版过程中，郑州粮食批发市场承担了总纂工作，孙艺琳翻译了序言和目录，中国财政经济出版社精心编审、编校。在此，向所有支持《中国粮食市场发展报告》编撰和出版工作的领导、专家、学者及社会各界人士表示由衷的感谢！

编者

2025 年 3 月

图书在版编目（CIP）数据

2025中国粮食市场发展报告 / 李晓寰主编；崔洁,
王凯副主编. -- 北京：中国财政经济出版社, 2025. 5.
ISBN 978-7-5223-3954-2

Ⅰ. F724.721

中国国家版本馆CIP数据核字第2025UR4436号

责任编辑：彭洋洋　　　　　　责任校对：胡永立
封面设计：卜建辰　　　　　　责任印制：张　健

## 2025 中国粮食市场发展报告
### 2025 ZHONGGUO LIANGSHI SHICHANG FAZHAN BAOGAO

中国财政经济出版社 出版

URL：http://www.cfeph.cn

E-mail：cfeph@cfeph.cn

（版权所有　翻印必究）

社址：北京市海淀区阜成路甲28号　邮政编码：100142

营销中心电话：010-88191522

天猫网店：中国财政经济出版社旗舰店

网址：https://zgczjjcbs.tmall.com

北京密兴印刷有限公司印刷　各地新华书店经销

成品尺寸：160mm×230mm　16开　31印张　321 000字

2025年5月第1版　2025年5月北京第1次印刷

定价：118.00元

ISBN 978-7-5223-3954-2

（图书出现印装问题，本社负责调换，电话：010-88190548）

本社质量投诉电话：010-88190744

打击盗版举报热线：010-88191661　QQ：2242791300